상징으로 읽는 요한복음서

김선배 지음

침례신학대학교 출판부

"나를 믿는 자는 성경에 이름과 같이 그 배에서 생수의 강이 흘러나오리라 하시니 이는 그를 믿는 자들이 받을 성령을 가리켜 말씀하신 것이라"

(요한복음 7:38-39a)

서 문

오랫동안 요한복음 연구에 특별한 관심을 기울였다. R. Schnackenbug, R. Brown, G. R. Beasley-Murray, C. K. Barrett, R. Bultmann, 그리고 J. Ashton 등의 요한복음 관련 저술들을 접하면서 느꼈던 기쁨과 전율 그리고 도전은 잊을 수가 없다. 요한복음은 내 신학의 중요한 고갱이가 되었다. 어쩌면 내 신학의 출발점이었는지도 모른다.

요한복음을 연구하면서 나는 많은 갈등을 하기도 했다. 문제는 요한복음에 등장하는 상징적 표현들의 비유성과 문자성을 구분하는 것이었다. 많은 구절 중에 나에게 극적으로 다가왔던 말씀은 요한복음 7장 38-39절이었다. "나를 믿는 자는 성경에 이름과 같이 그 배에서 생수의 강이 흘러나오리라 하시니 이는 그를 믿는 자들이 받을 성령을 가리켜 말씀하신 것이라(예수께서 아직 영광을 받지 않으셨으므로 성령이 아직 그들에게 계시지 아니하시더라)." 내 신학적 삶의 전환점 이전에는 "그 배에서 생수의 강이 흘러나오리라"는 말씀을 비유적인 상징으로만 받아들였다. 이를 토대로 요한복음을 이해했고, 글을 쓰기도 했고, 성령을 체험했다고도 했다. 몇 가지 소망 중에 하나가 하나님의 임재를 온 몸으로 깊이 체험하는 것이었다. 그 임재를 눈으로 보듯 손으로 만지듯 체험하고 싶은 강렬한 열망이었다. 수많은 신학 서적과 이론과 학교 강의와 행정의 틀 속에서 벗어난 기간 동안에 하나님과 일대일로 대면하면서 그 분의 임재가 골수까지 들어오는 강렬한 체험을 갈구하였다.

마침내 하나님의 은혜로 '그 때'를 경험했다. "그 배에서 생수의 강이 흘러나오리라"는 말씀이 나에게 문자 그대로 실재가 되었다. 성령의 뜨거운 임재와 기도의 영이 부어졌을 때 기도가 문자적으로 "그 배에서 생수"로 흘러나온 것이다. 하나님과의 깊은 만남을 신학적인 지식에서, 묵상을 통해서, 그리고 말씀을 통해서도 가질 수 있겠지만, 나는 배에서부터 부르짖는 기도를 통해서 철저하게 경험했다. 내 신학이 다른 차원으로 진입하게 된 결정적인 계기였다. 요한복음을 보는 눈이 이 경험 이후부터 달라지기 시작했다. 다른 성경에 대한 이해도 깊어지기 시작했다. 신학적으로 해결되지 않던 성경 구절들 사이의 간극이 신앙의 눈으로 해결되기 시작한 것이다. 요한복음에 관한 글을 쓸 때도 이 경험은 문의 경첩과 같이 늘 글의 중심축이 된다. 아주 단순한 명제가 아니었던가? 성경은 성령의 감동으로 기록되었으니 성령의 감동을 통해서 읽어야 한다는 것이… 이 고백의 연장으로 『상징으로 읽는 요한복음서』를 집필하게 되었다.

1990년경부터 필자는 요한복음에 나타난 문자적인 표현과 비유적인 표현들의 상징성에 대해 관심을 가지면서 이러한 상징적 표현들이 요한복음 안에서 어떻게 기능하는지를 찾으려고 시도했다. 그렇지만 이와 관련하여 그 동안 체계적이고도 일관된 결과를 산출하지 못하였기 때문에 이제는 이것들을 집대성할 필요성을 느껴 '상징'이라는 통일된 한 가지 관점으로 정리해서 한 묶음으로 요한복음 전체를 이해하려고 시도 했다. 『복음과 실천』 제38집, 39집, 40집에 기고했던 "니고데모와 예수님과의 대화," "요한복음에서에 나타난 ἄνωθεν의 의미와 기능"을 이 책의 내용 가운데 부분적으로 수정하여 첨가하였고, 『실천하는 신학』의 제4집, 5집, 7집, 8집 그리고 제14호에 게재하였던 내용들을 발전시키거나 또는 첨가 했다. 이 논문들의 사용을 허락해 준 침례신학대학교 출판부에 감사드린다. 그 외에 필자의 박사학위 논문에서 다루었던 '들리움'과 관련된 내용들을 폭넓게 활용하였으며, 이 책의 나머지 대부분은 비유적이며 문자적인 이해를 토대로 새롭게 전개시킨 내용들이다. 이 책에서는 요한복음의 저작성에 대한 논의를 배제하고 요한복음의 저자를 사도 요한으로 간주한다. 그러므로 본문 가운데 "요한"이라는 표현은 이에 기초한 것이며, 예수님의 말씀과 요한의 설명을 구분하지 않고 이들을 요한의 기록 목적(20:30-31) 속에 포함시켰다.

요한복음과 신약학 연구에 학문적으로 도움을 준 분들이 있다. 故 고재봉 교수님, Charles Ray 교수님, Larry J. Kreitzer 교수님, Stephen D. Moore 교수님, Stephen I. Wright 교수님이다. 그 외에도 일일이 거명하지 않지만 필자에게 균형 잡힌 신학과 신앙의 삶을 살아가도록 끊임없이 기도하며 후원하는 목사님들과 사모님들 그리고 집사님들과 형제자매들에게 감사드린다.

이 책의 출판을 허락해주신 침례신학대학교의 도한호 총장님, 조학래 출판부장님, 그리고 출판 작업을 맡아주신 이정훈 전도사님께 감사드린다.

성령님의 임재하심을 늘 사모하면서…

2010년 1월

하기동 연구실에서

김선배

차 례

약어표

ABD	Anchor Bible Dictionary
BETL	Bibliotheca Ephemeridum Theologicarum Lovaniensium
BI	Biblical Interpretation
BT	The Bible Translator
CBQ	Catholic Biblical Quarterly
CBQMS	Catholic Biblical Quarterly Monograph Series
ETL	Ephemerides Theologicae Lovanienses
ExpT	The Expository Times
EvQ	The Evangelical Quarterly
JBL	Journal of Biblical Literature
JSNT	Journal for the Study of the New Testament
JSNTS	Journal for the Study of the New Testament Supplement Series
JSOT	Journal for the Study of the Old Testament
JTS	Journal of Theological Studies
NovT	Novum Testamentum
NTS	New Testament Studies
RevExp	Review and Expositor

SBL	Society of Biblical Literature
SBLDS	Society of Biblical Literature Dissertation Series
SJT	Scottish Journal of Theology
SNTSMS	Society for New Testament Studies Monograph Series
TB	Tyndale Bulletin
TT	Theology Today
TDNT	Theological Dictionary of the New Testament
ZNW	Zeitschrift für die Neutestamentliche Wissenschaft

제1장 서론

요한복음은 다른 복음서들과 달리 이원론적인 구조의 틀 속에서 많은 상징들을 담고 있으며, 이 상징적인 표현들은 비유적(figurative)인 의미나 문자적(literal)인 의미를 가지면서도 어떤 경우에는 문자적인 의미와 비유적인 의미를 동시에 내포하고 있다. 또한 요한복음의 전체적인 틀 속에서 요한복음의 개별적인 표현들뿐만 아니라 개별적인 이야기 자체마저도 상징성을 갖는 경우가 있다. 즉 요한복음 이야기의 전체적인 틀 속에서 개별적인 이야기들도 비유성과 문자성의 측면에서 이야기 전개에 기여할 뿐만 아니라 어떤 경우에는 비유성과 문자성을 동시에 갖는다. 요한복음을 이해하기 위해서는 이러한 상징들에 대한 충분한 정리와 파악이 필요하다.

요한복음의 개별 이야기 가운데 문자적인 요소와 비유적인 요소의 충돌을 보여주는 것으로 간주되는 대표적인 사건이 예수님과 니고데모와의 대화 장면이다. 예수님과 니고데모와의 대화는 이 이야기의 특별한 인물로 소개되는 니고데모가 대화를 이끌고 가는 예수님의 비유적인 교훈을 문자적인 의미로 받아들인 것으로 간주된다. 그래서 일반적으로 이 대화에서는 비유적인 교훈이 문자적인 이해보다 우선하는 것으로, 그리고 영적인 이해가 육적인 이해보다 우선하는 것으로 간주되어 왔다. 그렇지만 요한복음 이야기가 전개되는 가운데 영적인 교훈을 물질적인 차원으로 이해했다고 간주되는 니고데모의 우둔함을 넘어서는 내용이 전개되면서 이 대화의 주제가 되었던 거듭남은 비유적인 동시에 문자적인 요소를 모두 내포하고 있다는 것이 입증된다. 요한복음 이야기가 전개되면서 영적/비유적 이해가 갖는 우위성의 개념은 균형을 갖춘 조화로 발전하는 것이다. 이러한 흐름 속에서 찾아야 할 것은 니고데모의 반응과 답변이 문자적으로 기능한다는 점이다.

예수님과 니고데모와의 대화에서 등장하는 주요 주제인 '거듭남'은 비유성과 문자성을 가지고 요한복음서 전체를 조망하게 만들어 주는 기능을 한다. 비유적인 의미를 문자적으로 이해하여 질문을 반복하는 것처럼 보이는 니고데모의 표면적인 상황과 달리 요한복음은 니고데모의 문자적인 이해를 활용하여 그 문자적인 이해가 비유적으로 성취되는 것을 그리고 비유적인 의미가 문자적으로 성취되는 것을 보여준다. 예수님과 니고데모와의 대화에서 나타난 '거듭남'은 요한복음서의 전개를 촉진시킬 뿐만 아니라 이 복음서에 대한 상징적인 이해의 출발점이 된다. 따라서 필자는 예수님과 니고데모와의 대화에서 나타나는 '거듭남'을 토대로 해서 요한복음의 전체 구조를 상징적인 비유와 문자의 균형 속에서 전개할 것이다.

1. 성서연구 방법론의 한계

성서신학에서 역사비평 방법의 출현은 성서 연구에 획기적인 변화를 가져왔다. 또한 대부분의 방법론이 제한된 관점 속에서 한계성을 가지고 있듯이 역사비평 연구방법의 한계성에 대한 인식은 다양한 연구방법들의 등장을 촉진시켰으며 동시에 전통적인 방법과 새롭게 등장하는 연구 방법들과의 조화를 시도하게 만들기도 했다.[1] 역사비평의 출현이 성서해석의 전환기를 가져왔다는 점은 일반적으로 받아들여진다. 역사비평은 교회가 교리와 교의(dogma)에서 벗어나 성서로 돌아가도록 만드는 중요한 공헌을 했다. 성서에 대한 체계적인 연구와 접근을 가능하도록 만든 역사비평의 출현이 성서해석 방법의 획기적인 발전을 가져온 것이다. 그렇지만 역사비평 방법도 진보를 거듭하고 발전하면서 긍정과 부정의 결과를 동시에 가져왔다. 역사비평의 보완 또는 한계성에 대한 인식은 철학과 영문학 비평방법의 영향을 받은 신학자들의 출현을 낳았다. 비평학의 도입으로 일부 성서해석자들은 해석 방법의 다양성을 당연한 것으로 받아들이는 경향성속에서 새로운 해석 방법론들의 도입과 개발에 몰두하기도 했다. 그러나 어떤 방법론이든지 간에 본문에 대한 적용의 한계성을 가질 수밖에 없는데 이러한 한계성은 그 보완과 새로운 가능성에 대한 희망으로 우후죽순과도 같은 방법론들을 낳았다. 이러한 다양한 방법론들은 각기 나름대로의 영역을 구축하면서 성서 본문이 하나의 의

---

1) 참조, David Rhoads, "Narrative Criticism: Practices and Prospects," *Characterization in the Gospel of John,* ed. David Rhoads and Kari Syreeni, JSNTS 184 (Sheffield: Sheffield Academic Press, 1999), pp. 274-82.

미만이 아니라 다양한 의미를 가진다고 주장하는 입장까지 도달하게 되었다.[2)]

일반적으로 역사비평 연구 방법에 대응하는 혹은 이를 보완하며 상호 의존적이라는 주장을 펴는 새로운 방법들이 있다. 이러한 방법들은 본문의 전승에 대한 무게 중심에서 벗어나 이 본문의 전승에 개의치 않고 현재 주어진 본문을 있는 그대로 받아들이면서 이 본문과 이를 읽는 독자와의 관계성 속에서 의미를 찾으려고 시도한다. 그래서 이 방법은 본문 속에 나타난 등장인물이나 이야기 전개 그리고 스타일과 구조 등에 대해 탐구하면서 이러한 요소들의 상호 작용을 통해 의미를 산출하려고 한다.[3)] 이와 같은 경향은 복음서의 본문이 저자의 손을 떠났다는 주장 속에서, 즉 저자의 의도 대신에 본문과 독자 및 이야기의 통일성을 강조하면서 지나치게 자율적인 해

---

2) 영문학에서 사용되는 비평 방법들이 신학자들에 의해 성서연구 도구로 사용되기도 한다. 성서 본문을 문학작품으로 간주하는 경향 속에서 철학과 문학비평에서 사용되는 다양한 방법론들이 성서해석에 유입되는 경향이 있다. 동일한 본문도 이를 분석하기 위해 사용된 문학비평 방법론의 지향 목적에 따라 다른 결론이 도출된다. 영문학 비평방법은 추구 목적에 따라 계속 진화하며 발전하고 있다. 일례로 Peter Barry는 영문학 비평방법론에 근거한 여러 연구방법론을 소개한다. 자유인본주의(Liberal humanism), 구조주의(Structuralism), 후기(탈)구조주의(Post-structuralism), 포스트모더니즘(Postmodernism), 해체비평(Deconstruction), 정신분석학비평(Psychoanalytic criticism), 페미니즘비평(Feminist criticism), 동성애(Lesbian & Gay)비평, 마르크스주의비평(Marxist criticism), 신역사주의(New historicism)비평, 문화유물론주의(Cultural materialism)비평, 탈식민지주의(Post colonial)비평, 문체론(Stylistics)비평: Peter Barry, *Beginning Theory* (Manchester: Manchester University Press, 1995).

3) Richard A. Burridge, *Four Gospels, One Jesus?: A Symbolic Reading* (London: SPCK, 1994), p. 137; Craig R. Koester, *Symbolism in the Fourth Gospel: Meaning, Mystery, Community,* second ed. (Minneapolis: Fortress Press, 2003), pp. 18-24.

석을 유도한다.[4)]

전통적인 연구 방법과 이에 대응하는 다양한 새로운 연구 방법들을 조화시키려는 시도는 오히려 각각의 연구 방법들에 대한 제한을 초래하기 때문에 성공적이지 못하다. 지향목적이 다른 방법론들의 조화 시도 자체가 실제로는 각 방법론의 훼손을 낳는다. 다양한 방법론들의 조화나 보완은 각 연구방법들이 가진 전제로 인해 한계성을 가질 수밖에 없으며, 이러한 한계성은 이 연구방법들이 개별적인 특성 속에서 부분적으로만 성서 이해에 도움을 줄 뿐이지 성서해석을 위한 실제적인 도구가 되지 못하도록 만든다. 각 방법론의 다양한 지향목적을 통해 산출된 의미들로 인해 부분적인 유익성마저도 오히려 본문 해석에 혼란의 요소가 될 수 있다. 일반적으로, 현재 새

---

4) Petri Merenlathi, *Poetics for the Gospels?: Rethinking Narrative Criticism* (London: T&T Clark, 1999), p, 23. "David Rhoads and Donald Michie, *Markas Story: An Introduction to the Narrative of a Gospel* (Philadelphia: Fortress, Press, 1982)"와 "R. Alan Culpepper, *Anatomy of the Fourth Gospel* (Philadelphia: Fortress, 1983)"은 이러한 방향에 대한 선도적인 시도를 한 책으로 간주된다. 성서 서사비평(narrative criticism)의 흐름에 대해서는 다음을 보라: George Aichele, et al., *The Postmodern Bible: The Bible and Culture Collective* (London: Yale University Press, 1995), pp. 85-92; Mark Allan Powell, *What is Narrative Criticism: A New Approach to the Bible* (Minneapolis: Fortress, 1990), pp. 1-6; Elizabeth Struthers Malbonand Edgar V. McKnight, eds., *The New Literary Criticism and the New Testament* (Valley Forge: Trinity Press, 1994), pp. 15-26; Geert Hallbäack, "The Gospel of John as Literature: Literary Readings of the Fourth Gospel," *New Readings in John: Literary and Theological Perspectives*, ed. Johannes Nissen and Sigfred Pedersen, JSNTS 182 (Sheffield: Sheffield Academic Press, 1999), pp. 31-46; Robert Morgan and John Barton, *Biblical Interpretation* (Oxford: Oxford University Press, 1988), pp. 227-39. Mark W. G. Stibbe는 요한복음에 대한 문학적인 해석의 역사에 대한 이해를 돕는 자료를 제공한다: Mark W. G. Stibbe, ed., *The Gospel of John as Literature: An Anthology of Twentieth-century Perspectives* (Leiden: E. J. Brill,1993).

로운 성서해석방법이라 칭하는 연구 방법들(점차 낡은 연구 방법론이 되겠지만)은 단지 성서를 한편의 소설이나 문학작품으로 간주하는 것을 전제로 하는 것이며 성서의 특성을 드러내주는 신학적인 해석이라고 할 수 없다. 본문의 역사성을 간과한 새로운 해석 방법들은 성서의 영감성을 전제하는 대신에 독자의 자의적인 판단을 중심으로 삼는 방법론까지 진전된다. 그렇기 때문에 성취될 수 없는 방법론들의 조화 시도나 혹은 영감성 배제 대신에 본문 및 본문의 상황과 관련된 역사성을 받아들이면서, 이를 토대로 한 본문 해석이 필요하다.

2. 요한복음의 신학 형성

요한복음은 시대적인 산물이며 당시의 역사적인 요소들을 포함하고 있다. 즉 요한복음이 기록되던 당시의 역사, 문화 그리고 신학이 결합되어 본문의 의미를 전달한다. 요한복음이 당시의 언어로 기록될 때 누구나 이해할 수 있는 상징들이 사용되었다. 요한은 자신이 의도한 특정한 신학 목적을 위해 이 요소들을 채택하고 사용한 것이다. 이 요소들은 최종적으로 신학적인 목적에 수렴되며, 요한은 그 의도를 분명하게 제시하고 있다(요 20:30-31, "예수께서 제자들 앞에서 이 책에 기록되지 아니한 다른 표적도 많이 행하셨으나 오직 이것을 기록함은 너희로 예수께서 하나님의 아들 그리스도이심을 믿게 하려 함이요 또 너희로 믿고 그 이름을 힘입어 생명을 얻게 하려 함이니라"). 요한복음의 기록 목적 제시는 성경이 어떻게 기록되고 전승되었는지를 설명하는 누가복음의 서언(눅 1:1-4)에 비교되는 특징을 가진다. 일명 '표적의 책'이라고도 불리는 요한복음이 예수님께서 행하신 많은 표적들 가운데 특별히 선별된 표적들로 채워졌다는 것은 이 표적들이 특정한 목적을 가지고 요한복음의 결론을 도출해 내는 중요한 기능을 수행 한다는 것을 짐작케 만든다.

요한복음의 역사적 요소들은 연대기적인 혹은 실증주의적인 목적을 담고 있지 않다. 물론 요한복음의 내용 전개 속에는 역사적인 사실에 기초해서 전개되는 실증주의적인 사건들이 내포되어 있지만, 그러나 이 역사적인 사건들은 신학적인 목적과 표현을 통해 펼쳐진다. 요한복음은 역사성을 전달하기 위한 목적이 아니라 신학적인 목적을 위해 기록되었다. 네 복음서를 '신학화된 역사'(theologized history)라고 간주하듯이, 요한복음도 역시 역사적인 사건들을 특정한 목적을 위해 신학화 시키는 과정을 거친 산물로 볼 수 있다. 다시 말하면 요한복음이 신학화되었다는 것은 저자 요한의 관점으로 십자가를 바라본 결과물이 곧 요한복음이라는 것을 의미한다. 요한복음에 스며들어 있는 역사적인 요소들마저도 신학적인 목적을 위해 사용되었기 때문에 비록 역사적인 요소라고 해도 이는 요한복음의 저자인 요한에 의해 채택되고 해석된 것이라고 할 수 있다. 그렇기 때문에 요한복음에 나타나는 역사적, 문학적, 신학적 요소들은 신학적인 결과의 도출을 위해 상호 균형을 이루며 최종적으로는 요한복음 기자가 의도하는 신학적인 목적 달성을 위해 기여하는 것이다.

3. 요한복음에 나타난 역사적, 문학적, 신학적 요소의 상호작용

요한복음은 역사적, 문학적, 그리고 신학적인 요소들의 결합으로 구성된다. 여기에서 문학적이라고 하는 것은 통시적인 역사비평 연구 방법과 비교되는 공시적 연구 방법인 문학비평방법의 성격을 말하는 것이 아니다. 신학적인 탐구 과정에서 용어상의 일치가 반드시 개념상의 일치가 되지는 않는다. 저자가 누구이고 기록목적이 무엇인지 등에 대한 연구 영역을 문학비평이라고 칭하는 것을 지나서 본문 이전의 단계를 배제하고 본문 이후의 단계를 연구하는 분야를 일반적으로 문학비평이라고 하는데, 지금은 이러한 범위 설정을 뛰어넘어 철학적인 해석방법마저도 문학비평이란 범주 속에서 성서해석의 분야에 유입되는 경향이다. 이 책에서는 문학적인 요소를 역사비평이나 혹은 문학비평의 범주에서 정의되는 개념들이 아니라 요한복음의 문자적이며 비유적인 표현들이나 이야기들로 규정하며, 이를 전제로 이 요소들이 어떻게 상호 연결되어 기능하는지를 찾을 것이다. 물론 다양한 성서연구방법들은 성서해석에서 부분적으로 유용성을 갖는다. 또한 특정한 방법론이라고 해도 그 방법론을 형성하는 요소들은 부분적으로 다른 방법론들 속에 포함되기도 한다. 성서본문을 해석하는 입체적인 과정이 특정한 방법론의 전유물이 될 수 없듯이 어떤 방법론이든지 간에 그 방법론을 구성하는 요소들을 독점할 수 없는 것이다. 해석의 과정에서 다양한 접근이 이루어지며 해석의 지향목적에 따라 그 접근 방법이 다양할 수 있기 때문에 성서의 영감성과 저자의 의도라는 전제가 필요하며, 이를 위해서는 오히려 특정한 방법론을 배제할 필요성까지 대두된다. 역사비평이든지 아니면 문학비평이든지 간에 각 방법론에서 사용하는 요소들은 그 방법론의 영역을 넘어 다른 방법론에서도 사용된다. 본문의 역사성을 배제한 공시적인 연구방법이든지 아니면 본문의 역사성을 전제로

하는 통시적인 연구방법이든지 간에 상호 보완성 측면이 아니라 상호 부분적인 관련성이라는 전제가 될 때 각 방법론들은 성서해석에 도움을 줄 수 있다.

요한복음에서 발견할 수 있는 역사적, 문학적, 그리고 신학적인 요소들은 이 복음서 안에서 의미를 산출하는 끊임없는 상호 작용을 한다고 할 수 있다. 문학적이며 신학적이며 역사적인 구성 요소들은 "본문의 문학적, 이념적 그리고 역사적인 차원들"에 비교된다.5) 필자가 이 책에서 사용하는 "역사적"이란 용어는 본문의 역사나 혹은 역사비평과 관련한 것이 아니라 사건의 역사성을 지칭한다. 그러나 "신학적"이란 용어는 요한복음이 단지 예술성을 위해서가 아니라 이야기 세계가 만들어내는 한계를 넘는 관심을 촉진하기 위해 기록되었다는 것을 내포하는 "이념적"이란 용어와 유사하다.6) 역사적, 문학적, 그리고 신학적 요소들의 상호 작용은 동시에 상호 균형있는 영향을 주고받는 것을 의미한다. 즉 어느 한 쪽의 요소가 지나친 비중을 차지하며 다른 요소들을 지배하는 것이 아니라, 상호 균형 속에서 신학적인 의미를 산출한다는 것이다. 물론 상호 작용에 의해 신학적인 요소가 산출된다고 해서 이 신학적인 요소가 다른 요소들

---

5) Petri Merenlahti and Raimo Hakola, "Reconceiving Narrative Criticism," *Characterisation in the Gospel of John*, ed. David Rhoads and Kari Syreeni, JSNTS 184(Sheffield: Sheffield Academic Press, 1999), pp. 17-48.참조, Kari Syreeni, "Separation and Identity: Aspects of the Symbolic World of Matt 6.1-18," *NTS* 40 (1994), pp. 522-41.

6) Merenlahti and Hakola, "Reconceiving Narrative Criticism," p. 33. Merenlathi는 신약성서 신학을 "역사적인 경험을 의미 있게 만드는 본문상의 소설(a textual fiction)"이라고 규정한다: Merenlathi, *Poetics for the Gospels?: Rethinking Narrative Criticism*, p. 117.

을 압도한다는 것은 아니다. 즉 지향점은 신학적인 목적이지만, 이를 드러내기 위해서는 이 세 가지 요소가 긴장관계를 유지하면서 균형을 갖추어 결국에는 신학적인 목적을 달성하는 것이다.

본문은 "이질적인 자료들의 현시," "과정의 결과," 그리고 "통합된 본문으로서 그 자신의 수준에서 설명되어야 하는" "현존하는 의미의 구조"로 간주되기 때문에 "요한복음서에 나타나는 기이함들, 어색한 구절들과 시제의 명확한 불일치"는 균형을 갖춘 방법론으로 해석할 필요가 있다.[7] 여러가지 요소들이 요한복음의 본문과 관련하여 등장하기 때문에 다양한 연구방법론이 필요하다는 문제가 제기될 수 있다. David Rhoads는 발상의 전환을 요구한다:

> 요한복음 밖의 세계에서 이야기 자체의 세계로… 간략한 양식비평적인 단위로부터 전체적인 요한복음 이야기(narrative) 연구로; 전승과 편집 층의 재건으로부터 최종적인 이야기의 단일한 표면층에 대한 분석으로; 편집자인 저자로부터 이야기(story)의 창조자인 저자로; 저자가 어떻게 복음서를 구성하였을지에서 독자들이 어떻게 그것을 경험했을지로…[8]

물론 Rhoads의 주장은 본문의 역사성에서 그 역사성을 배제한 해석으로의 전환을 요구한다고 할 수 있다. 그럼에도 불구하고 이 주장은 본문의 부분적인 의미보다는 전체적인 본문의 틀 속에서 의미를 파악해야한다는 바람직한 주장을 담고 있다. 분문의 역사성을

7) Johannes Nissen and Sigfred Pedersen eds., *New Readings in John*, JSNTS 182 (Sheffield: Sheffield Academic, 1999), p. 41.

8) Rhoads, "Narrative Criticism: Practices and Prospects," p. 266.

전제로 한다는 것은 본문이 형성되는 역사적인 과정보다도 완성된 본문의 형태가 지향하는 저자의 목적을 의미해야 한다. 그래서 역사성을 전제한다는 것은 본문의 전승과정에 대한 측면이 아니라 그 본문이 담고 있는 역사적인 상황을 의미하는 것이다.

특별한 방법론의 포기나 혹은 채용 대신에 역사적, 신학적, 그리고 문학적인 요소들이 성서를 읽는 과정에서 함께 작용해야 한다. 각 요소들로 인하여 다양한 방법론들이 필요하다면 이는 요한복음의 본문에서 의도하는 목적 대신에 각 방법론이 지향하는 결과만을 낳을 것이다. 요한복음에서 등장하는 세 가지 요소들은 상호 의존적이기 때문에, 각 요소들에 기초한 방법론의 통합이나 변형 대신에 각 요소들 간의 균형 속에서 그 의미를 산출하는 시도가 필요하다.[9] 그래서 복음서에 대한 분석은 역사적인 요소, 신학적인 요소, 그리고 문학적인 요소들이 상호 작용하도록 통합적인 연구를 할 필요가 있다.[10]

복음서의 전체 틀 안에서 각 구성 요소들의 상호 관계나 상호 작용은 의미가 산출되도록 기능한다. 일단 각 구성 요소들이 통합된

---

9) Merenlathi는 역사적인 것에서 문학적인 것으로의 '발상의 전환'과 '방법론의 균형'에 대한 주장을 하면서도 방법론들의 통합과 균형을 분명하게 구분하지 않는다. 그는 성서 비평은 성서 문헌들에 대한 "본문의 특징, 신학, 그리고 역사"에 대한 것이었다고 제시하면서 이제는 성서의 한 측면만이 지나치게 과장되거나 혹은 무시되지 않도록 균형을 갖추어야 한다고 설명한다: Merenlathi, *Poetics for the Gospels?: Rethinking Narrative Criticism*, pp. 116-7. 또한 Merenlathi는 "역사적인 것에서 문학적인 것"으로가 아니라 "문학적인 연구에서 무엇인가 새로운 것"으로의 전환을 주장한다.

10) Merenlahti and Hakola, "Reconceiving Narrative Criticism," p. 47.

다면 그 구성 요소들은 본래 가지고 있던 문자적인 또는 비유적인 기능 외에 새로운 의미를 가지게 된다. 즉, 요한복음 기자가 요한복음의 이야기를 전개시키는 전체적인 틀 속에서 각 요소들은 원래의 의미 대신에 새로운 역할을 부여받는다. 이는 각 요소의 부분적인 의미와 전체적인 의미 사이의 균형을 말한다. 부분적인 의미는 전체적인 이야기의 흐름 속에서, 그리고 본문의 최종적인 의미 속에서 요한복음 저자의 의도를 드러내는 것이다.

이야기의 한 부분인 역사적인 구성 요소마저도 다른 요소들과 관계되며 본문 안에서 이야기에 활력을 불어 넣는다. 역사적인 요소라고 해서 단지 역사적인 사건이나 요소들을 드러내는데 목적이 있는 것이 아니라 이를 통해서 전달하려는 의미가 있기 때문에 이 역사적인 요소도 결국에는 부분적인 요소로서 전체적인 의미 속에 수렴되는 것이다. 그렇지만 역사적인 요소들은 비록 역사적인 재건의 목적을 위해 사용되지 않았다고 할지라도 이야기 구성의 한 부분으로서 요한복음의 이야기를 생동감 있게 현재화시킨다. 역사적인 요소를 통해서 허구성을 제거시키며 이 복음서를 읽는 독자들에게 현실감 있는 사건의 전개를 전달한다. 역사는 단지 과거의 일로 끝나는 것이 아니라 이 역사가 해석될 때 의미를 만들게 되며, 이 역사는 본문의 형태로 독자들에게 전달된다.[11] 역사성 혹은 역사적인 사건을 포함하는 본문은 신학적인 관점(a theological perspective)도 포함한다. 왜냐하면 요한복음 저자가 이 역사성을 채택하여 사용할 때 이미 저자의 관점이 작동되는 것이며, 전체적인 요한복음의 틀 속에

11) Merenlathi, *Poetics for the Gospels?: Rethinking Narrative Criticism*, p. 117.

배치시킬 때 이미 다른 요소들과의 상관관계를 충분히 고려하였을 것이기 때문이다.

그렇다면 역사적인 요소, 문학적인 요소, 그리고 신학적인 요소들은 요한복음 안에서 어떤 방식으로 연결되어 있을까? 상호 독립적인 요소들이 각각의 성격을 유지하며 결합될 때 이들은 또 다른 의미를 전체적인 구조 속에서 산출한다. 역사적인 요소, 신학적인 요소, 그리고 문학적인 요소들의 상호관련성은 다음과 같이 정의할 수 있다: 신학적인 관점은 역사적인 사건(예수 그리스도)에 뿌리를 두면서 이야기 형태(narrative art)로 표현된다. 이 관련성은 신학적인 관점을 기초로 역사적인 사건이나 인물 그리고 이야기 형태가 전개되는 것이라고 할 수 있다(역사적인 사건/인물→신학적인 관점 ←이야기 형태). 중심축을 신학적인 관점이 형성하면서 이를 둘러싸고 역사적인 사건이나 인물 그리고 이야기 형태가 전개되기 때문에 주어진 본문에 대한 이해는 신학적인 관점에 대한 파악이 우선될 수밖에 없다.

신학적인 관점은 이 세 가지 요소들의 상호 작용에 의해 드러나며, 신학적인 목적을 통한 저자의 의도를 찾기 위해서는 이러한 세 가지 요소들의 통합과 상호작용이 서로 균형을 갖추도록 해야 한다. 이러한 균형 갖춤은 각 요소들의 본래의 의미를 배제하는 것을 전제로 하지 않고, 각 요소들의 본래의 의미를 기초로 그 본래의 의미가 비유적인지 아니면 문자적인지 그 특성을 확인한 후에 요한복음 이야기의 전체 구조 속에서 어떻게 기능하는지 찾는 것을 의미한다. 이 때, 본래적으로 문자적인 내용이 이야기 전개 속에서 비유적이 될 수 있으며 본래적인 비유 의미가 문자적이 될 수도 있다. 이와 같이 세 가지 요소의 균형은 의미 산출의 중요한 요소가 되는 것이다. 이 균형은 "역사적인 상황과 저자의 이데올로기 그리고 독자들의 상호 작용의 과정"이라고도 할 수 있다.[12] 그러므로 균형의 과정에서 한 요소에 대한 다른 요소의 우선성은 배제되어야 하는 것이다.

만일 세 가지 요소들이 형성하는 상호 작용의 균형을 깨뜨리고 특정한 요소에 비중을 둔다면 어떤 문제가 발생할 것인가? 그렇다면 강조되는 요소에 따라 그 이해가 달라질 것이다. 만일 역사성이 다른 요소들보다 더 강조된다면 요한복음 이야기는 지나간 역사의 한 부분으로 화석화되어 현대의 독자들에게 살아있는 의미를 제공하기보다는 단지 시대에 뒤떨어진 교훈을 주는 책으로 간주될 것이다. 만일 신학적인 요소가 더 강조된다면 어떻게 될까? 그 결과는 부분적인 교훈과 요소에 초점이 맞추어져 전체적인 의미 파악이 어렵게 될 것이다. 또한 문학적인 요소가 강조된다면 이는 독자에 의해 의미가 좌우되며 다양한 의미가 산출될 것이다. 따라서 본문에 대한 역사적인 이해는 신학적인 이해를 통해 보완되어야 하고, 신학화되고 역사화 된 본문에 대한 신학적인 이해는 전달 도구인 문학적인 요소에 의해 보완되어야 한다. 이 세 가지 요소가 균형을 갖추어 상호 보완적이고 상호 충족적일 때 신학적, 문학적, 그리고 역사적인 요소들은 본문(text)을 둘러싸고 있는 상황(context)인 동시에 본문의 핵심(core)이 된다. 따라서 이 세 가지 요소들의 상호 작용을 통해서 균형을 갖춘 본문의 의미가 표출되며, 독자들은 요한복음의 전체 구조 속에서 저자가 본문을 통해서 전달하고자 하는 의미를 파악할 수

12) Merenlahti and Hakola, "Reconceiving Narrative Criticism," p. 47.

있게 된다.13) 이러한 전제를 토대로 요한복음의 사건이나 인물이 가지고 있는 상징적인 요소들의 문자적인 의미와 비유적인 의미의 균형을 통해서 어떻게 요한복음의 이야기가 전개되는지를 살펴볼 것이다.

13) Merenlahti와 Hakola가 지적했듯이 세 요소들은 적대적이지 않고 독립적이며 상호 유익을 준다고 한다. 이들은, 역사비평은 서사비평가들이 이야기 속에서 진행되고 있는 내용을 잘 이해하도록 돕는 것이며, 또한 이 서사비평은 역사적인 탐구에서 꼭 필요한 부분이어야 하고 그 반대로도 마찬가지라고 주장한다. Merenlahti and Hakola, "Reconceiving Narrative Criticism," p. 47. M. C. De Boer는 요한복음서 연구를 위한 역사비평과 서사비평 방법은 실제로 "저자 - 본문 - 독자"라는 틀 속에 놓여 있기 때문에 특정한 연구방법의 배제 대신에 상호 보완과 조화가 필요하다고 설명한다. M. C. De Boer, "Narrative Criticism, Historical Criticism, and the Gospel of John," JSNT 47 (1992), pp. 35-48.

제2장 상징의 구성과 전개

비유적인 의미와 문자적인 의미가 정교하게 배열된 요한복음을 이해하기 위해서는 비유적인 표현과 문자적인 표현이 요한복음의 이야기 전개 속에서 어떻게 흐르고 있는지를 우선적으로 살펴볼 필요가 있다. 요한복음의 이야기가 전개되는 동안에 상징적인 표현들은 문자적인 의미와 비유적인 의미의 정교한 균형 속에서 상대적인 기능을 가지게 된다. 이 상대성은 비록 드러난 표현이 문자적인 의미를 드러낸다고 해도 실제로는 비유적이며, 비유적인 의미를 가진다고 해도 실제로는 문자적인 성격을 가지기도 한다. 그렇기 때문에 요한복음의 이야기가 전개되는 과정에서 어떤 기능을 하는가에 따라 문자성과 비유성이 결정된다고 할 수 있다.

여기에서는 요한복음의 전체적인 구조 속에서 비유적이며 문자적인 상징 요소들의 흐름을 개략적으로 소개하면서, 이 요소들이 어떻게 상호성을 가지고 작용하는지 찾아볼 것이다. 이 책의 전체적인 방향을 제공할 때 그 출발점이 되는 니고데모와 예수님과의 대화에서 나타나는 요소들은 문자성과 비유성의 대립과 조화를 동시에 보여준다. 다시 말하면 예수님과 니고데모와의 대화는 전형적으로 문자적인 요소와 비유적인 요소의 충돌을 나타내는 대표적인 실례로 간주되기 때문에, 이 대화에 등장하는 질의와 대답의 성격은 문자적이며 비유적인 상호 작용의 토대를 제공한다. 이러한 개념을 전제로 요한복음 전체에 흐르는 문자성과 비유성을 드러내는 상징들의 상호 작용과 그 흐름을 살펴볼 것이다.

1. 기능의 상대성

요한복음을 읽으면서 만나는 비유적인 의미는 종종 영적인 의미로 간주되거나 혹은 문자적인 의미를 추월하는 어떤 심오한 의미를 가진 것으로 해석되기도 한다. 즉 영적인 의미가 물질적인 의미보다도 우선하는 것으로 혹은 문자적인 의미보다도 이 문자성의 배후에 있는 비유적인 의미가 우선하는 것으로 취급되는 경향이 있다. 비유적인 의미에 대한 강조와 이해는 비유적인 의미의 단순성을 뛰어 넘어 이 표현 뒤에 어떤 심오한 의미가 있다는 상상을 불러일으키기도 한다. 그래서 이러한 시도는, 문자적인 의미는 표면적으로 나타나는 방향타와 같기 때문에 이 표면적인 한계를 뚫고 들어갈 때 비유적인 내면의 의미를 찾을 수 있다고 간주한다. 요한복음을 읽으면서 겉으로 드러나는 비유적인 표현과 문자적인 표현의 갈등은 종종 비유적인 표현의 우월성으로 귀착된다. 그렇다면 실제로 비유적인 의미가 일반적으로 심오하고 실제적이라고 하는 영적인 차원을 드러낼 수 있을까? 이 영적인 차원은 항상 상위의 개념을 가지고 있는 것일까?[1] 이 둘의 구조는 일반적인 상식을 넘어 상호 입장이 바뀌지는 않을까? 즉, 계층적인 구조와 이분법적인 대칭 관계가 이야기가 전개되는 동안 서로 바뀔 수 있을까? 혹은 반복해서 이들의 위치가 역전될 수 있을까?[2] Moore가 제시한 이중적인 계층적 대립구조는 그의 주장과 같이 이야기 전개 동안에 역전될 수도 있다. 그렇기 때문

---

1) L. Th. Witkamp, "Jesus' Thirst in John 19:28-30: Literal or Figurative?," *JBL* 115 (1996), p. 499.

2) 요한복음의 이야기(narrative) 속에서 내부적인 일관성이 있다고 해도 해체의 가능성이 제기된다. 왜냐하면 이야기(narrative)의 일관성과 같은 이론적인 모델(theoretical models)은 "보편적인 구조가 아니라 우발적인 구조, 즉 그와 같이 해체 가능한 것을 나타낸다"고 보기 때문이다. 그래서 Merenlathi는 Moore의 시도(Moore, "Are There Impurities in the Living Water That the Johannine Jesus Dispenses? Deconstruction, Feminism, and the Samaritan Woman")에 대해, Moore는 요한복음에 나타난 물의 상징을 취급하면서 물의 개념을 요한복음의 전체 틀 안에서 고정되고 견고한 개념으로 일관되게 해석해서는 안 된다는 것을 보여주었다고 평가한다: Petri Merenlathi, *Poetics for the Gospels?: Rethinking Narrative Criticism* (London: T&T Clark, 1999), p. 29. Stephen D. Moore는 예수님의 갈증과 관련하여 전개시키는 사마리아 여인에 관한 이야기를 해체이론(Deconstruction)을 통해 분석하면서, 요한복음에 등장하는 여러 가지 "계층적 대립"(hierarchical opposition)은 역설적으로 붕괴된다고 제시 한다: "예를 들어 우물로 가는 길은 다음의 내용들로 정렬되어 있다: 이해/무지(1:10, 26, 31; 3:10-11. 참조, 1:18), 영적/문자적(2:19-21; 3:3-4), 영/육(3:6. 참조, 1:13), 하늘의 일들/땅의 일들(3:12. 참조, 3:31), 빛/어두움(3:19-21. 참조, 1:7-9), 성령 침례/물 침례(1:31-33. 참조, 3:5), 기적적인 포도주/정결 의식을 위한 물(2:6 ff.), 하늘로 올라감/내려 옴(1:51; 3:13. 참조, 3:31), 등": Stephen D. Moore, "Are There Impurities in the Living Water That the Johannine Jesus Dispenses? Deconstruction, Feminism, and the Samaritan Woman," *BI* 1 (1993), p. 209, 225.

에 문자적인 표현에 대한 비유적인 표현의 일방적인 우월성 대신에 이 두 종류의 표현 방식이 어떻게 요한복음 안에서 기능하는지를 찾을 필요가 있다. 이는 어느 한 표현 방식의 우월성을 전제로 하기보다는 요한복음 안에서 문자성과 비유성의 구분은 상대적이기 때문에 이 상대성을 근거로 문자성과 비유성을 정의해야 한다는 것이다.

문자성과 비유성은 상호 우월적 위치를 점하기 위한 갈등의 성격이 아니라 상호 보완적인 요소가 된다. 따라서 어느 한 요소에 대한 우월성을 제공하여 본문의 객관성을 뒤집는 대신에 문자적이며 비유적인 표현들을 상징적인 연상 속에서 균형을 갖추게 할 필요가 있다. 상대성을 가진 존재를 통해서 어느 한 편의 의미가 형성될 수 있으며 이 둘은 상호 보완적이면서 다른 한편의 의미 제공에 기여를 한다. 물론 어느 한 편에 대한 우월성은 그 상대성 속에서 보다는 이야기의 전개 과정 속에서 결정될 수 있으며, 이 우월성 역시 이야기가 계속 전개되면서 역전될 수 있다. 실례로, 빛과 어둠의 관계도 이러한 도식 속에서 이해할 수 있다. 일반적으로 어둠은 악하고 빛은 선한 구조로 설정되며 언제든지 빛이 어둠에 대해 우월성을 가진 것처럼 보이지만, 그러나 어둠이 없이는 빛이 설 수가 없다. 어둠과 빛의 구조를 빛에 대한 우월성을 제기하는 이분법적인 구도 속에서 보다는 요한복음의 이야기 전개 속에서 나타나는 빛과 어둠의 상대성 속에서 이해할 필요가 있다. 즉 빛과 어둠의 본래적인 이미지를 이야기의 요소에 담아 선입견을 갖기 보다는 이야기의 전개 속에서 이 두 요소의 기능을 상대성에 비추어 파악해야 한다는 것이다.

비유적인 것과 문자적인 것이 교환될 수 있듯이 주변과 중심의 역할도 계속해서 교체될 수 있다. 이러한 구조는 예수님과 니고데모의 대화 속에서도 찾아볼 수 있다. 비유적인 의미를 문자적으로 이해한 전형으로 그리고 영적인 이해를 물질적인 이해로 전락시킨 이야기로 간주되는 이 대화에서 두 가지 대립되는 성격은 상호 교체될 수 있다. 다시 말하면 예수님과 니고데모의 대화 장면에서 표면적으로 등장하는 물질적인 이해에서 비유적인 이해로의 촉구는 요한복음의 이야기가 전개되는 동안에 표면적인 의미와 같이 비유적인 거듭남에서 문자적인 거듭남으로 발전된다. 표면적인 이해를 넘어 비유적인 의미로 전환되는 것이 아니라 오히려 비유적인 이해에서 표면적인 이해가 성취되는 방향으로 흐르게 되는 것이다. 문자적인 니고데모의 대답은 니고데모를 아이러니의 희생자로 만들지 않는다. 오히려 대화 속의 비유적인 요소는 문자적인 요소 속으로 흡수된다. 니고데모의 모호성이 그의 특징이지만 문자적인 니고데모의 이름조차 비유적인 '거듭남'을 상징한다고 할 수 있다. 예수님과 니고데모의 대화에서 니고데모의 반응은 거듭남에 대한 주제를 확장시키며 대화가 이 주제에 집중되도록 만든다. 비록 니고데모에 대한 일반적인 인물평은 그를 비유적인 거듭남을 문자적으로 이해한 어리석은 사람으로 간주하는 것이지만, 그럼에도 불구하고 그의 이름은 이 거듭남의 주제를 떠오르게 만든다. 그렇기 때문에 니고데모는 요한복음에서 긍정적이든지 아니면 부정적이든지 간에 Jouette Bassler의 지적과 같이 '거듭남'을 상징하는 인물이 되는 것이다.[3)]

---

3) Jouette M. Bassler, "Mixed Signals: Nicodemus in the Fourth Gospel," *JBL* 108 (1989), pp. 644-5.

문자적인 성격은 항상 낮은 단계의 요소가 아니라 비유적인 의미에 접근할 수 있는 통로가 되기도 하며, 비유적인 의미를 성취시키는 중요한 동기가 된다. 이 경우에 문자적인 의미는 비유적인 의미와 균형을 갖추어 새로운 의미를 생성한다. 예수님의 갈증 및 이와 관련되어 나타나는 요한의 기록이 이에 대한 중요한 근거를 제공한다. 요한복음 19장 28-30절에 반영되어 있듯이 예수님의 문자적인 요구("내가 목마르다")는 비유적인 성취("성경을 응하게 하려 하사")를 낳는다(19:28-30, "그 후에 예수께서 모든 일이 이미 이루어진 줄 아시고 성경을 응하게 하려 하사 이르시되 내가 목마르다 하시니 거기 신 포도주가 가득히 담긴 그릇이 있는지라 사람들이 신 포도주를 적신 해면을 우슬초에 매어 예수의 입에 대니 예수께서 신 포도주를 받으신 후에 이르시되 다 이루었다 하시고 머리를 숙이니 영혼이 떠나가시니라"). 환언하면, 문자적인 갈증은 성경을 문자적으로 응하게 하는 비유적인 이미지이며, 문자적인 만족(19:29, 갈증 해소)은 비유적인 성취(19:30, "다 이루었다")가 된다.[4] 이와 같이 문자적인 성격과 비유적인 성격은 상호성 속에서 정해진다. 비유적인 성격이든지 아니면 문자적인 성격이든지 간에 이에 대한 정의는 고정되지 않고 이야기 속의 다양한 상황에 따라 상대성을 갖는다.

4) 다음의 표적들을 보라. 첫 번째 표적을 제외하고는 모두 문자적인 몸과 관련되어 비유적인 성취를 이룬다. 부활을 기대하는 표적: 빈 항아리와 새포도주(2:1-12), 거의 죽게 된 왕의 신하 치료(4:46-54), 38년 된 병자의 치유(5:1-9), 육(떡)을 줌/오천 명을 먹이심(6:1-14), 날 때부터 맹인 된 사람을 고침(9:1-12), 죽은 나사로를 살림(11:1-44), 부활의 실현/빈 무덤과 부활(20:1-18).

2. 상징적 표현들의 상호 작용

요한복음에는 많은 상징적인 표현들이 있다. 비유적인 상징과 문자적인 상징들이 상호 밀접하게 연관되면서 이야기 전개를 촉진시킨다. 처음에는 독립성을 가진 것처럼 보이는 상징적 표현들이 이야기가 전개되면서 서로 밀접한 관련을 가지며 그 성격을 드러낸다. 이러한 상징들 가운데 '거듭남'의 경우는 요한복음의 전체 방향을 제공해주는데, 요한복음 기자는 이야기를 전개시키는 동안에 요한복음 3장에서 처음으로 등장하는 '거듭남'의 개념을 예수님과 니고데모와의 대화에서 벌어지는 모태 논쟁 및 예수님의 부활을 상징하는 빈 무덤과 관련하여 넌지시 암시하고 있다.

기독론과 관련된 '하나님의 아들'과 '인자' 칭호가 있다. 이 두 가지 칭호는 기독론과 구원론을 이끄는 핵심 요소로서 요한복음의 이야기 전개 과정에서 중요한 부분을 이룬다. 하나님의 아들칭호와 상대성을 가지며 짝을 이루는 인자의 들리움의 과정이 요한복음의 이야기가 전개되는 동안에 반영되어 있다. 이 들리움은 요한복음의 전반에 걸쳐 진행되는데, 이 과정에서 들리움은 인자의 정체를 드러내면서 '하나님의 아들'이라는 칭호와 조화를 이룬다. 그 외에도 '물,' '포도주,' '육,' '몸,' '여자,' '어머니,' '내려옴과 올라감,' '보혜사' 등과 같은 상징적인 주제들이 있다. 이러한 주제들도 요한복음 안에서 발생하는 관계의 상대성 속에서 각각의 독특한 기능을 수행한다. 그렇기 때문에 요한복음 3장에서 나타나는 니고데모의 문자적인 답변과 같이 어떻게 예수님의 부활이 문자적인 동시에 비유적으로 그리고 물질적인 동시에 영적으로 성취되는지를 거듭남과 관련된 주제 속에서 밝히기 위해 이러한 요소들이 상호 어떻게 작용하여 비유적으로/문자적으로 상징적인 기능을 수행하는지 살펴볼 것이다.

3. 문자적-비유적 요소의 흐름

요한복음의 이야기 전개 속에서 문자적이며 비유적인 요소들은 상호 균형을 갖추고 있다. 몇 가지 주요 상징적인 요소들이 이야기의 흐름을 주도하면서 전체적인 요한복음의 구성을 형성시킨다. 아버지-아들 관계의 개념이나 육적이며 영적인 요소들의 균형은 문자적이며 비유적인 요소들의 상징성을 통해서 펼쳐진다.

부활의 상징성

요한복음에서 비유적인 요소와 문자적인 요소의 충돌은 3장의 대화 장면에서 등장하는 거듭남과 관련된 질의와 답변에서 표출된다. 실제로 이 대화 이후부터 첫 번째 표적을 통해 상징성을 갖게 된 '물이 포도주로 바뀌는 개념'이 본격적으로 전개된다. 첫 번째 표적을 통해 예고된 예수님의 부활이 비유적이며 문자적인 상징들의 상호 관련성 속에서 전개되기 때문에, 이 거듭남에 대한 논쟁을 기점으로 어떻게 문자적이며 비유적인 예수님의 부활 사건과 이 거듭남이 관련되는가를 요한복음 이야기의 전체 구조 속에서 이해할 필요가 있다. 요한복음 20장에 나타난 예수님의 부활 사건은 3장의 니고데모와의 대화와 밀접한 관련성을 갖고 펼쳐진다. 예수님께서 부활하신 빈 무덤과 니고데모가 언급한 문자적인 출생 사이에 어떤 관계가 있을까? 요한복음에서 인자의 운명과 관련된 들리움이 문자적이며 비유적인 그리고 육체적이고도 영적인 예수님의 십자가의 죽음을 의미하면서 그의 부활과 어떤 관련성을 가지는가? 이러한 문제제기 속에서 예수님의 부활이 문자적으로 그리고 비유적으로 성취되면서 3장의 거듭남의 논쟁이 실현되는 것을 찾아볼 것이다.

필자는, 요한복음에 나타난 예수님의 부활을 니고데모의 대답에 반영된 문자적인 거듭남의 반영으로 간주할 것이며, 어떻게 문자적이며 비유적인 요소가 균형을 갖추는지 제시할 것이다. 예수님의 부활 사건은 단지 예수님의 부활만을 위해 기록된 것이 아니라 확대되어 요한복음을 읽는 독자들을 위한 부활이 된다. 다시 말하면 예수님과 니고데모의 대화는 단지 이 둘만의 대화가 아니라 예수님과 독자들의 대화 또는 독자들과 니고데모의 대화일수도 있다. 예수님의 문자적인 부활은 독자들의 비유적인 부활을 위한 표상이 되며, 다른 한편으로 독자들의 부활은 예수님의 비유적인 부활에 대한 문자적인 성취이다. 비유적이며 문자적인 예수님의 부활이 문자적이며 비유적인 독자들의 부활에 대한 모태가 되는 것이다. 요한복음의 이야기(story) 속에서 예수님의 부활은 문자적이다. 그러나 줄거리(plot) 속에서 그 부활은 비유적이다.[5] 그렇지만 이 둘의 구분은 어느 한편에

5) 요한복음에 대한 연구에서 이야기(story)와 줄거리(plot)를 구분하기도 한다. 그러나 이 둘의 구분이 언제나 필요한 것은 아니다. 예수님을 비롯한 등장인물들의 직접적인 말씀이나 요한의 설명이 결합되어 저자의 기록목적을 드러낸다. 이야기와 줄거리의 구별을 위해서는 다음을 보라: R. Alan Culpepper, *Anatomy of the Fourth Gospel* (Philadelphia: Fortress, 1983), pp. 78-98. 일반적으로 이야기는 사건을 순서대로 펼친 것으로 정의되며 줄거리는 특별한 결과를 가져오는 구조로 간

대한 우월성 부여에 기초한 것이기 때문에 오히려 균형을 갖춘 이해의 방해가 될 수 있다.

따라서 이야기에 대한 줄거리의 우월성 대신에 상호성 속에서 이야기와 줄거리의 관계를 이해할 필요가 있다. 실제로 요한복음에서 등장하는 예수님은 그의 문자적인 역할을 통해서 비유적인 역할을 실행하며, 동시에 비유적인 역할을 통해서 문자적인 사명을 성취하신다. 문자적으로 예수님의 죽은 몸을 포함하는 무덤은 역설적으로 그의 첫 번째 출생을 반영하며(1:14; 19:40-42), 예수님의 죽은 몸이 존재하지 않는 빈 무덤은 그의 부활을 반영한다(20:9. 참조, 2:21, 22). 이러한 내용을 비유적으로도 이해할 수 있다. 그의 죽은 몸을 담고 있는 무덤은 그의 부활을 예고하며, 첫 번째 출생이 사라진 빈 무덤은 역설적으로 오히려 그의 첫 번째 출생을 입증한다. 죽음과 부활은 결국에는 3장에서 내포되고 예고된 대로 문자적이며 비유적인 죽음과 부활의 균형 속에서 성취되는 것이다.

예수님의 몸의 부재를 증거 하는 빈 무덤은 이 사건의 전조가

주된다(줄거리는 저자의 신학으로 간주될 수 있다). R. Alan Culpepper는 요한복음에서 줄거리의 전개를 예수님의 정체가 어떻게 알려졌고 또한 어떻게 이 정체가 알려지는 것이 실패했는지와 관련하여 설명한다. 물론 요한복음에서 예수님의 사역의 성취는 이야기로 그리고 성경의 성취는 줄거리로 간주할 수 있을 것이다. 그러나 이 둘을 날카롭게 구별하는 것은 사실상 쉬운 일이 아니다. 이야기와 줄거리도 밀접하게 결합되어 전개되기 때문에 그 작품의 지향 목적을 통해서 이야기와 줄거리로 구분하는 것은 한계가 있으며, 특히 요한복음에서는 문자와 비유적인 성격 가운데 비유적인 의미에 대한 우월성 부여를 줄거리로 그리고 문자적인 성격을 이야기로 간주하면서 문자적인 성격 속에 담긴 비유적인 의미를 찾는 경향에서 벗어날 때 이 둘의 균형 속에서 요한복음을 이해할 수 있을 것이다. 이 책에서는 필요한 경우가 아니면 이 둘에 대한 구분을 하지 않고 내용을 전개시킨다.

되는 첫 번째 표적 사건에서 이미 예고된 바 있다. 빈 무덤은 2장에서 등장하는 여섯 개의 돌항아리를 채우는 상징적인 일곱 번째 돌항아리가 될 뿐만 아니라 이전의 여섯 개의 표적들을 뒤 이은 마지막 표적으로써 독자들에게 새로운 포도주를 공급하는 상징이 된다. 이 상징적인 포도주와 포도주 사건이 비유적으로 그리고 문자적으로 예수님의 죽음 및 부활과 연결되면서 새로운 돌항아리처럼 그 상징적 기능을 수행하는 것이다.

혈통의 상징성

요한복음의 이야기는 혈통에 근거한 계보의 이미지를 통해서도 펼쳐진다. 요한복음은 다른 복음서와 달리 예수님의 출생 장면이나 족보를 소개하지 않고 초자연적인 방법으로 예수님의 출현을 소개한다. 독특한 방식으로 예수님을 소개하는 마가복음과 비교할 때도 요한복음에서 예수님의 출현 장면은 특징적이다. 마가복음은 예수님의 출생 장면이나 족보의 소개 없이 예수님이 이야기 속에서 갑자기 등장하여 기적을 베풀며 이 땅에서 활동하시는 모습을 소개한다. 그런데 요한복음은 마가복음의 소개방식을 뛰어넘으며 침례 요한을 통해서도 예수님의 출현을 예고하지 않는다. 요한복음은 이 모든 것을 초월하는 선재(先在) 기사로부터 그 전개를 시작하며, 그의 성육신이 선포되는 구절에서 아버지와 아들의 관계를 직설적으로 표현한다 (1:14, "말씀이 육신이 되어 우리 가운데 거하시매 우리가 그의 영광을 보니 아버지의 독생자의 영광이요 은혜와 진리가 충만하더라").

이와 같이 요한복음은 아버지와 아들이라는 혈통 개념을 통해서 그리스도의 출현을 드러낸다. 성육신의 실체를 아버지-아들의 도식을 통해서 비유적으로 그리고 문자적으로 전달하는 것이다. 즉, 요한은 침례 요한의 직접적인 증언인 아버지와 아들 관계의 도구를 활용하여 이 실체를 밝힌다(참조, 1:15ff.; 1:34, "내가 보고 그가 하나님의 아들이심을 증언하였노라 하니라"). 또한 요한은 하나님과 사람의 관계를 설명하면서 이 관계도 혈통 개념으로 표현한다(1:13, "이는 혈통으로나 육정으로나 사람의 뜻으로 나지 아니하고 오직 하나님께로부터 난 자들이니라"). 이 혈통 개념은 하나님과 사람의 관계뿐 아니라, 하나님과 예수님 사이의 관계를 표현하는 요한복음의 중요한 상징이 된다. 다시 말하면 하나님과 그리스도, 하나님과 인간관계를 망라하는 표현으로 '아버지-아들'이라는 혈통 관계의 개념이 요한복음 전반에 걸쳐 활용된 것이다.

이러한 개념을 토대로 문자성과 비유성의 맥락에서 아버지와 아들의 관계를 이해할 수 있다. 문자적이며 비유적인 요소들이 각자의 기능을 수행하며 상호 연결되듯이 문자적인 아들(son)은 비유적인 아버지(the Father)를 내포하며 문자적인 어머니(mother)는 비유적인 아들(the Son)을 내포한다. 또한 문자적인 아들(the Son)은 비유적인 아들(son)의 문자적인 어머니(mother)를 내포한다. 매우 복잡한 도식 속에 이 관계를 설명하는 것처럼 보이지만, 중요한 핵심은 예수님의 아버지(father)와 어머니 가운데 요한복음에서 특징적으로 소개하는 것은 그의 어머니라는 점이다. 이 어머니는 첫 번째 표적인 가나의 포도주 기적 사건에 등장하면서 그 역할에 대한 궁금증을 불러일으키지만, 요한복음에서는 예수님 스스로 그녀를 어머니라고 부르지 않는다. 또한 그의 어머니의 상대성인 아버지 요셉의 활동은 요한복음에서 보고되지 않는다. 대신에 '아버지' 칭호는 그의 아버지가 아니라 하나님에 대한 칭호로 빈번히 소개된다. 이러한 흐름 속에서 아버지-아들 관계에 대한 이해를 시도하는 것이다.

아버지-아들 관계의 도식은 어떻게 작동하면서 요한복음의 이야기 전개를 촉진시킬까? 이 관계의 도식은 우선적으로 예수님의 출현 및 그의 사역과 관련하여 기능을 한다. 말씀이 육신이 되셨다는 첫 번째 출생의 선언과 인자의 정체를 점진적으로 드러내는 '아버지(the Father)-아들(the Son)' 관계는 들리움과 관계되며, '어머니(mother)-아들(the Son)' 관계는 비유적인 두 번째 출생 및 하나님의 아들의 정체를 드러내는 부활과 관련된다.[6] 필자는 들리움의 범주로부터 부활을 배제하며 들리움을 예수님의 사역의 완성으로 전제한다. 아버지-아들 관계의 도식 속에 드러나는 혈육의 개념을 활용하여 예수님의 정체와 관련된 미묘하고도 복잡한 관계를 정리할 때 문자적이며 비유적인 거듭남의 실체가 밝혀진다. 잘 알려진 바와 같이 요한복음의 전체적인 윤곽을 제공하는 서언은 '육'의 개념을 소개한다(1:14). 요한복음의 중요한 특징 중에 하나인 서언에서 로고스의 선존재(先存在)를 설명하면서 동시에 로고스가 세상을 창조하였고, 빛이었고, 세상에 왔다는 사실을 소개한다. 이 후에 설명되는 '육'의 출현은 매우 충격적이다. 비유적으로, 요한복음의 서언은 인간이 가늠할 수 있는 (심지어 창세기의 창조 순간마저도 뛰어넘는) 시간과 공간을 초월하는 높이(the divine heights)까지 급상승 한 후 갑자기 땅으로 급강하하는데, 이 급

6) 제 11장에서 인자와 하나님의 아들이 기능적으로 어떻게 구별되는지를 논의할 것이다.

강하는 "말씀이 육신이 되어 우리 가운데 거하시매"라는 선언으로 절정을 이룬다(1:14).[7] 높은 공중에서 선회하던 독수리가 갑자기 하강하듯이, 말씀이 육신이 되었다는[8] 이 선언은 십자가의 죽음과 부활사건에서 그 의미가 완성되기까지 문자적이며 비유적인 혈통 개념의 구조 속에서 설명된다.

문자적-비유적 요소의 상호성

일반적으로, 예수님과 니고데모와의 대화는 영적인 교훈과 육적인 답변의 갈등을 보여줄 뿐만 아니라[9] 문자적인 대답(니고데모)과 비유적인 요구(예수님)의 충돌로 알려져 있다. 물론 이 대화는 문자적

---

7) Richard A. *Burridge, Four Gospels, One Jesus?: A Symbolic Reading* (London: SPCK, 1994), p. 134.

8) Richard A. Burridge는 요한복음 서언을 "고공비행의 전망"(the high-flying perspective)으로 부르면서 요한복음을 "고공을 비행하는 독수리-요한의 예수"(High-Flying Eagle-John's Jesus)라고 칭한다: Ibid., pp, 131-61.

9) 이 대화에서 드러나는 영적인 것과 육적인 것의 갈등은 주로 예수님의 교훈에 대한 니고데모의 인식에 기초한 것이다. 니고데모의 입장은 이 책의 제 4장에서 자세히 설명하겠지만, 니고데모는 예수님의 교훈뿐만 아니라 예수님에 대한 인식마저도 그를 한 분의 선지자로 여길 뿐이었다는 것이 그에 대한 일반적인 평가이다. Marinus De Jonge은, 니고데모가 단지 예수를 "예언자, 혹은 모세와 같은 선생"으로 인식했다고 설명한다: Marinus De Jonge, *Jesus: Stranger from Heaven and Son of God*, ed. and trans. John E. Steely, SBL 11 (Missoula: University of Montana, 1977), p. 145. 그러나 이러한 주장은 니고데모가 이 대화의 주요 주제인 거듭남의 영적인 의미를 몰랐다는 전제에 기초해 있기 때문에 이 대화의 비유적이며 문자적인 요소들의 균형을 통해서 니고데모의 역할에 대한 재평가가 필요하다.

이며 비유적인 요소의 날카로운 긴장과 함께 육체적인 출생에 대한 영적인 출생의 우위를 보여준다는 표면적인 인상을 준다. 즉 이 대화는 외면적으로 예수님의 답변이 니고데모의 문자적인 질문을 압도했다는 인상을 준다. 그렇기 때문에 비록 니고데모의 질문이 문자적인 것으로 보인다고 해도 거듭남과 관련한 비유적인 대답과 방법을 기대하게 만든다. 그렇지만 비록 예수님의 답변이 비유적이라고 할지라도 거듭남의 문자적인 성격을 내포한다고 할 수 있다(참조, 3:8, "바람이 임의로 불매 네가 그 소리는 들어도 어디서 와서 어디로 가는지 알지 못하나니 성령으로 난 사람도 다 그러하니라"). 요한복음에는 문자적이며 비유적인 요소들의 균형이 정교하게 맞추어져 있으며 예수님과 니고데모와의 대화에서도 문자적이며 비유적인 요소들이 상호성 속에서 균형을 갖추어 상징적인 역할을 한다.

예수님의 사역의 절정을 보여주는 그의 죽음은 그 원인에 대한 문자적이며 비유적인 정교한 균형을 보여준다. 예수님의 죽음은 요한복음의 줄거리(11:47-53) 및 빌라도의 넘김(19:16)과 관련하여서는 문자적이지만, 그러나 사탄의 개입(13:2, 27) 및 하나님의 계획(14:31; 10:18)과 관련하여서는 비유적이다. 요한복음을 읽을 때 문자적인 성격을 배제한다면 이야기의 흐름을 놓치게 되며, 비유적인 요소들을 간과하면 줄거리를 잃게 될 것이다. 물론 문자적이며 비유적인 죽음의 원인은 서로 긴밀하게 얽혀있다는 것을 주목해야 한다. 한편 11장 47-53절에 등장하는 줄거리는 사탄과 관련되며(13:2, 27), 반면에 빌라도의 행동(19:16, "이에 예수를 십자가에 못 박도록 그들에게 넘겨 주니라")은 아버지의 계획과 관련된다(14:30, 31). 문자적인 의미에 대한 기민한 인식은 비유적인 의미에 대한 균형을 갖춘 이해를 낳고, 비유적인 의미 파악은 균형을 갖춘 문자적인 의미에 대한 이해를 낳는다. 따라서 철저한 문자적인 이해는 오해가 아니라 비유적인 의미를 이해하는 전제가 된다고 할 수 있다.[10)]

균형을 갖춘 이해는 예수님과 사마리아 연인과의 대화(4장)에도 적용할 수 있다. 이 대화에서는 '물'과 '갈증'이 정교하게 얽혀 비유적으로/문자적으로 의미를 산출하는데, 이 대화의 배경을 이끌고 가는 주요 요소인 '갈증'의 표면적인 현상은 육체적인 것(somatic)이며 내면적인 역할은 이 대화를 실질적으로 이끌고 가는 기호(semiotic)라고 할 수 있다.[11)] 비록 이것들이 육체적이거나 혹은 기호라고 해도 각자는 상호간에 서로 전제가 되기 때문에 상징적인 연상과 관련한 의미 산출을 위해 상호 균형이 갖추어져야 하는 것이다.

---

10) 그러나 L. Th. Witkamp는 이러한 종류의 철저한(down-to-earth) 이해는(예를 들어, 예수님의 목마름에 대한 군병들의 마실 것 제공: 19:29) "단지 오해이며 이는 나레이터의 "문학적인 장치"라고 주장한다: Witkamp, "Jesus' Thirst in John 19:28-30: Literal or Figurative," p. 498. 그렇지만 요한복음의 이야기가 전개되는 틀 속에서 이러한 오해 같은 이해도 비유적인 의미를 산출하는 기능을 한다. 예수님의 상황과 요한의 설명이 어우러지면서 문자와 비유적인 표현과 이해들이 균형을 갖추는 것이다.

11) 참조, Gary A. Phillips, "The Ethics of Reading Deconstructively, or Speaking Face-to-Face: The Samaritan Woman Meets Derrida at The Well," *The New Literary Criticism and the New Testament*, ed. Elizabeth Struthers Malbon and Edgar V. Mcknight (Valley Forge: Trinity Press, 1994), p. 302. 영적인 충족을 위한 육적인 충족의 전제를 Moore는, "예수님의 육적인 갈증의 충족은 신자들의 영적인 갈증을 [성령으로] 충족시키기 위해 의도된 예변적(proleptic)인 포기를 위한 필요한 전제조건"이라고 설명한다: Moore, "Are There Impurities in the Living Water That the Johannine Jesus Dispenses? Deconstruction, Feminism, and the Samaritan Woman," p. 219.

'여자' 칭호의 상징성

요한복음 2장에서 돌항아리가 등장할 때 예수님의 어머니가 소개되며, 예수님의 빈 무덤과 그의 부활 사건에서는 막달라 마리아가 등장한다. 이 두 인물은 예수님의 출생과 부활, 그리고 상호 비유적으로 관련을 가지는 돌 항아리 및 빈 무덤과 더불어 등장하며 각각 예수님에 의해 "여자"로 불리며 소개된다. 포도주 표적과 더불어 등장하는 돌항아리들은 비유적으로 미리 암시하는 빈 무덤을 연상시킨다고 할 수 있다. 물이 포도주로 바뀌듯이, 처음에 육체로 태어나신 예수님은 빈 무덤을 통해서 비유적으로 새로운 태어남인 부활을 확증하신다. '여자'로 불리는 두 여인이 이 두 사건에 등장하여 주요 역할을 수행한다.

예수님은 그의 어머니를 결코 '어머니'라고 부르지 않으며 요한복음 기자도 예수님을 그 여자의 아들로 묘사하지 않고, 대신에 그는 그 여자를 '예수의 어머니'라고 소개할 뿐이다. 비록 문자적인 관계가 있다고 해도 '여자'라고 부르는 비유적인 관계가 도드라진다. 요한복음에서 이 두 여인들은 첫 번째 표적과 마지막 표적에 관계되기 때문에 첫 번째 표적과 마지막 표적에 대한 이해를 위해서는 이 두 여자의 역할에 대해서도 의미를 부여 할 필요가 발생하는 것이다. 물론 필자는 교차대칭구조 속에서 형성된 일곱 개의 비유들 가운데, 첫 번째 표적을 2장의 포도주 사건으로 그리고 마지막 표적을 예수님의 부활 사건으로 전제 한다.[12]

---

12) 이 책의 제 6장(2. 첫 번째 표적과 마지막 표적) 및 제 10장 (3. 육과 거듭남<육을 줌>: 표적의 핵심)과 제 13장(2. 표적의 문자적/ 비유적 균형)을 참조하라.

인자와 하나님의 아들

예수님을 죽이려고 하는 유대인들의 결정적인 분노의 원인은 예수님께서 자신이 '하나님의 아들'이라는 주장으로부터 시작된다(19:7; 1:49, "나다나엘이 대답하되 랍비여 당신은 하나님의 아들이시요 당신은 이스라엘의 임금이로소이다." 이 구절에 이어서 등장하는 예수님의 대답은 예수님께서 나다나엘의 주장을 받아들이는 것으로 보인다). 이 주장이 예수님의 죄목이며 유대인들의 분노를 촉발시키는 결정적인 동인이다. 예수님의 주장은 하나님의 아들이 유대인들의 손에 의해 죽임을 당할 때 실현된다(참조, 8:28; 12:34).

아버지-아들 관계의 도식 속에서 요한복음의 이야기가 펼쳐진다고 해도 인자가 누구인지 그리고 이 인자가 하나님의 아들과 어떤 관계인지는 인자의 죽음 때까지 명확하게 드러나지 않는다. 인자와 관련하여도 비유적이며 문자적인 요소들이 정교하게 조화를 이룬다. 인자의 들리움은 문자적이며 비유적인 예수님의 죽음을 반영하면서 니고데모의 대답에 반영되었듯이 문자적이며 비유적인 그의 부활을 발생시킨다. 부활 전에는 인자로 그리고 부활 후에는 하나님의 아들로 예수님의 정체가 드러나기 때문에 도마의 고백과 같이 그는 하나님과 일치된다(20:28, "나의 주 나의 하나님").

중심 구조와 부차 구조

요한복음은 전체를 아우르는 중심구조와 함께 부차구조들을 포함하고 있다. 요한복음 이야기의 전개를 구성하는 아버지-아들 관계의 구조 외에 요한복음의 테두리를 형성하는 구조를 통해 이 복음서의 이야기가 펼쳐진다. 이러한 구조의 기능 속에서 '내려옴-올라감'의 도식이 주요 역할을 수행한다. '내려옴-올라감'의 구조는 상징적인 개념으로[13] 요한복음의 전체 구조를 형성하면서 다른 부차적인 구조들과 함께 이야기의 흐름을 유도한다.

부차적인 구조들은 여러 다른 관점에서 요한복음의 이야기 안에 있는 개념들을 발전시키며 목적지에 이르는 나선형 구조와 같이 전체 구조에 수렴된다. 이 부차적인 구조는 갈릴리에서 예루살렘까지 이르는 지리학적 구조를 비롯해서,[14] 첫 번째 표적에서 마지막 표적까지의 발전, 첫 번째 여자 칭호에서 마지막 여자 칭호로, 위로부터(출생)에서 두 번째(출생)로, 그리고 육에서 몸으로 전환되는 개념의 발전을 포함한다. 한 쌍을 이루는 요소들은 비유적으로 그리고 문자적으로 각각의 상대와 상호성을 가진다.[15] 더욱이 문자적인 요소는

---

13) 한편 요한복음이 삼중의 구조를 가졌다는 제안이 있다. 이에 대해서는 다음을 참조하라: C. H. Giblin, "The Tripartite Narrative Structure of John's Gospel," *Biblica* 71 (1990), pp. 449-68; idem, "Mary's Anointing for Jesus' Burial-Resurrection (John 12,1-8)," *Biblica* 73 (1992), p. 563.

14) "갈릴리에서 예루살렘"이라는 공간적인 구조는 "어디"라는 용어에 의해 인도되는 "하늘 여행"의 도구가 된다. "어디"(ποῦ 및 ὅπου)라는 용어는 "빈번히 등장하는데(18번 및 30번, 각각) 주로 신학적으로 중요한 상황에서이다": Sandra M. Schneiders, "The Encounter of the Easter Jesus with Mary Magdalene – A Transformative Feminist Reading," *"What is John": Readers and Readings of the Fourth Gospel*, ed. Fernando F. Segovia (Atlanta: Scholars Press, 1996), p. 157. 갈릴리와 예루살렘의 상징적인 기능에 대해서는 다음을 보라: Wayne A. Meeks, "Galilee and Judea in the Fourth Gospel," *JBL* 85 (1966), pp. 159-69. 요한복음 줄거리의 구조 속에서 "지리적인 여행" 양식의 반복은 "말씀(the Word)의 우주적인 여행"을 펼친다고 제시할 수 있다: R. Alan Culpepper, "The Plot of John's Story of Jesus," *Interpretation* 49 (1995), p. 451.

비유적인 성격을 가지고 있고, 비유적인 요소는 문자적인 성격을 가지고 있기 때문에 이들의 상호성은 '내려옴-올라감'이 진행되는 구조 속에서 끊임없이 지속된다.[16] 따라서 여러 부차적인 구조들을 수렴하는 '내려옴-올라감'이라는 구조가 상호 작용에 의해 어떻게 비유적으로 그리고 문자적으로 균형을 갖추는지 찾아야 하는 것이다.

---

15) 참조, Witkamp, "Jesus' Thirst in John 19:28-30: Literal or Figurative?," p. 499: Witkamp는 "요한복음에서 비유적인 의미는 문자적인 의미와 모순되는 것이 아니라, 보다 심오하고 보다 실제적인 영적인 의미를 드러낸다"고 주장한다. 그러나 요한복음에서 "문자적"인 것과 "비유적"인 것의 구분은 모호하다. 그렇기 때문에 이러한 분명한 구분 대신에 문자적이며 비유적인 것은 상호 통일된 연속체에 대한 다른 표출이면서 동시에 비유적인 것이 실제로는 문자적인 성격을 가졌다는 언어 형태로 간주하는 것이 바람직하다: David Seeley, *Deconstructing the New Testament* (Leiden: E. J. Brill, 1994), p. 105.

16) 다음의 용어들은 지속적으로 문자적이며 비유적인 성격의 균형을 유지한다: 바람/영, 성전/몸, 성령/보혜사, 위로부터/다시, 부활/거듭남, 출생/모태, 하나님 나라/영생, 들어가다/보다, 첫 번째 여자/예수님의 어머니, 마지막 여자/막달라 마리아, 들리움/십자가의 죽음, 내려옴/올라감, 인자/하나님의 아들, 피와 물/육과 성령.

제3장 상징들의 상호 작용

요한복음과 관련된 연구 경향 가운데 하나는 요한복음의 문자적이며 비유적인 언어 사용에 관한 것이다.[1] 문자적인 의미에 대한 비유적인 의미의 우월성을 주장하는 전통적인 해석방식과 더불어 이와 반대로 문자적인 의미의 우월성을 주장하는 전혀 다른 경향도 있다. 그러나 이러한 상호 대립적인 관계 속에서 발생하는 단편적인 의미보다는 문자적인 성격과 비유적인 성격의 조화 속에서 생성되는 의미를 주목할 필요가 있다. 문자적이거나 비유적인 구성 요소들의

---

1) 요한복음과 관련된 비유적이며 문자적인 언어들에 대한 논의에 있어서 Moore는 비유적인 의미가 문자적인 의미로 붕괴된다고 주장하며, 반면에 Witkamp는 문자적 의미에 대한 비유적 의미의 우월성을 주장한다. 비록 이들의 설명은 대립적이지만 그러나 각자의 입장에서 명료하게 밝히는 주장은 문자적이며 비유적인 요소들의 상호 관계와 이해에 대한 새로운 도전을 준다. L. Th. Witkamp, "Jesus' Thirst in John 19:28-30: Literal or Figurative," *JBL* 115 (1996) 및 Stephen D. Moore, "Are There Impurities in the Living Water That the Johannine Jesus Dispenses? Deconstruction, Feminism, and the Samaritan Woman," *BI* 1 (1993).

상호 작용은 어느 한 편의 의미가 배제되지 않은 조화된 의미를 생성한다. 그렇기 때문에 비유적인 표현에 우월성을 부여하거나 혹은 문자적인 표현의 배후에 있는 깊은 의미를 찾기보다는 문자적인 의미나 비유적인 의미들의 상호 보완성 속에서 그 의미를 찾아야 하는 것이다.

이러한 방향은 문자적인 표현이 비유적인 성질을 그리고 비유적인 표현이 문자적인 성질을 가질 수 있기 때문에 '문자적' 혹은 '비유적'이라는 구분은 본문 속에서 상대적이며 그 상황에 의해 결정된다는 입장이다. 문자적이거나 혹은 비유적인 역할 그리고 그것들의 실체는 이야기가 전개되는 동안 끊임없이 반복되면서, 문자적인 의미는 비유적인 상징성을 가지게 되고 비유적인 상징적 표현들은 반대로 문자적인 의미를 가지게 된다. 어떤 한 가지 표현이 다른 종류의 표현에 대해 우월성을 가지거나 혹은 다른 한편에 붕괴된다기보다는[2] 문자적이거나 비유적인 표현들이 상호 작용을 통해 균형을 갖추는 것이다.

문자적인 요소는 비유적인 의미의 시작이고 비유적인 요소의 마지막은 문자적인 의미의 출발이며 이 관계는 끊임없이 이어진다. 문자적인 요소가 비유적인 의미를 드러내며 비유적인 요소가 문자적인

---

2) Witkamp, "Jesus' Thirst in John 19:28-30: Literal or Figurative," p. 499; Dorothy A. Lee, *The Symbolic Narratives of the Fourth Gospel* (Sheffield: JSOT, 1994), pp. 36-63. 특별히 p. 49에서 Dorothy A. Lee는 문자적 의미가 붕괴될 때 두 번째 차원의 비유적인 이해를 할 수 있다고 주장한다. 비유적 의미에 대한 문자적 의미의 우월성을 통한 의미의 부재와 관련한 논의에 대해서는 다음을 참조하라: David Seeley, *Deconstructing the New Testament* (Leiden: E. J. Brill, 1994), pp. 103-27. David Seeley는 비유적 언어는 문자적인 언어에 붕괴되는 경향이 있으며 이러한 붕괴는 본문을 의미 없이 만들기도 한다고 주장한다: Ibid., p. 103.

의미를 드러내기 때문에 문자적인 성질 없이 비유적인 의미가 유지되거나 혹은 그 반대의 의미 작용을 한다고 기대할 수 없다. 그렇기 때문에 문자적인 요소는 비유적인 요소의 완성이고, 다른 한편으로 비유적인 요소는 문자적인 요소의 완성이 된다. 비유적인 요소와 문자적인 요소는 이와 같이 상호 보완적이며 임무 교대적인 것으로, "하나의 통일된 연속체에 대한 다른 관점이며… 비유적인 것은 실제로 중요한 문자적인 양상을 가지고 있다고 말 할 수 있는 제 사 복음서의 언어 양식"이라고 할 수 있다.[3] 요한에 의해 신학화된[4] 요한복음에 나타난 상징들 간의 상호 작용을 통해서[5] 비유적이며 문자적인 사건들과 이미지들의 의미가 드러나게 된다.

요한복음의 특징가운데 하나는 이 복음서 안에 많은 상징이 등장한다는 점이다. 요한복음을 읽을 때 그러한 상징들이 때로는 문자적으로 읽혀지기도 하지만, 다른 한편으로는 비유적으로 해석되기도

---

3) Seeley, *Deconstructing the New Testament*, p. 105.

4) D. A. Carson, *Gospel according to John* (Leicester: Inter-Varsity, 1991), pp. 617-8: D. A. Carson이 19장 26-27절을 논할 때, 그는 표면적인 표현의 깊은 의미를 찾으려 한다면 우선적으로 역사적인 배경에 기초해야 한다고 주장하면서, 요한은 "신학을 가르치기 위해서 역사를 사용하며 예수님과 요한 둘 다 역사적인 사건들, 제도들 그리고 언급들을 깊은 진리를 가르치기 위해 상징적인 방법으로 사용한다"고 주장한다; Xavier Lon-Dufour, "Towards a Symbolic Reading of the Fourth Gospel," *NTS* 27 (1980), pp. 439-56.

5) C. H. Dodd는 요한복음을 "복잡한 상징의 네트워크로 결합된 이야기와 강화"라고 설명하며, Culpepper는 "복음서의 여러 부분들은 핵심적인 비유들(빛, 물, 빵)의 끊임없는 순환으로 상호 연결되어있다"고 주장한다. C. H. Dodd, *The Interpretation of the Fourth Gospel* (Cambridge: Cambridge University Press, 1955), p. 143 및 R. Alan Culpepper, *Anatomy of the Fourth Gospel* (Philadelphia: Fortress Press, 1983), p. 201.

한다. 이 책에서는 "비유적"이라는 어휘의 의미를 은유와 구별하고 있다. 문자적인 의미 저편에 무엇인가 고정된 것을 지칭하는 것을 은유라고 말한다면, 비유적인 표현은 단지 비유적인 표현으로 국한되는 것이 아니라 그 자체로서도 문자적인 의미를 제공하는 유동성을 가지고 있다고 할 수 있다. 문자적이며 비유적이라는 구분은 언어 자체의 고유한 의미가 아니라 언어의 기능에 따라 이루어진다.[6] 어떤 표현이나 단어가 영적인 측면을 지칭한다고 해도 그 자체로 이해된다면 이것은 문자적인 측면이며, 반대로 물질적인 것을 지칭하는 어휘이지만 그 너머에 있는 무엇을 지칭할 때는 비유적이라고 할 수 있다. 비유적인 것과 문자적인 것의 관계는 수직적이라기보다는 수평적인 것으로서 상호 공존하는 것이다.

1. 문자적인 표현과 비유적인 표현의 상호 작용

이제는 비유적이며 문자적인 요소들의 상호 의존과 작용에 대해 논할 것이다. 물론 이 책에서는 문자적인 요소에 대한 비유적인 요소의 우월성을 주장하기보다는 이들의 상호 작용에 의한 의미 산출을 전제한다. 비록 "아이러니"와 관련하여, "의도된 의미는 단순히 문자적 의미에서 얻을 수 없으며, 두 가지 요소는 반드시 조화 속에서 항상 읽혀져야 한다"고 Gail R. O'Day가 주장하기도 하지만,[7]

---

6) Seeley, *Deconstructing the New Testament*, p. 105. 참조, Roland Barthes, *The Semiotic Challenge*, trans. Richard Howard (Berkeley: University of California Press, 1988), p. 89.

7) Gail R. O'Day, *Revelation in the Fourth Gospel* (Philadelphia: Fortress, 1986), p. 24.

그러나 두 가지 의미의 연관성은 단지 기의(記意, signified)와 기표(記表, signifier)의 관계가 될 수 없을 것이다. 기의와 기표의 관계는 은유 속에서 발견할 수 있는 주의(主意, tenor)와 매체(媒體, vehicle)의 기능적인 관계와 같이 고정되어 있다고 일반적으로 받아들여진다.[8] 은유가 사물을 들여다보는 하나의 "렌즈"라고 한다면[9] 이러한 관계는 기표와 기의로 구분될 수 있다.[10]

그러나 요한복음에서 그러한 관계는 이야기 속에서의 상호 협력적 관계로 인해 상대적이며 매우 유연하다. 즉, 이야기 속에서 기표는 단지 기표로 고정되지 않고 기의 역시 기의로만 고정되지 않는다. 비유와 문자적인 관계 속에서, 기의는 기표의 역할을 하며 기표 역시 기의의 역할을 할 수 있다.[11] 요한복음에서 빵이나 물과 같은 은유적 요소들이 항상 깊은 영적 의미를 드러내는 것은 아니다. 물론 은유는 "모호함으로부터 만들어졌기"[12] 때문에 "표면적인 오해는

---

8) 이러한 주의(主意)와 매체(媒體)는 I. A. Richards의 제안에 근거하였다. 주의는 비유의 주체이며 매체는 비유적 언어 자체를 지칭한다: I. A. Richards, *The Philosophy of Rhetoric* (Oxford: Oxford University Press, 1936), p. 99.

9) G. B. Caird, *The Language and Imagery of the Bible* (London: Duckworth, 1980), p. 153.

10) 상징의 다양한 개념과 정의에 대해서는 다음을 참조하라: Larry Paul Jones, *The Symbol of Water in the Gospel of John*, JSNTS 145 (Sheffield: Sheffield Academic Press, 1997), pp. 14-26; Craig R. Koester, *Symbolism in the Fourth Gospel: Meaning, Mystery, Community*, second ed. (Minneapolis: Fortress, 2003).

11) 기표와 기의의 상대적인 관계에 대하여는 다음을 보라: George Aichele, et al., *The Postmodern Bible: The Bible and Culture Collective* (London: Yale University Press, 1995), p. 124; Gary A. Phillips, "The Ethics of Reading Deconstructively, or Speaking Face-to-Face: The Samaritan Woman Meets Derrida at The Well," *The New Literary Criticism and the New Testament*, ed. Elizabeth Struthers Malbon and Edgar V. McKnight (Valley Forge, Pennsylvania: Trinity Press, 1994), p. 300.

이야기 속의 등장 인물들이 말해지고 행해지는 것의 실제 의미를 놓치는 동안 선견지명이 있는 독자가 이 복음서의 아이러니를 이해할 수 있도록 도와주는" 신호들이 될 수 있다.[13] 그렇지만, 비록 어떤 것이 비유적 의미의 매체처럼 보인다 해도, 이것은 그 자체로서 그 자신의 의미를 가질 수 있다. O'Day는 다음과 같이 간결하게 의미를 산출하는 비유적이며 문자적인 요소들의 통합적인 역할의 가능성에 대해 언급한다: "아이러니를 이해하고 해석하기 위해서, 독자는 단지 풍자적인 표현들의 '부정확한' 표면적인 의미를 '정확한' 의도된 의미로 대체하는 것을 요구받지 않는다. 오히려 독자는 긴장 관계의 두 가지 의미들을 붙잡아야 하는데, 이러한 긴장을 통하여 저자가 표현하기를 의도한 것을 파악할 수 있기 때문이다."[14]

문자적이거나 비유적인 이미지들은 주의와 매체 사이의 관계 속에서 형성되기보다는 다른 상대에 의해 결정될 수 있다. "이미지는 은유의 문학적 생태계를 만들면서 이미지 위에 겹친다."[15] 비유적이며 문자적인 의미는 독립적일 수 있지만, 그러나 두 가지 의미가 결합될 때 충분한 의미를 전달할 수 있다. 즉, 주의와 매체간의 우월성

12) Robert Kysar, "The Making of Metaphor: Another Reading of John 3:1-15," *"What is John?": Readers and Readings of the Fourth Gospel*, ed. Fernando F. Segovia (Atlanta: Scholars Press, 1996), p. 38.

13) Richard A. Burridge, *Four Gospels, One Jesus?: A Symbolic Reading* (London: SPCK, 1994), p. 142.

14) Gail R. O'Day, "Narrative Mode and Theological Claim: A Study in the Fourth Gospel," *JBL* 105 (1986), p. 663. 이와 관련해서 다음을 참고하라: Paul Duke, *Irony in the Fourth Gospel* (Philadelphia: Fortress, 1986), pp. 13-27; Barthes, *The Semiotic Challenge*, pp. 87-88.

15) Kysar, "The Making of Metaphor: Another Reading of John 3:1-15," p. 39.

이나 어떤 흡수가 아니라 각각의 의미가 다른 상대의 의미를 보강시킨다. 비유적이거나 문자적인 표현들이 이야기 속에서 각각의 고유한 역할을 하지만, 동시에 상호 작용 속에서 서로의 역할을 보강하며 균형 잡힌 의미를 풍성하게 전달한다.

2. 상징적 순환성과 '찾음'

요한복음에는 "저자가 본문의 처음을 회상시키는 끝맺음을 시도하는" 인클루시오(inclusio)[16] 기법이 사용되었으며, 이야기가 어떤 완전한 주기를 가졌다는 순환성의 인상을 주는 장치를 사용하고 있다.[17] 특별히 1장 38절("What do you seek?")과 20장 15절("Whom do you seek?")의 비교는 인클루시오 기법이 사용 된 좋은 모본이 된다. Stibbe는 이 두 구절에서 공통적인 어휘인 "찾는다"(seek)를 강조한다. 기민한 독자들은 20장 15절의 "찾는다"는 어휘를 통해 예수님께서 두 제자들에게 처음에 하신 말씀들을 상기한다는 것이다.[18] 이러한 디스탄트 인클루시오(distant inclusio) 속에서 문자적이며 비유적인 표현의 상호 의존성을 찾을 수 있다.

침례 요한이 그의 두 제자들과 함께 있을 때, 그는 예수님을 향

---

16) Mark W. G. Stibbe, *John's Gospel* (London: Routledge, 1994), p. 1. "인클루시오"라는 용어가 "수미상관법," "테두름," "감싸기 구조," "포위 구조," "양괄식 구조," 그리고 "봉합법(縫合法)" 등으로 번역되기도 하지만 그러나 충분한 의미를 전달하지 못한다고 여겨지기 때문에 이 책에서는 오해를 피하기 위해 수사학의 라틴어 표현을 그대로 사용한다.

17) Ibid.

18) Ibid.

해 “보라 하나님의 어린 양이로다”라고 선언한다(1:35–36). 이에 두 제자는 예수님을 따르게 되며 예수님은 이들에게 “무엇을 구하느냐”(What do you seek?)고 물으신다(1:37–38). 이러한 예수님의 질의는 예수님께서 그들 앞에 서신 육체적 존재 이상의 무엇을 구하는 비유적인 표현이라고 할 수 있다. 그렇지만, 20장 15절에서 막달라 마리아는 실제적으로 예수님의 문자적인 육체를 찾는다(“예수께서 가라사대 여자여 어찌하여 울며 누구를 찾느냐 하시니 마리아는 그가 동산지기인 줄로 알고 가로되 주여 당신이 옮겨갔거든 어디 두었는지 내게 이르소서 그리하면 내가 가져가리이다”). 예수님의 질문도 이와 연관된다. 두 제자들의 비유적인 찾음은 문자적인 예수님과 관련되어있으며, 문자적인 예수님의 질문과 마리아의 질문은 결국 비유적인 예수님과 관련된 것으로 나타난다. 즉, 두 제자들은 문자적인 예수님을 통하여 비유적인 예수님을 찾고, 마리아는 비유적인 예수님을 통하여 문자적인 예수님을 찾는다. 두 가지의 비유적이며 문자적인 질문이 비유적이며 문자적인 예수님의 주변을 순환하고 있다. 결국, 비유적인 질문인 “무엇을 찾느냐”(1:37–38)는 말씀은 문자적인 질문인 “누구를 찾느냐”(20:15)는 질문에 의해 절정에 이른다. 비유적인 찾음과 질문은 문자적인 찾음과 질문에 의해 완성되는 것이다. 그렇기 때문에 두 가지 “찾음”의 상호 작용에 의해 두 가지 질문, “무엇을 찾느냐”(1:37–38)와 “누구를 찾느냐”(20:15)는 균형을 갖추게 된다. 이러한 비유적이며 문자적인 두 가지 질문이 인클로시오를 이룰 때 충분한 의미를 전달하는 것이다.[19]

---

19) 요한복음의 지리적인 구조 속에서 또 다른 순환을 찾아볼 수 있다. 갈릴리에서 예루살렘을 경유하여 다시 갈릴리로 반복하여 이동하다가 최종적으로 예루살렘에서 죽임을 당하시는 것이 예수님의 여정이다. 갈릴리와 예루살렘이 문자적으

“찾음”이라는 주제는 균형 잡힌 비유적이며 문자적인 예수님의 특징을 드러낸다. Stibbe는 모호성과 관련하여 예수님의 출현과 언어 사용을 연구하였다.[20] 그는, 요한복음에는 끊임없는 숨바꼭질이 있는데 비록 사람들이 예수님을 찾지만 그러나 숨으시는 예수님을 찾지 못한다는 것이다.[21] 예수님은 언어적으로도 은유적인 가르침을 통하여(2:19; 3:3–4, 8; 4:10–11, 32–33), 비유를 통하여(10:1–6), 그리고 잘 연결되지 않는 대화들을 통해서(18:33–38) 자신을 숨기신다는 것이다.[22] 사람들의 오해에도 불구하고, 예수님은 모호한 언어를 구사하시며 사람들이 찾지만 숨으신다는 것이다. 비록 이러한 종류의 모호함이 긴장과 이야기 전개의 중요한 요소이며 처음의 요한복음서 독자들에게 모험 이야기(“무엇을 찾느냐”)와 신비로운 이야기(“누구를 찾느냐”)의 결합이라는 인상을 주지만,[23] 그 모호함은 비록 어떤 것이 영적인 것을 지칭하든지 아니면 물질적인 것을 지칭하든지 간에 비유적이며 문자적인 요소들을 분리한 데 기인한 것으로 보인다. 비유적이며 문자적인 요소들의 독립성이 상호 의존성으로 바뀔 때 모호함은 본문의 표면위로 떠올라 분명하게 드러나게 되며, 예수

로 예수님의 이동 경로이지만, 다른 한편으로는 예수님의 비유적인 여정의 두 꼭지점으로서 두 장소 모두 상징적인 의미를 담고 있다.

20) Mark W. G. Stibbe, “The Elusive Christ: A New Reading of the Fourth Gospel,” *The Gospel of John as Literature: An Anthology of Twentieth-century Perspectives*, ed. Mark W. G. Stibbe (Leiden: E.J. Brill, 1993), pp. 232-9.

21) Ibid., p. 236. 이와 관련하여 Stibbe는 네 가지 주제를 제시한다: 예수님의 철수(11:53-54), 예수님의 피하심(10:39), 예수님의 비밀스런 여행(7:10), 예기치 않은 지리적인 장소(6:22-25).

22) Ibid., pp. 236-9

23) Ibid., p. 247.

님 자신도 자신의 숨김과 사람들의 찾음의 상호 작용을 통하여 비유적이며 문자적으로 드러나는 상징이 된다.

3. 상징적 순환성과 '불'

요한복음에 등장하는 두 번의 불 이야기는 비유적이며 문자적인 요소들의 균형 잡힌 상호 작용에 대한 실례를 제시한다. 요한복음에 나타나는 "불"과 "숯불"(18:18; 21:9)의 등장에서 상징적인 연상에 의한 관련을 찾을 수 있다. 이 두 번의 "불" 출현은, 베드로와 관련하여 비유적이며 문자적인 상호 의존성에 대한 좋은 통찰을 제공해 준다. 유다가 밤에 떠난 것이(13:30) 문자적인 동시에 상징적이듯이 베드로와 관련된 불도 이와 같은 관점에서 접근할 수 있다. 베드로가 대제사장의 집 뜰에서 불을 쬐고 있을 때 같이 불을 쬐던 사람들이 베드로에게 겟세마네 동산에서 있었던 일들에 대해 확인하는 질문을 한다. 불을 쬐기 전에 베드로가 대제사장의 집 뜰에 들어갈 때 문을 지키던 여종으로부터 "너도 이 사람의 제자 중 하나가 아니냐"는 질문을 받고 베드로는 "나는 아니라"고 대답한다. 얼마 후 보다 더 구체적인 질문이 불을 쬐는 현장에서 제기된다. 베드로에게 귀를 잘렸던 사람의 친척인 대제사장의 종이 베드로에게 "너도 그 제자 중 하나가 아니냐," "네가 그 사람과 함께 동산에 있던 것을 내가 보지 아니하였느냐"고 묻자 베드로는 이에 대해 또 다시 부인하였으며, 뒤이어 닭이 울었다(18:25-27). 베드로의 부인 현장에서 요한은 베드로가 불을 쬐고 있었다고 반복해서 강조한다(18:18, 25).

다른 한편으로, 예수님은 부활하신 후 디베랴 바다에서 나타나신다. 물고기 잡으러 간 제자들은 밤새도록 그물을 던졌지만 한 마리도 잡지 못하였다(21:3). 베드로와 제자들이 예수님의 명령에 따라 많은 고기를 잡은 후 육지에 올라왔을 때 숯불이 있었으며 그 위에 생선이 놓여 있었고 떡도 있었다(21:9). 조반(feeding) 후에 예수님을 사랑하는지에 대한 질문과 이에 대한 베드로의 고백이 뒤따른다. 베드로가 예수님에 대한 사랑을 고백한 후 예수님은 베드로에게 양을 먹이라(feeding)는 사명을 주신다(21:15-17).

이러한 두 가지 비교할 만한 이야기에서, 비유적이며 문자적인 요소들의 상호 작용이 불의 상징적인 역할을 생생하게 드러내는 것을 볼 수 있다. 대제사장 집 뜰의 불은 밤에 등장하지만, 해변의 숯불은 이미 동이 텄을 때 등장한다. 전자는 베드로의 얼굴을 드러내지만 후자는 그러한 역할을 하지 않는다. 즉, 전자는 예수님과의 관련성에 대한 베드로의 부인을 드러내지만 후자는 비유적으로 베드로의 예수님에 대한 충성과 사랑의 고백을 비춘다고 할 수 있다. 예수님과의 관계에 대한 베드로의 부인은 이미 예고되었으며(13:38), 그의 사랑의 고백은 그의 운명에 대한 예고를 수반한다(21:18-19).

이와 같은 몇 가지 비교를 통하여 비유적이며 문자적인 상호 의존성을 찾을 수 있다. 우선적으로 불은 베드로의 정체(문자적으로는 외모를 그리고 비유적으로는 내부의 상태 즉 예수님과의 관련성에 대한 부인)를 드러낸다. 그러므로 첫 번째 불에 의한 베드로의 고통스러운 세 번의 부인 기억은[24] 사라지고 대신에 세 번의 예수님에 대한 사랑의 고백이 그

24) Culpepper, *Anatomy of the Fourth Gospel*, p. 192: Culpepper는 요한복음서 21장 9절의 낮의 숯불은 베드로의 고통스러운 기억을 되살린다고 언급한다.

자리를 대신하게 된다. 두 번의 '불' 배경은 밤과 낮처럼 대조적인데, 전자의 불이 밝혀주거나 따뜻하게 해주는 문자적인 역할을 한다면 후자의 불은 전자와 같은 역할을 하지 않는다. 후자는 비유적인 역할을 하지만, 다른 한편으로 전자와는 다른 차원에서 '따뜻함' 대신에 '먹이다'라는 문자적인 역할을 수행한다. 그러므로 전자가 베드로의 부정적인 부인이라는 사실을 드러내준다면 후자는 긍정적으로 베드로의 사명과 운명을 드러낸다고 할 수 있다. 전자가 비유적으로 베드로를 삼켰다면 후자는 베드로를 먹이며(feeding) 이것은 베드로의 사명인 양을 먹이는(feeding) 데까지 이른다고 할 수 있다.

4. 상징적 순환성과 '갈증'

예수님과 사마리아 여인의 만남에서도 위와 같은 적용을 찾아볼 수 있다. '물'이 때때로 '영'을 상징하는 것으로 간주됨에도 불구하고(7:37-39), 사마리아 여인은 그녀의 문자적인 갈증을 충족시키기를 원하는 것으로 보인다(4:15, "여자가 이르되 주여 그런 물을 내게 주사 목마르지도 않고 또 여기 물 길으러 오지도 않게 하옵소서"). 이 이야기에서 물의 문자적이며 비유적인 측면뿐만 아니라 갈증의 비유적이며 문자적인 측면이 서로 연결되어 있다는 점도 중요하다. 그렇기 때문에 갈증 역시 이것이 문자적이든지 아니면 비유적이든지 간에 비유적이며 문자적인 물과의 균형과 관련하여 이해될 수밖에 없을 것이다. 더욱이 이러한 갈증은 십자가상에서의 예수님의 갈증과 상징적 관련성을 가지게 되는데(19:28), 결국 문자적인 물에 대한 문자적인 갈증은 비유적인 물에 대한 비유적인 갈증을 수반한다고 할 수 있다.

예수님과 사마리아 여인과의 대화 및 십자가 사건이 전개되는 동안 갈증과 관련된 공통점은 두 갈증 뒤에 '영'에 대한 이야기가 등장한다는 것이다. 예수님께서는 하나님은 "영"이시라고 말씀하시고(4:25), 십자가상에서 "그(의) 영"을 전달(παρέδωκεν)하신다(19:30). 이러한 관련은 물과 갈증과 영의 밀접한 관계를 암시한다고 할 수 있다. 사마리아 여인의 갈증은 문자적인 물을 마시는 장면 없이 '영'에 대한 가르침을 통해 충족된다. 그래서 요한복음 기자는 물을 길으러 왔던 여인의 중요한 소유물인 물동이의 위치에 대해 정확한 묘사를 한다(4:28-29, "여자가 물동이를 버려두고 동네에 들어가서 사람들에게 이르되 나의 행한 모든 일을 내게 말한 사람을 와 보라 이는 그리스도가 아니냐 하니"). 버려둔 물동이는 사마리아 여자의 갈증 해소를 상징하는 것이다. 예수님의 갈증은 성경을 응하게 하며(19:28, "그 후에 예수께서 모든 일이 이미 이루어진 줄 아시고 성경을 응하게 하려 하사 이르시되 내가 목마르다 하시니"), 그(의)[25] 영을 전달하는 사건과 관련되는 물 탄 포도주를 마시는 장면과도 연결된다.

이러한 이야기 속에서 예수님의 문자적인 갈증과 물 탄 포도주를 마시는 사건은 비유적인 행동이 될 수 있으며 사마리아 여인의 문자적인 갈증도 예수님의 가르침에 의해 충족되는 비유적인 갈증이라고 할 수 있다. 예수님의 갈증은 사마리아 여자의 갈증을 불러일으키는데, 이 사마리아 여자의 갈증은 일반적으로 예수님의 갈증과 더불어 아이러니로 취급되기도 한다. Moore는, 예수님의 기대는 그가 바라던 그녀의 갈증을 불러일으켜 그녀의 부족을 채워 주는 것으

25) "그" 또는 "그의"라는 표현은 원문상의 정관사와 이에 대한 신학적 논쟁에 기인한 것이다.

로서 그 자신의 깊은 갈증은 그의 부족한 것이 채워질 때 충족될 수 있게 된다고 제시한다.26) Moore는 예수님의 깊은 갈증을 찾으려 하며 비유적인 의미가 문자적인 의미로 붕괴된다는 것을 말하지만 그의 논의는 결국 비유적인 갈증과 문자적인 갈증의 균형이라고 할 수 있다. 이와 같이 비유적이며 문자적인 측면들은 상호 교환되기 때문에, 의미를 산출하기 위해서는 이들이 균형이 필요할 수밖에 없는 것이다.

5. 상징의 상호 작용과 순환성

요한복음의 상징들은 상호 관련성을 가지며 이 관련성은 순환성 속에서 이루어진다. 비유적인 표현과 문자적인 표현은 각기 독립적이 아니라 요한복음의 이야기가 전개되는 과정에서 상대성을 가지면서 상호 작용을 한다. 인클루시오 기법을 통해서 전혀 관련이 없는 것처럼 보이는 사건들이 상호 관련성 속에서 의미 산출을 하며 이야기를 전개시킨다. 특히 "찾음," "숯불"과 "불," 그리고 "갈증"이라는 주제를 순환성의 구조 속에서 분석한 결과 이들은 표면적으로 전혀 관련 없는 사건처럼 보이지만 요한복음의 이야기 틀 안에서 상호 밀접한 관련을 가진 것으로 드러난다. 순환성은 요한복음의 전체 틀 속에서 요한의 신학적인 목적을 위해 정교하게 장치된 구조라고 할 수 있다. 이 순환 구조는 문자적이며 비유적인 의미의 균형을 위해 상징적인 요소들의 상호작용을 연결시키는 기능을 수행한다.

---

26) Moore, "Are There Impurities in the Living Water That the Johannine Jesus Dispenses? Deconstruction, Feminism, and the Samaritan Woman," p. 208.

요한복음의 상징들은 본래적인 의미와 함께 신학화된 본문 속에서 주어지는 상대적인 기능을 통해서 균형을 갖춘 의미를 부여받는다. 문자적이거나 혹은 비유적인 표현은 표면적으로 드러난 의미와 더불어 이야기가 전개되는 동안에 상대성 속에서 얻게 되는 의미와 결합되어 요한복음의 전체 구조 속에서 의미를 산출한다. 그래서 독자들은 순환성이 이루어지는 요한복음의 전체 구조 속에서 문자적이며 비유적인 표현들의 고유 의미와 함께 상호 의존성을 찾아야 하는 것이다.

제4장 예수님과 니고데모와의 대화: '거듭남'의 상징

요한복음의 특징 중에 하나는 그 안에 등장하는 대화나 이야기 전개 속에서 많은 상징들이 등장한다는 점이다. 요한복음의 상징에 대한 이해는 요한복음의 해석을 위한 중요한 좌표가 되며, 그렇기 때문에 이러한 상징들에 대한 충분한 검증 없이 요한복음을 읽을 때 독자들은 각자의 신학적인 지식이나 혹은 전통적인 전제들을 상징들 속에 이입하여 그 내용에 접근하게 된다. 물론 읽는 사람들의 전(煎) 이해나 상황에 따라 각 상징들에 대한 친숙함의 차이가 있기도 하지만, 어떤 상징들은 상징들 상호 간의 작용에 의해서 그리고 요한복음 이야기 자체 속에서 독특한 개념을 수반하기 때문에 "요한복음"이라는 전체의 틀 속에서 그러한 상징들을 이해할 필요가 있다. 예컨대 자연의 한 부분인 '빛,' '어두움,' '떡,' 그리고 '물' 등과 같이 일상생활에서 쉽게 접할 수 있는 상징들을 비롯해 '인자'나 '하나님의 아들' 등과 같은 상징적 칭호들은 공관복음에서 사용될 때와는 다른 개념을 수반한다. 특히 '니고데모'와 같은 특정한 등장인물들은 요한복음 내의 역할에 의해 상징적인 기능을 부여받는다.

상징들을 이해할 때 상징의 저편에 있는 비유적인 의미를 찾으려는 것이 일반적인 경향이며, 이러한 시도는 문자적인 의미의 배후에 있는 비유적인 의미를 찾으려는 시도와 그 맥을 같이 한다고 할 수 있다. 이와 같은 접근과 이해가 두드러지게 나타나는 것이 바로 3장에 등장하는 예수님과 니고데모와의 대화 장면이다. 그렇지만 일반적으로 인식되듯이 비유적인 의미가 언제나 보다 심오하고 실제적인 영적인 차원을 드러내주는 역할을 한다고 단정 지을 수 있는지 의문을 제기할 수 있다. 혹은 이러한 계층적 구조와 이분법적인 대립 구조가 복음서의 이야기가 펼쳐지는 가운데 서로 뒤집어지지 않는지, 또는 그러한 구조가 서로 균형을 유지하며 어떻게 이중적인 의미를 전달하는지에 대해 살펴볼 필요가 있다.[1] 문자적인 의미와 비유적인 의미의 상호 붕괴나 혹은 대립 대신에 이중의 입체적인 의미 전달을 위해 이러한 상징적 요소들의 균형을 잡아주는 연구의 필

---

1) 비록 이야기 속에서 일관성이 있다고 할지라도 이러한 것은 해체될 가능성이 있다고 하는데, 이야기의 내부적인 일관성과 같은 것은 "보편적인 구조가" 아니라 해체될 수 있는 "우연한 구성"과 같은 것이기 때문이라는 것이다. 이러한 주장에 대해, Petri Merenlathi, *Poetics for the Gospels?: Rethinking Narrative Criticism* (London: T & T Clark, 1999), p. 29를 보라. Merenlathi는 Moore의 시도(Stephen D. Moore, "Are There Impurities in the Living Water That the Johannine JesusDispenses? Deconstruction, Feminism, and the Samaritan Woman," *BI* 1 <1993>, 207-27)에 대해서 그가 요한복음에서 '물'과 관련된 상징을 다루면서 고착된 견고한 방법으로 이러한 '물'에 대해 해석하는 것은 바람직하지 않다는 것을 지적하고 있다고 설명한다.

요성이 제기되는 것이다.

비록 일반적으로 '빛'이 '어둠'보다 우월성의 개념을 가지고 있다고 할지라도 '어둠'이 없이는 '빛'도 설 수 없다. 비유적인 의미와 문자적인 의미가 서로 교환될 수 있듯이 주변과 저변의 역할도 끊임없이 교체될 수 있다. 요한복음의 이야기가 니고데모의 역할을 통해 비유적인 '거듭남'의 논쟁에서 결국에는 문자적인 '거듭남'과의 균형 속으로 이동되기도 하지만 다른 한편으로는 이야기가 진행되는 동안 어떤 상징의 문자적인 혹은 물질적인 이해가 비유적인 혹은 영적인 이해로 옮겨가며 비유적으로 그리고 문자적으로 균형을 이룬다.[2] 앞으로 전개되겠지만, 니고데모의 문자적인 답변은 그를 아이러니 속으로 빠져드는 희생물로 만들지 않는다. 오히려 이 대화에서 표면적으로 드러나는 비유적인 의미가 문자적인 의미 속으로 스며드는 것을 요한복음을 읽어나가면서 볼 수 있다. 비록 니고데모의 특징이 그의 행보의 모호함에 있다고 할지라도 '니고데모'라는 그의 이름조차도 요한복음의 이야기가 전개되면서 '거듭남'이란 주제를 상징한다고도 할 수 있다.[3] 요한복음 19장 28–30절에 반영된 것처럼, 문자적인 요구인 "내가 목마르다"는 말씀은 비유적인 성취인 "성경을 응

---

2) 이 책에서 사용하는 '거듭남'이란 표현은 3장 3절의 "예수께서 대답하여 이르시되 진실로 진실로 네게 이르노니 사람이 거듭나지 아니하면 하나님의 나라를 볼 수 없느니라"는 질문과 4절의 "니고데모가 이르되 사람이 늙으면 어떻게 날 수 있사옵나이까 두 번째 모태에 들어갔다가 날 수 있사옵나이까"라는 답변에서 등장하는 "거듭남"과 "두 번째 모태에 들어가 남"이라는 두가지 개념을 동시에 반영하는 어휘이다.

3) Jouette M. Bassler, "Mixed Signals: Nicodemus in the Fourth Gospel," *JBL* 108 (1989), pp. 644-5.

하게"하는 동인이 된다("그 후에 예수께서 모든 일이 이미 이루어진 줄 아시고 성경을 응하게 하려 하사 이르시되 내가 목마르다 하시니"). 다시 말하면 문자적인 갈증은 성경의 문자적인 성취에 대한 비유적인 요소가 되며, 문자적인 충족(19:30a, "예수께서 신 포도주를 받으신 후에")은 비유적인(영적인) 완성을 낳는다(19:30b, "이르시되 다 이루었다 하시고 머리를 숙이니 영혼이 떠나가시니라").[4] 따라서 문자적이든지 혹은 비유적이든지 간에 이에 대한 정의는 확고부동하게 고정적인 것이 아니라 요한복음의 이야기 속에서 부여된 기능에 따라 상대적이다.

이러한 상황 속에서 특별히 '소심한 제자' 혹은 '겁 많은 예수님의 추종자' 등의 고착된 이미지를 가지고 있는 것으로 간주되는 니고데모는 요한복음의 이야기 속에 나타난 그의 역할과 비교할 때 불공정할 수도 있는 평가를 받고 있다고 할 수 있다. 그렇기 때문에 이미 확립된 전제 대신에 요한복음에 나타난 각 상징들을 서로 간의 관계성 속에서 이해할 필요가 있다. 이를 위해서 3장에 등장하는 니고데모와 예수님의 대화를 중심으로 요한복음 전체의 이야기 구조

4) 표적들도 이와 같이 비유적이며 문자적인 표적들로 구분할 수 있을 것이다. 문자적인 의미 뒤에는 비유적인 의미가 있으며, 비유적인 의미들은 결국에는 마지막 문자적이고도 비유적인(영적인) 예수님의 부활을 지향하는 표적이 된다. 예수님의 부활을 비유적이라고 하는 것은 그러한 부활이 믿는 자들을 위한 하나의 모본이며 근원이 되기 때문이다. 첫 번째 표적과 마지막 표적은 직접적인 예수님의 '몸'과 관련되어 있는데 이 두 가지 표적이 드러내주는 '예고와 성취'라는 구도 속에 다른 표적들도 이러한 '몸'을 지향하며 점진적인 발전을 한다: '거듭남'의 기대/빈 돌항아리와 새포도주(2:1-12), 죽음의 위기에 있던 귀족의 아들을 고침(4:46-54), 38년 동안 병자 된 자 고침(5:1-9), 몸을 줌(떡)/오천명 먹임(6:1-14), 날 때부터 맹인된 자 고침 (9:1-12), 죽었던 나사로를 살림(일으킴)(11:1-44), 부활('거듭남')의 실현/빈무덤(20:1-18). 표적들에 대한 이해를 위해서는 이 책의 제10장(3. 육과 거듭남<떡을 줌>: 표적의 핵심)을 참고하라.

속에서 니고데모의 역할에 대한 새로운 이해를 도출시키고, '거듭남'이란 주제에 대한 비유적이며 문자적인 균형을 이루어가는 동인으로서 니고데모의 역할에 대한 재조명을 시도하고자 한다.

1. 니고데모: 아이러니의 희생자인가?

요한복음의 상징들 가운데는 한 상징이 이중의 의미를 가지고 있을 뿐만 아니라,[5] 이야기 전개 속에서 상대성을 가지고 등장하는 경우가 있기 때문에 이 상징들에 대한 이해의 정도에 따라 요한복음에 대한 해석의 방향이 결정되기도 한다.[6] 요한복음 3장의 예수님과 니고데모와의 대화에 대한 해석의 경우도 상징성을 가진 인물로 간주되는 니고데모에 대한 평가에 따라 다른 결과를 가져올 수 있다. 일반적으로 니고데모는 소심함과 우유부단함의 성향 속에서 영적인 이해를 필요로 하는 순간에 문자적인 이해를 추구한 전형적인 인물로 상징된다. 니고데모에 대한 이와 같은 평가가 일반적인 경향이라고 할지라도, 요한이 3장에서 의도한 '거듭남'의 실체를 파악하기 위해서는 "니고데모"라는 인물의 성향보다 요한복음의 이야기 속에서 나타나는 그의 상징성과 역할에 대한 이해가 우선되어야 한다. 이를 위해서 예수님과 니고데모와의 대화 주제인 '거듭남'의 실체가 요한복음 이야기가 전개되는 동안에 문자적으로 그리고 비유적으로

---

5) 예컨대 '들리움'은 십자가의 죽음과 영광이라는 이중의 의미를 가지고 있다(3:15; 8:28; 12:32).

6) Craig Koester, *Symbolism in the Fourth Gospel: Meaning, Mystery, Community*, second ed. (Minneapolis: Fortress Press, 2003), p. xiii.

어떻게 균형을 이루며 성취되는지를 찾아볼 것이다.

니고데모의 출현과 사라짐

요한은 '거듭남'에 대한 논쟁을 오직 요한복음에서만 등장하는 인물인 니고데모와 예수님과의 대화 장면을 기점으로 전개시킨다.[7) 예수님께서 요한복음 3장에서 '거듭남' 및 이와 관련된 개념들을 소개할 때 처음으로 출현하는 니고데모는 '거듭남'이라는 주제가 본격적으로 전개되도록 만드는 촉매 역할을 한다. 이야기 속에서 비록 니고데모의 갑작스런 사라짐이 있었다 할지라도 그의 질문은 영적이며 비유적인 '거듭남'에 대한 예수님의 가르침을 촉발시킨 것으로 여겨진다(3:3, "예수께서 대답하여 가라사대 진실로 진실로 네게 이르노니 사람이 거듭나지 아니하면 하나님 나라를 볼 수 없느니라"). 그렇지만 3장에서 '거듭남'이라는 민감한 내용을 기본으로 하는 대화 후에 니고데모는 이야기 속에서 특별한 설명 없이 갑자기 사라지며 7장에서 다시 등장한다. 단지 '거듭남'이라는 비중 있는 주제에 대한 설명이 미완으로 종결되는 듯한 인상을 남긴 대화 뒤에도 그의 갑작스런 사라짐에 대한 아쉬움은 계속될 뿐이다.

니고데모가 이야기 속에서 두 번째와 세 번째 등장할 때 그의 역할은 그의 첫 번째 출현을 상기시키는 저자에 의해 제한될 수밖에

---

7) 니고데모의 역사적인 정체에 대한 연구에 대해서는, Bassler, "Mixed Signals: Nicodemus in the Fourth Gospel," pp. 635-6, 645를 보라. Bassler는 니고데모의 연구에 대한 결론으로, 니고데모와 그의 신앙에 대한 긍정적인 평가도 있지만 다른 한편으로는 부정적인 평가도 나올 수 있기 때문에 그의 정체에 대한 연구들은 비생산적이라고 지적한다.

없는 것으로 여겨진다. 비록 니고데모가 7장 50-51절에서 다시 등장한다 할지라도, 요한복음의 저자가 니고데모는 "전에 예수께 왔던 니고데모"(7:50)라고 소개하며 3장에서 있었던 사건을 상기시키고 있기 때문에 니고데모는 3장의 예수님과의 대화에서 일반적으로 그에게 입혀졌던 부정적인 이미지에서 벗어날 수 없는 것으로 보인다. 세 번째 니고데모의 출현은 19장 39절의 장례식 장면에서 등장한다. 여기에서도 요한복음 저자는 보다 구체적으로 니고데모가 "일찍 예수께 밤에 나아왔던 니고데모"(19:39)라고 기록함으로써 니고데모는 첫 번째 등장에서 가졌던 이미지를 떨쳐버릴 수 없게 된다.

그의 마지막 출현은 마치 부활을 전혀 기대하지 않은 자와 같이 "몰약과 침향섞은 것을 백근 쯤 가지고 온," 즉 신앙적으로 패배한 자 같이 여겨지게 만들뿐만 아니라 3장 4절의 어리석은 질문을 확증하는 것처럼 보이게 만든다(3:4, "니고데모가 가로되 사람이 늙으면 어떻게 날 수 있삽나이까 두 번째 모태에 들어갔다가 날 수 있삽나이까"). 이와 같이 니고데모의 세 번의 등장은 저자의 설명에 의해 서로 연결되며 이를 통해 다른 이야기 속의 상황에서도 니고데모는 지속적으로 일정하게 고정된 이미지를 가진 인물로 여겨진다. 따라서 요한복음을 읽을 때 이러한 니고데모에 대한 부정적인 이미지는 예수님과의 대화를 '거듭남'이라는 주제에 대한 문자적이며 비유적인 충돌로 이해하도록 만든다고 할 수 있다. 물론 이러한 충돌은 문자적인 의미에 대한 비유적인 의미의 우월성을 선호하는데 기초한다고 할 수 있다. 그렇기 때문에 이러한 기본적인 전제들은 니고데모에게서 '거듭남'의 문자적인 의미와 비유적인 의미를 균형 있게 만들고 있다는 긍정적인 역할을 찾을 수 없도록 만든다.

니고데모의 모호성

니고데모는 일반적으로 모호한 입장을 취하는 인물로 받아들여질 뿐만 아니라 "당혹케 만드는 수수께끼의 인물"이라고도 불린다.[8)] 더욱이 '거듭남' 주제와 관련한 대화에서 한층 긴장이 고조되는 가운데 발생한 니고데모의 갑작스런 사라짐은 니고데모가 예수님을 믿었든지 아니면 단지 예수님에 대해 동정적인 소심한 추종자이든지 간에 그의 역할에 대한 궁금증뿐만 아니라 그의 정체에 대한 호기심도 불러일으킨다. 이러한 관심 속에서 니고데모는 이도저도 아닌 중간 상태 머물러 있는(tertium quid) 모호한 사람으로 간주되기도 한다.[9)] 심지어 요한복음 저자마저도 니고데모를 그 특징을 정의하기 힘든 인물로 간주하는 것처럼 언뜻 보이기도 한다. 일반적으로 예수님과 니고데모와의 대화는 니고데모가 '거듭남'에 대해 문자적인 이해가 아니라 상징적인 이해를 하도록 도전받고 있다는 것이며,[10)] 따라서

---

8) Ibid., pp. 635, 644-5.

9) Ibid., pp. 643-6. 또한 Bassler는 이른바 '모호성'은 독자들이 채워 넣어야 할 공간이며 이러한 '모호성'은 니고데모가 내부인도 아니고 그렇다고 외부인도 아니며 또한 외부인에서 내부인으로 바뀌는 것도 아니라는 것을 제시한다고 주장한다. 니고데모는 유대인으로서 예수님과의 관계를 숨겼지만 그러나 바리새인으로서는 예수님을 변호했고 밤에 고백했다는 것이다. 그래서 Bassler는 "니고데모와 참된 제자들의 실제적인 차이는 그들의 우월적인 고백이나 두려움 없는 신앙에서가 아니라 그들의 시작 시점과 현재 상태 사이에 모호한 긴장이 없다는 사실로부터 나오는 것"이라고 주장한다.

10) Dorothy A. Lee, *The Symbolic Narratives of the Fourth Gospel*, JSNT 95 (Sheffield:

"니고데모와 그가 대표로 등장하는 유대교는 빛의 비춰임에 직면해 있으며 또한 생명과 죽음 그리고 문자적인 이해와 상징적인 이해 사이의 선택에 직면한" 것이라고 Dorothy A. Lee는 주장한다.[11] 비록 니고데모가 예수님을 향해 "당신은 하나님께로부터 오신 선생인 줄 아나이다"(3:2)라고 말하지만, 그러나 니고데모는 예수님이 누구이신지에 대한 의미를 완전하게 파악하지 못하는 인물로 묘사되는 것처럼 보인다.[12] 더욱이 그는 이스라엘의 선생임에도 불구하고 땅의 일마저도 알지 못하는 우둔한 사람으로 책망 받고 있는 것으로 보인다(3:10, 12). 그러므로 니고데모는 한 개인으로서 혹은 집단의 대표로서 예수님을 따르는 것에 대해 갈등을 겪고 있는 인물이라는 역할을 수행한 후에 이야기 속에서 사라지는 것으로 취급된다.[13]

예수님의 질문에 대한 니고데모의 답변은 예수님의 말씀을 이해할 만한(왜냐하면 이 '말씀'은 이미 아는 것과 본 것에 대해 증거하기 때문이다: 3:11) 그의 배경(3:10, "예수께서 그에게 대답하여 이르시되 너는 이스라엘의 선생으로서 이러한 것들을 알지 못하느냐")과 명백하게 모순되는 것으로 보이며, 반면에 바리새인들의 공격으로부터 예수님을 변호하는 태도(7:51, "우리 율법은 사람의 말을 듣고 그 행한 것을 알기 전에 심판하느냐")는 그의 신앙과 입장에 대한 모호성을 더해주는 것으로 취급되고 있다. 비록 니고데모가 침례 요한, 예수님의 어머니, 그리고 사마리아 여인 등과 같은 이차적인

Sheffield Academic Press, 1994), p. 36.

11) Ibid., p. 56

12) R. Alan Culpepper, *Anatomy of the Fourth Gospel* (Philadelphia: Fortress, 1983), 135.

13) Ibid., p. 135.

인물로 간주된다고 해도[14] 니고데모의 역할은 이야기 속에서 파악하기가 쉽지 않고 저자 또한 니고데모의 성향을 명확하게 드러내려 하지 않는 것처럼 보인다. 그렇기 때문에 니고데모의 세 번의 출현은 중요한 것 같으면서도 파악하기 힘들고, 호기심을 불러일으키지만 그러나 그러한 것을 충족시켜주지 못하는 것으로 보인다(3:1ff.; 7:45-52; 19:39-42).[15]

이와 같이 니고데모는 그의 이름이 나타내는 "사람들의 정복자"[16]라는 의미와 달리 예수님의 비유적 의미를 깨닫지 못한 '패배자'로 간주된다. 더욱이 예수님마저도 니고데모가 그의 가르침에 대해 문자적인 이해를 한다고 책망하는 것으로 여겨질 뿐 아니라 그가 이스라엘 선생이라는 것을 비판하고 있는 것처럼 보인다(3:10). 그렇기 때문에 요한복음의 이야기 속에서 니고데모의 모호한 역할과 더불어 그는 부정적으로 묘사될 뿐 아니라 영적인 이해를 필요로 하는 부분을 문자적으로 이해하려고 시도한 대표적인 인물로 취급받고 있다. 달리 말하면 그는 비유적인 이해의 선호에 의해 희생자가 되는 것처럼 보인다. 그렇지만 만일 니고데모라는 인물의 특징이 모호성이라면 이는 "다시/위로부터"(ἄνωθεν)라는 어휘와 같이 모호성 속에서 이중적인 의미를 가지고 있다고도 할 수 있다. 즉 니고데모의 문자적인 답변이 예수님의 비유적인 가르침을 보완할 수 있는 기능

14) Ibid., pp. 132-44.

15) Bassler, "Mixed Signals: Nicodemus in the Fourth Gospel," p. 635.

16) John Pavlien, "Nicodemus," *ABD*, 1992 ed. John Pavlien은 이러한 이름은 "1세기 당시 아주 흔한 그리스 식 이름"이었다고 소개한다.

을 하면서 비유적이며 문자적으로 균형잡힌 '거듭남'의 성격을 드러낼 수 있다. 비유적으로 그리고 문자적으로 균형잡힌 의미는 니고데모의 모호한 역할 속에서 찾을 수 있고 이러한 "니고데모"라는 인물의 모호한 역할은 이야기 전체 속에서 문자적으로 그리고 비유적으로 균형잡힌 '거듭남'의 주제를 발전시킨다. 또한 니고데모의 세 번의 출현과 그의 역할의 모호성은 3장과 7장의 대화에서 아이러니하게도 요한복음을 읽는 사람들의 흥미를 끌어내는 긴장감을 더해줄 뿐만 아니라[17] 19장의 장례식 장면에서는 예수님의 부활에 대한 관심과 기대를 증대시켜 그에 대한 재평가의 길을 열어 놓는다.

니고데모에 대한 재평가

니고데모가 오해한 것처럼 보이는 문자적인 의미가 요한복음의 전체 구조 속에서 예수님의 부활 사건을 통해 비유적으로 균형을 갖추며 새롭게 조명된다. 또한 니고데모의 역할과 Moore가 제시한 사마리아 여인의 역할을 비교할 때 니고데모의 역할에 대한 다른 시각을 제공받을 수도 있다. Moore는 "만일 예수님께서 사마리아 여인에게 말씀하신 것이 실제로 그가 행한 것과 모순된다면, 그리고 만일 예수님의 정체(what Jesus is)가 그녀가 말한 것에 의해 확증된다면…"이라고 제시하고 있다.[18] 따라서 니고데모의 입장에 대한 일방적인 책망 대신에 예수님의 말씀과 니고데모의 대답을 서로 비교

17) Judith M. Lieu, "The Mother of the Son in the Fourth Gospel," *JBL* 34 (1998), p. 65.

18) Moore, "Are There Impurities in the Living Water That the Johannine Jesus Dispenses? Deconstruction, Feminism, and the Samaritan Woman," p. 225.

해 보는 것도 유익하다.

요한은 니고데모가 처음부터 질문을 제기하지 않고 우선적으로 예수님께서 "하나님으로부터 온 선생"이라는 것을 인정하는 것으로 소개하고 있다(3:2).[19] 이러한 인정은 "믿음의 선언-그의 이름을 믿는 자들의 믿음(2장 23절에서 언급된)"이 될 수 있다는 것이다.[20] 요한은 3장 2절에 나타난 니고데모의 고백을 2장 23절의 '표적'에 의한 믿음과 연결시키고 있다. 많은 사람들이 표적을 보고 그 이름을 믿은 것처럼(2:23), 니고데모는 담대히 "랍비여 우리가 당신은 하나님께로부터 오신 선생인 줄 아나이다 하나님이 함께 하시지 아니하시면 당신이 행하시는 이 표적을 아무도 할 수 없음이니이다"라고 선언한다(3:2). 이러한 고백은 예수님과의 대화 직전에 발생한 첫 번째 표적을 상기시킨다. 예수님께서 첫 번째 표적을 행하셨을 때 "제자들이 그를 믿으니라"고 요한이 소개하고 있다(2:11). 제자들의 믿음(2:11)과 많은 사람들의 믿음(2:23)과 그리고 니고데모의 믿음은 예수님께서 행하신 표적에 기초해 있다. 니고데모가 사용한 "우리가 … 아나이다"라는 표현은 믿음과 관련한 명확한 진술로 사용된 것으로 보인다(4:42; 9:24, 29, 31; 16:30; 21:24. 참조, 4:25; 11:22, 24).[21] 또한 관련된 사람 뒤에 따라 나오는 어휘인 ἦν(was)은 중요한 사람을 소개할 때 사용되곤 했다.[22] 게다가 이야기 속에서 니고데모의 역할은 일

---

19) 그러나 Judith M. Lieu는 이러한 2절의 니고데모의 고백을 의례적인 시작 인사라고 간주하기도 한다. Lieu, "The Mother of the Son in the Fourth Gospel," p. 75.

20) Marinus De Jonge, *Jesus: Stranger from Heaven and Son of God*, ed. and trans. John E. Steely, SBL 11 (Missoula: University of Montana, 1977), p. 37

21) Ibid., p. 46.

련의 질문들과 답변들을 통해서 예수님의 진술을 전개시키는 것으로 드러난다(3:4, 9).

비록 니고데모와 예수님의 만남이 외견상 대립처럼 보인다 할지라도 실제로 니고데모는 요한복음 이야기의 전체 구조 속에서 '거듭남'이란 주제가 전개되도록 기여하는 것을 볼 수 있다. 외형적인 질문과 대답이라는 갈등을 통하여 '거듭남'의 실체가 드러난다. 따라서 예수님과 니고데모와의 대화를 '질문'과 '대답'이라는 갈등의 구조 대신에 그러한 질문과 답변이 '거듭남'이라는 주제를 발전시키는데 상호 의존적이며 협력하고 있다고 할 수 있다. 또한 비록 니고데모가 예수님의 가르침에 대한 표면적인 의미에 집착할 뿐만 아니라 예수님의 비유적인 요구에 대해 문자적으로 응답한 아이러니의 희생자로 간주된다고 할지라도 요한복음 이야기의 전체 구조 속에서 그의 역할은 문자적이며 비유적으로 균형 잡힌 '거듭남'에 대한 개념을 제공한다. 그렇다면 표면적으로 나타나는 니고데모의 우문과 우답은 요한복음의 이야기 전체 구조 속에서 그의 역할이 예수님이 가르치시는 '거듭남'에 대해 문자적이며 비유적으로 균형을 제공해주는 본질에서 성공적이라고도 할 수 있는 가능성을 제시한다고 할 수 있다. 따라서 니고데모의 역할을 통해서 "다시/위로부터 거듭나지 아니하면"이라는 말씀을 요한복음 이야기의 전체 구조 속에서 새롭게 이해할 필요가 제기된다.

22) Lieu, "The Mother of the Son in the Fourth Gospel," p. 63. 예컨대, 요한복음 1:1, 2, 4; 3:1; 4:46; 5:5; 11:1; 12:20. 참조, 이 책의 제 6장 주 2.

2. 니고데모의 등장

여기서는 요한복음에 등장하는 니고데모의 세 번의 출현에 대해 보다 상세하게 논하고자 한다. 무엇보다도 먼저 니고데모를 한 명의 유대인으로서 그리고 유대인들과 관련하여 평가할 것이다. 일반적으로 유대인의 대표로 간주되는 니고데모가[23] 예수님께 대한 유대인들의 적대감을 대신해서 드러내는 것인지 아니면 요한복음의 문학적 특징 중에 하나인 아이러니를 위한 어리석음의 희생물인지에 대해 살펴볼 것이다.[24] 또한 요한복음 전체의 이야기 구조 속에서 '거듭남'에 대해 니고데모가 오해한 것인지 아니면 다른 사람들이 문자적이고도 비유적으로 균형을 갖춘 '거듭남'에 대한 이해를 하도록 만드는 역할을 수행하는 지에 대해 검토할 필요가 있으며,[25] 동시에 이

---

23) 문자적으로 유대인의 대표이든지 아니면 비유적으로 유대인의 대표이든지 간에 요한복음은 예수님과의 만남에서 개인적인 측면을 강조하고 있으며, 모든 개인들의 배후에 집단이 있다고 가정하는 것은 다소가 무리가 따른다고 할 수 있다. Ibid., 61.

24) 만일 니고데모의 어리석음이 아이러니 자체라면, 이 아이러니는 본문의 의미를 찾아내게 만드는 유용한 원천이 될 것이다. Gary A. Phillips, "The Ethics of Reading Deconstructively, or Speaking Face-to-Face: The Samaritan Woman Meets Derrida at the Well," *The New Literary Criticism and the New Testament* (Valley Forge: Trinity Press, 1994), p. 301. 니고데모와 사마리아 여인과의 비교를 위해서는, C. Koester, "Hearing, Seeing, and Believing in the Gospel of John," *Biblica* 69 (1989), pp. 333-6을 참고하라.

25) John Ashton은 니고데모를 이원론의 관점에서 평가한다. 그는 3장과 4장을 비교하면서 니고데모를 사마리아 여인과 같이 예수님의 참된 말씀의 의미를 찾는데 실패하고 어둠 속을 더듬거리는 사람으로 간주한다. 그는 또한 세상을 바라보는 요한의 근본적인 양극성을 드러내 주는 "남자와 여자, 밤과 낮, 내부와 외부"와

러한 대화 속에서 등장하는 비유적이며 문자적인 상징들이 요한복음 안의 다른 상징적 표현들과 어떻게 상호 작용을 하는지도 찾아볼 것이다.

유대인 니고데모

첫 번째 등장하는 니고데모의 역할은 예수님과의 대화에서 중요한 대화 상대자로 활동하면서 '거듭남'에 대한 개념을 전달하는 통로 역할을 하는 것이다. 이 대화에서 니고데모는 일반적으로 '거듭남'의 방법에 대해 예수님과 불일치를 드러내는 인물로 여겨진다. 두 번째 등장에서 니고데모는 예수님이 그리스도인지 아니면 예언자인지 등에 대한 논의의 갈등과 긴장이 고조되는 대화의 중심에 서 있다(7:40-43). 예수님의 정체에 대한 논의의 중심에서 니고데모는 바리새인들이 의존하고 있는 율법을 근거로 바리새인들 스스로 율법을 위반하고 있다는 것을 지적한다(7:51, "우리 율법은 사람의 말을 듣고 그 행한 것을 알기 전에 심판하느냐." 예수님께서 율법을 강조하는 것에 대해서는 7장 19절과 23절을 참고). 요한복음 전체에서 전반적으로 발견할 수 있는 유대인들에 대한 두려움의 분위기를 고려할 때 예수님에 대한 니고데모의 변호는 소홀히 취급될 수 없다(7:13; 9:22; 12:42; 19:38; 20:19).

일반적으로 '유대인'이란 어휘는 예수님에 대한 적대감을 상징하는 가운데,[26] "오해하고, 믿지 않고, 그리고 궁극적으로 하나님이신

같은 "숨겨진 대비" 들은 독자들이 항상 인식하지 못하는 가운데 독자들에게 전달된다고 주장한다. John Ashton, *Understanding the Fourth Gospel* (Oxford: Clarendon Press, 1991), p. 231.

그리스도를 반대"할 뿐만 아니라 심지어 그를 죽이려고 시도하는 사람들을 상징하는 것으로 받아들여진다(7:1).[27] 요한복음에 등장하는 예수님의 반대자들은 공관복음에서와 같이 주로 바리새인들, 지도자들, 서기관들, 혹은 대제사장들 이라고 인식될 수 있는데 그런데 요한복음에서는 특징적으로 그러한 반대자들을 '유대인들'이라는 어휘가 수렴하고 있으며 따라서 이러한 어휘가 등장할 때는 예수님에 대한 유대인들의 적대감이 드러난다.[28] 유대인들에 대한 두려움의 강조나 혹은 이들에 대한 두려운 태도들의 상기는 보통의 사람들로부터(7:13; 9:22) 제자들에게 이르기까지 광범위하게 퍼져 있었다(19:38; 20:19). 이러한 맥락에서 요한복음에서는 두 가지의 두려움, 즉 예수님을 믿는 보통의 사람들과 제자들이 유대인들에게 느끼는 두려움과, 보통의 사람들이 예수님을 믿기 때문에 '유대인'들이 예수님께 대해 느끼는 두려움을 소개하고 있다(11:48-53). 그렇기 때문에 요한복음을 읽을 때 '유대인'이라는 어휘는 예수님께 대한 적대감과 믿음을 가졌을 때의 두 가지 다른 두려움을 동시에 상기시켜 준다고 할

---

26) Culpepper, *Anatomy of the Fourth Gospel*, pp. 125-32

27) Richard A. Burridge, *Four Gospels, One Jesus?: A Symbolic Reading* (London: SPCK, 1994), p. 151.

28) R. Alan Culpepper, "The Gospel of John and the Jews," *RevExp* 84 (1987), p. 275. Adele Reinharz는 "복음서 기자는 역사적인 사람들을 그의 이원론적 수사학의 부정적인 사람들과 일치시킨다"고 주장한다. 왜냐하면 "그의 관심은 역사적이라기보다는 보다 문학적이고 신학적이었기 때문"이라는 것이다: Adele Reinharz, "'Jews' and Jews in the Fourth Gospel," in *Anti-Judaism and the Fourth Gospel*, Reimund Bieringer, et. al., eds.(Louisville: Westminster John Knox Press, 2001), p. 214. 그 외에도 '유대인'에 관한 연구를 위해서는 위의 책에 나타난 13개의 논문들을 참조하라.

수 있다. 심지어 니고데모조차도 표면적으로는 예수님을 밤중에 방문하여 그의 정체를 감추는 것처럼 여겨지기도 한다.

니고데모에 대한 불충분한 정보를 고려할 때 니고데모가 유대인의 지도자로 소개되는 것은 그의 정체와 관련하여 매우 중요한 사실이다. 이러한 유대인의 지도자와 예수님과의 대화는 유대인들의 적대감과 유대인을 두려워하게 만드는 믿음을 갖는 일과의 대결을 전제로 한다고 여겨질 수 있다(참조, 9:22). 그런데 요한복음을 둘러싸고 있는 이러한 적대감과 두려운 상황은 예수님과 니고데모와의 대화 속에서는 발견할 수 없다. 대신에 증대되는 긴장감이 도전적인 니고데모의 질문(3:4, "… 어떻게 날 수 있사옵나이까"; 3:9, "어찌 그러한 일이 있을 수 있나이까")과 예수님의 답변(3:10, "너는 이스라엘의 선생으로서 이러한 것들을 알지 못하느냐") 속에서 드러난다. 비록 니고데모가 유대인의 지도자로 소개되었지만, 그는 '적대감'과 '믿음' 사이의 중립지대에 위치한 것처럼 보이면서도 이러한 적대감이나 두려움에 속하는 것이 아니라 오히려 예수님과의 대화를 통하여 '유대인'이라는 이미지를 벗게 된다. 따라서 니고데모는 요한복음의 이야기 전개 과정에서 유대인들의 부정적인 반격에 대항하여 예수님을 변호하는 옹호자의 역할을 통해 '거듭남'에 대한 논의가 발전되도록 방향을 제공한다.

변호자 니고데모

대결과 두려움의 분위기가 고조되는 가운데 등장하는 니고데모의 역할은 매우 독특하다. "니고데모"라는 이름은 이중의 의미를 내포하고 있는 어휘처럼 한 사건에 두 가지 영향을 동시에 전달한다고 할 수 있다. 니고데모에게서 유대인의 부정적인 의미가 제거되면서 동시에 다른 유대인들의 부정적인 이미지는 강화된다. 니고데모의 변호 행위와 그 내용은 유대인들 간의 분열을 격화시키는데 이러한 분열은 바리새인들의 질문 속에 내포된 바와 같이 그들의 경솔한 판단을 드러내고 있다(7:48, "당국자들이나 바리새인 중에 그를 믿는 자가 있느냐"). 7장 46절의 "아랫사람들이 대답하되 그 사람이 말하는 것처럼 말한 사람은 이 때까지 없었나이다"는 보고와 7장 51절의 "우리 율법은 사람의 말을 듣고 그 행한 것을 알기 전에 심판하느냐"는 니고데모의 변호는 7장 48절에 나타난 바리새인들의 주장을 무색하게 만들고 있다. 즉 비록 바리새인들이 "당국자들이나 바리새인들"이 예수님을 믿을 것이라는 가능성을 부정하나, 관리들의 보고와 니고데모의 옹호는 바리새인들의 주장이 틀렸음을 입증한다. 게다가 율법과 관련하여 자신들의 주장을 합리화시키려는 바리새인들의 주장에도 불구하고(7:52), 니고데모는 이미 율법에 근거해서 그들의 정당하지 않음을 지적한다.

예수님과 니고데모와의 대화에서 나타나는 긴장은 니고데모와 바리새인 간의 긴장으로 전이된 것 같이 보인다. 니고데모는 3장 11절에서 예수님이 말씀과 증거를 상기시키는 것과 같이 자신을 둘러싸고 있는 긴장을 뚫고 율법의 가르침을 상기시킬 수 있는 기회를 얻었다(3:11, "진실로 진실로 네게 이르노니 우리는 아는 것을 말하고 본 것을 증언하노라…"). 그래서 니고데모는 "우리 율법은 사람의 말을 듣고 그 행한 것을 알기 전에 심판하느냐"고 증언하는 것이다(7:51). 예수님께서 지적한 행동과 유사하게(3:11, "너희가 우리의 증언을 받지 아니하는도다"), 이제 그러한 지적은 니고데모에 의해서 바리새인들에게 적용된다(7:51). 즉 요한은 바리새인 자신들이 배워서 알고 있는 것을 지키지 않음으로 결국에는 예수님께서 알고 말하는 것을 그들 스스로가 듣지 않고 배우려 하지 않는다는 것을 니고데모의 역할을 통해 지적한다. 따라서 유대인들이나 혹은 바리새인들에 대한 두려움의 한복판에서 니고데모는 용감하게도 예수님에 대해 변호할 뿐만 아니라 다른 한편으로는 두려움의 원인이 되는 바리새인들의 부당한 태도를 폭로하고 있다. 결과적으로 두려움의 원인은 바리새인들의 불의와 듣지 않음과 그리고 배우지 않는 행위에서 나왔지만, 믿음은 예수님께서 보고 아는 것에서부터 기원했다고 할 수 있다.

니고데모의 답변은 그리스도가 갈릴리에서 나올 수 있는지에 대한 반론을 촉발시키며, 7장 52절의 "너도 갈릴리에서 왔느냐 찾아보라 갈릴리에서는 선지자가 나지 못하느니라"고 하는 바리새인들의 논박을 불러일으킨다. 갈릴리에서부터 예루살렘만큼의 거리만큼이나 그러한 괴리는 점점 깊어지고 강화되는 것을 볼 수 있으며, "당국자들이나 바리새인 중에 그를 믿는 자가 있느냐"는 주장과 같이 바리새인들 가운데서 시작된 분열은 무리 가운데서도 찾아볼 수 있는데(7:43, "예수로 말미암아 무리 중에서 쟁론이 되니"), 이러한 분열은 결국 예수님의 십자가의 죽음에까지 이르게 된다(9:16; 10:19; 10:31; 11:53). "예수님을 영접한 사람과 최종적으로 그를 거부한 사람 간의 분열은 요한이 '유대인들'을 취급하는 가장 독특한 특징이다—예수님께 대한 통일된 적의가 아닌 것이다."[29] 요한은 니고데모를 유대인들의 지도자

29) Culpepper, "The Gospel of John and the Jews," p. 280; Culpepper는 "하나 혹은

라고 소개할 뿐만 아니라(3:1) 바리새인들 간의 논쟁에서도 니고데모의 이전의 방문을 상기시키고 있기 때문에(7:50) 바리새인들의 주장은 자신들 내부 집단의 분열을 더욱 뚜렷하게 부각시키고 있는 것이다.

니고데모의 변호는 바리새인들의 질문과 같은 공격을 초래한다. 물론 바리새인들의 논박은 예수님을 체포하라고 바리새인 자신들이 보낸 관리들의 보고가 동인인 것처럼 보인다(7:32, 46). 관리들은 예수님을 체포하는 대신에 바리새인들에게 예수님을 변호하는 듯한 보고를 한다. 비록 바리새인들의 매우 공격적인 질문과 같은 논박이 당국자들이나 바리새인 가운데 한 사람도 예수님을 믿는 사람이 없다는 것을 내포하고 있지만 유대인들의 지도자이며 바리새인인 니고데모의 변호는 바리새인들의 주장이 틀렸다는 점을 요한은 이 복음서를 읽는 가운데 알 수 있도록 만든다. 이러한 분열은 아이러니하게도 니고데모가 다른 바리새인들과 달리 예수님을 믿는 사람이라는 것을 확인시켜준다고 할 수 있다(7:48).[30)]

니고데모의 변호는 요한복음을 읽을 때 단지 예수님에게만 관계된 것이 아니고 바리새인과 당국자들이라는 범주에 속하는 니고데모 자신과도 관련되었다는 인상을 갖게 만든다. 따라서 바리새인들은 니고데모에게 공격적으로 질문하며 매우 민감하게 반응한다(7:52, "너도 갈릴리에서 왔느냐 찾아 보라 갈릴리에서는 선지자가 나지 못하느니라 하였더라"). 이

두 가지 장면을 포함하는 이야기의 독특한 단편이나 부분"을 정렬하여 배치한 후 이러한 것을 "삽화"라고 부르며 "한 삽화에서 다른 삽화로 적의가 발전"하는 것을 제시하고 있다. Ibid., p. 276.

30) Bassler, "Mixed Signals: Nicodemusin the Fourth Gospel," p. 639.

처럼 니고데모에 대한 바리새인들의 반응과 예수님에 대한 니고데모의 변호는 예수님의 역할을 니고데모와 밀접하게 관련되도록 만들며 따라서 요한복음의 이야기 속에서 니고데모는 3장에서 '거듭남'에 대한 개념을 소개시키는 예수님의 사역에 대한 상징적인 변호를 했다고 제시할 수 있다.

협조자 니고데모

니고데모의 마지막 출현은 분열의 절정을 이루는 순간인 예수님의 장사와 관련된다(19:39). 예수님이 제기한 '거듭남'이란 주제가 발전되도록 처음으로 촉매제의 기능을 한 니고데모는 이제 마지막으로 예수님의 장례를 위해 "몰약과 침향 섞은 것을 백 리트라쯤" 가지고 와서 그의 부활을 준비한다. 니고데모의 행동들은-놀랄 만큼 많은 몰약과 침향 섞은 것을 가져온 일, 유대인들의 격렬한 비판 속에서 예수님을 변호한 일, 그리고 '거듭남'에 대한 논쟁을 촉진시킨 일-그와 아리마대 요셉의 행동을 비교하도록 만든다. 그럼에도 불구하고 아리마대 요셉에 대한 요한복음의 묘사가 일반적으로 니고데모에게 부정적인 이미지를 덧씌우는 것처럼 보이기도 한다.[31] 비록 요셉이 예수님의 시체를 가져다 장사하기 위해 빌라도에게 허락을 요청했지만, 요셉은 유대인들을 두려워하여 자신이 예수님의 제자임에도 불구하고 이를 숨기던 인물이었다(19:38, "아리마대 사람 요셉은 예수의 제자이나 유대인이 두려워 그것을 숨기더니 이 일 후에 빌라도에게 예수의 시체를 가져가기를 구하

31) Ibid., pp. 639-40.

매 빌라도가 허락하는지라 이에 가서 예수의 시체를 가져가니라").

이와 같이 '두려움'이나 '비밀'과 같은 부정적인 어휘들이 사용되는 상황 속에서 19장 39절의 '밤'이란 어휘는 예수님과 니고데모와의 첫 번째 만남을 상기시켜주며, 이러한 분위기가 니고데모에 대한 부정적인 이미지를 확대시킨다고 할 수 있다. 그 결과 니고데모는 요셉과 같은 부류의 소심하고도 겁 많은 제자로 취급된다. 그러나 이러한 니고데모와 요셉의 관계는 니고데모와 유대인들 간의 분열(7:45-52)과 같은 종류의 또 다른 분열이라고 할 수 있다. 여기에서 니고데모는 유대인들을 두려워하던 요셉과 대조된다. 즉 요셉의 두려워하는 태도는 많은 양의 장례용품을 가져오는 니고데모의 입장과는 뚜렷하게 구별되는데, 요셉의 소심한 행동과 니고데모의 대담한 행동이 분명하게 비교되는 것이다. 이와 같이 요한은 요셉이 유대인들을 두려워했다고 이야기 속에서 명확하게 그의 입장을 드러내지만, 니고데모에 대해서는 단지 밤에 예수님을 찾아왔다고 묘사할 뿐이다. 그러므로 '밤'에 대한 이미지가 니고데모를 평가하는데 영향을 주었다고 할 수 있기 때문에 이러한 '밤'의 상징적 이미지에 대해서도 재검토가 필요하다. 전통적인 '밤'의 이미지로 인해 니고데모는 요셉의 '두려움'을 떠 앉게 되며 비록 그가 많은 양의 장례용품을 가져왔음에도 불구하고 소심한 겁쟁이 추종자로 취급된다. 두려워하는 태도는 단지 요셉에게만 적용될 수 있으며, 니고데모의 첫 번째 방문을 기억나게 하는 "일찍이 예수께 밤에 찾아왔던 니고데모도 몰약과 침향 섞은 것을 백 리트라쯤 가지고 온지라"는 표현은 그의 부정적인 이미지를 재확인시키는 역할보다는 '거듭남'에 대한 대화를 상기시키는 요인이라고 할 수 있다. 첫 번째 표적 뒤에 시작된 '거듭남'에 대한 논쟁은 마지막 표적인 부활을 준비하면서 결론에 이르게 된다. 그렇기 때문에 요한복음을 읽을 때 '거듭남'에 대한 대화를 기억나게 만드는 중요한 요소인 니고데모의 등장은 문자적이며 비유적인 '거듭남'의 결론을 기대하게 만드는 전주곡이 된다고 할 수 있다.

니고데모가 두 번째로 등장할 때 발생한 논쟁의 핵심은 율법에 관한 것인데, 이 율법은 니고데모를 바리새인들과 구별시킬 뿐만 아니라 이 바리새인들을 무리들과도 구별시키는(7:49) 분기점과 같다고 할 수 있다. 바리새인들은 율법을 알고, 지키는 일들에 대해 외형적으로 무리들과 니고데모에 대해 우월성을 가진 것처럼 보인다. 바리새인들은 "율법을 알지 못하는 이 무리는 저주를 받은 자로다"라고 선언할 뿐 아니라(7:49) 니고데모의 율법지식에 대해서도 책망하고 있다(7:52, "너도 갈릴리에서 왔느냐 찾아보라 갈릴리에서는 선지자가 나지 못하느니라 하였더라").[32] 바리새인들은 율법을 가지고 결코 갈릴리에서는 예언자가 나올 수 없다고 주장하며 니고데모의 변론에 대해 반박을 하지만,[33] 바리새인들은 율법을 찾아보라는 주장을 통해서 오히려 자신

---

32) "그 선지자"(the Prophet)의 출현은 그리스도의 출현을 확인시키는 7장 40-41a절의 반향이다. 게다가 바리새인들의 주장은 41b-42절의 반향이다. George R. Beasley-Murray, *John: Word Biblical Commentary*, 2nd ed. (Nashville: Thomas Nelson, 1999), p. 121.

33) Rudolf Schnackenburg와 George R. Beasley-Murray의 주장과 같이 복음서가 기록될 당시에 살았던 랍비 Eliezer의 주장에 따르면 바리새인들은 아마도 갈릴리의 한 도시인 가드헤벨 출신 아밋대의 아들 예언자 요나를 알았을 것이다(왕하 14:25). Schnackenburg와 Beasley-Murray는 40절과 41절에 나타난 그리스도에 대한 논쟁과 관련하여 "한 예언자" 보다 "그 예언자"(P^{66} 과 P^{77})라는 표현을 지지한다. Rudolf Schnackenburg, *The Gospel according to St John*, trans. Cecily Hastings, et.

들의 율법에 대한 무지를 드러낼 뿐이다.34) 그렇기 때문에 만일 바리새인들이 열왕기하에 등장하는 요나를 몰랐다면 율법을 찾아보라고 요구하는 바리새인들의 주장은 바로 그들의 무지를 드러내주는 아이러니가 될 수 있다. 따라서 이러한 바리새인들의 주장은 결국 니고데모의 입장이 정당하다는 것을 증명한다고도 할 수 있다. 또한 만일 바리새인들이 요나에 대한 구절들을 알았다면 이것도 역시 아이러니이다. 왜냐하면 자신들의 주장에 정당성을 부여하기 위해 율법을 찾아보라고 강요하다시피 했던 바리새인들이 실제로는 스스로 율법을 깨뜨린 것이 되기 때문이다.

이와 같이, 율법을 지키는 문제와 관련한 바리새인들과 니고데모와의 긴장은 그들의 입장을 역전시키면서 다른 한편으로는 예수님의

---

al., vol. 2 (Kent: Burnes & Oates, 1980), p. 161 및 George R. Beasley-Murray, *John: Word Biblical Commentary*, second ed. (Nashville: Thomas Nelson, 1999), p. 121. P^{66} 및 P^{77} 에 대한 설명은 다음을 참조하라: Bruce M. Metzger, *The Text of the New Testament*, 2nd ed. (Oxford: Clarendon Press, 1968), pp. 35-42; Philip W. Comfort and David P. Barrett eds., *The Complete Text of the Earliest New Testament Manuscripts* (Grand Rapids: Baker, 1999), pp. 366-78, 491-97.

34) "율법을 찾아보라"는 바리새인들의 단언 속에 나타나는 ἐραυνάω는 두 가지 대조적인 관점에서 사용되었다. 하나는 예수님께서 사용하신 것이고(5:39) 다른 하나는 바리새인들이 사용한 것이다(7:52). 바리새인들은 "율법을 찾아보라"는 말을 예수님을 부정하는 자신들의 주장을 입증하는 중요한 수단으로 사용하였지만, 반면에 예수님께서는 자신의 정체성을 확인시키는 증거로 사용하고 있다(5:39, "너희가 성경에서 영생을 얻는 줄 생각하고 성경을 연구하거니와 이 성경이 곧 내게 대하여 증언하는 것이니라"). 즉 예수님의 정체와 관련하여 율법을 통한 부인과 증거가 충돌하는 것이며, 율법을 부인하는 쪽은 결국 패배를 맛보게 될 것이다. 바로 이러한 긴장이 바리새인들의 호전적인 공격으로 절정에 달할 때 니고데모는 그러한 두 가지 다른 입장이 충돌하는 현장의 한 복판에 등장하는 것이다.

정체를 드러내준다. 결국 바리새인들과 유대인들은 율법을 근거로 예수님이 죽어야 한다고 주장했음에도 불구하고(19:7, "유대인들이 대답하되 우리에게 법이 있으니 그 법대로 하면 그가 당연히 죽을 것은 그가 자기를 하나님의 아들이라 함이니이다") 니고데모가 지적한 것과 같이 오히려 자신들이 율법을 깨뜨리는 것이다(7:52). 이와는 대조적으로 요한복음은 니고데모가 역설적이게도 장례식에서 율법을 지킨 것으로 소개하고 있다(19:39-40, "일찍이 예수께 밤에 찾아왔던 니고데모도 몰약과 침향 섞은 것을 백 리트라쯤 가지고 온지라. 이에 예수의 시체를 가져다가 유대인의 장례 법대로 그 향품과 함께 세마포로 쌌더라"). 환언하면, 율법을 지켜야 한다는 니고데모의 주장은(7:50-51, "그 중의 한 사람 곧 전에 예수께 왔던 니고데모가 그들에게 말하되 우리 율법은 사람의 말을 듣고 그 행한 것을 알기 전에 심판하느냐") 예수님의 장례식에서 그의 행동과 일치하며, 반면에 예수님이 율법을 깨뜨린다고 비난하던 바리새인들은 자신들의 행동으로 율법을 깨뜨리는 것이다. 요한복음은 니고데모를 통하여 이와 같이 "율법을 지키는 것"과 "율법을 깨뜨리는 것"에 관한 논쟁을 가속시킨다. 즉 이러한 분리는 "모세의 율법"에 대한 태도에 기초하고 있다. 바리새인들이 예수님을 죽이는 것은 율법을 깨뜨리는 것인데(7:19, "모세가 너희에게 율법을 주지 아니하였느냐 너희 중에 율법을 지키는 자가 없도다 너희가 어찌하여 나를 죽이려 하느냐"), 니고데모는 모세의 율법을 따라 예수님을 변호할 뿐만 아니라 예수님이 죽을 때 두려움이 지배하는 분위기 속에서도 율법을 지킨다.

따라서 율법을 지키는 니고데모의 태도와 두려움 속에 있었던 아리마대 요셉의 행위는 서로 구별되어야 하는 것이 타당함에도 불구하고, 아리마대 요셉의 부정적인 태도를 니고데모에게 접목시키는 것은 니고데모가 부당한 평가를 받도록 만드는 요소 중에 하나가 된다. 더욱이 예수님의 생애는 율법을 지킴(1:45; 8:17; 10:34; 15:25)과 성취(2:22; 5:39; 7:42; 13:18; 17:12; 19:24, 28, 36, 37, 20:9)라는 분위기 속에서 전개된다. 따라서 예수님의 십자가 죽음은 “내가 목마르다”는 말씀을 통해 촉진되고 증거되는 가운데 “성경을 응하게”하는 것이며(19:28), 따라서 요한복음은 19장 29절에서 “사람들이 신 포도주를 적신 해면을 우슬초에 매어 [목마름 속에 있던] 예수의 입에 대니 예수께서 신 포도주를 받으신 후에 이르시되 다 이루었다 하시고 머리를 숙이니 영혼이 떠나가시니라”고 증거하고 있다(참조, 시 69:21).

결국 요한복음은 니고데모의 역할을 통해서, 예수님께서는 율법을 지킬뿐만 아니라 완성시키며, 예수님과 바리새인들 간의 긴장이 고조되는 중심부에서 예수님이 율법에 의해 정당한 분으로 증거되는 것을 보여준다. 그러므로 예수님의 기원과 정체를 고백하는 니고데모는(3:2, “랍비여 우리가 당신은 하나님께로부터 오신 선생인 줄 아나이다 하나님이 함께 하시지 아니하시면 당신이 행하시는 이 표적을 아무도 할 수 없음이니이다”) 십자가의 죽음에서 그 절정을 이루게 되는 성경(율법)의 성취를 위해 “율법을 지킴”과 “율법을 깨뜨림”의 대결 구도를 만드는 역할을 요한복음의 전체 이야기 구조 속에서 수행한다.

3. 니고데모의 첫 번째 반응

예수님의 질문에 대한 니고데모의 답변은 그가 예수님의 대화 상대라는 역할을 넘어 ‘거듭’남이란 주제를 발전시키는 역할을 하도록 만든다. 이 대화 가운데 드러나는 그의 연속적인 반응은 문자적이며 비유적인 '거듭남'의 실체를 드러내며 요한복음의 이야기 전개 방향을 예고한다. 예수님의 가르침에 대한 니고데모의 첫 번째 반응은 그가 고차원적이고도 영적인 문제를 단순히 물질적인 차원에서 이해한 것으로 받아들여지고 있다(3:4). 그렇기 때문에 '거듭남'과 관련된 니고데모의 질문은 그가 비유적인 설명을 문자적으로 이해했거나 혹은 영적인 문제를 물질적인 문제로 이해한 매우 피상적인 질문으로 종종 간주되며, 이에 따라 니고데모는 '거듭남'에 대한 예수님의 말씀을 문자적으로 어머니의 모태에서 두 번째 태어나야 한다는 의미로 받아들인 사람으로 상징된다.[35]

일반적으로 중요한 인물들의 오해는 본문의 깊은 의미를 드러내는 기능을 수반하며, 문자적인 의미의 붕괴는 두 번째 의미인 비유적인 의미에 도달하도록 만드는 것으로 간주되기도 한다.[36] 예수님과 니고데모와의 대화에 대한 많은 연구들이 영적이거나 혹은 비유적인 의미를 찾아내기 위한 방편으로 니고데모의 '오해'에 집중되었다.[37] 이러한 연구의 일반적인 경향은 문자적인 성격보다도 비유적인 성격, 즉 물질적인 측면보다도 영적인 측면에 우선성을 둔다.[38]

---

35) Dorth A. Lee, *The Symbolic Narratives of the Fourth Gospel*, JSNT 95 (Sheffield: Sheffield Academic Press, 1994), pp. 49, 61-6.

36) L. Th. Witkamp, "Jesus' Thirst in John 19:28-30: Literal or Figurative?," *JBL* 115(1996), pp. 489-92; Paul D. Duke, *Irony in the Fourth Gospel* (Atlanta: John Knox, 1985), pp. 144-7.

37) '오해'는 이야기의 전개를 촉진시키는 요소일 수 있다. Donald A. Carson, "Understanding Misunderstanding in the Fourth Gospel," *TB* 33 (1982), p. 60: 이 글에서 Carson은 요한복음에 나타난 '오해' 요소의 중요성을 강조하면서 이와 관련한 자료들을 잘 정리해놓았다.

예컨대 Witkamp는, Moore도 요한복음에 나타난 아이러니의 희생자가 되었다고 여기는데, 그것은 Moore가 문자적인 부분과 비유적인 부분을 구별하지 않았기 때문이라는 것이다.[39] 그러나 만일 니고데모가 영적인 '거듭남'의 의미를 드러내기 위한 아이러니의 희생자라면, 다른 한편으로 니고데모를 희생시키려는 시도가 오히려 요한복음의 이야기 세계 속에서 희생된다는 것도 아이러니이다.

4. 니고데모의 두 번째 반응

니고데모의 두 번째 반응인 "어찌 그러한 일이 있을 수 있나이까"라는 답변성 질문의 기능을 찾기 위해서는 이 질문의 주체와 객체를 분리할 필요가 있다. 여기에서는 먼저 질문을 제기한 니고데모에게 초점을 맞추어 그 역할을 살펴보고, 이어서 어떻게 이 니고데모의 반응이 예수님에 의해서 성취되는지를 보여주는 두 가지 측면을 검토하고자 한다.

---

38) David Rensberger, *Johannine and Liberating Community* (Philadelphia: Westminster Press, 1988), p. 40; Lee, *The Symbolic Narratives of the Fourth Gospel*, pp. 49-50, 60; Culpepper, *Anatomy of the Fourth Gospel*, 135-6, pp. 145-8; idem, "The Theology of the Gospel of John," p. 428. Schnackenburg는 "니고데모가 하나님의 능력과 지혜에 의문을 제기하며 예수님의 말씀을 회의적으로 받아들이고, 이에 따라 그 자신의 우둔함을 강화시킨다(4절)"라고 설명한다. Rudolf Schnackenburg, *The Gospel according to St John*, vol. 1, trans. by Cecily Hastings, Fransic McDonagh, Kevin Smith (Kent: Burns & Oates, 1968), p. 374.

39) 참조, Witkamp, "Jesus' Thirst in John 19:28-30: Literal or Figurative?," p. 491; Moore, "Are There Impurities in the Living Water That the Johannine Jesus Dispenses? Deconstruction, Feminism, and the Samaritan Woman," pp. 207-27.

"어찌 그러한 일이 있을 수 있나이까": 니고데모

니고데모의 두 번째 반응은 그에게 부여된 부정적인 인상을 증가시키는 것으로 여겨지며(3:9), 이에 대한 예수님의 답변은 니고데모를 더욱 궁지에 모는 것처럼 보이기도 한다(3:10). 비록 니고데모가 바리새인들과 논쟁하면서 예수님에 대해 옹호하고(7:50-51)[40] 예수님의 장사 현장에서 필요한 물품을 공급하며 예수님의 가까운 제자들과 더불어 등장하지만(19:39-40),[41] 외형적으로 보이는 그의 두려워하는 듯한 태도나 그에게 씌워진 예수님에 대한 믿음 부족 등의 인상은 그의 부정적인 이미지를 고착시키는 것으로 보인다. Carson의 경우와 같이, 일부 학자들의 니고데모에 대한 옹호마저도 문자적/육적 요소에 대한 비유적/영적 요소의 우월성이라는 전제에 기초해 있다. Carson은, 요한이 니고데모의 이러한 행동을 통해서 니고데모가 "어둠에서 나와 빛"으로 옮겨가는 것을 보여주고 있다고 여긴

---

40) 그러나 De Jonge은 니고데모가 예수님의 가르침이나 행동이 아니라 단지 법적 절차를 변호한 것이라고 주장한다(신명기 1:16; 13:14; 17:4; 19:18): De Jonge, *Jesus: Stranger from Heaven and Son of God*, p. 36.

41) 막대한 양의 장례 용품을 가져온 것에 대한 평가는 다양하다. 우선적으로 이 장면은 예수님의 왕권과 관련하여 왕의 장례식을 연상시킨다고도 할 수 있지만 다른 한편으로는 니고데모를 더욱 우둔한 사람으로 취급하는 요인이 되기도 한다. 왜냐하면 장례식 준비는 니고데모의 오해와 불신에 근거했다고 하는데 이는 그가 장례식을 부활을 전제하지 않은 최종적인 것으로 이해했기 때문이라는 것이다. 또한 많은 양의 장례 용품으로 인해 본문 전승의 정확성에 대한 의문이 제기되기도 한다. 이러한 주장들과 관련하여 다음의 자료들을 참고하라: Bassler, "Mixed Signals: Nicodemusin the Fourth Gospel," p. 642; Beasley-Murray, *John: Word Biblical Commentary*, p. 359; De Jonge, *Jesus: Stranger from Heaven and Son of God*, p. 34; Duke, *Irony in the Gospel of John*, p. 110.

다.[42] 요한복음의 이야기 구조를 분석하면서 Charles H. Giblin은 니고데모가 최종적으로 개종했다고 보기는 힘들지만 그가 용기 있게 예수님에 대한 존경심을 발전시키는 것을 보여준다고 제시한다.[43]

예수님과 니고데모와의 대화에서 인칭의 변화는 대화의 주체와 객체에 대한 혼란을 주기도 한다. 이 대화는 예수님과 니고데모와의 직접적인 대화이지만, 대화가 진행되는 동안 상황의 변화나 혹은 제 삼자의 개입이 없는 상태에서 이루어지는 인칭의 변화는 대화의 주제인 '거듭남'의 실체가 공개적으로 드러나도록 만든다. 인칭의 변화들, 즉 1인칭/3인칭 단수에서 1인칭/2인칭 복수로의 변화는 3장 2절과 11절에서 나타난다.[44] 예수님과 니고데모와의 대화에서 니고데모의 반응은 그가 개인적으로 예수님의 '거듭남'에 대한 요구와 관련되지 않은 것처럼 보이는데 이는 니고데모가 자신을 직접 표현하는 대명사인 "나"가 아닌 제 삼자를 가리키는 "그" 혹은 "사람"이라는 어휘를 사용하기 때문이다. 또한 예수님이 니고데모를 대화의 상대자로 여기는 분위기에서 비록 니고데모를 지칭하며 2인칭 단수 대명사인 "너"를 사용한다고 해도, 니고데모에게 가르침을 따르도록 요구하는 상황에서는 니고데모를 직접 지칭하는 "네가"라는 인칭대

---

42) Donald A. Carson, *The Gospel According to John* (Leicester: Inter- Varsity Press, 1991), p. 629.

43) Charles H. Giblin, "The Tripartite Narrative Structure of John's Gospel," *Biblica* 71 (1990), p. 464.

44) W. L. Craig는 20장 22절을 논하면서 "셈어 용법은 1인칭 복수가 단순히 1인칭 단수 대명사 '나'(참조, 3:11, 32)를 의미하기도 한다"고 소개한다: W. L. Craig, "The Empty Tomb of Jesus," *NTS* 31 (1985), p. 53. 그렇지만 1인칭 복수와 대칭되는 2인칭 복수의 성격이 간과되어서는 안 될 것이다.

명사 대신에 "사람이" 혹은 "너희가"라는 어휘들을 사용한다(3:3, 5, 7). 예수님께서 니고데모를 "너"라고 지칭하면서도 "거듭남"(γεννηθῇ ἄνωθεν)을 적용시키는 단계에서는 이를 "사람," 혹은 "너희"라고 바꾸어 사용한다.[45] 더욱이, 이 대화 장면에서 니고데모의 최종 답변인 "어찌 그러한 일이 있을 수 있나이까"는 요한복음 이야기의 전개 방향에 대한 예고라고 할 수 있는데, 그 이유는 이 질문에 대한 해답이 요한복음 전체를 통해서 이루어지기 때문이다. 인칭의 변화를 통하여 예수님과 니고데모의 대화는 개인적인 대화 차원을 넘어서게 되고 결국 니고데모의 역할은 이 대화가 일반화되도록 만든다. 그렇기 때문에 "어찌 그러한 일이 있을 수 있나이까"라는 니고데모의 반응은 예수님의 말씀 속에 융합되어서 '위로부터 다시'(ἄνωθεν) 태어나는 것을 상징하는 비유적이며 문자적인 '거듭남'의 성취를 촉진시키는 역할을 한다. 니고데모는 '거듭남'의 주제를 문자적이며 비유적으로 균형있게 부각시키는 그의 질문을 남겨 놓은 채 흔적을 남기지 않고 대화 속에서 사라진다.

"어찌 그러한 일이 있을 수 있나이까": 예수님

"어찌 그러한 일은" 바로 예수님에게 일어나는 사건이 된다. 예수님과 니고데모의 대화는 '거듭남'의 실체를 밝혀주는 동사 δύναται를 중심으로 교차대칭 구조를 이루며 아래와 같이 분석할 수 있다:

---

45) 한글 개역 개정 성경 3장 7절에 비록 "너"라고 번역되어있지만("내가 네게 거듭나야 하겠다 하는 말을 놀랍게 여기지 말라"), Nestle-Aland, *Novum Testamentum Grace* 27판에서는 "너희"(ὑμᾶς)로 되어있다.

A. 2: "랍비여 우리가 당신은 하나님께로부터 오신 선생인 줄 아나이다"

B. 2: "하나님이 함께 하시지 아니하시면 당신이 행하시는 이 표적을 아무도 할 수 없음이니이다"(οὐδεὶς γὰρ δύναται ταῦτα τὰ σημεῖα ποιεῖν ἃ σὺ ποιεῖς)

C. 3: "사람이 거듭나지 아니하면 하나님의 나라를 볼 수 없느니라"(οὐ δύναται ἰδεῖν τὴν βασιλείαν τοῦ θεοῦ)

D-D*. 4: "사람이 늙으면 어떻게 날 수 있사옵나이까 두 번째 모태에 들어갔다가 날 수 있사옵나이까"(Πῶς δύναται ἄνθρωπος γεννηθῆναι γέρων ὤν; μὴ δύναται εἰς τὴν κοιλίαν τῆς μητρὸς αὐτοῦ δεύτερον εἰσελθεῖν καὶ γεννηθῆναι;, 표적을 요구)[46]

C*. 5: "사람이 물과 성령으로 나지 아니하면 하나님의 나라에 들어갈 수 없느니라"(οὐ δύναται εἰσελθεῖν εἰς τὴν βασιλείαν τοῦ θεοῦ.)

B*. 9: "어찌 그러한 일이 있을 수 있나이까"(Πῶς δύναται ταῦτα γενέσθαι;)[47]

A*. 10: "너는 이스라엘의 선생으로서 이러한 것들을 알지 못하느냐"

또한 6-8절은 아래와 같이 교차대칭 구조로서 같은 이미지를 내포하면서 7절의 '거듭남'에 초점을 맞추고 있다:

46) 이 책에서는 3장 4절을 교차대칭구조를 이루는 이 대화의 핵심 내용으로 간주한다.

47) "γενέσθαι"는 "되다"와 혹은 "태어나다"로도 사용된다. 그렇기 때문에 9절에 사용된 이 용어는 이전의 대화들을 '거듭남'이란 주제로 수렴시킨다고 할 수 있다.

A. 6: "육으로 난 것은 육이요 영으로 난 것은 영이니"

B-B*. 7: "내가 네게 거듭나야 하겠다 하는 말을 놀랍게 여기지 말라"

A*. 8: "바람(영, πνεῦμα)이 임의로 불매 네가 그 소리는 들어도 어디서 와서 어디로 가는지 알지 못하나니 성령(영, πνεῦμα)으로 난 사람도 다 그러하니라"

표적(3:2) 및 "사람이 늙으면 어떻게 날 수 있사옵나이까 두 번째 모태에 들어갔다가 날 수 있사옵나이까"(3:4)와 관련된 δύναται는 대화 속에서 제시된 것과 같이 '거듭남'의 방향을 전개시킨다. 표적들은 하나님께서 예수님과 함께한다는 것을 암시하며 확증하는 증거가 되기 때문에 니고데모는 함축적으로 예수님에게 표적을 요구한다(3:4). 예수님께서 행하신 표적들과 관련한 니고데모의 답변은 예수님이 하나님께로부터 왔다는 것과 하나님이 함께한다는 것을 인정하는 진술이다(3:2). 요한이 서언에서 "말씀이 곧 하나님이셨다"고 선언하듯이, 예수님은 도마의 고백에서와 같이 마지막 표적인 그의 부활을 통해서 하나님과 일치되는 것으로 선언된다(20:28). 예수님과 니고데모의 질문과 답변의 상호 작용을 통해서 '거듭남'의 실체는 드러나며 동시에 이 '거듭남'은 예수님의 실체와 정체를 밝혀준다. 결국, 예수님께서 행하신 표적을 아무도 할 수 없듯이(3:2), 예수님께서 행하신(실) 표적들은 그의 정체 및 실체와 관련되어 있으며 이 표적들은 '거듭남'의 주제를 발전시키는 요소가 된다.

3장 3절과 5절은 상호 밀접한 관련을 가지며 개념이 서로 중복

된다는 인상을 준다. 두 구절에서 공통적으로 등장하는 "태어남"과 "하나님 나라"는 3절의 "보다"와 5절의 "들어가다" 그리고 3절의 ἄνωθεν과 5절의 "물과 성령"과의 관계를 밝혀준다. 5절은 대칭적인 3절을 흡수하며 "들어가다"는 "보다"의 의미를 드러내 준다. 요한은 예수님의 질문에 대한 답변인 9절의 "어찌 그러한 일이 있을 수 있나이까"에 초점을 맞춘다. 9절은 대칭적으로 2절의 함축적인 '당신은 하나님과 함께하신다'는 말씀과 균형을 이루는데, 그것은 이 구절이 "어찌 그러한 일이 있을 수 있나이까"라는 질문에 대한 답을 예고하기 때문이다. 4절의 니고데모의 질문에 내포되어 있듯이, '거듭남'은 '위로부터 다시'(ἄνωθεν) 태어남을 반영한다. 1장 1절에서 요한은 "이 말씀이 하나님과 함께 계셨으니"라고 증언하면서 바로 "이 말씀은 곧 하나님이시니라"고 밝히는데, 이 확인이 예수님의 부활을 통해서 입증된다(20장 28절의 부활하신 예수님을 보고 난 도마의 고백과 11장 27절의 나사로의 부활과 관련된 마르다의 고백, "주는 그리스도시요 세상에 오시는 하나님의 아들이신 줄 내가 믿나이다").[48] 그렇기 때문에 문자적/비유적인 예수님의 부활의 순간은 하나님께서 그와 함께하시는 것을 상징할 뿐만 아니라 그가 하나님이시라는 것을 드러내며, "어찌 이러한 일이 있을 수

48) 마르다의 고백은 요한복음의 기록 목적(20:30-31)을 예고한다: Beasley- Murray, *John: Word biblical Commentary*, p. 192; Schnackenburg, *The Gospel according to St John*, vol. 2, p. 332. 또한 마르다의 고백은 20장 28절의 도마의 고백에서 절정에 달하는, 요한복음에 나타난 일련의 고백 중에 하나이다(1:49; 4:42; 6:69; 9:37f.; 16:30; 20:16): Rudolf Schnackenburg, *The Gospel according to St John*, trans. by David Smith and G. A. Kon, vol. 3 (Kent: Burnes & Oates, 1982), p. 333. 따라서 나사로의 부활과 관련된 마르다의 고백은 예수님의 부활 뒤에 등장하는 도마의 고백에 대한 예고라고 할 수 있다.

있나이까?"에 대한 답을 준다.

5. 인물과 호칭의 상호 작용: 예수님 · 니고데모 · 침례 요한

요한복음의 이야기 속에서 비록 니고데모와 침례 요한이 서로 관련이 없는 것처럼 보인다고 해도, 이야기가 전개되는 동안에 이 둘은 예수님을 중심으로 서로 영향을 주는 관계 속에서 역할을 한다. Lee의 주장과 같이 "중요 인물의 반응은 상징적 이야기의 본질적인 모습"이기[49] 때문에 세 인물의 반응을 비롯해 이들의 상호 관련성과 호칭들의 상호 작용은 이야기 구성의 중요한 요소라고 할 수 있다.

예수님께 먼저 나아와 대화를 시작하였을 뿐만 아니라 예수님의 정체를 드러낸 니고데모는 예수님께서 이야기하는 동안에 그 대화 속에서 홀연 자취를 감추며, 대신 침례 요한의 이야기가 1장에서 예수님을 소개하던 기조를 유지하며 갑자기 등장한다(3:22ff.).[50] 예수님과 니고데모와의 가열되는 논쟁을 고려할 때 어떤 흔적도 남기지 않고 갑자기 대화 속에서 사라지는 니고데모의 모습은 궁금증을 증폭시키지만, 이는 예기치 않은 침례 요한의 출현으로 해소된다. 이 두 대화의 장면(예수님과 니고데모: 3:1-15; 침례 요한과 그의 제자들: 3:23-30)에서 침례 요한과 니고데모는 서로 다른 상황에 놓여있지만 이야기 속

49) Lee, *The Symbolic Narratives of the Fourth Gospel*, p. 54.

50) Lee는 "니고데모에게 불가능한 것은 침례 요한의 말(28-30절)과 행동(23절)에 나타난 증언을 통해서 성취"되었기 때문에 예수님과 니고데모의 관계를 상징적이라고 제시한다: Ibid., p. 58.

에서는 동반자적인 입장에 있다고 할 수 있다. 3장 22-36절과 2장 23-3장 21절은 서로 병행적이다.[51] 대화 후에 공통적으로 "영생"(3:16; 3:36), "예수님의 기원"(3:13-21; 3:31-36), 그리고 예수님과 침례 요한의 "침례 베푸는 이야기"(3:22-24; 4:1-2)가 이어진다. 특별히 침례 요한과 제자들의 대화 후에 부성 이미지가 대화의 분위기를 생동감 있게 만들듯이(3:35), 니고데모의 반응에서 드러나는 "어머니의 모태"라는 모성적 이미지는 예수님과 니고데모와의 대화를 이끌며 부성적 이미지와 조화를 이룬다.[52] ἄνωθεν이 가지고 있는 "다시"의 전체적인 이미지는 예수님과 니고데모와의 대화 속에서 강조되었으며, "위로부터"의 이미지는 예수님과 침례 요한과의 관계 속에서 강조되고 있다.

6. 인물과 호칭의 상호 작용: ῥαββί· ῥαββουνί · διδάσκαλος

각 칭호들의 관련성은 세 인물의 역할을 견고하게 결속시키며 니고데모의 역할이 재평가되도록 기회를 제공한다. 예수님을 중심으로 한 두 인물들(니고데모와 침례 요한)은 공통적으로 특정한 칭호와 관련되어 있다. 이 세 인물들은 모두 ῥαββί와 διδάσκαλος로 불리는데(3:2, 10, 26), ῥαββί는 예수님과 침례 요한에게 적용되며 διδάσκαλος는 예수님과 니고데모에게 적용된다. ῥαββί를 διδάσκαλος로 번역한 요한에 의

51) Beasley-Murray, *John: Word Biblical Commentary*, p. 46.

52) 비록 예수님과 니고데모의 대화에서 "아들"이란 용어가 하나님과의 관계 속에서 사용되지만(3:16, 17), 아들 이미지뿐만 아니라 부성 이미지도 3장 35절에서와 같이 "아버지"와 "아들"이란 어휘가 동시에 등장할 때 한층 더 뚜렷해진다.

해 ῥαββί의 의미는 διδάσκαλος와 일치하게 되는데(1:38) 침례 요한과 니고데모는 각기 ῥαββί와 διδάσκαλος로 불리며 예수님과 관련을 갖는다.

니고데모가 예수님을 만났을 때 그는 예수님의 내부 제자들이 사용하는 ῥαββί와 διδάσκαλος를 사용하여 예수님을 지칭한다(ῥαββί: 3:2. 참조, 1:38, 49; 3:26; 4:31; 6:25; 9:2; 11:8; διδάσκαλος: 3:2. 참조, 1:38; 8:4; 11:28; 13:13, 14; 20:16). "이스라엘의 선생"(διδάσκαλος)인 니고데모는 "하나님으로부터 온 선생"(διδάσκαλος)과 비교되며, 이 비교는 예수님의 역할을 "하늘의 일"과 "땅의 일"로 구분되게 만든다(3:12). '거듭남'에 대한 이야기(3:3-8)에서, 비록 "땅의 일"이 육체적인 요소를 지시하든지 아니면 이 땅에서 벌어지는 '거듭남'을 지시하든지 간에, 예수님의 이야기에서 이 '거듭남'은 "땅의 일"과 "하늘의 일"이라는 두 가지 측면을 모두 내포하고 있다.[53] 따라서 요한은 침례 요한이 예수님에 대해 증거하는 것처럼(3:26), 니고데모를 '거듭남'의 실체와 예수님의 사역을 드러내는 διδάσκαλος로 묘사하고 있다.

ῥαββί와 διδάσκαλος라는 칭호의 상호 작용은 ῥαββί와 관련을 가지고 있는 ῥαββουνί와의 상호 관련에 대해서도 관심을 갖도록 만든다. 요한이 ῥαββί와 ῥαββουνί를 같은 의미로 해석하기 때문에 요한복음의 이야기 속에서 이 둘을 구분하는 것은 본질적으로 의미가 없는 것처

53) "하늘의 일"과 "땅의 일"이 무엇인지에 대한 논란이 있다. 일반적으로 땅의 일은 자연적인 출생이나 바람 등 육체적이며 물질적인 요소들을 일컬으며, 하늘의 일은 "거듭남"으로 간주된다. 그렇지만 "거듭남"은 거룩한 사역을 통해 땅에서 발생하며 또한 아들(the Son)을 보내는 것과 같은 일도 땅에서 이루어진다. 이에 대한 논의에 대해서는 다음을 참조하라: C. K. Barrett, *The Gospel according to St John*, second ed. (London: SPCK, 1978), p. 212; Carson, *The Gospel according to John*, p. 199.

럼 보인다. Shnackenburg는, "ῥαββουνί는 통상적인 ῥαββί 이상의 것이 아니며 단지 강한, 즉 보다 개인적인 표현으로, 요한에 의해 그리스어로 다르게 번역되지 않았다(참조, 1:38)"면서 이 둘의 구분을 제한하고 있다.[54] 20장 16절에서 막달라 마리아는 예수님을 ῥαββουνί라고 부르며, 요한은 이를 διδάσκαλος로 번역하여 소개함으로 니고데모가 예수님을 부를 때 사용한 ῥαββί의 의미를 포함시킨다. 니고데모가 예수님을 만났을 때 ῥαββί와 διδάσκαλος를 결합하여 사용한 것과 같이 이 의미의 합치는 예수님께서 막달라 마리아를 만났을 때도 일어난다. 이러한 결합의 재출현은 3장의 거듭남에 대한 논쟁을 상기시키는 요인이 될 수 있다. '거듭남'에 대한 논쟁의 시작에 참여한 첫 번째 인물인 니고데모는 그 '거듭남'의 실현으로 상징되는 부활의 첫 번째 증인인 막달라 마리아와 비교될 수 있다. 니고데모와 막달라 마리아는 예수님의 부활(거듭남)을 미리 예시하거나 증언했다는 점에서 '거듭남'의 주체인 예수님과 연결되어 있기 때문에, 니고데모가 예수님을 ῥαββί라고 부른 것은 마리아가 사용한 ῥαββουνί와 동일하게 예수님을 받아들이는 그의 신앙고백이 될 수 있다.[55]

---

54) Schnackenburg, *The Gospel according to St John*, vol. 3, p. 317. Ernst Haenchen은 "[20장]16절과 마가복음서 16장에 등장하는 Rabbouni는 정확하게 예수님 당시의 실제 발음을 반영한다"고 주장한다: Ernst Haenchen, *A Commentary on the Gospel of John: Hermeneia-A Critical and Historical Commentary on the Bible*, vol. 2 (Philadelphia: Fortress, 1984), p. 209. Barnabas Lindars는 "이것[ῥαββουνί]은 보다 큰 경외와 존경을 드러내는 것으로 rabbi가 다양하게 확장된 형태 가운데 하나이다… 남자 제자들이 단순한 형태인 rabbi를 사용한 반면에(1:38), 여인은 이러한 형태[ῥαββουνί]를 사용했을 것이라는 요한의 가정은 아주 정확하다"고 제시한다. Barnabas Lindars, *The Gospel of John: The New Century Bible Commentary* (Grand Rapids: Eerdmans, 1972), p. 606.

7. 인물과 호칭의 상호 작용: ῥαββουνί · "히브리 말로"

요한이 ῥαββουνί를 διδάσκαλος로 번역했기 때문에 διδάσκαλος가 ῥαββουνί에 ῥαββί와 같은 의미를 부여하지만(3:2), ῥαββουνί에 덧붙여진 "히브리 말로"(20:16)는 이 단어에 추가적인 특별한 의미를 부여하는 것으로 보인다. 요한복음에는 "히브리 말로"라는 표현이 사용 된 네 번의 사례들이 있다(5:2; 19:13, 17, 20). 예수님께서는 베데스다 연못에서 38년 동안 병을 앓던 병자를 치유하셨다(5:5-9). 그러나 이 날은 안식일이었을 뿐만 아니라 예수님의 자기 정체에 대한 진술로 인해 유대인들이 "더욱 예수를 죽이고자" 하는 시도가 구체화된다(5:18). 그렇기 때문에 베데스다의 치유 사건 이후 "죽이다"는 주제가 본격적으로 떠오르기 시작한다(7:1, 19, 25, 30; 8:37, 40; 11:53). 또한 세 번째 "히브리 말로"라는 구절이 등장하는 "가바다"에서 예수님을 죽이는 심판이 거행된다(19:13). 점증되는 긴장 속에서 다른 두 개의 "히브리 말로"라는 구절은 예수님을 죽이려는 음모의 최종 목적지인, 바로 예수님께서 십자가에 달린 장소인 골고다와 그 십자가 위의 패에 세 개의 언어로 씌어진 글에서 나타난다(19:17, 20).

"히브리 말로"라는 구절이 나타날 때마다 예수님께서 유대인들에

---

55) 요한복음 이야기 속에서 니고데모가 상징적으로 예수님을 믿는 유대인들의 대표가 되고 마리아는 새로운 이스라엘의 대표가 될 수 있을 것이다. 이에 대해 Sandra M. Schneiders는 마리아를 "새로운 이스라엘과, 요한 공동체와 그리고 독자들의 상징적인 대표"라는 가능성을 제시한다. Sandra M. Schneiders, "The Encounter of the Easter Jesus with Mary Magdalene-A Transformative Feminist Reading," *"What is John?": Readers and Reading of the Fourth Gospel*, ed. by Fernando F. Segovia (Atlanta: Scholars Press, 1996), p. 164.

게 죽임을 당할 것이라는 위기가 고조되는데, 이 구절들은 모두 죽음의 장소인 예루살렘에서만 사용된다. "히브리 말로"라는 내용이 등장할 때마다 예수님과 유대인들/바리새인들 간의 긴장이 고조되지만, 다른 한편으로는 예수님에 대한 반대의 근거로 삼았던 내용들이 역설적이게도 예수님에게 점진적으로 적용되면서 사실로 입증된다. "히브리 말로"라는 구절에 의해 고조되던 긴장의 마지막 순간에 이 긴장은 사실 입증 속으로 붕괴된다. 그렇기 때문에 예수님의 부활 후 막달라 마리아가 예수님을 ῥαββουνί라고 부르는 것은 팽팽한 죽음의 긴장을 "사랑과 믿음과 기쁨"으로[56] 바꾸는 것이며, 예수님은 유대인들을 격분시켰던 정점에서 그들의 격분 내용(5:18)을 극복하고 오히려 그들의 거부했던 하나님으로 입증되며 선언된다(20:28).

8. 인물과 호칭의 상호 작용: "하나님으로부터 온 선생"·"이스라엘의 선생"

니고데모는 예수님에게 나아가면서 "랍비여 우리가 당신은 하나님께로부터 오신 선생인 줄 아나이다"라고 말한다(1:2). 여기에서 1인칭 복수인 "우리"는 일반적으로 니고데모와 그의 동료들을 포함하거나 혹은 니고데모가 어떤 특정한 그룹의 대표라는 것을 함축한다고 받아들여지고 있다.[57] 그렇지만 3장 2절과 11절의 "우리"가 누

---

56) Beasley-Murray, *John:Word Biblical Commentary*, p. 375.

57) Schnackenburg는 1인칭 복수인 "우리"의 사용은 "그가[니고데모가] 다른 학자들도 역시 그와 같은 의견을 가지고 있다는 것을 확언하는 예절바른 과정"이라고 밝힌다: Schnackenburg, *The Gospel according to St John*, trans. Kevin Smith, vol 1,

구인지에 대한 확인 과정은 필요하다. 2절에서 니고데모는 예수님을 "하나님으로부터 온 선생"으로 부르지만, 11절에서는 예수님이 니고데모를 "이스라엘의 선생"이라고 부르는 "선생" 칭호에 대한 반향이 등장한다. 그래서 예수님께서 "우리는" 혹은 "우리의"라고 할 때 이 어휘들은 이스라엘의 선생인 니고데모와 하나님으로부터 온 선생인 ῥαββί,즉 예수님을 동시에 포함한다고 할 수 있다.

요한은 모호한 두 선생들의 역할을 3장 10절부터 분명하게 구분하기 시작하면서 하나님으로부터 온 선생인 예수님의 기원의 신비성을 드러낸다(3:13). 니고데모는 유대인들의 지도자로서가 아니라 이스라엘의 선생으로서(3:10) 예수님의 신비스러운 기원과 그의 문자적/비유적인 들리움(3:13-14)을 드러내는 동기부여의 역할을 한다. 따라서 2절과 11절에서 등장하는 1인칭 복수 "우리"는 '거듭남'과 관련하여 서로 밀접하게 연결되어 있는 니고데모와 예수님을 포함하는 가능성을 제시할 수 있다. 예수님께서는 8절에서 "네가… 알지 못하나니…"라고 하시면서 이를 성령으로 난 "모든 사람"에게 적용시키신다. 비록 예수님께서 "너는 이스라엘의 선생으로서 이러한 것들을 알지 못하느냐"고 하시지만(3:10), 이 내용에 뒤이어 바로 1인칭 복수인 "우리"가 수반된다(3:11). 이스라엘의 선생인 니고데모(3:10)와 하나님으로부터 온 선생인 예수님(3:2)은 이야기 속에서 문자적이며 비유적인 '거듭남'을 전개시키기 위해 각각의 역할을 다하고 있다.

---

p. 366. Carson은 1인칭 복수의 사용은 니고데모가 "얼마간 그의 동료들 뒤로" 숨은 것을 암시할 뿐만 아리라 "으스댐이나 신경과민의 감정"도 드러낸다고 주장한다: Carson, *The Gospel according to John*, p. 187. 니고데모의 대표성에 대한 추가적인 설명에 대해서는 주 59를 참고하라.

니고데모가 "예수님께 질문이 아니라 선언('우리가 안다')을 가지고 나아온 것"은[58] 매우 흥미롭다. 이 진술은 1인칭 복수인 "우리"가 예수님과 니고데모를 동시에 포함하며 또한 니고데모를 예수님의 사역과 관련시킨다고 할 수 있다. 1인칭 복수인 "우리"가 니고데모를 대표로 인식하게 만들든지 혹은 그의 동료들을 포함하는 완곡한 과장이라고 할지라도, 이것이 니고데모의 기능을 드러내는 것으로 해석될 때 니고데모를 예수님의 가르침을 이해하지 못하는 사람으로 상징짓기는 힘들다. 이스라엘의 선생인 니고데모는, '거듭남'에 대한 문제를 제기하며 하나님으로부터 온 선생이 '거듭남'의 실체를 밝히도록 침례 요한과 같이(1:23) 예수님의 길을 예비한다고 할 수 있다.

9. 밤과 낮: 낮에서 밤으로

'밤'에 대한 예수님의 설명(9:4; 11:10; 13:30)과 전통적인 '밤'의 이미지로 인해, '밤'에 예수님을 방문한 니고데모는 대화의 시작부터 부정적인 이미지에 둘러싸이고 심지어 대화 속에 나타나는 그의 질문과 답변마저 부정적일 것이라는 선입견을 준다. 그래서 요한복음의 이야기 속에서 드러나는 그의 방문과 역할에 대한 평가를 위해서는 '거듭남'과 관련하여 상징성을 가지고 있는 '밤'의 문자적이며 비

58) Hermann N. Ridderbos, *The Gospel according to John: A Theological Commentary*, trans. John Vriend (Grand Rapids: Eerdmans, 1997), p. 124. 또한 Hermann Ridderbos는 니고데모의 역할은 예수님에 대한 신앙을 대표하는 것이라고 제시하면서, 1인칭 복수 표현은 "예수님의 이름을 믿는 예루살렘에 있는 '많은 사람'에 관하여 2장 23절에서 말한 것을 반영한다"고 주장한다.

유적인 의미와 기능에 대한 이해가 필요하다. 니고데모가 어떤 이유로 밤에 예수님을 방문했는지에 대한 명확한 설명이 없기 때문에 요한복음의 이야기 상황 속에서 그 동기를 파악할 수밖에 없다. 이러한 동기는 예수님과 니고데모의 관점이라는 두 측면에서 접근하여 찾을 수 있는데, 니고데모가 밤중에 예수님을 방문한 것이 그의 유익과 의지에 의한 것인지 아니면 예수님께서 그를 밤중에 만나기 원했기 때문이었는지가 중요한 판단 기준이 된다.

니고데모를 하나의 상징적인 인물로 취급하려는 시도들이 있다. Lindars는, 요한복음이 기록될 당시 유대인들의 지도자들은 바리새인들이었고, 니고데모는 그가 역사적인 인물이었든지 혹은 아니든지 간에 요한복음의 다른 등장인물들과 같이 상징적인 역할을 부여받았다는 입장을 취하고 있다.[59] Culpepper는 니고데모가 많은 표적들을 보았으나 믿음에 실패한 예루살렘의 유대인들을 대표한다고 주장하면서 니고데모를 요한복음의 중요 등장 인물가운데 한명인 불신앙

---

59) Lindars, *The Gospel of John*, p. 149. 또한 Lindars는, "그는 그리스도의 주장들 앞에 놓여있는 공개적인 상황 속에서 공식적인 유대교를 대표하며… 따라서 그는 요한이 복음서를 처음 기록할 때 어떤 유대인 집단 내에서 여전히 가능성 있는 종류의 반응을 대표한다고 할 수 있다"는 주장을 한다. Raymond E. Brown은 니고데모가 2장 23-25절에서 언급된 사람들의 대변인이라고 제시한다: Raymond E. Brown, *The Gospel according to John I-XII, The Anchor Bible* (New York: Doubleday, 1966), p. 137. C. K. Barrett의 의견은 Brown과 유사하다: Barrett, *The Gospel according to St John*, p. 205. Edwyn Clement Hoskyns는 니고데모가 "예수님이 행한 것에 대해 감동받고 그리고 하나님께로부터 보내심을 받은 선생이 그들 한 가운데 서 계신 것을 인식하는" 유대인들의 대표라고 제시한다: Edwyn Clement Hoskyns, *The Fourth Gospel*, ed. by Francis Noel Davey (London: Faber and Faber, 1947), p. 211. Carson은 니고데모가 바리새인들이나 혹은 유대인 의회 지도자들의 대표라고 간주한다: Carson, *The Gospel according to John*, p. 187.

의 상징으로 간주할 뿐만 아니라, “유대인들”이란 집단의 호칭도 오해로 인해 불신앙을 갖게 되는 성격의 인물을 상징하는 장치로 간주하고 있다.60)

그러나 니고데모는 단지 이러한 성격의 상징적인 역할 이상을 한다고 할 수 있다. 니고데모가 예수님을 만났을 때의 첫 번째 진술이 다른 이차적인 인물들(minor characters)이 소개될 때와 다르다는 것은 주목할 만하다.61) 익명으로 소개되는 대부분의 이차적인 인물들과 같이 이름이 소개되는 인물들도 특별한 소개 없이 바로 예수님의 활동과 관련된다. 그렇지만 요한은 다른 인물들과 달리 예수님과 니고데모와의 만남을 독특하게 소개한다. 니고데모는 예수님이 부르지 않은 상태에서 스스로 예수님께 나아오고, 대화의 처음 장면에서 대담하게도 예수님이 누구인지를 선언한다(3:2). 사마리아 여인의 경우는, 그녀가 예수님께 먼저 나아온 것이 아니라 물을 길으러 야곱의 우물에 왔기 때문에 예수님은 그녀가 목적한 처음 방문 대상이 아니었다(4:7). 더욱이 예수님은 대화의 선취권을 가지고 그녀에게 마실 물을 요구했고(4:7) 이어서 그녀의 답변이 등장한다. 이와 비교할 때, 니고데모는 먼저 그의 목적 대상인 예수님께 나아왔고 바로 직설적인 대화를 시작한다. 요한은 니고데모의 개인적인 상황과 지역적인 배경,62) 생활, 나이, 그리고 과거 등에 대해서는 설명하지 않고, 그

---

60) Culpepper, *Anatomy of the Fourth Gospel*, pp. 125-32, 134-6.

61) Culpepper는 요한복음의 이차적인 인물들은 침례 요한, 예수님의 어머니, 니고데모, 사마리아 여인, 고위 왕실 관리, 절름발이, 예수님의 형제들, 맹인, 마리아, 마르다, 나사로, 빌라도, 그리고 막달라 마리아 등이라고 구분한다. Ibid., pp. 132-44.

의 사회적인 지위나 인종적인 측면에 대해 예수님과 관련된 부분에 대해서만 소개하는데, 니고데모의 사회적인 위치는 예수님과 대조될 정도로 예수님의 상황과 비교된다: 바리새인과 랍비, 유대인 지도자와 목수출신, 이스라엘의 선생과 하나님께로부터 온 선생.

예수님과 니고데모의 상황을 볼 때 누가 유대인들을 두려워하는 위험에 더 많이 노출되었을까? 니고데모가 유대인들 특히 바리새인들을 두려워할 어떤 이유가 있었을까? 니고데모는 위험의 한 복판에서도 예수님을 변호하는 가운데 바리새인들과 논쟁하며(7:45ff. 참조, 9:22), 예수님의 장례식에도 참석한다(19:39). 요한복음의 이야기 속에서는 니고데모가 바리새인들을 두려워 할 이유가 없는 것처럼 보인다. 그러나 "예수님의 제자"였던 아리마대 요셉은 유대인들을 두려워했다(19:38).[63] 또한 예수님은 어떤 경우에 바리새인들을 피해 유대를 떠나 갈릴리로 가시기도 했다(4:1-3). 이러한 상황을 고려할 때 니고데모가 밤에 예수님을 방문한 것은 그의 입장에 기인한 것이라기보다는 예수님의 사역을 위한 방편이 될 수도 있다.

니고데모의 야간 방문이 그의 겁 많은 소심함 때문인지 아니면 당시 랍비들의 관습을 따른 것인지 비교할 필요가 있다.[64] 이미 고

---

62) 예컨대 요한은 나사로의 지역적인 배경을 소개한다(11:1).

63) 니고데모가 밤에 예수님을 방문한 일을 상기시키는 요한복음의 증언에 의해 (19:39) 요셉의 두려움(19:38)이 니고데모에게도 전이되기도 한다: Duke, *Irony in the Fourth Gospel*, p. 108. 그러나 만일 니고데모의 야간 방문이 전통적으로 부여되는 부정적인 이미지로부터 벗어나거나 혹은 다르게 해석될 수 있다면 아리마대 요셉의 두려움은 장례식장에 등장한 니고데모의 태도에 영향을 주지 못할 것이다.

64) 이에 대한 논의들에 대해서는 다음의 자료들을 참고하라: Schnackenburg, *The*

찰한 바와 같이 니고데모가 밤중에 예수님께 나아 온 것이 아리마대 요셉의 경우처럼(19:38) 유대인들을 두려워했기 때문이라는 근거는 명확치 않다.[65] 그렇기 때문에 "밤에"라는 내용은 중요한 의미를 가지고 있을 것이라고 추정할 수 있다. 이중 구조가 복음서에 나타난 아이러니를 위해 활용되었다는 주장도 있는데,[66] 이 가정은 종종 어둠과 밤에 대한 빛과 낮의 우월성의 근거로 사용되기도 한다. 그렇기 때문에 Schnackenburg와 Raymond E. Brown은 예수님께서 증거하듯이(3:24) 상징적으로 니고데모가 어둠에서 빛으로 온다는 입장을 지지한다.[67] 그렇지만 Beasley-Murray는, 비록 그의 입장이

Gospel according to St John, vol. 1, pp. 36-6; Brown, *The Gospel according to John I-XII*, p. 130; Barrett, *The Gospel according to St John*, pp. 204-5; Colleen M. Conway, *Men and Women in the Fourth Gospel,* SBLDS 167 (Atlanta: Society of Biblical Literature, 1999), pp. 85-93.

65) Rudolf Bultmann은 밤중에 이루어진 니고데모의 방문은 랍비들의 관습을 따라 연구하려는 뜨거운 열정에 기인한 것이라고 간주하면서 이것은 신비스러운 분위기를 만들어내기 위한 복음서 기자의 의도라고 주장한다. Rudolf Bultmann, *The Gospel of John: A Commentary*, trans. by George R. Beasley-Murray (Oxford: Blackwell, 1971), p. 133. Ridderbos는 밤중에 있었던 니고데모의 방문은 "두려움에 의해 유발된 것이 아니라" "신중함의 요소"에 기인한 것이라고 설명한다. Ridderbos, *The Gospel according to John: A Theological Commentary*, p. 123.

66) 참조, Culpepper, *Anatomy of the Fourth Gospel*, p. 191. Ashton은 대부분의 학자들과 같이 이원론적인 입장에서 밤과 낮, 빛과 어두움, 그리고 진리와 거짓의 투쟁으로 설명한다. John Ashton, *Understanding the Fourth Gospel* (Oxford: Clarendon Press, 1991), pp. 208-14. Robert Kysar는 이원론적인 상징들을 긍정적인 것과 부정적인 것으로 분류한다. Robert Kysar, *John: The Maverick Gospel*, rev. ed. (Louisville: Westminster, 1993), pp. 58-77.

67) Schnackenburg, *The Gospel according St John*, vol. 1, pp. 365-6; Brown, *The Gospel according to John I-XII*, p. 130. Lindars는 몇 가지 역사적인 자료들을 검

다른 학자들과 본질적으로 다르지는 않다고 해도, 니고데모가 밤중에 예수님을 방문한 것은 니고데모 입장에서 단순히 대화하기 편리한 시간이었을 뿐이라고 주장한다. 그는 여기에 더해서 니고데모가 예수님과의 대화를 방해받는 것을 원치 않기 때문에 의도적으로 밤중에 예수님을 만나러 왔을 것이라고 제시한다.[68] 따라서 '밤'에 부여된 전통적인 상징 이미지가 요한복음의 이야기 속에서 제거된다면, '밤'은 '밤과 낮,' 혹은 '어둠과 빛' 등과 같은 이중 구조를 깨뜨리는 중립적인 이미지를 갖게 되며, 따라서 니고데모가 밤중에 예수님을 만나러 온 사실로 인해 그에게 덧씌워진 부정적인 이미지도 사라진다.

10. 밤과 낮: 밤에서 낮으로

요한복음 3장에서 처음 등장했던 니고데모가 잊혀 질 무렵에 그는 "전에 예수께 왔던" 혹은 "밤에 그에게 왔던"[69] 사람이라고 소개되며 다시 등장한다(7:50; 19:39). 니고데모의 재등장은 독자들에게 강렬한 인상을 주었던 그와 예수님과의 이전의 만남을 상기시킨다. 그

토한 후에 니고데모의 정체는 정립할 수 없고 그의 정체는 이야기의 결말이 아니라고 주장하며, 어둠은 종종 복음서 안에서 상징적이라고 간주한다: Lindars, *The Gospel of John*, p. 149. Hoskyns는 만일 니고데모가 상징적이라면 그는 "이도저도 아닌 위험한 입장에 위치하고 있다"고 주장한다: Hoskyns, *The Fourth Gospel*, p. 211.

68) Beasley-Murray, *John: Word Biblical Commentary*, p. 47.

69) 7장 39절에 "밤"이란 단어가 포함된 사본들이 있다(K N Δ Ψ: Nestle-Aland, *Novum Testamentum Grace*, 27판).

렇다면 3장의 대화와 니고데모의 방문 시점을 상기시키는 요소인 '밤'은 요한복음 이야기 속에서 '니고데모'라는 등장인물을 이해하도록 만드는 "색인"(an index)[70]과 같은 기능을 하며, 무엇인가를 함축하고 있다고 할 수 있다.

'밤'이라는 표현은 "독자에게 속삭이는 저자의 함축적인 논평"으로 간주되기도 한다.[71] 이에 따라 니고데모의 방문 시점을 지칭하는 '밤'은 단순한 수식어라는 정도를 넘어 심각할 정도로 니고데모의 이미지에 영향을 끼친다.[72] 상황을 더욱 악화시키는 것은 요한의 "바리새인 중에 니고데모라 하는 사람이 있으니 유대인의 지도자"라는 소개인데, 이러한 소개가 니고데모의 부정적인 이미지를 증폭시키기 때문에 독자들이 "그를 의심"할 뿐 아니라 "그에 대해 편견"을 가지게 된다는 주장이다.[73] 요한이 니고데모를 소개하면서 "사람"(ἄνθρωπος)이란 표현을 사용하는 것과 관련하여(3:1. 참조, 3:4) Larry Paul Jones는 이 "사람"이라는 용어가 이 상황에서는 부정적인 이미지를 제공하는데, 그것은 예수님께서 사람을 불신하기 때문이라는 것이다(2:24-25).[74] 이와 같은 평가들로 인해 니고데모는 겁 많은

---

70) Culpepper, *Anatomy of the Fourth Gospel*, p. 192.

71) Duke, *Irony in the Gospel of John*, pp. 107-8.

72) Carson은 "밤"(3:2; 9:4; 11:10; 13:30)의 두 가지 측면을 제시한다. 그는 "밤"이란 용어는 비유적으로 도덕적이며 영적인 어두움을 나타내며, 만일 이것이 밤이라는 시간을 나타낸다고 해도 동일하게 도덕적이며 영적인 상징을 나타낸다고 주장한다: Carson, *The Gospel according to John*, p. 186.

73) Larry Paul Jones, *The Symbol of Water in the Gospel of John*, JSNT 145 (Sheffield: Sheffield Academic Pres, 1997), p. 68.

부정적인 인물이라는 평가를 벗어날 수 없게 된다.

그렇지만 이야기 속에 있는 상징적인 표현들은 "이야기 상황 속에서 이해되어야" 한다.[75] 요한은 니고데모의 방문을 소개하면서 니고데모가 "밤에 예수께 와서"라고 명확하게 묘사하고 있다.[76] 그렇다면 니고데모의 방문은 밤과 어둠을 뚫고 빛으로 나아오는 상징적인 이동으로, 즉 어둠에서 빛이신 예수님에게 나아오는 행동이 될 수 있다.[77] Craig R. Koester는, "예수님에 대한 그[니고데모]의 반응에 반영된(3:9–12) 의심 많음이 그가 어둠 속에 남아있는지 혹은 어둠에서 빛으로 나아온 것을 의미했는지에 대해 본문은 독자들이 숙고하도록 남겨두고 있다"며 니고데모가 어둠에서 빛으로 나아왔다는 가능성을 제시한다.[78] 그렇기 때문에 '밤'의 부정적인 이미지는 빛으로 나아온 니고데모로부터 제거될 수 있다. 예수님께 나아 온

---

74) Ibid.

75) E. Richard, "Expressions of Double Meaning and their Function in the Gospel of John," *NTS* 31 (1985), p. 102.

76) 이러한 종류의 구체적인 시점이나 숫자에 관한 정보는 요한복음에서 자주 등장한다. 1:39; 4:6; 6:4, 10, 17; 10:22b; 18:28; 19:14. 그렇기 때문에 "밤"은 부정적인 상징의 이미지를 항상 수반하는 대신에 상황에 따라 결정될 수 있는 중립적인 이미지를 가질 수 있다. Schnackenburg는 위의 구절들이 시간에 대한 일반적인 정보를 제공한다고 제안하면서도, 복음서 기자가 "니고데모가 '밤'에 왔다는 사실에 어떤 중요성을 부여한 것으로 보인다"고 주장하며 3장 2절의 "밤"을 19장 39절의 "밤"과 연결시킨다. Schnackenburg, *The Gospel according to St John*, vol. 1, p. 366.

77) Ibid., pp. 365-6. 물론 Schnackenburg는, 이 행동은 니고데모의 소심함을 드러내는 가능성도 있다고 제시한다.

78) Koester, *Symbolism in the Fourth Gospel: Meaning, Mystery, Community*, p. 151.

니고데모는 어둠을 뚫고 빛으로 온 것이며, 이에 따라 어둠을 뚫고 빛이신 예수님께 나아 온 니고데모의 역할은 긍정적으로 평가될 수 있다. 요한은 이러한 가정에 대해 단서를 제공해 준다. “악을 행하는 자마다 빛을 미워하여 빛으로 오지 아니하나니 이는 그 행위가 드러날까 함이요 진리를 따르는 자는 빛으로 오나니 이는 그 행위가 하나님 안에서 행한 것임을 나타내려 함이라 하시니라”(3:20-21).[79)]

요한은 “빛이 어둠에 비치되 어둠이 깨닫지 못하더라”고 증언한다(1:5). 이 선언에서 빛이 어둠을 뚫고 나온 것이 암시되고 있다(참조, 창 1:2-3). 즉, 어둠은 빛보다 먼저 왔을 뿐만 아니라 빛이 출현하는 배경이 되었다. 이러한 전제를 근거로 니고데모의 방문과 관련한 ‘밤’의 비유적인 성격을 이해할 수 있다.

낮 동안에 십자가에서 죽으신 나사렛 예수의 정체는 명확하게 드러나지 않는다(19:7, 14-15, 21). 그러나 역설적으로, 부활하신 그리스도 예수의 정체는 ‘아직도 어두울 때’ 정확하게 밝혀진다(20:28). 전통적인 이미지와 달리 ‘낮’은 예수님의 죽음과 관련되며, ‘밤’은 그의 부활과 관련된다. 이러한 반전은 ‘밤’에 대한 부정적인 이미지를 희석시키며 ‘밤’이 요한복음 이야기 속에서 긍정적으로 재평가될 수 있는 기회를 준다. 낮의 한 가운데서 예수님은 넘겨지고 죽임을 당하며(19:14, 16), 그의 부활은 아직도 어두울 때 확인되고 입증된다(20:1). 예수님이 제자들에게 처음으로 출현한 때도 어두울 때이다(20:19). 특별히 막달라 마리아가 부활하신 예수님의 빈 무덤을 발견한 순간은 밤과 낮의 중간 상태에서 아직 어두울 때이며, 이때는 어

79) Bassler, “Mixed Signals: Nicodemus in the Fourth Gospel,” p. 638.

둠에서 빛으로, 밤에서 낮으로 변화가 발생하는 순간이다. 이러한 분위기는 낮 동안에 기대하지 못했던 무엇인가 새로운 것이 발생할 것이라는 희망을 가지게 만들며, 실제 예수님의 부활은 낮의 절망을 뛰어넘는다. 새벽이라는 밤과 낮의 중간 상태에서 예수님은 낮에서 밤으로 온 것이 아니라 밤에서 낮으로 나오셨다.[80] 비유적으로 어둠은 빛의, 그리고 밤은 낮의 모판이 되기 때문에, Lee는 "생명으로 들어가는 것은 모태의 어둠에서 보이는 세상의 빛으로" 이동하는 것이라고 제시한다.[81]

이와 같이 밤과 어둠은 전통적인 이미지 대신에 요한복음의 이야기 전개 속에서 부여받은 새로운 기능을 통해 무엇인가 새로운 것이 발생할 수 있는 기대를 가지게 만들며, 이 비유적인 이미지를 니고데모의 경우에도 적용시킬 수 있게 만든다. 빛이신 예수님께 나아온 니고데모와 '밤'의 이미지는 예수님의 장사를 최종적인 것이 아니라 새로운 것의 출현에 대한 기대를 증폭시키는 사건으로 만든다. 따라서 요한은 마지막 표적인 부활을 기대하도록 '거듭남'의 대화를 촉발시켰던 니고데모의 출현에 맞추어 '밤'을 상기시킨다고 할 수 있다(19:39).

11. 니고데모: 문자적/비유적 '거듭남'의 상징

지금까지 니고데모가 '우둔한 제자'로 혹은 '겁 많은 소심한 제자'

---

80) Lee, *The Symbolical Narrative of the Fourth Gospel*, pp. 37-8.

81) Ibid., p. 47.

등으로 인식되도록 만드는 그의 세 번의 출현을 요한복음 이야기의 전체 구조 속에서 살펴보았다. 특별히 3장에서 등장하는 예수님과 니고데모와의 대화는 니고데모가 비유적인 '거듭남'에 관한 문제를 문자적으로 이해하는 치명적인 오류를 범한 인물로 각인되도록 만들었다는 것을 새로운 관점에서 접근해 보았다. 니고데모의 질문과 답변은 '거듭남'이라는 주제가 본격적으로 전개되도록 만들었으며, 이 주제는 그의 질문이나 답변에 반영되어 있듯이 요한복음의 이야기가 진행되면서 비유적이며 문자적으로 균형을 갖추게 된다.

예수님과 니고데모와의 대화는 일반적으로 육적인 것과 영적인 것의 긴장 관계를 드러낼 뿐만 아니라 동시에 (니고데모의) 문자적인 것과 (예수님의) 비유적인 것과의 논쟁으로 간주된다. 그러나 이 대화는 비록 니고데모의 문자적인 답변이 예수님의 비유적인 대응에 의해 압도된 것처럼 보인다고 해도, 문자적인 것과 비유적인 것의 날카로운 긴장이나 혹은 육적인 것에 대한 영적인 것의 우월성을 암시하는 것으로 보기는 어렵다. 이 대화의 핵심 주제인 '거듭남'은 요한복음 전체의 이야기 진행 속에서 문자적이며 비유적인 실체를 동시에 내포하는 균형을 유지하며 예수님의 부활 사건을 통해서 입증된다. 비유적이며 영적인 예수님의 질문에 대해 문자적이며 육적인 성격의 반응을 보인 인물로 알려진 니고데모는 표면적인 그의 반응에 의해 평가되는 우둔한 모습과 달리 요한복음의 이야기가 전개되는 동안에 그의 상징적인 역할을 통해 '거듭남'의 실체가 밝혀지도록 만든다.

예수님에 대한 니고데모의 변호와 장례식에서의 율법 준수 행위는 그가 소극적인 제자가 아니라 적극적으로 대화에 임했던 첫 번째 등장했을 때의 역할과 유사하며, 부활하신 예수님은 3장의 대화에서 전개되었던 주제인 문자적이며 영적인(비유적인) '거듭남'의 성취를 이루신다.[82] 물이 포도주로 바뀐 첫 번째 표적을 통해 이미 예고된 것과 같이 부활하신 예수님은 유대인들을 두려워하여 문들을 잠그고 숨어 있던 제자들에게 문자적으로 그리고 비유적으로 나타나셔서 그의 손과 옆구리를 보여주시며 자신의 부활을 입증하신다. 예수님과 니고데모와의 대화에서 처음으로 등장했던 문자적이며 비유적인 '거듭남'의 성취가 실현된다. 이 때 요한은 예수님을 향한 도마의 고백(20:28, "나의 주님이시요 나의 하나님이시니이다")을 통해서 요한복음의 서언에서 예고되었던 예수님과 하나님의 일치를 선언한다.[83]

요한은 니고데모의 역할을 통해서 예수님의 역할과 정체를 드러낸다. 니고데모의 신앙 고백과 같은 진술, 즉 예수님이 "하나님께로서 오신 선생"이라는 선언은 예수님께서 행하신 표적들이 대화의 핵심 요소인 '거듭남'이라는 주제가 펼쳐지는 토대가 되도록 만든다. 니고데모는 예수님을 처음 만나는 상황에서 예수님께서 행하신 표적

---

82) 이 책에서는 예수님의 부활을 마지막 표적으로 전제하며, 이 부활을 바로 첫 번째 표적의 성취인 동시에 영적이며 육체적인 혹은 비유적이며 문자적인 부활로 간주한다. 예수님 자신이 3장의 비유적이며 문자적인 '거듭남'에 대한 논쟁을 흡수하며 그 논쟁의 초점이 되듯이 자신의 부활을 통하여 비유적이며 문자적인 '거듭남'의 모본이며 근원이 된다. 표적에 대해서는 제 10장(3. 육과 거듭남<떡을 줌>: 표적의 핵심) 및 제 13장(2. 표적의 문자적/비유적 균형)을 참고하라.

83) 요한복음의 서언에서는, "태초에 말씀이 계시니라 이 말씀이 하나님과 함께 계셨으니 이 말씀은 곧 하나님이시니라"고 예수님께서 하나님이심을 전제하는데 (1:1, 14), 이러한 성취가 바로 도마의 고백 속에서 선언된다.

들을 그의 선언과 일치시키는 근거로 삼으면서 예수님의 정체를 밝힌다(3:2). 요한복음에서 등장하는 표적들의 성격은 니고데모의 등장 전에 이미 물이 포도주로 바뀌는 첫 번째 표적 사건을 통해서 예고되었는데, 이 표적들의 절정이 요한복음에서 등장하는 마지막 표적인 예수님의 부활로 이루어진다.

그렇기 때문에 첫 번째 표적 사건 이후에 등장하는 표적들은 한결같이 예수그리스도의 부활을 지향하고 있다. 동시에 예수님의 부활은 이전의 표적들을 수렴하며 그 완성을 이룬다. 이러한 전체 이야기 구도 속에서 '니고데모'라는 인물의 성격이나 평가보다도, 요한복음 이야기 전개 속에서 등장하는 인물들과 상징들과의 상호 관련성 속에 나타나는 니고데모의 역할에 초점을 맞추고 '밤'의 이미지에 대해 중립적인 입장을 취할 때 예수 그리스도의 부활은 문자적이며 비유적인, 즉 영적이며 육적인 성격을 동시에 담고 있다는 요한복음의 신학이 드러나게 된다.

제5장 ἄνωθεν(다시/위로부터)의 의미와 기능

예수님과 니고데모와의 대화(요 3:1-15)에서 등장하는 'ἄνωθεν과 거듭남'은 이 대화를 이끌며 긴장을 유발하는 요소로 알려져 있다.[1)]예수님의 정체에 대한 니고데모의 진술 뒤에(3:2) 예수님께서는 거듭남의 필요성을 제기하신다("3:3, 예수께서 대답하여 이르시되 진실로 진실로 네게 이르노니 사람이 거듭나지 아니하면 하나님의 나라를 볼 수 없느니라"). 니고데모는 하나님의 나라를 볼 수 있는 분명한 조건인 '거듭남'에 대해 예수님에게 반문한다(3:4, "니고데모가 이르되 사람이 늙으면 어떻게 날 수 있사옵나이까 두 번째 모태에 들어갔다가 날 수 있사옵나이까"). 하나님의 나라를 볼 수 있는 전제 조건에 대한 니고데모의 반문은 이 대화가 하나님의 나라에 들어가기 위한 조건인 'ἄνωθεν을 근거로 한 거듭남'에 집중하도록 만든다.

---

1) 예수님과 니고데모와의 대화에서 상호 교환되는 질문과 답변은 '거듭남'이란 주제를 중심으로 전개된다. 이에 대한 니고데모의 역할에 대해서는 이 책의 제 4장에서 자세하게 설명했다.

니고데모의 반응과 같이, 예수님의 권고(3:3)는 그의 주요한 관심이 하나님 나라를 보는 것에 대한 조건과 방법의 제시에 있는 것처럼 보이게 만든다. 그렇기 때문에 이 대화에서 등장하는 '모태'(3:4)와 '거듭남'(3:3, 7) 가운데 일반적인 관심은 후자에 집중하며, 이 '거듭남'은 영적인 성격의 기능을 하는 것으로 전제되는 경향이다.[2] 그러나 다른 한편으로 니고데모의 대응은 모호하게 보이는 ἄνωθεν의 의미를 분명하게 만들며, 이 대화를 '모태', 즉 두 번째(δεύτερον) 태어남의 '방법'으로 전환시킨다.[3] 이러한 니고데모의 반응은 오히려 예수님의 질문과 하나님 나라를 보기 위한 조건을 조명해줄 뿐만 아니라 이 대화 전체가 지향하는 상징적인, 즉 문자적이며 비유적인 그리고 영적이며 물질적인 의미를 동시에 파악하게 만드는 기능을 한다. 따라서 예수님과 니고데모와의 대화에서 등장하는 거듭남의 실체를 파악하기 위해서는 '위로부터'와 '다시'의 의미를 가지고 있는 ἄνωθεν에 대한 다양한 견해와 관련하여 균형을 갖춘 이해가 필요하기 때문에, 여기에서는 거듭남과 관련한 ἄνωθεν의 의미와 기능을 찾

---

2) 예컨대 W. C. Grese는 ἄνωθεν으로부터의 출생은 천상의 여행(heavenly journey)을 위한 전제라고 말하면서 "니고데모 앞에 놓여있는 실현된 천상의 여행은 예수님의 십자가 죽음과 승귀 안에서 하나님의 계시를 보는 것"이라고 설명한다: W. C. Grese, "'Unless One is Born Again': The use of a Heavenly Journey in John 3," *JBL* 107 (1988), pp. 689-90.

3) Schnackenburg는 니고데모의 과오를 바로잡기 위해, 니고데모는 출생에 대해서 분석했을 뿐이며 예수님과 관련된 거듭남(ἄνωθεν)에 대해서는 무시했다고 주장한다: Rudolf Schnackenburg, *The Gospel according to St John*, trans. Kevin Smyth, v. 1 (Kent: Burnes & Oates, 1968), p. 369. 그러나 니고네모는 역설적이게도 요한복음서의 이야기가 전개되는 동안에 오히려 Schnackenburg의 오해를 교정하는 기능을 한다.

아보고자 한다.

1. ἄνωθεν과 출생 이미지

거듭남은 출생의 이미지와 밀접하게 연결되어 있다. 따라서 거듭남과 관련하여 출생의 이미지를 갖는 용어들에 대한 이해는 ἄνωθεν을 수단으로 하는 거듭남의 의미를 찾도록 도움을 줄 것이다. 출생 이미지와 함께 가열되는 예수님과 니고데모와의 대화에서 이러한 이미지는 '모태' 주제를 통해서 증폭된다.[4)]

ἄνωθεν과 γεννάω

출생의 이미지를 포함하는 단어인 γεννάω는 요한복음에서 특징적으로 자주 등장한다(1:13; 3:3, 4, 5, 6, 7, 8; 8:41; 9:2, 19, 20, 32, 34; 16:21; 18:37). 특별히 이 용어는 요한복음 3장에 집중되어 있으며, 요한복음 3장 밖에서 사용된 경우에도 문자적인 출생의 의미를 담고 있다. 예컨대, 이러한 실례는 16장 21절에서 분명해진다("여자가 해산하게 되면 그 때가 이르렀으므로 근심하나 아기를 낳으면<γεννήσῃ> 세상에 사람 난<ἐγεννήθη> 기쁨으로 말미암아 그 고통을 다시 기억하지 아니하느니라"). 예수님은 자신의 정체에 대한 빌라도의 질문을 받아들이면서 그의 왕 되심에 대한 빌라도의 질문에, "네 말과 같이 내가 왕이니라 내가 이를 위하여 태어났으며(γεγέννημαι) 이를

4) Lieu는 어린이들 및 아들의 이미지(출 4:22; 신 32:5-6; 지혜서 12:19-20)와 더불어 출생 이미지(신 32:18)와 모태의 출생 이미지(사 46:3; 시 22:9) 등의 근거들을 소개한다: Judith M. Lieu, "The Mother of the Son in the Fourth Gospel," *JBL* 117 (1998), p. 76.

위하여 세상에 왔나니…"라고 대답하신다(18:37).[5] 그래서 Lee는, 니고데모의 이야기는 요한복음에서 영생을 상징하는 출생의 이미지에 둘러싸여 있다고 주장하며 동사 γεννάω는 아이를 낳는 모성과 부성의 역할을 모두 포함한다고 제시한다.[6]

1장 12절의 "영접하는 자 곧 그 이름을 믿는 자들에게는 하나님의 자녀가 되는 권세를 주셨으니"와 14절의 "말씀이 육신이 되어 우리 가운데 거하시매 우리가 그의 영광을 보니 아버지의 독생자의 영광이요 은혜와 진리가 충만하더라"는 구절들에서 사용된 12절의 "되는"(γενέσθαι)과 14절의 "되어"(ἐγένετο)는 같은 원형(γίνομαι)을 가지고 있다. 이 두 구절 사이에 있는 13절("이는 혈통으로나 육정으로나 사람의 뜻으로 나지 아니하고 오직 하나님께로부터 난 자들이니라")에서 언급한 "난 자들"(ἐγεννήθησαν: γεννάω)은 비록 γεννάω 가 γίνομαι와 다른 어원을 가졌다고는 하지만 출생의 이미지를 통해 "하나님의 자녀가 되는"것과 "말씀이 육신이 되어 우리가운데 거하시는 것"을 연결시킨다. 하나님의 자녀가 되기 위해서는 니고데모의 대답에 함축되어 있는 것과 같이 다시 태어나야 한다(참조, 3:4; 16:21). 니고데모의 질문(3:9, "니고데모가 대답하여 이르되 어찌 그러한 일이 있을 수 있나이까")은

---

5) 예수님에게 있어서 이 세상에 오는 방법은 태어나시는 것, 즉 육신이 되시는 것이다(1:14). ἐγένετο와 관련한 구절과 용어 분석에 대한 이해를 위해 다음을 참고하라: J. C. O'Neill, "The Word Did Not 'Become' Flesh," *ZNW* 82 (1991), pp. 125-7.

6) Dorothy A. Lee, *The Symbolical Narrative of the Fourth Gospel*, JSNTS 95 (Sheffield: Sheffield Academic Press, 1994), p. 36. γεννάω와 γίνομαι의 기능적 관련성에 대해서는 이 책의 제 6장(3. 문자적/비유적 포도주<갈증과 새 포도주를 마심>) 및 제 12장 (3. 창조 이미지<새로운 출생의 이미지>)을 참조하라.

γενέσθαι의 사용과 관련하여 출생의 이미지를 연상시킨다. 니고데모가 질의할 때 사용한 γενέσθαι가 출생의 이미지를 부여하는 것이다. 이와 같이 문자적인 출생을 의미할 뿐만 아니라 동시에 γενέσθαι와 밀접한 관련을 가지고 있는 γεννάω는 이야기가 전개되는 동안에 거듭남에 대한 적절한 배경을 제공하여 ἄνωθεν으로부터의 출생이 단지 영적으로만 해석되지 않고 문자적인 성격도 포함할 가능성을 제시한다.

ἄνωθεν과 물

예수님과 니고데모와의 대화에서 등장하는 출생 혹은 거듭남은 "물과 성령(영)"과[7] 관련되는데, 요한복음에서는 이 '물'이 다양한 상징적인 기능을 한다는 전제하에[8] ἄνωθεν과의 관련성을 검토할 것

---

7) "물과 성령"이라는 표현에서 "성령"은 신약성경 그리스어 원전에서 πνεῦμα이기 때문에 직역하면 "영"으로 번역해야하나 이 책에서는 신약성경 한글 개역 개정판에서 사용한 그대로 표기하면서도 이해를 돕기 위해서 "(영)"을 추가하여 "성령(영)"으로 표기하였다. 또한 영문 참고자료에서 비록 'the Spirit'로 기록되었다고 해도 이를 "성령(영)"으로 표기하며 일관성을 유지하였다. 이러한 이유는 요한복음서의 특성상 "영"과 "성령"을 구분하는 것이 필요하기 때문이다.

8) 요한복음의 '물'은 "몇 가지 일들을 동시에 의미(signify)한다": Craig R. Koester, *Symbolism in the Fourth Gospel: Meaning, Mystery, Community*, second ed. (Minneapolis: Fortress Press, 2003), pp. 25, 175-203. Lindars의 주장과 같이 물의 상징적인 기능은 독특한 것이 아니며 구약성서에도 등장한다. 그는 "성령(영)과 관련한 물의 상징주의는 영적인 정결과 갱신을 요구하는 상황(참조, 7:37-9)을 반영하는 구약(예를 들면, 겔 36:25f.)과 쿰란 문서(예를 들면, I QS iv.19-21)에서 빈번하다"라고 제시한다: Barnabas Lindars, *The Gospel of John: The New Century Bible Commentary* (Grand Rapids: Eerdmans, 1972), p. 152. 물과 성령(영)의 관계에 대한 연구들을 소개하는 다음을 참조하라: Lee, *The Symbolic Narratives of the Fourth Gospel*, p. 44.

이다. 우선적으로 예수님과 니고데모와의 대화 속에서 '물'이 어떤 특별한 의미나 혹은 새로운 의미를 낳는지 찾아볼 필요가 있다. 일반적으로 물은 비유적으로 '영'을 나타내는 상징적인 표현으로 간주되는데, 그 이유는 물이 침례 및 성령(영)의 내려옴과 관련되기 때문이다.

> 나도 그를 알지 못하였으나 내가 와서 물로 침례를 베푸는 것은 그를 이스라엘에 나타내려 함이라 하니라. 요한이 또 증언하여 이르되 내가 보매 성령이 비둘기 같이 하늘로부터 내려와서 그의 위에 머물렀더라. 나도 그를 알지 못하였으나 나를 보내어 물로 침례를 베풀라 하신 그 이가 나에게 말씀하시되 성령이 내려서 누구 위에든지 머무는 것을 보거든 그가 곧 성령으로 침례를 베푸는 이인 줄 알라 하셨기에(요 1:31-33).[9]

물이 성령 혹은 그리스도인의 침례 혹은 여인의 양수 등과 관련

9) 물의 상징성에 대해서는 많은 논의와 다양한 의견들이 제시되었다. Francis J. Moloney, *Belief in the Word: Reading John 1-4* (Minneapolis: Fortress, 1993), pp. 111-2. Culpepper는 "물의 상징적 가치"는 "빛이나 혹은 떡 보다도 통일되지 않았지만 더 변화무쌍하다"고 주장한다. R. Alan Culpepper, *Anatomy of the Fourth Gospel* (Philadelphia: Fortress, 1983), p. 193. Jones는 요한복음서의 물에 관한 한 권의 저서를 통해 체계적인 분석과 접근을 시도했다. Larry Paul Jones, *The Symbol of Water in the Gospel of John*, JSNTS 145 (Sheffield: Sheffield Academic, 1997), pp. 28-35. Moore는 물의 문자적이며 비유적인 성격을 강조하면서, "사마리아의 우물에서 문자적인 땅의 물은 비유적인 생수(4:13-14)"로 대치되었는데, 이 생수는 "후에 성령으로 해석되었고(7:39), 그가 죽으실 때 영(*pneuma*)을 포기한 것(19:30)과 그의 옆구리에서 생생한 물의 흐름(19:34)에 의해 상징되는 예수님의 죽음을 통해서 이제는 가능하게 되었다"고 설명한다. Stephen D. Moore, "Are There Impurities in the Living Water That the Johannine Jesus Dispenses? Deconstruction, Feminism, and the Samaritan Woman," *BI* 1 (1993), p. 222.

있다는 일반적인 주장에도 불구하고 3장 5절의 물은 출생의 이미지와 연관된다고 할 수 있다. 이러한 물의 이미지에 대한 상징적인 이해와 더불어 예수님과 니고데모와의 대화에서 동시에 등장하는 물과 성령(영)의 관계는 새롭게 조명되어야 할 것이다. Lee는 비록 문자적으로 '다시 혹은 새롭게'의 의미를 포함하는 ἄνωθεν과 이에 대한 물과 성령의 상호 작용을 소홀히 여기는 측면이 있지만, 물과 성령의 관계를 매우 효율적으로 단순화시켜 말한다. 그녀는 '물과 성령(영)'이 나타내는 것은 각각 육으로부터의 출생과 영적으로 거듭나는 것을 말하며, "물과 성령(영)"이라는 어구의 두 국면은 3장 6절을 통해서 설명된다고 제시한다.[10] 또한 그녀는 비유적으로 이 출생은 "자연적인 출생(human birth)과 영적인 출생(divine birth), 문자적인 출생과 비유적인 출생"을 지칭하며, "첫 번째 단계인 σάρξ 단계는 물질적인 인간의 실체를 다루고 있다. 두 번째 단계인 πνεῦμα 단계에서는, 물질적인 실체가 니고데모에게 영적 실체에 대한 상징으로 제시된다"고 설명한다.[11] 이러한 상황에서, 비록 물에 대한 정의가 일치하지 않더라도, '물과 성령(영)'은 출생과 거듭남, 즉 육체적인 출생 및 영적인 출생과 깊은 관련을 갖는다고 할 수 있다.[12]

10) Lee, *The Symbolic Narratives of the Fourth Gospel*, p. 52

11) Ibid., p. 52.

12) Ibid., pp. 44-5, 52.

2. 물: 비유적이며 문자적인 변화(출생)의 상징

이제 가나의 포도주 사건(2:1-11)과 관련하여 물의 특별한 이미지에 대해 논할 것이다. 가나에서 포도주로 변한 물은 출생의 이미지를 반영할 뿐만 아니라 무엇인가 새로운 일이 발생할 것이라는 기대를 주며 요한복음을 관통하여 흐르고 있다. 요한은 이미 물에서 변화된 포도주를 설명하면서 그 포도주를 "물로 된 포도주"라고 표현함으로 그 포도주와 물과의 관련성을 분리시키지 않는다(2:9, "연회장은 물로 된 포도주를 맛보고도 어디서 났는지 알지 못하되 물 떠온 하인들은 알더라 연회장이 신랑을 불러"). 여기에서 비록 물이 포도주로 바뀌었지만 그 포도주가 물이었다는 것이 강조되는 것을 알 수 있다. 물이 포도주로 바뀌었다고 하는 사건 속에서 요한이 강조하는 '포도주가 된 물'은 변화를 기대하게 만든다. 그렇기 때문에 요한복음에 등장하는 물은 가나의 포도주 변화 사건을 통해 '변화'(새로운 출생)의 이미지를 담고 있으며, 물이 포도주로 바뀌는 것은 재 출생(거듭남)의 이미지를 내포하면서 "무엇인가 새로운 것의 출현인 시작"을 의미한다고 할 수 있다.[13] 즉 가나에서 포도주 사건 이후에 나타나는 물은 영이 성령으로 바뀌는 변화를 의미할 뿐만 아니라 19장 34절과 같이 육(σάρξ)이 몸(σῶμα)으로 거듭나는 것을 가리킨다고 할 수 있다.

예수님은 그의 영을 신포도주를 마신 후 건네주셨으며, 피와 물이 흘러내리는 십자가에서 그의 육체를 건네주셨다. 그렇기 때문에 물의 등장과 함께 이루어지는 영과 육의 건넴은 그 영과 육이 무엇인가 새로운

---

13) Jones, *The Symbol of Water in the Gospel of John*, p. 74.

것으로 변화된다는 기대를 가지게 만든다고 할 수 있다. 그래서 요한은 침례 요한의 증언을 통해 하늘에서 내려온 영이 머문 사람이 성령으로 침례를 베푼다고 했으며(1:33), 이 분이 부활 후 성령을 받으라고 선언하신다(20:22, "이 말씀을 하시고 그들을 향하사 숨을 내쉬며 이르시되 성령을 받으라").

3. 거듭남(ἄνωθεν)과 πνεῦμα [14]

'부는 것'(3:8a, "바람이 임의로 불매")과 관련된 πνεῦμα는 일반적으로 바람으로 간주된다. 이 πνεῦμα에 대한 물질적인 표현은 3장 8a절의 πνεῦμα의 실체에 대한 이해를 도와줄 것이다. 요한복음에는 영을 물질적이거나 혹은 느낄 수 있는 수식어로 표현하는 다른 두 개의 실례들도 있다. 성령(영)의 내려옴은 비둘기의 내려옴 같이 표현되며(1:32), 예수님은 제자들에게 성령을 받으라고 명령하시면서 숨을 내쉰다(20:22). 따라서 3장 8a절의 πνεῦμα가 6장 18절에서 자연적인 바람(ἀνέμου: ἄνεμος)을 수식할 때 사용된 πνεῖ(πνέω)를 수반한다고 해서 이 πνεῦμα가 '영' 그 자체를 지칭하는 것이라기보다는 단지 자연적인 바람을 지칭하는 것으로 간주하는 것은 자연스럽지가 않다.[15]

---

14) πνεῦμα를 신약성경 그리스어 원전에 기록된 대로 표기하는 것은, 이 단어가 일반적인 경우는 영의 의미를 가지고 있지만 그러나 때로는 바람으로도 해석되기 때문에 이 부분에서는 중립적인 입장을 견지하기 위함이다.

15) 요한복음에서 이중의 의미를 가지고 있는 "πνεῦμα(영/바람), πνέω(숨/불다) 그리고 φωνή (음성/소리)" 가운데 "첫 번째와 마지막 용어의 사용은 구절의 형상에 비추어 쉽게 이해될 수 있다." 그러나 정상적인 경우 이 상황에서 요한이 20장 22절에서와 같이 ἐμφυσάω(숨을 내쉬며)를 사용했을 것이기 때문에 πνέω의 등장은 의

πνεῦμα의 두 가지 모습을 비교하지 않더라도 이와 관련된 두 인물인 침례 요한과 니고데모의 특징에 대한 전제가 이 단어에 대한 해석에 영향을 준다고도 할 수 있다. 그래서 Lee는, 침례 요한이 "니고데모라는 인물의 특성에 대한 배경(a foil)을 제공하며 유대교를 대신해서 니고데모가 할 수 없는 것을 성취한다"고 제시하기도 한다.[16] 그러나 요한복음이 전개되는 동안 침례 요한과 니고데모의 역할은 상호 연관성 속에서 πνεῦμα 및 예수님과 관련하여 다르게 펼쳐진다. 그러므로 두 인물의 분리된 다른 역할보다는 두 종류의 πνεῦμα와 관련성에 초점이 놓여야 할 것이다.

ἄνωθεν이 '다시/새롭게'와 '위로부터'라는 두 가지 의미를 동시에 가진다면, πνεῦμα도 어느 한 가지 의미 보다는 '바람'과 '영'이라는 의미를 동시에 가질 수 있다.[17] 어떤 의미에서 πνεῦμα나 ἄνωθεν과 같

도적인 모호성으로 간주될 수 있다고 E. Richaids가 설명한다: E. Richard, "Expressions of Double Meaning and their Function in the Gospel of John," *NTS* 31 (1985), pp. 101-2.

16) Lee, *The Symbolic Narrative of the Fourth Gospel*, p. 36. 이러한 것은 이 이야기가 "출생에 대한 물질적인 이해에서 상징적인 이해로 나아가도록 그리고 예수님의 계시에 대한 믿음의 반응을 하도록 도전받은 니고데모의 믿음의 이야기"라는 것을 전제로 한 Lee의 입장에 기초한 것이다.

17) 예컨대 C. K. Barrett와 Brown은 이 상황 속에서 이중의 의미를 가지고 있는 πνεῦμα를 적절하게 번역할 수 있는 영어 단어가 없다고 인정한다: C. K. Barrett, *The Gospel according to St John*, second ed. (London: SPCK, 1978), p. 211 및 Raymond E. Brown, *The Gospel according to John I-XII: The Anchor Bible* (New York: Doubleday, 1966), p. 131. Kysar는 이것을 물과 성령(영)에 의한 ἄνωθεν으로부터의 출생을 조명하기 위한 "바람과 영의 함축된 비교"라고 말한다: Kysar, "The Making of Metaphor: Another Reading of John 3:1-15," *"What is John?" Readers and Readings of the Fourth Gospel*, SBL, ed. Fernando F. Segovia (Atlanta:

은 용어는 이중의 이미지(image upon image)를 가지고 있다고 할 수 있다.[18] 그렇기 때문에 두 가지 의미들은 서로 연결되거나 서로에게 추가되는 것이 필요하며, 이것을 근거로 Barrett는 3장 8절이 알레고리 성격을 가지고 있어서 한 단어나 혹은 어구에 부여된 상징적인 의미보다는 각 단어에 부여되는 다른 의미를 찾아야 한다고 주장한다.[19] Schnackenburg는 '바람'을 신비로운 거듭남에 대한 비유로 간주한다.[20] Brown은 "과학적인 기상학에 대한 충분한 지식을 가지고 있지 못했던 고대인들에게 바람의 보이지 않는 움직임은 신묘하고도 신비로운 성질을 가진 것"이었다고 설명한다.[21] 물론 이것은 단지 비유적인 성격만이 아니라 πνεῦμα의 두 가지 측면을 드러낸다고 할 수 있다. Schnackenburg는 πνεῦμα의 비유적인 성격을 강조

Scholars Press, 1996), p. 27.

18) Kysar는 하나님 나라에 들어가기 위한 ἄνωθεν으로부터의 출생은 물과 성령(영)으로 태어나는 것으로 이는 영이 바람 같은 것이며 결국에는 인자의 들리움과 연결된다고 제시하면서, 요한복음서의 저자는 의도적으로 이미지에 이미지를 더하면서, 각 이미지가 서로를 밝히도록 하며 동시에 다른 이미지를 감추도록 만든다고 주장한다: Kysar, "The Making of Metaphor: Another Reading of John 3:1-15," p. 39.

19) Barrett, *The Gospel according to St John*, p. 210. Brown은 두 가지 의미를 다 받아들이면서도 "바람"에 우선권을 준다: Brown, *The Gospel according to John I-XII: The Anchor Bible*, p. 131.

20) Schnackenburg, *The Gospel according to St John*, v. 1, p. 373. Schnackenburg는 비유의 증거로 수반되는 οὕτως를 제시한다. 그렇기 때문에 그는 8절에서 "τοῦ ὕδατος καὶ"의 추가는 5절과의 균형에 기초해 있다고 전제하면서, "πνεῦμα의 비유"를 고려할 때 불필요한 것이라고 주장한다: Ibid., p. 374.

21) Brown, *The Gospel according to John I-XII: The Anchor Bible*, p. 131.

하면서도 이 πνεῦμα의 두 가지 측면을 압축하여 잘 제시한다: (바람은 그) "기원이나 목적지와 관련하여 하나의 신비이지만, 그러나 여전히 소리('음성')로 인지할 수 있고 효과를 통해 인식할 수 있는 실체로 남아있다…. 그렇기 때문에 그 영도 역시 사람 안에서 일으키는 효과들을 통해서 인식할 수 있다."22)

따라서 3장 8a절의 πνεῦμα는 단지 바람을 지칭하기보다는 영의 문자적(물질적)인 측면을 지지한다고 할 수 있다. 실재하지만 이해할 수 없는 실체로서의 바람과 영의 특징을 통하여23) 거듭남은 비유적으로 그리고 문자적으로 설명된다. 물질적이며 은유적인 성격을 가진 바람의 특징은 영의 특징을 설명하기에 적합하다. 그렇기 때문에 이중의 의미를 가진 πνεῦμα는 이 두 가지 의미를 효과적으로 전달하기에 적절한 수단이 된다. 비록 3장 8절에서 바람과 영의 개념이 상호 작용할지라도 이 상호 결합에 의해 생성된 의미는 거듭남의 물질적이며 비유적인 측면을 반영하는 것으로 보인다.24) 그래서 3장 8a절에 등장하는 영의 문자적(물질적) 성격은 거듭남과 관련하여 "성령(πνεῦμα)으로 난 사람"(3:8b)에게 적용될 수 있을 것이다. 만일 πνεῦμα가 단지 자연 현상인 바람만을 의미한다면 이 바람을 새로운 출생의

---

22) Schnackenburg, *The Gospel according to St John*, vol. 1, pp. 37-43.

23) George R. Beasley-Murray, *John: Word Biblical Commentary*, second ed. (Nashville: Thomas Nelson, 1999), p. 49.

24) 전도서 11장 5절에서는 모태와 바람 혹은 숨과의 유비가 등장한다. 유대교 안에서 바람과 하나님의 섭리의 불가해성과의 관계에 대해서는 다음을 보라: Schnackenburg, *The Gospel according to St John*, v. 1, p. 374; Brown, *The Gospel according to John I-XII, The Anchor Bible*, p. 131.

수단으로 비교하는 것이 정당하지만,[25] 이것이 요한복음 안에서 나타나는 모호한 문자적인 표현가운데 하나라면[26] πνεῦμα는 동시에 영으로도 이해될 수 있다. 그렇다면 거듭남의 비유적이며/영적인 그리고 문자적이며/물질적인 양상은 이와 반대로도 이해될 수 있을 것이다.

요한복음 3장 8절의 "바람이 임의로 불매 네가 그 소리는 들어도 어디서 와서 어디로 가는지(πόθεν) 알지 못하나니 성령으로 난 사람도 다 그러하니라"는 말씀에서, "알지 못하나니"는 7장 27절의 "그러나 우리는 이 사람이 어디서 왔는지 아노라 그리스도께서 오실 때에는 어디서 오시는지 아는 자가 없으리라 하는지라"는 구절과 "너희가 나를 찾아도 만나지 못할 터이요 나 있는 곳에 오지도 못하리라 하시니"라는 말씀(7:34) 속에서도 등장한다(참조, 7:36; 8:14). 가나의 포도주 표적 사건에서 연회장에 있던 하인들은 "물로 된 포도주"를 연회장에게 가져왔지만 연회장은 이 포도주를 맛보고도 이것이 어디에서(πόθεν) 왔는지 몰랐다(2:9). 연회장이 비록 이 연회의 책임을 맡고 있었지만 그는 "물로 된 포도주," 즉 질에 있어서 오래된 좋은 포도주와 비교할 수 없는 맛을 가진 이 포도주의 기원을 알지 못한 것이다. 바람(πνεῦμα)의 소리(음성)가 들린다 해도(포도주의 맛을 본

---

25) Hermann Ridderbos, *The Gospel of John: A Theological Commentary*, trans. John Vriend (Grand Rapids: Eerdmans, 1997), p. 129.

26) 모호성과 관련하여 ἄνωθεν도 πνεῦμα의 사례를 적용할 수 있다. 즉 이중의 의미를 가지고 있는 πνεῦμα와 같은 경우를 ἄνωθεν에 적용하여 이해를 시도할 수 있는 것이다. 요한은 모호한 표현들과 이중의 의미를 가진 단어들을 사용하여 새롭고도 입체적인 차원의 의미를 전달한다.

다고 해도) "어디서 와서 어디로 가는지"(3:8) 알 수가 없다. 영(πνεῦμα)으로 난 사람과 포도주는 바람(πνεῦμα)과 같이 문자적으로 그리고 물질적으로 느껴질 수 있지만 사람들과 연회장에게 그들의 기원은 모호하다. 연회장이 어떻게 이런 일이 있어났는지(2:9, γεγενημένον: γίνομαι) 알지 못하여 질문하는 것과 같이, 니고데모도 어떻게 이런 일이 일어날 수 있는지(3:9, γενέσθαι: γίνομαι) 예수님에게 질의한다. γενέσθαι(γίνομαι)와 ἐγεννήθησαν(γεννάω)이 출생의 이미지를 담고 있는 요한복음 1장 12-14절에서 동시에 등장하는 것을 주목할 필요가 있다. "하나님의 자녀가 되는 것"(1:12)은 "말씀이 육신이 된 것"(1:14)과 같이[27] "하나님께로부터 난 자들"(1:13)이다. 포도주가 된(γεγενημένον: γίνομαι, born into) 물과, 영으로 난(γεγεννημένος, γεννάω) 사람은 유사한 거듭남의 과정을 거치며, ἄνωθεν으로부터의 거듭남은 πνεῦμα와 같이 인식할 수는 있지만 이해할 수 없는 것이 된다.

4. 거듭남(ἄνωθεν)과 '물과 성령(영)'

위로부터/다시(ἄνωθεν, 3:3, 7) 태어나는 것은 무엇을 의미하는가? 거듭남(3:3, born ἄνωθεν)과 물과 성령(영)으로 남(3:5)은 상호 어떤 관련성을 갖고 작용하는가? Lieu는 "위로부터(ἄνωθεν) 출생한다는 이미지의 배경은 소문날 정도로 파악하기 어렵다"고 이 용어에

27) "되었다"라는 뜻을 가진 ἐγένετο (γίνομαι)는 창세기 2장 7절 (LXX)에서도 사용되었다. "사람이 생령이 되었다(became)."

수반되는 개념 파악의 난점을 표현한다.[28] 비록 ἄνωθεν이 '위로부터'(3:31; 19:11, 23) 혹은 '다시/새롭게' 혹은 이 둘을 동시에 의미하는지에 대한 다양한 논의가 있다고 해도 대부분의 논의는 니고데모의 오해를 전제한 것들이다.[29] ἄνωθεν과 관련하여 갖는 육에 대한 영의 우선성은 3장 7절의 ἄνωθεν에 관한 예수님의 설명을 뒤 따르는 8절

---

28) Lieu, "The Mother of the Son in the Fourth Gospel," p. 76.

29) 다양한 논의들 가운데 Bultmann의 분석은 독특하다. Bultmann은 요한복음 3장 3절과 7절의 ἄνωθεν을 새롭게(anew)로 3장 31절과 19장 11, 23절에서는 위로부터(from above)의 의미를 가진 것으로 분류한다. 그는 이러한 논의와 개념의 모호함은 이 단어가 가지는 이중의 의미 때문이 아니라 이 단어가 "땅의 일"(earthly matters)이나 혹은 "하늘의 일"(divine matters)을 지칭하는지에 대한 오해에 기초한 것이라고 주장한다. Rudolf Bultmann, *The Gospel of John: A Commentary*, trans. George R. Beasley-Murray (Oxford: Blackwell, 1971), p. 135. ἄνωθεν에 대한 신학자들의 견해를 분류한 것에 대해서는, Lee, *The Symbolic Narrative of the Fourth Gospel*, pp. 49-50을 보라. Schnackenburg는 "위로부터"가 이 상황에서는 적절하다고 주장한다: Schnackenburg, *The Gospel according to St John*, v. 1, p. 367. Lindars는 "위로부터는 하늘로부터와 동등하며, 그리고 하늘로부터는 하나님으로부터 출생하는 것과 동등하다(참조, 1:13; 요한일서 2:29; 3:9; 4:7; 5:1, 4, 18)"라고 제안한다: Lindars, *The Gospel of John: The New Century Bible Commentary*, pp. 150-1. Barrett는 ἄνωθεν이 "새롭게"와 "다시"의 의미를 포함하는 "위로부터"를 의미한다고 주장한다: Barrett, *The Gospel according to St John*, p. 205. 참조, R. Alan Culpepper, "The Theology of the Gospel of John," *RevExp* 84 (1988), p. 428. 이러한 종류의 견해들이 제기되는 것은 거듭남이 성령(영)에 의한 것이라는 전제에 기초했기 때문이다. 그러나 일부 신학자들은 이 상황에서 ἄνωθεν이 이중의 의미를 가지고 있으며 저자도 이러한 것을 의도했다는 입장을 견지하기도 한다: Richard, "Expressions of Double Meaning and their Function in the Gospel of John," p. 103. 비록 Grese가 ἄνωθεν의 이중의 의미를 받아들인다고 해도 그는 표면적인 의미와 심층의 의미를 구분하면서 "위로부터"를 "다시"보다도 더 선호하면서, "위로부터의 출생은 또한 새로운 출생이며 혹은 두 번째 출생"이라고 주장한다: Grese, "'Unless One is Born Again': The use of a Heavenly Journey in John 3," p. 691.

에 의해 지지를 받는다. 다시 말하면 육에 의한 출생은 첫 번째 출생이며 영에 의한 출생은 6절에 내포되어 있듯이 두 번째 출생이라는 것이다(3:6, "육으로 난 것은 육이요 영으로 난 것은 영이니"). 그래서 ἄνωθεν으로부터의 출생은 단지 영적인 출생으로만 한정되어 받아들여지기도 한다.

그러나 ἄνωθεν의 두 가지 양상을 균형 있게 조화시킬 필요가 있다. "물과 성령(영)"은 영, 성령, 물, 그리고 예수님을 소개한 침례 요한과 예수님의 관계 속에서 이해될 수 있다. 침례 요한의 증언에 따르면(1:32-33), 영, 예수님, 그리고 요한복음의 서언에 등장하는 육(1:14)은 서로 연결되어 있다. 영은 하늘에서 내려와 예수님 위에 머물렀는데, 이는 "육으로 난 것은 육이요 영으로 난 것은 영"이기 때문이다(3:6). 출생이 두 단계로 구분되어 설명되듯이 예수님의 출현도 3장 6절에 내포된 바와 같이 두 단계로 구분할 수 있다. 따라서 ἄνωθεν으로부터의 출생은 "물과 성령(영)"이라는 두 개의 양상이 결합된 것을 포함한다고 할 수 있다. 요한복음 3장 3절과 5절 모두 동일한 하나님 나라에 대해 언급하기 때문에 평행 구절이라고 할 수 있듯이, 3절의 ἄνωθεν은 5절의 "물과 성령(영)"과 평행된다고 할 수 있다. 일반적으로 3장 5절(그리고 8절)의 물은 비유적인 성격으로 간주되며 다른 한편으로 동일한 구절들의 영은 문자적인 영 그 자체로 간주된다. 그렇지만 문자적이며 비유적인 두 요소는 거듭남과 관련하여 서로 균형이 맞추어져야 한다. 만일 물이 육적인 변화에 대한 비유적인 표현이라면 영은 영적 변화의 상징이라고도 할 수 있다.

침례 요한의 증언에 의하면 영은 "비둘기 같이 하늘로부터 내려"

왔는데(1:32, 33), "내려왔다"는 말 속에는 이미 "위로부터"의 의미가 내포되어 있다.[30] 이 후에 물이 포도주로 바뀌는 변화와 같이 물이 아니라 성령으로 침례를 주는 증언이 수반된다. 물이 포도주로 바뀐 것과 같이 '물'이라는 용어가 '변화'의 의미를 내포하고 영은 위로부터 내려오는 것을 상기시키듯이, "물과 성령(영)"과 같이 ἄνωθεν은 '다시/새롭게'와 '위로부터'의 출생을 동시에 포함하고 있다고 할 수 있다.

따라서, 이미 전제한 바와 같이 예수님의 부활은 '다시/새롭게'와 '위로부터'라는 두 가지 양상으로 나타난다. 영은 ἄνωθεν의 '위로부터'라는 한 가지 의미를 담고 있고, 물은 ἄνωθεν의 다른 한 가지 의미인 '다시/새롭게'의 의미를 가지고 있다. 즉, 물은 가나의 포도주가 변화(거듭남)되는 이미지를 반영하고 있는 3장 4절의 예수님께 대한 니고데모의 답변과 같이 문자적인 '다시/새롭게'의 이미지를 반영하고 있다.[31] 그렇기 때문에 '위로부터'의 출생을 일컫는 "성령(영)으로 남"(3:8)은 '다시/새롭게' 출생하는 이미지를 통해 활력을 얻게 되는 "물과 성령(영)으로"(3:5)라는 표현에 의해 균형이 갖추어진다. 또한 "τοῦ ὕδατος και"를 가지고 있는 사본은 5절의 단어에 균형을 제공하

---

30) 3장 31절을 보라: "위로부터 오시는 이는(Ὁ ἄνωθεν) 만물 위에 계시고(ἐπάνω πάντων ἐστίν·) 땅에서 난 이는 땅에 속하여 땅에 속한 것을 말하느니라 하늘로부터 오시는 이는(ὁ ἐκ τοῦ οὐρανου) 만물 위에 계시나니(ἐπάνω πάντων ἐστίν·)."

31) 그래서 Paul D. Duke는 "이중의 의미는 동시에 두 가지 구체적인 의미들을 제공한다"고 동의한다: Paul D. Duke, *Irony in the Gospel of John* (Atlanta: John Knox, 1985), pp. 144-5. 비록 Duke가 '물'은 이중의 의미를 가지고 있지 않다고 간주하지만, 그는 이중의 의미를 가졌다고 여기는 몇 가지 단어들을 다음과 같이 제시한다: ἀναβαίνω(7:8), ἄνωθεν(3:3,7), ἀποθνῄσκειν ὑπὲρ(11:50-51; 18:14), ἔθνος(11:50, 18:35), κατέλαβεν(1:5), τετέλεσται(19:30), ὑψόω(3:14; 8:28; 12:32, 34).

는 문자적인 거듭남에 대한 분명한 인상을 제공해 준다.[32)]

이와 같이 포도주로 변화하는 것과 같은 기대를 반영하는 물과 그리고 모태로부터의 거듭남과 같은 문자적인 '다시/새롭게'는, 성령으로 태어나는 것을 내포하는 '영으로부터'의 출생과 비유적인 '위로부터'의 출생과의 사이에서 균형을 이룬다. 따라서 '물과 영으로부터의 출생'(ἐξ ὕδατος καὶ πνεύματος)은 '포도주와 성령'으로 변화 혹은 출생에 의해 그 의미가 보강 된다. 물에서 변화된 포도주는 거듭남을 상징하며 성령은 이 거듭남을 실현시킨다.

5. '거듭남'과 관련된 ἄνωθεν의 의미와 기능

'거듭남'과 관련된 ἄνωθεν의 의미와 기능을 밝히기 위해 예수님과 니고데모와의 대화에서 등장하는 거듭남이나 출생 등과 관련한 'γεννάω,' '물,' 'πνεῦμα' 그리고 '물과 성령(영)'에 대해 살펴보았다. 이러한 상징적인 요소들은 단지 영적인 성격뿐만 아니라 물질적인 성격을 동시에 가지고 있으며, 이들이 가지고 있는 의미의 이중성과 같이 예수님과 니고데모와의 대화에서 등장하는 'ἄνωθεν으로부터의 거듭남'도 비유적인 성격과 함께 문자적인 성격도 내포하고 있다는 것을 찾아보았다. ἄνωθεν은 '위로부터,' '처음부터,' 그리고 '다시 한 번' 등의 의미로 사용되었으며 이 가운데 '위로부터'가 가장 많이 선호되지만 이미 논의한 바와 같이 이러한 선호는 니고데모의 역할에

32) "성령(영) 대신에 "물과 성령(영)"을 지지하는 사본들은 다음과 같다. ℵ* it sy[s.c] (Nestle-Aland, *Novum Testamentum Grace*, 27판)

대한 부정적인 평가와 더불어 거듭남의 특징에서 물질적인 성격을 배제한 것에 기인한 것이다. 날줄과 씨줄처럼 두 가지 대립되는 듯한 질문과 답변은 정교하게 예수님과 니고데모와의 대화를 구성하며 이 구성의 틀 속에서 의미가 산출된다. 그렇기 때문에 이 대화에서는 니고데모의 역할을 통해 거듭남과 관련한 ἄνωθεν의 비유적이며 문자적인 성격이 드러나며 그 결과 영적이며 물질적으로 균형을 갖춘 거듭남의 실체가 밝혀진다.

비유적인 거듭남은 이 거듭남이 문자적으로 실현될 때 유지된다. 그래서 Lieu는 요한복음에서, "땅에서의 경험은 거룩한 진리를 지향하고 또한 이를 구현하는 '표적'이다"라고 전제하면서, "다시/위로부터의 출생이 세속적인 모태로부터의 출생과 이질적이거나 혹은 대조"되는 것이 아니라 "오히려 후자는 전자의 표적이며 운반체"라고 제시한다.[33] 상호 모순되는 것 같이 보이며 지속되는 대화 내용과 니고데모의 모호한 역할은 비유적이며 문자적인 차원의 거듭남을 결합시키며 그 개념을 발견하게 만드는 작용을 한다. 무엇보다도 예수님께서는 이중의 의미를 가지고 있는 용어인 ἄνωθεν을 사용하시면서 이와 관련한 니고데모의 답변성 질문을 바로잡거나 부정하지 않음으로써 ἄνωθεν의 의미가 분명하게 '다시'를 포함하도록 만든다. 따라서 ἄνωθεν은 예수님과 니고데모와의 질문과 답변이라는 틀 속에서 '다시/새롭게' 그리고 '위로부터'라는 두 가지 의미를 동시에 내포함으로 '거듭남'의 실체에 대한 균형을 제공하는 기능을 한다. 이를 통해 'ἄνωθεν으로부터의 거듭남'은 단지 영적/비유적인 거듭남이 아니

---

33) Lieu, "The Mother of the Son of the Fourth Gospel," p. 76.

라 물질적이며 문자적인 거듭남에서 완성되는 영적/비유적 거듭남이 된다.

제6장 포도주 상징과 표적

요한복음의 특징 중에 하나가 기적을 표적으로 부르며 이 표적들을 일관성 있게 발전되는 형태로 전개시킨다는 점이다. 이 표적들은 요한복음 전체의 구조 속에서 예수님의 정체를 드러내주는 역할을 하며, 점점 강렬해지는 표적들의 등장이 예수님의 죽음과 부활을 통해 대미를 장식하면서 그 죽음의 성격과 부활의 실체를 드러내 준다. 요한은 요한복음의 기록 목적을 이 표적과 관련하여 설명한다 (20:30-31, "예수께서 제자들 앞에서 이 책에 기록되지 아니한 다른 표적도 많이 행하셨으나 오직 이것을 기록함은 너희로 예수께서 하나님의 아들 그리스도이심을 믿게 하려 함이요 또 너희로 믿고 그 이름을 힘입어 생명을 얻게 하려 함이니라"). 표적을 중심으로 전개되는 요한복음은 독특하게도 이 표적들의 시작과 마침을 포도주와 밀접하게 관련시킨다. 이 포도주가 단지 문자적인 의미만을 가지고 있을지 아니면 비유적인 의미도 포함하고 있을지에 대한 문제를 제기할 수 있다. 표적이 상징성을 내포한다면 그 안에 담겨져 있는 요소도 상징성을 가질 수 있다. 요한복음 이야기가 전개되면서 문자적인 포도주는 비유적인 의미를 담으며, 이 비유적인 의미는 문자적인 예수님의 부활을 통해서 균형을 갖추는 상징성을 가지게 된다.

표적들의 처음과 마지막에 등장하는 포도주는 요한복음의 전개 과정에서 어떤 역할을 할까? 이에 대해 요한복음에서 두 번 등장하는 포도주가 요한복음의 전체 표적의 틀 속에서 어떤 상징성을 가지면서 역할을 하는지 살펴볼 것이다. 첫 번째 포도주는 바로 첫 번째 표적인 가나의 혼인 잔치에서 등장하며 두 번째 등장은 예수님께서 십자가에 달리셨을 때 제공된 포도주이다. 표면적으로 이 두 포도주는 요한복음의 초반부와 후반부에 독립되어 등장하는 것처럼 보이지만 그러나 요한복음 이야기의 흐름 속에서 서로 밀접하게 연결된다. 포도주는 첫 번째 표적 및 마지막 표적과 관련성을 가지는데, 요한복음에서 특징적으로 사용하는 서수 "첫 번째"라는 표현을 통해서 알 수 있듯이 첫 번째 표적은 마지막 표적에 대한 예고이며 마지막 표적은 첫 번째 표적의 반영이다. 물론 이러한 예고와 반영은 요한복음 이야기의 전개 과정에서 드러나게 되듯이 단순히 서수의 사용에 기인한 것이 아니다. 두 번 등장하는 포도주는 모두 요한복음의 특징 중에 하나인 '여자' 칭호와 관련성을 가지고 있다. 포도주와 관련된 '여자' 칭호는 예수님의 어머니와 막달라 마리아를 향해서 예수님께서 직접 사용하신 칭호인데 이 칭호와 함께 포도주가 등장하는 것이다. 물론 '여자' 칭호도 상징성을 가지고 이야기 전개 속에서 기능한다.

포도주들은 상징적으로 예수님과 니고데모와의 대화에서 처음 등장하는 '거듭남'이란 주제를 비롯해 부활과 관련되기 때문에 요한복음의 전체 구조 속에서 줄거리의 시작과 마지막을 아우르는 역할을 한다. 즉 물이 문자적으로 포도주로 바뀌는 사건 속에서 예수님과 니고데모와의 대화에서 표출된 '거듭남'의 실체를 파악할 수 있으며, 포도주의 비유적인 상징 속에서 예수님의 사명의 성취가 드러난다. 그렇기 때문에 여기서는 두 번의 포도주 사건을 통해서 어떻게 이 포도주들이 문자적으로 그리고 비유적으로 상호성을 가지고 기능하는지를 논할 것이다.

1. 혼인 잔치의 포도주: 첫 번째 표적과 마지막 표적의 예고

첫 번째 포도주는 혼인잔치가 있었던 갈릴리 가나에서 등장한다(2:1-11). 이 사건에서 소개되는 여러 요소들, 즉 '포도주,' '갈릴리,' '첫 번째'는 이 장면 속에서 뿐만 아니라 요한복음의 전체 구조 속에서도 특별한 역할을 내포한다. 갈릴리 가나의 혼인 잔치에서 등장하는 포도주는 결혼식 이야기 전개를 위한 포도주 이상의 역할을 한다. 또한 이 포도주는 자연을 변화시키는 예수님의 능력을 나타내는 역할을 넘어 이 포도주 자체가 상징하는 의미를 가지게 된다. 특별히 이 혼인잔치에서 소개되는 포도주는 첫 번째 표적이라는 틀 속에서 표적들의 방향을 제공한다고 할 수 있다. 즉 일련의 표적들의 처음 사건으로서 첫 번째 표적은 다른 표적들과는 다른 특성을 가지면서 마지막 표적을 예고한다. 이 첫 번째 표적 사건을 통해서 어렴풋이나마 앞으로 어떤 새로운 일이 발생할 수 있을지를 가늠할 수 있게 된다. 그러므로 여기서는 문자적인 포도주의 변화가 무엇을 상징하는지, 그리고 어떤 사건이 이 포도주 사건을 반영하고 있는지를 찾아보고자 한다.

두 갈증의 상징성

요한복음에는 중요한 두 번의 문자적인 갈증이 등장한다. 이 갈증은 물의 등장과 관련되면서 독특하게도 모두 예수님과 관련된다. 예수님의 활동을 소개하면서 등장하는 이 갈증은 표면적으로 보이는 무력한 예수님의 모습을 묘사하거나 아니면 상대의 호의를 유도하기 위한 사건 소개가 아니다. 이 갈증들은 예수님의 갈증이며 요한복음을 기록한 요한의 갈증과 같이 독자들을 끌어들이는 갈증이다. 두 번 등장하는 포도주에 대한 이해를 위해 무엇보다도 이 두 번의 갈증을 살펴볼 필요가 있다.

예수님께서는 사마리아를 지나가실 때 피곤하여 야곱의 우물 곁에 앉아 쉬고 계셨다. 이때가 유대인의 시간으로 여섯 시 경이었다(4:6, "거기 또 야곱의 우물이 있더라 예수께서 길 가시다가 피곤하여 우물곁에 그대로 앉으시니 때가 여섯 시쯤 되었더라").[1] 이와 함께 요한복음 기자는 예수님께서 십자가에 달리셨을 때가 여섯 시쯤으로 유월절 예비일 이라고 명확하게 진술한다(19:14, "이 날은 유월절의 준비일이요 때는 제육시라 빌라도가 유대인들에게 이르되 보라 너희 왕이로다").[2] 십자가에 달리셨을 때 생수의 근원

1) "여섯 시"와 같은 시간 표현들은 예수님 당시의 유대인의 시간 표기이며 이에 근거한 한글성경 개역개정판을 그대로 인용했다.

2) 요한복음은 3장 1절에서와 같이 이야기 속에서 중요한 인물을 소개할 때나 혹은

(4:10, 14)이신 예수님은 "내가 목마르다"(19:28)고 말씀하신다. 예수님은 이 두 번의 여섯 시경에 갈증을 느끼지만, 야곱의 우물에서와 마찬가지로 십자가상에서도 예수님은 스스로 갈증을 해소하지 못한다. 예수님 스스로 그의 문자적인 갈증을 해소할 수 없는 무력한 상황을 요한은 자세하게 보여준다. 즉 요한은 예수님이 스스로 갈증을 채울 수 없다는 것을 사마리아 여인의 진술을 통해서 부각시킨다. 설상가상으로 이에 대한 사마리아 여인의 답변이 예수님의 무력함을 보증하는 것처럼 들린다: "여자가 이르되 주여 물 길을 그릇도 없고 이 우물은 깊은데 어디서 당신이 그 생수를 얻겠사옵나이까"(4:11). 사마리아 여자의 반응은 독자의 반응을 유도한다고 할 수 있다. 예수님의 문자적인 갈증은 깊은 우물 앞에서 채워질 수 없으며 이 갈증은 이제 사마리아 여자의 손에 달린 듯이 보인다. 이 여자의 반응으로 인해 그 갈증은 우물만큼이나 더욱 깊어져 가며, 이 갈증은 비유적인 생수에 대한 예수님의 가르침을 불러일으킨다(4:14-15, "내가 주는 물을 마시는 자는 영원히 목마르지 아니하리니 내가 주는 물은 그 속에서 영생하도록 솟아나는 샘물이 되리라 여자가 이르되 주여 그런 물을 내게 주사 목마르지도 않고 또 여기 물 길으러 오지도 않게 하옵소서").

문자적으로 갈증을 느끼는 예수님과 문자적인 물을 길으러 온

특정한 시간을 표시할 때 특별한 용어인 "ἦν"을 사용한다. Judith M. Lieu, "The Mother of the Son in the Fourth Gospel," *JBL* 117 (1998), p. 63. 그래서 이 용어는 야곱의 우물가에서 피곤하신 예수님을 소개할 때(4:6, "거기 또 야곱의 우물이 있더라 예수께서 길 가시다가 피곤하여 우물 곁에 그대로 앉으시니 때가 여섯 시쯤 되었더라") 뿐만 아니라 십자가의 죽음에서도 사용되며, 동시에 중요한 시간을 표시할 때도 이 용어가 적용 된다("때가 여섯 시쯤 되었더라"). 이와 같이 이 독특한 용어를 시간을 표시할 때도 사용하여 두 개의 "여섯 시"에 무엇인가 중요한 일이 발생할 것을 기대할 수 있게 만든다.

사마리아여인의 만남에서 그 주제는 문자적인 물이 아니라 비유적인 물이 된다. 비록 이야기의 도입이 문자적인 물을 중심으로 전개되지만, 그러나 이야기가 전개되면서 예수님과 사마리아 여인은 이 문자적인 물과 비유적인 물을 뛰어넘어 비유적인 물의 주고받음까지 도달한다. 문자적인 물에서 비유적인 물로의 전환이 이루어지는데, 그렇다고 해서 문자적인 물이 완전하게 배제되지 않는다. 문자적인 예수님의 갈증은 생수를 공급하기 원하는 갈증이며 사마리아인의 문자적인 갈증은 다시 물을 길으러 오지 않는 갈증인데, 이 갈증의 정점에서 이야기는 급속하게 비유적인 물로 주제가 변경된다. 문자적인 갈증과 비유적인 갈증의 조화를 통해 문자적인 갈증의 의미가 드러나는 것이다.

예수님과 사마리아 여자와의 대화에서 드러나는 갈증은 우물을 중심으로 전개되는데, 이 우물은 두 갈증을 충족시켜주는 장소인 동시에 두 갈증을 충족시키지 못하는 장소이다. 갈증의 충족을 위해서 우물에서 누군가를 기다리던 예수님과 물을 길으러 그 우물에 도착한 사마리아 여자는 서로의 문자적인 갈증을 확인하는 대화부터 시작한다. 이 대화는 갈증을 둘러싸고 첨예하게 대립적인 관계를 형성한다. 지역과 인종 그리고 성(性)문제가 등장한다(4:9, "사마리아 여자가 이르되 당신은 유대인으로서 어찌하여 사마리아 여자인 나에게 물을 달라 하나이까 하니 이는 유대인이 사마리아인과 상종하지 아니함이러라"). 즉 유대인과 사마리아인, 남성과 여성의 대립 구조가 형성되며 이 구조는 사마리아 여자의 질문을 통해서 촉발된다. 그러나 이러한 대립과 갈등을 유발하는 요소는 모두 우물 속에 흡수되어 생수의 논쟁으로 전환된다. 비록 사마리아 여자가 외적인 문제들뿐만 아니라 심지어 종교적인 문제를 제기해도

(4:12, "우리 조상 야곱이 이 우물을 우리에게 주셨고 또 여기서 자기와 자기 아들들과 짐승이 다 마셨는데 당신이 야곱보다 더 크니이까"), 이 문제들은 더 이상 사마리아 여자의 의도적인 시비처럼 비치는 논쟁으로 비화되지 않고 결국에는 갈증의 주제 속에 편입된다. 갈증은 모든 갈증을 흡수하며 솟아나는 샘물 주제를 발생시킨다(4:14, "내가 주는 물을 마시는 자는 영원히 목마르지 아니하리니 내가 주는 물은 그 속에서 영생하도록 솟아나는 샘물이 되리라").

사마리아의 깊은 우물과 대조적으로 십자가는 예수님께서 포도주를 얻기에 땅에서 너무 높게 위치해 있다. 사마리아의 우물에서와 마찬가지로 십자가에 달린 예수님의 갈증은 예수님 스스로 극복할 수 없는 상황이다. 표면적으로 십자가에 달린 예수님은 자신의 갈증마저도 채울 수 없는 무력한 존재처럼 보인다. 게다가 그의 갈증 앞에 놓여 있는 상황은 사마리아의 우물 앞에서처럼 적대적인 분위기이다. 갈증을 채울 수 없는 무력한 예수님 앞에는 사마리아 여인의 유대인들에 대한 반감 못지않게 예수님에 대해 호감을 갖지 않은 군병들만이 이 문제를 해결할 수 있는 것처럼 보인다. 깊은 우물 및 십자가와 비우호적인 주변 인물들, 그리고 이들에 의해 해결되어야만 할 예수님의 갈증이 어우러지는 장면이다. 예수님께서 느끼는 두 번의 갈증은 모두 자신의 힘으로 충족시킬 수 없는 상황이며 오히려 그 갈증을 더욱 깊게 만드는 조건들이 부여된다. 갈증 앞에 적나라한 모습을 그대로 노출시킨 상황이다. 십자가에서서 벗겨진 모습으로 목마름을 탄식(호소)하는 장면과 사마리아 우물에서 피곤에 지친 모습으로 묘사되는(4:6, "거기 또 야곱의 우물이 있더라 예수께서 길 가시다가 피곤하여 우물 곁에 그대로 앉으시니 때가 여섯 시쯤 되었더라") 예수님의 모습은 그 갈증의 절박한 대상이 누구인지 충분이 알 수 있게 만든다. 갈증은 예수님의 절박한 상황을 그대로 노출시키는 요소이다. 문자적으로 묘사되는 이러한 예수님의 갈증은 요한복음 이야기의 전개 과정에서 문자적인 갈증이 아니라 비유적인 갈증이 된다. 즉 생수와 새로운 포도주를 공급하기 원하는 갈증인 것이다. 갈증을 채워야 할 대상은 예수님이 아니라 사마리아 여인이며 군병들이며 독자가 된다.

십자가 아래에서 예수님의 갈증을 해소하는 방법으로 우슬초가 사용된다(19:29, "거기 신 포도주가 가득히 담긴 그릇이 있는지라 사람들이 신 포도주를 적신 해면을 우슬초에 매어 예수의 입에 대니"). 비록 예수님께서 물을 포도주로 바꾸고 자신이 생수를 공급한다고 선언하시지만, 정작 자신은 갈증을 토로 하신다(4:11, "여자가 이르되 주여 물 길을 그릇도 없고 이 우물은 깊은데 어디서 당신이 그 생수를 얻겠사옵나이까"). 그의 문자적인 갈증은 연회장이 가나의 혼인잔치에서 일반적인 관습을 말했던 것처럼(2:11, "말하되 사람마다 먼저 좋은 포도주를 내고 취한 후에 낮은 것을 내거늘 그대는 지금까지 좋은 포도주를 두었도다 하니라") 결국에는 열등한 포도주를 마시는 장면과 연결된다. 첫 번째 표적이 마지막 표적을 예고하듯이 첫 번째 표적 사건에서 등장하는 연회장의 진술도 마지막 표적을 앞두고 성취된다. 아이러니하게도 최고의 포도주를 공급한 예수님은 질이 떨어지는 포도주를 마신다. 요한복음에는 갈릴리 가나의 혼인 잔치에서 질 좋은 포도주를 공급하신 예수님의 포도주를 마시는 장면이 등장하지 않으며, 대신에 십자가상에서 연회장의 설명과 같이 질 낮은 포도주가 제공되며 이를 받으시는 장면이 소개된다(19:30, "예수께서 신 포도주를 받으신 후에 이르시되 다 이루었다 하시고 머리를 숙이니 영혼이 떠나가시니라"). 첫 번째 표적 사건에서 예수님이 공급한 문자적인 최고의 포도주 대신에 문자적으로 질이 떨어지는 십자가상의 포도주가 예수님의 갈증을 채울 수 있을까?

문자적인 예수님의 갈증은 단지 그의 육체적인 갈증만을 포함하지 않는다. 이 갈증은 비유적인 갈증을 불러일으킨다. 즉 그의 문자적인 갈증을 통해서 그 갈증의 비유적인 상징을 요한복음의 이야기 전개 속에서 찾을 수 있다. 예수님의 갈증이 단지 문자적인 갈증으로 끝나지 않고 비유적인 의미와 균형을 갖출 때 요한복음의 구조 속에서 그 갈증의 실체가 드러나게 된다. 문자적인 갈증을 토로하는 예수님의 외침은 비유적인 갈증과 충족을 내포한다. 예수님의 "내가 목마르다"는 외침은 고통과 외로움의 표현일 뿐만 아니라,[3] 이중의 의미를 담고 있다.[4] 요한은 이 갈증과 마심의 의미를 자세하게 묘사

---

3) Beasley-Murray는 이것을 의롭게 고난 받는 자(the Righteous Sufferer)가 겪는 쓸쓸함, 고립, 그리고 조롱을 반영한다고 설명한다. George R. Beasley-Murray, *John: Word Biblical Commentary*, vol. 36. second ed. (Nashville: Thomas Nelson, 1999), p. 351. Beasley-Murray의 지적은 예수님의 갈증에 대한 문자적인 상황을 적절하게 묘사한다. 여정 중에 사마리아 우물에 피곤하여 지친 모습으로 앉아계신 예수님은 제자들이 먹을 것을 사러 동네에 들어간 것으로 보아(4:8) 갈증뿐만 아니라 허기짐으로도 고통을 겪었다. 물 길을 그릇도 없이 갈증과 허기짐으로 혼자 남겨진 고통스러운 예수님의 상황을 요한은 자세하게 소개한다. 이와 유사한 장면을 요한은 십자가에 달리신 예수님의 모습을 통해서도 묘사한다.

4) L. Th. Witkamp, "Jesus' Thirst in John 19:28-30: Literal or Figurative," *JBL* 115 (1996), p. 492. 문자적인 갈증이 단지 육체적인 갈증이 아니라 이 갈증이 이중의 의미를 내포한다는 점에 대해서는 학자들이 공감하는 의견을 제시한다. 갈증이 가지는 이중의 의미에 대해 Schnackenburg는 다음과 같이 설명 한다. "만일 예수님의 육체적인 갈증이 그의 마지막 말씀들과 관련된다면, 이것은 마침이며, 그래서 다른 두 구절들은 복음서 기자의 의도를 이해할 수 있는 방향을 지시한다. 배고픔과 갈증은 아버지의 뜻을 끝까지 성취하려는 예수님의 열망에 대한 이미지들이 된다": Rudolf Schnackenburg, *The Gospel according to St John*, trans. David Smith and G. A. Kon, vol. 3 (Kent: Burnes & Oates, 1982), p. 283. Moore

하며(19:28, "그 후에 예수께서 모든 일이 이미 이루어진 줄 아시고 성경을 응하게 하려 하사 이르시되 내가 목마르다 하시니"),[5] 이 갈증 뒤에 이어지는 예수님의 말씀은 그의 사명의 성취에 관한 것으로 소개한다(19:30).

예수님의 십자가상에서의 갈증은 단지 갈증으로 끝나지 않고 요한복음의 이야기 전개 속에서 포도주의 출현을 낳게 되고 군병들은 우슬초를 가지고 이 질 낮은 포도주를 예수님의 입에 대고 마시게 한다.[6] 첫 번째 표적에서 등장했던 포도주의 재등장이 예수님의 갈증을 통해서 이루어진다. 십자가 사건에서 등장하는 포도주 사건과 가나의 혼인잔치에서 등장하는 포도주 사건과의 차이에서 드러나는 것은 이미 언급했듯이 가나의 혼인잔치에서는 예수님께서 포도주를 마시는 장면이 등장하지 않는다는 점이다. 실제로 가나에서 포도주를 맛보셨는지에 대한 역사성의 문제가 아니다. 가나의 혼인잔치에

는 사마리아 여인과 물과 예수님의 갈증에 대한 이야기를 전개 시킬 때 갈증은 단지 예수님의 육체적인 갈증으로 끝나는 것이 아니라고 말하면서 이 갈증이 내포하는 역설적인 "영/육"(spiritual material)과 "문자/비유"(literal figure)를 강조한다. Stephen D. Moore, "Are there impurities in the living water that the Johannine Jesus dispenses? Deconstruction, Feminism, and the Samaritan Woman," *BI* 1 (1993), pp. 207-27.

5) "성경을 응하게 한다"는 요한의 설명은 일반적으로 시편 69장 21절의 반영이라고 받아들여진다(시 69:21, "그들이 쓸개를 나의 음식물로 주며 목마를 때에는 초를 마시게 하였사오니").

6) Schnackenburg는 이것을 일반적으로 마시는 대중적인 음료나 신포도주 또는 물을 탄 식초와 같이 원기회복을 시켜주는 질이 떨어지는 음료였을 것이라고 간주한다. Schnackenburg, *The Gospel according to St John*, vol. 3, p. 283. Beasley-Murray는 "ὄξος는 물을 타 희석시킨 식초나 혹은 값싼 포도주였든지 간에 이는 군병들이 보편적으로 마시던 음료였다"고 제시한다. Beasley-Murray, *John: Word Biblical Commentary*, p. 351.

서 예수님께서 포도주를 마셨는지 아니면 단지 물을 포도주로 바꾸신 후 그 자리를 떠나셨는지에 대해서는 요한이 소개하지 않기 때문에 그 역사성은 논의의 범위를 벗어난다. 중요한 것은 요한이 이 복음서를 기록하면서 첫 번째 표적으로 등장시키는 가나의 포도주 사건에서 예수님께서 포도주를 마시는 장면을 소개하지 않는 점이다. 또한 최후의 만찬의 흔적만 남아있는 요한복음에서는 이 만찬에 대한 세부적인 기록이 등장하지 않기 때문에 첫 번째 포도주와 마지막 포도주 사이에 이 포도주가 등장할 기회가 없으며 그래서 마지막 십자가상에서 예수님의 갈증과 더불어 포도주가 등장한다. 결국 예수님의 갈증은 포도주의 등장을 유발시키는 요소가 된다.

요한의 신학적인 목적과 의도에 따라 이 포도주가 상징성을 가졌기 때문에 포도주 사건의 완성은 두 번째 포도주 등장으로 귀결된다. 요한복음에서 예수님은 이 포도주를 십자가의 죽음 때까지 마시지 않게 되는데 이 장면은 다른 복음서와 비교할 때 두드러진 특성을 가진다. 십자가상에서 포도주를 마시는 장면이 다른 복음서에는 등장하지 않고 요한복음에만 등장하는 것을 주목할 필요가 있다. 요한의 묘사와는 대조적으로 마가복음에 나타난 예수님은 포도주를 마시지 않는다(막 15:23, "몰약을 탄 포도주를 주었으나 예수께서 받지 아니하시니라"). 마태복음에서 설명하는 이 장면도 마가복음과 같은 입장을 취한다(마 27:34, "쓸개 탄 포도주를 예수께 주어 마시게 하려 하였더니 예수께서 맛보시고 마시고자 하지 아니하시더라"). 비록 질 낮은 포도주의 제공이 마가복음과 마태복음에 등장한다고 해도(막 15:36; 마 27:48), 이 두 복음서에는 그 포도주를 마시는 장면이 분명하게 드러나지 않으며, 오직 요한복음만이 이 장면을 세밀하게 묘사하며 소개하고 있다(요 19:29-30, "거기 신 포도주가 가득히 담긴 그릇이 있는지라 사람들이 신 포도주를 적신 해면을 우슬초에 매어 예수의 입에 대니 예수께서 신 포도주를 받으신 후에 이르시되 다 이루었다 하시고 머리를 숙이니 영혼이 떠나가시니라"). 비록 공관복음에서 십자가상의 포도주가 등장한다고 해도 이는 요한복음의 갈증에 기인한 포도주 제공과는 다르다. 공관복음에는 요한복음과 같은 예수님의 갈증이 등장하지 않는다. 요한복음의 포도주 등장은 예수님의 갈증과 관련성을 가진다. 예수님이 이 포도주를 받았는지에 대한 명확한 소개를 하지 않는 공관복음과 달리 요한복음의 갈증은 분명하게 표시되며 이 갈증이 포도주의 등장을 불러일으키는 동인이 된다. 그의 갈증은 그의 사명에 대한 성경의 성취를 상징하며(19:28, "그 후에 예수께서 모든 일이 이미 이루어진 줄 아시고 성경을 응하게 하려 하사 이르시되 내가 목마르다 하시니"), 포도주를 마시는 장면은 그의 사명의 완성을 상징한다(19:30). 그래서 예수님께서는 이를 받으시고 "다 이루었다"고 선언하시며 고개를 숙이고 그 영을 건네신다(παρέδωκεν τὸ πνεῦμα). 예수님의 갈증은 단지 그의 육체적인 갈증이 아니라 마지막 포도주의 등장을 불러일으키며, 이 갈증의 충족은 그의 사명의 완성으로 채워진다.

포도주의 첫 번째 등장과 마지막 출현

갈릴리 가나의 첫 번째 포도주와 십자가상에서 등장하는 두 번째 포도주 사건은 상호 관련성 속에서 의미를 발생시킨다. 이 두 가지 포도주는 별개의 사건처럼 보이는 상황 속에 위치해있지만, 이야기 전개과정 속에서 상호 밀접하게 연관되면서 의미를 산출하기 때문에 이 포도주가 처음으로 등장하는 장면과 마지막으로 등장하는 장면을 비교하며 분석할 것이다. 포도주는 첫 번째 표적과 관련하여 갈릴리 가나에서 처음으로 등장한다. 첫 번째 표적은 본문 상에서 다른 표적 사건들에서 공통적으로 등장하는 특별한 청중들의 반응을 불러일으키지 않는다. 즉, "표적"이란 말에서 알 수 있듯이 표적은 그 자체의 의미보다는 이 표적이 지시하는 어떤 교훈이 주어지거나 혹은 대상물이 있어야 한다. 실제로 다른 표적들은 이러한 성격을 가지고 있다. 그런데 첫 번째 표적 사건의 결과는 매우 독특하다. 요한은 단지 예수님께서 "그의 영광을 나타내시매 제자들이 그를 믿으니라"고 설명할 뿐이다(2:11). 이 표적이 지시하는 구체적인 교훈이나 대상이 등장하지 않는다. 그래서 관심의 초점을 "표적"에서 "첫 번째"로 돌릴 필요가 있다. 특정한 서수를 사용한 것은 독자의 관심을 끌기에 충분하다. 표적의 전개를 볼 때 왕의 신하 아들을 고치는 표적을 지칭하는 "두 번째"도 "첫 번째"를 강조하고 뒷받침하는 장치라고 할 수 있다. 두 번째 표적을 제외하고는(4:54) 이어지는 표적들에 대해 서수를 사용하지 않으면서도 처음에 등장하는 표적에 대해서 특정한 서수를 사용하는 요한의 목적을 찾을 필요가 있다. "첫 번째"라는 서수의 사용은 이어지는 표적들의 상호 관련성을 예시한다고 할 수 있다. 각기 다른 상황 속에서 발생하는 표적들이지만 처음에 등장하는 표적에 대한 순서 매김으로 이 표적들은 일련의 연속성 속에서 발생한다는 이미지를 준다. 또한 가나의 표적 사건은 당시의 관습과 상식을 뛰어 넘었으며, 연회장의 설명에서 함축되어있듯이(2:10, "사람마다 먼저 좋은 포도주를 내고 취한 후에 낮은 것을 내거늘 그대는 지금까지 좋은 포도주를 두었도다 하니라") 어떤 특별한 사건이 발생할 것이라는 기대를 불러일으킨다. 표적 사건에 참여한 사람들의 놀라운 반응 대신에 연회장의 진술을 통해서 포도주 기적사건이 무엇을 지시하는지를 보여준다. 그렇기 때문에 첫 번째 표적 사건인 가나의 포도주 기적 사건은 이 표적의 결과로 나타나는 반응 혹은 교훈 대신에 이어서 발생하는 표적들을 예고하는 성격과 마지막 표적의 의미를 제공한다고 할 수 있다. 요한은 첫 번째 표적 사건을 마무리 지으면서 이에 대한 평가를 한다(2:11, "예수께서 이 첫 표적을 갈릴리 가나에서 행하여 그의 영광을 나타내시매 제자들이 그를 믿으니라"). 그러나 이 설명 속에서 드러나는 "영광을 나타내심"은 이 표적 자체의 의미보다는 다른 표적들과의 관련성 속에서 성취되는 결과이다. 즉 모든 표적들이 이루어질 때 성취되는 결과를 미리 예고한다고 할 수 있다. 첫 번째 표적의 결과처럼 보이는 "영광"은 예수님의 사명의 완성을 드러내는 들리움을 지칭하는 것으로 마지막 표적을 지향한다. 그렇기 때문에 이 기적 사건은 요한복음 이야기가 전개되면서[7] 발생하는 다가올 표적들에 대한 예고이며, 동시에 빈 무덤을 통해서 공급되는 새로운 포도주를 상징한다고 할 수 있다.[8]

7) 요한복음의 이야기(story) 발전 과정에 대해서는 Seeley가 구체적으로 설명한다. David Seeley, *Deconstructing the New Testament* (Leiden: E. J. Brill, 1994), p. 123: "이야기(story)는 나선형처럼 문자적으로 좁혀진다." 예수님은 "기적적으로 모든 것을 아시고(4:19), 기적적으로 날 때부터 아픈 자를 치유하시고(5:2-18), 그리고 기적적으로 맹인 되었던 자를 다시 보게 하신다(9:38). 각 경우에 그 강조는 매우 실제적이며 현실적인 문제들에 놓인다. 경험의 실체를 조정하고 다루는 예수님의 능력이 중요한 것이다. 검토해본 결과, 독자를 세속적인 것에서 천상적인 것으로 들어 올린다는 은유적인 진보에 대한 주장들은 증명되지 않는다."

첫 번째 포도주의 등장 이후에 요한복음의 본문 속에서 흔적을 찾을 수 없던 포도주는 십자가 사건에서 다시 등장한다. 요한복음에는 다른 복음서와 같은 최후의 만찬 사건이 등장하지 않기 때문에(비교, 마태복음 26:26-29; 마가복음 14:22-25; 누가복음 22:14-23) 이 포도주는 십자가 사건에서 등장하게 된다. 즉, 공관복음서에서 십자가 사건의 중요한 배경이 되는 최후의 만찬 사건이 요한복음에는 구체적으로 등장하지 않기 때문에 요한복음에서는 가나의 포도주 사건 이후부터 십자가 사건 이전까지 포도주가 등장하지 않는다. 만일 요한복음에 최후의 만찬이 기록되었다면 이 포도주는 필연적으로 등장할 수밖에 없었을 것이다. 그러나 이 만찬사건의 부재는 결국에는 포도주의 부재를 지속시키며 마지막 십자가상에서 등장하게 만든다. 예기치 못한 포도주의 출현과 예수님이 이 포도주를 마시는 장면은 어떤 특별한 의미가 내포되었다고 할 수 있다.[9] 본문에서 주어지는 상징성 속에서 첫 번째 표적은 앞으로 일어날 표적들을 예고하면서 예수님께서 십자가상에서 질이 떨어지는 포도주를 마실 때 그 사명을 완수한다. 바꾸어 말하면, 마지막 포도주를 마시는 것은 이전의 표적들을 갈무리하는 것이며, 이미 연회장을 통해서 예견 되었듯이(2:10) 좋은

---

8) 첫 번째 표적의 예고성과 관련하여 이 표적을 하나님 나라의 도래와 관련시키며 계시의 원형이라는 주장이 있다. 즉 첫 번째 표적은 하나님 나라가 이미 왔고, "이미 너희 가운데 있다"는 계시의 원형을 나타낸다는 것이다. Ivone Gebara and Maria Clara Bingemer, *Mary, Mother of God, Mother of the poor: Liberation and Theology* 7, trans. Philip Berryman (Kent: Burns & Oates,1989), p. 80. 참조, M. Hengel, "The Wine Miracle at Cana," *The Glory of Christ in the New Testament*, ed. L. D. Hurst and N. T. Wright (Oxford: Clarendon Press, 1987), pp. 83-112.

9) G. Kittel, "ὄξος" TDNT, 1967ed.

포도주를 제공하는 마지막 가장 큰 표적을 준비하는 것이다.[10]

혼인 잔치와 포도주

첫 번째 등장하는 포도주 표적은 갈릴리 가나의 혼인잔치 도중에 발생한 사건이다. 이 포도주의 등장 배경은 혼인잔치이며 그 속에서 물이 포도주로 바뀌는 기적이 발생하는데, 이 상황에서는 물이 포도주로 바뀐 내용에 초점이 맞추어지면서 혼인식 자체가 소홀이 취급될 수 있다. 물이 포도주로 바뀌는 기적 못지않게 그 배경이 되는 결혼식도 중요하게 다루어져야 한다. 두 번째로 등장하는 포도주가 십자가 사건과 밀접하게 연관되면서 의미를 창출하듯이 가나의 포도주도 결혼식과 관련하여 중요성을 가진다. 혼인 잔치와 포도주의 관계에 대해 Duke는 이 둘의 밀접한 관련성을 전제로 새로운 시대의 출현을 상징하는 것으로 주장한다. 그래서 그는 "포도주와 혼인 잔치는 하나님의 기쁨에 찬 새로운 시대에 대한 매우 일반적인 이미지"라고 제시한다.[11] 그렇기 때문에 가나의 혼인잔치와 포도주 기적 사건을 분리하지 않고 상호 관련성 속에서 검토할 필요가 제시된다.

결혼식이 진행되었지만 그 결혼식의 주인공인 신랑은 포도주의 고갈이라는 절박한 상황에서도 등장하지 않다가 포도주 표적 후에야

---

10) 표적에 대한 분류와 성격에 대해서는 이 책의 제 10장 주 29를 참고하라.

11) Paul D. Duke, *Irony in the Fourth Gospel* (Atlanta: John Knox Press, 1985), p. 83. 이와 관련하여 제시되는 구절들은 다음과 같다: 창 49:10-12; 사 29:17; 렘 31:2-6; 암 9:13-14; 호 14:7; 에녹1서 10:19; 바룩 2서 29:5; 마 22:1-14;막 2:19, 22.

비로소 등장한다. 표적은 신랑의 출현을 알리는 중요한 배경이 된다(2:9-10, "연회장은 물로 된 포도주를 맛보고도 어디서 났는지 알지 못하되 물 떠온 하인들은 알더라 연회장이 신랑을 불러 말하되 사람마다 먼저 좋은 포도주를 내고 취한 후에 낮은 것을 내거늘 그대는 지금까지 좋은 포도주를 두었도다 하니라"; 비교, 3:29). 결혼식 잔치를 책임지고 있는 연회장은 신랑과 더불어 포도주의 공급을 책임져야 한다. 그런데 새로운 포도주를 맛본 연회장은 역설적이게도 하인들조차도 알고 있는(2:9) 이 포도주의 출처를 알지 못한다. 요한은 이 장면을 매우 흥미롭게 전개시킨다. 이 포도주를 떠온 하인들은 이 출처를 정확히 알고 있었고 심지어 예수님의 명령에 따라 물을 돌항아리 아귀까지 채웠다는데 연회장은 이러한 사정에 대해서 자신에게 포도주를 갖다 준 하인들에게 이 포도주의 출처를 묻지도 않고 신랑을 부른다. 포도주를 책임지고 공급해야하는 실제의 역할과 다르게 연회장은 포도주의 성격에 대한 예고와 신랑을 무대 앞으로 인도하는 역할을 한다. 독자들의 눈앞에 펼쳐진 상황에 대해 실제로 이러한 포도주 부족 상황과 공급의 책임을 맡고 있는 연회장은 새 포도주의 출현에 대해 관련 없는 것으로 밝혀진다. 이러한 아이러니는 연회장이 물을 포도주로 바꾼 예수님 대신에 신랑을 부르게 만드는 장치가 된다. 즉 연회장의 태도와 진술은 갑작스런 신랑의 출현을 만들어 내며 포도주의 질에 대한 관심을 집중시킨다. 결혼식은 첫 번째 표적의 성격을 규정짓게 만드는 연회장과 신랑의 출현을 제공하는 적절한 배경이 된다.

포도주를 둘러싸고 발생한 일련의 사건들은 표면적인 아이러니와 더불어 상징적으로는 이름을 알 수 없는 신랑의 출현과 예수님과 신랑의 이미지를 겹치게 만든다. 다시 말하면, 연회장의 진술은 상징적으로 신랑을 예수님과 일치시킨다. 물론 문자적으로 연회장이 부른 신랑이 예수님이라는 것이 아니라, 포도주를 만든 예수님의 활동과 무관하게 된 연회장을 통해서 비유적인 일치가 이루어지는 것이다. 혼인잔치의 주인공이 새로운 포도주의 근원과 관련된 것으로 간주되기 때문에 실제로 포도주를 공급한 예수님의 흔적은 조용히 지워지며 대신에 혼인잔치의 신랑이 등장한다. 예수님의 포도주 공급 행위는 신랑의 행위가 되며 이러한 행위를 통해서 신랑과 예수님의 이미지가 겹치게 된다.

예수님의 모습은 2장 8절에서 새로운 포도주를 연회장에게 갖다 주라는 명령 후에 이 사건에서 사라지며, 바로 이어서 연회장이 포도주를 맛보며 신랑을 부르게 된다. 실제 포도주를 공급한 사람은 예수님이지만 연회장은 이 신랑이 포도주의 공급자인 것으로 간주하여 그를 부른다. 이 포도주를 갖다 준 하인들은 신랑의 명령이 아니라 그 근원인 예수님의 명령을 따라 이미 여섯 개의 돌항아리 아귀까지 물을 채웠고, 이 물로 된 포도주를 예수님의 지시에 따라 연회장에게 갖다 준다. 그럼에도 불구하고 연회장은 그 포도주의 근원이 되는 예수님을 부르거나 혹은 그에게 질의하지 않고 대신에 신랑을 부른다. 혼인잔치의 순탄한 진행을 묘사하는 대신에 돌발적인 상황과 상호 모순되는 것처럼 보이는 상황전개를 보여주는 이 장면은 이 사건을 기록하는 요한의 신학적인 의도를 드러낸다고 할 수 있다. 혼인잔치에서 자연스럽게 등장하는 “신랑” 칭호를 통해서 요한은 이 포도주를 혼인잔치의 배경 속에서 해석하도록 만든다. 문자적으로 새로운 포도주를 공급한 예수님과 비유적으로 새 포도주의 공급 책임이 있는 신랑이 연회장의 진술 혹은 역할을 통해 상징적으로 일치된다. "신랑을 예수로 생각하는데 익숙한 독자들은(다른 전승이나 혹은 3장 29절에 대한 이전의 이해에 기초해서) 비록 연회장이 사람을 잘못 불렀다고 해도 신랑을 칭찬하는 것은 옳았다고 이해할 것이다."[12)]

혼인잔치의 처음부터 이야기의 주인공은 물을 포도주로 바꾸는 예수님으로 등장한다. 심지의 그의 어머니까지 등장하여 예수님의 활동 무대를 준비하면서 혼인잔치는 새로운 포도주의 출현을 알리는 배경이 된다. 비록 예수님과 그의 어머니가 혼인 잔치에서 발생한 포도주 사건의 주체로 등장하지만, 직접 포도주의 맛을 본 연회장을 통해 신랑이 무대에 등장하면서 그 동안 주체가 되었던 예수님과 그의 어머니 모습은 사라진다. 그렇지만 예수님의 모습이 사라진다고 해도 결혼식에서 중요한 역할을 하는 예수님과 신랑을 일치시키는 이야기 전개를 통해서 예수님 활동은 마지막까지 사건의 주요 요소로 남는다. 그렇다면 연회장은 구체적으로 어떤 역할을 하는가? 포도주를 맛보는 연회장의 행동은 "물로 된 포도주에서 좋은 포도주"로 강조점의 변화를 가져오게 만든다.[13)] 새 포도주의 공급자에 대한 오해를 불러일으키는 연회장의 예기치 않은 행동은 이 사건 속에서 포도주의 질을 드러내는 동기가 된다. 요한은, 연회장이 포도주 공급의 근원이 신랑이라고 간주하도록 만들고 이를 기초로 그 포도주의 현재의 상태와 예고적인 성격을 드러내도록 하면서 예수님에게 신랑의 이미지를 덧입혀 신랑으로서 포도주를 공급하는 예수님의 모

---

12) Duke, *Irony in the Fourth Gospel*, pp. 83-4.

13) Ibid., pp. 84.

습을 만들어낸다. 이러한 역할의 일치와 변화를 통해서 포도주 사건은 구체적인 의미를 갖게 된다. 예수님을 통한 포도주 기적 사건의 주제는, 예수님은 질 좋은 새 포도주를 공급하며 동시에 이 새로운 포도주는 침례 요한의 진술에 내포되어 있듯이 신랑이 되는 예수님이라는 것을 보여 준다(3:28-29, "내가 말한 바 나는 그리스도가 아니요 그의 앞에 보내심을 받은 자라고 한 것을 증언할 자는 너희니라 신부를 취하는 자는 신랑이나 서서 신랑의 음성을 듣는 친구가 크게 기뻐하나니 나는 이러한 기쁨으로 충만하였노라").[14)]

혼인 잔치의 포도주와 성전 정화 사건

새로운 포도주는 혼인잔치의 배경 속에서 그 공급자가 신랑 되시는 예수님이심을 드러내면서 무엇인가 새로운 일이 예수님을 통해서 발생할 것임을 예고한다. 첫 번째 표적인 포도주 기적에 뒤이은 성전정화 사건은 요한의 신학적인 목적을 위해 정교하게 배치된 것으로 보인다. 공관복음에는 이 성전정화 사건이 예수님의 생애 후반부에 등장한다(마 21:12-13; 막 11:15-17; 눅 19:45-46). 더욱이 이 내용에 대한 설명에서도 간략하게 두 세 구절로 언급하는 공관복음과 달리 요한복음은 공관복음의 다섯 배 정도 자세하게 이 사건을 설명한다. 그만큼 요한복음은 배열의 위치까지 공관복음과 달리하면서 이

---

14) 갈릴리 가나의 기적과 성전전화 사건의 이야기(narrative)는 본문에서 제시된 "정결 주제"와 제자들의 반응에 기초해서(2:11, 22) 상호 "밀접한 관련"을 가지고 있다고 제시된다(2장 6절의 "유대인의 정결 예식을 따라" 및 2장 15절과 16절을 성전 정화로 해석하는 것에 근거해서): Larry Paul Jones, *The Symbol of Water in the Gospel of John*, JSNTS 145 (Sheffield: Sheffield Academic Press, 1997), pp. 52-3.

성전정화 사건에 대해 비중을 두며 첫 번째 표적에 뒤이은 사건으로 제시한다. 포도주 사건 직후에 발생하는 것으로 기록 된 성전정화 사건에서 유대인들은 예수님에게 무슨 표적을 그들에게 보일 것인지 묻는다(2:18, "이에 유대인들이 대답하여 예수께 말하기를 네가 이런 일을 행하니 무슨 표적을 우리에게 보이겠느냐"). 첫 번째 표적의 잔상이 사라지기 전에 유대인들은 요한이 기적을 표적이라고 제시하듯이 또 다른 표적을 찾는다. 유대인들의 표적 요구에 대해 예수님은 만일 그들이 성전을 헐면 사흘 동안에 이를 다시 세울 것이라고 답변한다(2:19).

첫 번째 표적 후에 이 표적이 지시하는 방향이 제공되며 이 표적의 목적지를 지향하는 사건이 발생한다. 요한은 제자들이 예수님의 부활 이후에 비로소 이 성전이 예수님의 몸(σῶμα)이며 다시 세우는 것은 그의 부활을 의미하였다는 것을 알았다고 설명한다(2:21-22, "그러나 예수는 성전된 자기 육체를 가리켜 말씀하신 것이라 죽은 자 가운데서 살아나신 후에야 제자들이 이 말씀하신 것을 기억하고 성경과 예수께서 하신 말씀을 믿었더라"). 성전을 허물고 세우는 것에 대해 직접적으로 '표적'이란 명칭을 붙이지 않았지만, 유대인들의 요구 속에 이미 이 성전을 다시 세우는 것이 표적이라고 내포되어 있다. 신랑 되시는 예수님이 물을 포도주로 바꾸었듯이 예수님은 그의 몸을 다시 세울 것이다. 이를 위해 일련의 표적들이 등장하며 마지막 표적으로서 예수님의 부활이 이루어진다. "물로 된 포도주"(2:9)라는 표현에서 포도주의 실체가 물이라고 제시하여 새로운 포도주는 '물과 포도주' 모두를 포함한다는 것을 보여주며, 이는 성전된 자기 몸의 부활을 지칭할 때 이 부활이 육적이며 영적인, 즉 비유적이며 문자적인 부활을 예고한다고 할 수 있다. 부활과 관련한 표적 사건 후에 예수님과 니고데모와의 거듭남에 대한 대화가 본격적으로 시작된다.

2. 첫 번째 표적과 마지막 표적

요한복음에는 일련의 서수에 의해 표적들이 지속적으로 소개되지 않지만, 연이어 등장하는 표적들은 숫자적인 소개의 문제를 극복하게 만든다. 첫 번째 표적은 표적의 시작을 알리며 "첫 번째"라는 수식어를 통해 함축적으로 마지막 표적을 전제로 한다. 마지막 표적은 첫 번째 표적의 완성이며, 이 완성은 표적들의 목표를 성취시킨다고 할 수 있다. 요한복음에 등장하는 일련의 표적들이 이 처음과 마지막 표적의 틀 속에서 전개되기 때문에 첫 번째 표적과 마지막 표적의 관계에 대한 파악은 다른 표적들에 대한 이해의 토대가 될 것이다.

마지막 표적을 예고하는 첫 번째 표적

요한복음에서 표적들의 전개는 일정한 흐름 속에서 진행된다. 처음 표적인 포도주 사건부터 예수님의 영광이 나타나기 시작하며 그 영광은 들리움인 십자가에서 절정을 이룬다. 요한은 첫 번째 표적 사건 후에 이 표적의 결과로 이 표적 자체가 예수님의 영광을 나타냈다고 말하지만 구체적으로 어떻게 그 영광을 나타냈는지에 대한 설명을 하지 않는다. 그 결과 이 장면에서는 이 표적에 대한 반응이나 표적이 지시하는 구체적인 내용 대신에 단지 추상적으로 여겨지는 영광만이 드러난다. 그렇다면 이 첫 번째 표적의 성격은 무엇인가?

이 표적은 다른 표적들의 서론과 같은 성격을 가지고 남은 표적들의 방향을 예고하며 종국에는 그 영광의 실체가 무엇인지 구체적으로 드러낸다고 할 수 있다. 구약에서 포도주가 상징적인 의미를 가지고 있고 "첫 번째"라는 수식은 일련의 표적들의 등장을 전제하기 때문에 독자들은 첫 번째 표적을 포도주의 상징성과 처음 등장하는 이미지를 결합하여 이해할 필요가 있다. 구약성서에서 포도주가 메시아의 오심을 상징하듯이,[15] 요한은 메시아 시대의 상징적 도래를 의미하는 상황 속에서 포도주 사건을 통해 예수님을 소개한다.[16] 첫 번째 표적은 이어지는 표적들을 지시하는 특징을 가지며 동시에 그의 사역의 성격을 드러내주면서 마지막 표적의 성격에 대한 예고를 한다. 특별히 포도주의 고갈은 독자들에게 예수님을 새로운 포도주의 공급자로 기대하게 만들며, 메시아의 시대를 연상시키는 혼인잔치 이미지는 포도주와 예수님의 역할과의 관계를 강화시킨다.[17]

포도주와 더불어 시작하는 요한복음의 표적들은 새로운 시대의 출현을 표시하는 마지막 표적인 빈 무덤에서 완결된다. 일곱 개의

---

15) 포도주는 "구약성서, 묵시문학, 그리고 헬라문화에서 풍부한 일련의 연상들을 불러일으킨다. 메시아와 그의 백성의 혼인, 종말론적 연회, 메시아 시대, 이스라엘에 대한 하나님의 축복의 은혜는 매우 가까이 놓여있다": R. Alan Culpepper, *Anatomy of the Fourth Gospel* (Philadelphia: Fortress, 1983), p. 193. 추가적인 이해를 위해서 다음을 참조하라: Rudolf Schnackenburg, *The Gospel according to St John*, trans. Kevin Smith, vol. 3(Kent: Burnes & Oates, 1968), p. 338; Jones, *The Symbol of Water in the Gospel of John*, p. 56; 이 앞의 주 11.

16) Jones, *The Symbol of Water in the Gospel of John*, p. 56.

17) Ibid.

표적들이 분리되어 개별적인 의미를 전달하기도 하지만 동시에 이 표적들은 밀접한 관계성 속에서 표적의 전개에 따라 그 내용과 강도가 발전되면서 마지막 표적인 부활을 통해서 이전의 표적들이 지향하는 목적을 완성시킨다. 그래서 요한복음은 표적의 완성을 통해서 실현된 종말론의 모습을 보여준다. 비록 요한복음이 실현된 종말론과[18] 미래적인 종말론을[19] 동시에 포함하고 있지만 미래적인 요소는 빈 무덤 사건 후에 등장하는 파라클레토스의 오심으로 현재 속에 스며들었다.[20] 마지막 표적의 완성을 통해서 첫 번째 표적의 결과로 드러난 예수님의 영광의 실체를 독자들은 체험할 수 있으며, 파라클레토스를 통해 성취된 현재적인 예수님의 영광 속에 참여한다. 그래서 요한은 첫 번째 표적에 대한 결과에서 특정한 교훈이나 지시 대상보다는 예수님의 영광이 드러났다고 증언한다. 이 영광의 절정을 통해서 마지막 표적이 이루어지기 때문에 첫 번째 표적은 마지막 표적을 지향하면서 이어지는 표적들에 대해 예고하는 특징을 가진다. 첫 번째 표적 이후 등장하는 갈증과 예수님의 영광의 순간에 등장하는 포도주 공급은 실현된 종말론을 통해 미래적인 것이 아니라 이 요한복음을 읽는 독자들에게 지속적으로 발생하는 사건이 된다.

---

18) 심판(3:18; 9:39), 영생(3:36; 5:24), 부활(5:21, 24, 26), 이 세상의 통치자를 쫓아냄(12:31).

19) 심판(12:48), 영생(12:25), 부활(6:39-40, 54), 재림(14:3, 18, 28), 메시아의 오심을 보여주는 환난(15장 및 16장).

20) 참조, Robert Kysar, *John: The Maverick Gospel*, rev. ed. (Louisville: John Knox Press, 1993), pp. 99-106.

첫 번째 표적을 완성시키는 마지막 표적

요한은 예수님의 영광을 드러내는 포도주 사건을 첫 번째 표적이라고 증언하면서도(2:12, 비교, 1:14), 두 번째 표적을 소개한 후(4:54) 이어지는 표적들에 대해 더 이상 숫자적인 순서를 언급하지 않는다. 그렇다면 이 첫 번째 표적과 마지막 표적과의 관련성을 어떻게 찾을 수 있을까? 일련의 서수에 의해 소개되지 않고 산발적으로 발생하는 것 같이 보이는 표적들의 연관성이 입증될 때 마지막 표적이 첫 번째 표적과 관련성을 가질 수 있다.

첫 번째와 마지막 표적의 관련성을 찾기 위해 예수님의 영광의 목적지가 되는 십자가상의 포도주가 첫 번째 포도주의 절정으로 간주되는 이유를 살펴볼 것이다. 첫 번째 표적은 예수님의 정체를 본격적으로 드러내는 기점이며 이 표적들의 완성인 영광을 보여줌으로 그 결말을 제시하고 있다. 이에 대해 Schnackenburg는, 첫 번째 표적에서 비록 제자들이 그의 정체를 충분히 이해할 수 없었다고 해도 이 표적이 실제로는 그의 정체를 보여주는 절정이 되며, 동시에 이어지는 표적들을 통해서 완성될 "예수의 자기 계시의 출발점"이라고 주장한다.[21] 그래서 첫 번째 표적에서 드러난 영광은 그의 시간의 성취 속에서(19:28-30. 참조, 7:30; 8:20; 12:23, 27; 13:1; 17:1) 십자가상의 포도주와 함께 드러난다.[22]

---

21) Schnackenburg, *The Gospel according to St John*, vol. 1, pp. 323; Peter Riga, "Signs of Glory," *Interpretation* 17 (1963), pp. 402-23.

22) R. G. Bratcher, "What does 'glory' Mean in Relation to Jesus," *BT* 42 (1991), pp. 401-8; Margaret Pamment, "The meaning of δόξα in the Fourth Gospel," *ZNW* 74

첫 번째 포도주 사건 전에 요한은 정교하게 예수님의 존재에 대해 설명 한다. 즉 마지막 표적이 완성될 때 성취되는 사건에 대해 미리 그 모습을 전개시킨다. 예수님의 정체에 대한 설명을 위해 요한은 인자 칭호를 사용한다. 요한은 인자가 누구인지 그 정체가 드러나지 않았음에도 불구하고 인자를 등장시키면서 그의 공생애가 본격적으로 시작하기 전에 그의 정체에 대한 소개를 한다. 1장 50절의 "이보다 더 큰 일을 보리라"는 예수님의 선언과 1장 51절의 "하늘이 열리고 하나님의 사자들이 인자 위에 오르락 내리락 하는 것을 보리라"는 진술 뒤에 포도주 기적 사건이 뒤따른다. 물론 인자와 관련하여 등장하는 이 설명과 같이 빌립과 나다나엘의 대화와 고백을 통해서 예수님의 정체에 대한 논의는 이미 시작되었다(1:45, "빌립이 나다나엘을 찾아 이르되 모세가 율법에 기록하였고 여러 선지자가 기록한 그이를 우리가 만났으니 요셉의 아들 나사렛 예수니라"; 1:49, "나다나엘이 대답하되 랍비여 당신은 하나님의 아들이시요 당신은 이스라엘의 임금이로소이다"). 여러 칭호들을 통해서 부분적으로 밝혀지는 예수님의 정체는 첫 번째 표적인 포도주 기적 사건부터 본격적으로 드러나기 시작하며, 예수님의 영광은 그의 정체를 밝히는 과정으로 시작하여 십자가 사건에서 절정을 이룬다.[23] 이

(1983), pp. 12-16. 대부분 학자들(Schnackenburg, Brown, Beasley-Murray 등)은 영광이 십자가의 죽음, 부활, 그리고 승천을 포함하는 것으로 간주한다. 그러나 이 책에서는 십자가의 죽음을 부활 및 승천으로부터 분리하며, 십자가의 죽음을 영광의 성취로 간주한다. 이에 대해서는 필자의 학위논문, "요한복음서의 십자가 신학: 예수 그리스도의 희생적 죽음을 통한 자기 계시의 완성" (침례신학대학교, 1995)에서 언급했고, 이 개념을 기초로 이 책 제11장 인자의 거듭남에 관한 내용을 전개시켰다.

23) Marianne Meye Thompson, *The Humanity of Jesus in the Fourth Gospel* (Philadelphia: Fortress, 1988), p. 70.

절정은 마지막 표적에서 성취하는 첫 번째 표적의 지향 목적을 완성시키며 예수님의 정체를 완전하게 드러낸다. 첫 번째 표적에서 드러난 영광은 십자가의 들리움에서 성취되며, 이 들리움 후에 성전을 새로 세우듯이 예수님의 부활이 이루어지는 마지막 표적이 발생하기 때문에 예수님의 영광은 그의 부활을 통해서 완성된다. 따라서 마지막 표적은 첫 번째 표적의 성취일 뿐만 아니라 첫 번째 표적 이후 이어지는 다른 표적들을 모두 흡수하며 완성시키는 표적이 된다.

첫 번째 표적과 마지막 표적의 일치

전개되는 일련의 표적들을 예고하며 이를 담고 있는 첫 번째 표적과 마지막 표적의 관계에서 첫 번째 표적은 미리 앞서 마지막 표적을 지향하며, 마지막 표적의 성격은 첫 번째 표적 사건에서 소개하는 연회장의 진술 속에 내포되어 있다(2:10, "사람마다 먼저 좋은 포도주를 내고 취한 후에 낮은 것을 내거늘 그대는 지금까지 좋은 포도주를 두었도다 하니라"). 요한복음의 성전정화 사건을 공관복음서와 비교할 때 발생 시점에서 큰 차이를 보일 뿐만 아니라 요한복음에는 특징적으로 성전 비유와 관련한 그의 부활에 대한 제자들의 뒤늦은 반응이 설명된다(2:22, "죽은 자 가운데서 살아나신 후에야 제자들이 이 말씀하신 것을 기억하고 성경과 예수께서 하신 말씀을 믿었더라"). 제자들의 반응은 예수님의 부활 후에 이루어진 것으로서 첫 번째 표적의 성격을 미리 예고한다고 할 수 있다. 요한이 요한복음을 기록한 시점에서 볼 때 성전정화 사건에 대한 반응은 제자들이 이 사건을 예수님의 부활 후에 이해한 부분을 반영한다. 요한은 자신의 목적에 따라 표적들을 배열하면서 첫 번째 표적의 성격을 마지막 표적과 연결하여 제시한다. 이에 따라 첫 번째 표적은 성전 정화 사건에 대한 배경이 되며 예수님의 부활에 대해 사전 예고를 하는 특징을 가진다.

성전 정화사건에 이어지는 예수님과 니고데모와의 대화 주제도 부활을 상징하는 거듭남에 관한 것이다. 첫 번째 표적부터 물이 포도주로 변화되듯이 거듭남을 상징하는 부활이 공표되며, 이 개념의 구체적인 발전이 성전 정화 사건을 통해 정교하게 다듬어진다. 물이 포도주로 바뀌듯이 예수님의 부활을 상징하는 첫 번째 표적은 그 자체로서 의미를 제공하기 보다는 모든 표적들에 대한 서론 형식이며, 이에 대응되는 모든 표적들의 완성이 마지막 표적이 된다.

가나의 혼인잔치와 더불어 시작하는 첫 번째 표적은 마지막 표적으로서 비유적으로 빈 무덤에서 공급되는 최고 좋은 포도주에 대한 예고이다. 그렇기 때문에 첫 번째 표적에 대한 반응은 다른 표적들에 대한 반응과 다르다. 다른 표적들에게서 찾아볼 수 있는 참석자들이나 혹은 주변 사람들의 반응은 첫 번째 표적에서는 설명되지 않는다. 대신에 요한은, 첫 번째 표적의 결과로 예수님은 그의 영광을 드러내었고 제자들은 그를 믿었다고 설명한다(2:11, "예수께서 이 첫 표적을 갈릴리 가나에서 행하여 그의 영광을 나타내시매 제자들이 그를 믿으니라"). 이 믿음은 성전 정화 사건 이후에도 반복하여 등장한다. 요한이 예수님의 문자적인 거듭남, 즉 부활을 암시하는 "성전 된 자기 육체를 가리켜 말씀하신 것이라"는 설명 뒤에, 그는 "죽은 자 가운데서 살아나신 후에야 제자들이 이 말씀하신 것을 기억하고 성경과 예수께서 하신 말씀을 믿었더라"고 소개한다(2:22). 첫 번째 표적에서 예고된 대로 마지막 표적에서 최고의 포도주로서 예수님의 부활이 이루어지며 이 부활에 대한 믿음이 표적의 처음부터 예고된다.

"우리가 메시아를 만났다"(1:41)는 안드레의 증언 직후에 등장하는 나다나엘은 예수님을 향하여 "당신은 하나님의 아들이시요 당신은 이스라엘의 임금이로소이다"라는 직접적인 고백을 하는데, 이 고백은 첫 번째 표적 직전에 발생한다(1:45ff.). 나다나엘의 고백은 "나사렛 예수 유대인의 왕"(19:19)이라고 기록되어 십자가에 걸린 패의 내용을 연상시킨다.[24] Koester는 예수님의 어머니가 첫 번째 표적과 마지막 표적의 발생과 관련되는 십자가 현장에 등장하는 것을 연관시켜 주목해야 한다는 것을 강조하면서 다음과 같이 말한다: "예수님의 어머니가 가나와 십자가[의 죽음 현장]에서 출현한 것은 포도주 사건과 예수님의 죽음에서 드러난 영광이 함께 이해되어야 한다는 개념을 강화시킨다."[25] 포도주와 관련된 예수님의 어머니는 가나에서 뿐만 아니라 십자가의 죽음 현장에서도 등장하며, 마지막 표적이 이루어지는 부활 현장에서는 예수님의 어머니와 같이 여자로 불리는 막달라 마리아의 출현이 소개된다. 마지막 표적 뒤에 등장하는 "나의 주 나의 하나님"(20:28)이라는 도마의 고백도 예수님을 향해 직접 이루어지는데 이 고백은 막달라 마리아가 예수님의 제자들에게 행한 증언에 뒤이어 등장한다(20:18). 예수님이(첫 번째 표적의 시작 전에) "내가 너를 무화과나무 아래에서 보았다 하므로 믿느냐 이보다

24) Marinus De Jonge, "Jesus as Prophet and King in the Fourth Gospel," *ETL* 49 (1973), p. 168.

25) Craig R. Koester, *Symbolism in the Fourth Gospel: Meaning, Mystery, Community*, second ed. (Minneapolis: Fortress Press, 2003), p. 86.

더 큰 일을 보리라 또 이르시되 진실로 진실로 너희에게 이르노니 하늘이 열리고 하나님의 사자들이 인자 위에 오르락 내리락 하는 것을 보리라"고 말씀하신 것과 같이(1:50-51), 1장 51절에서 반영되어 있는 천사들이 빈 무덤에 나타난다(20:12, "흰 옷 입은 두 천사가 예수의 시체 뉘었던 곳에 하나는 머리 편에, 하나는 발 편에 앉았더라"). 첫 번째 표적 발생 전후에 등장한 사건들이 예수님의 정체와 관련되듯이 마지막 표적 전후의 사건들도 예수님의 정체와 관련되며, 예수님이 하나님으로 불리는 단계까지 이른다. 첫 번째 표적과 마지막 표적은 상호 대칭적인 위치에서 동일한 실체를 드러내는 기능을 하며, 물이 포도주로 바뀌듯이 문자적이며 비유적인 예수님의 부활의 성격이 드러나도록 만든다.

첫 번째 표적과 마지막 표적은 예수님의 정체를 드러내는 고백과 그의 정체를 보증하는 천사들로 둘러싸여 있다. 요한은 제자들의 믿음도 첫 번째 표적과 마지막 표적을 둘러싸도록 균형을 맞추었다. 첫 번째 표적 사건에서 예수님이 그의 영광을 나타냈을 때 그를 믿은 제자들(2:11)은 마지막 표적인 예수님의 부활(거듭남) 후에 그의 말씀을 믿었다(2:22, "죽은 자 가운데서 살아나신 후에야 제자들이 이 말씀하신 것을 기억하고 성경과 예수께서 하신 말씀을 믿었더라"). 첫 번째 표적은 미리 앞서 마지막 표적을 지향하며 이 마지막 표적의 성격은 연회장의 진술 속에 내포되었다(2:10). 이 두 표적은 사실상 한 가지 실체에 대한 다른 표현으로서 거듭남을 상징하는 부활에 대한 예고와 성취라고 할 수 있다.

3. 문자적/비유적 포도주

갈릴리 가나의 혼인잔치에서 요한은 예수님께서 포도주를 마시는 장면을 소개하지 않는다. 대신에 그는 십자가상에서 예수님이 질낮은 포도주를 받으시는 장면을 소개한다. 이미 언급하였듯이 최후의 만찬 사건이 요한복음에는 구체적으로 소개되지 않기 때문에 포도주를 마시는 사건은 십자가에서 발생한다. 예수님께서 포도주를 마시는 장면은 공관복음과 비교할 때도 요한복음의 특징을 드러낸다. 요한복음에서 자세히 소개하는 포도주를 마시는 사건이 요한복음의 이야기 전개 과정에서 상징적인 의미를 갖고 있듯이 문자적으로 포도주를 마시는 장면은 동시에 비유적인 의미를 내포하면서 의미를 산출한다.

문자적인 갈증과 사명의 성취

성경을 응하게 하려는 예수님의 갈증은 첫 번째 표적을 연상시키는 포도주를 등장하도록 만들며 동시에 예수님은 포도주를 마실 기회를 제공받는다(19:28, "그 후에 예수께서 모든 일이 이미 이루어진 줄 아시고 성경을 응하게 하려 하사 이르시되 내가 목마르다 하시니"). 요한복음에서 이 포도주의 마지막 등장은 예수님의 사명이 완성되도록 이야기의 흐름을 촉진 시킨다. 그래서 예수님은 19장 30절에서 포도주를 받으신 후 그의 사명의 성취를 선언하시는데, 이에 대해 Witkamp는 이 장면을 간결하게 정리한다: "포도주를 받자마자 '다 이루었다'고 말한다. 이 갈증은 두 번 사용된 τετέλεσται와 밀접하게 관련되는데, 한 번은 해

설자[요한]가(28절) 다른 한 번은 예수님 자신(30)이 사용했다. 의심할 바 없이 이것은 발생한 일들은 성취라는 상황 속에서 해석되어야 한다는 것을 분명하게 만든다."[26] 요한이 설명하듯이, 갈증의 표현은 성경을 응하게 하려고 의도된 것으로 이는 포도주를 마시기 위한 예비적인 준비된 행동이며 그 결과 예수님은 십자가상에서 포도주를 마실 기회를 갖게 된다.

예수님이 마신 포도주의 질은 2장에서 등장하는 연회장의 진술을 통해서 평가할 수 있다. "사람마다 먼저 좋은 포도주를 내고 취한 후에 낮은 것을 내거늘 그대는 지금까지 좋은 포도주를 두었도다"라고 연회장이 당시 관습을 설명한 것과 같이 사람들은 예수님에게 신 포도주, 즉 단지 갈증을 해소시키는 질 낮은 포도주를 제공한다. 그런데 이와는 대조적으로 요한은 이미 예수님께서 최고로 좋은 포도주를 제공한 사실을 통해 이 포도주에 대한 제공을 예시했을 뿐만 아니라 반대로 사람들이 제공하는 질 낮은 포도주의 제공을 예측하게 만든다. 신 포도주를 마시면서 예수님은 자신의 때의 성취를 선포하고 최종적으로 그 영을 건네신다(19:30).[27]

예수님께 십자가상에서 포도주를 마시는 행위와 그의 사명의 완수는 상호 밀접한 관련성을 갖는데, 이 관련성을 첫 번째 포도주와 마지막 포도주의 등장 속에서 찾아볼 수 있다. "다 이루었다"는 예

---

26) Witkamp, "Jesus' Thirst in John 19:28-30: Literal or Figurative?," p. 493.

27) 이 사건은 오직 요한복음에서만 분명하게 묘사되어 있다. 요한복음 19장 30절에 대한 신약성경 한글 개역개정판의 번역("머리를 숙이니 영혼이 떠나가시니라")은 원문의 뜻을 충분히 밝히지 못한다. 직역하면 "그 영을 건네 주셨다"라고 이해할 수 있다.

수님의 말씀과 "성경을 응하게 하려 하사"라는 요한의 해석 사이의 상호 작용은 다음에 무엇이 일어날 것인가에 대한 기대를 갖게 만든다. 예수님은 자신의 어머니를 사랑하는 제자에게 위탁한 후, "모든 일이 이미 이루어진 줄(τετέλεσται) 아시고"(19:28), 포도주를 마시자마자 "다 이루었다(τετέλεσται)"고 말한 후 고개를 숙이신다(19:29-30). "다 이루었다"는 예수님의 선언은 그의 사명의 성취와 관련되며 이 사명의 성취는 하나님의 뜻에 대한 순종으로 간주된다. Beasley-Murray는 τετέλεσται의 의미가 "끝내다"는 의미 보다는 "임무의 성취"를 일컫는데 그것은 동사 τελέω가 누군가의 뜻이나 임무 혹은 종교적인 행위를 수행하는 것을 내포하기 때문이라고 한다.[28] Culpepper는 예수님의 "죽음은 은연중에 아버지가 그에게 준 잔을 마시는 행위로 이해된다"고 설명한다(18:11).[29] 결국 예수님께서 첫 번째 표적 사건에서 언급하신 "때"(2:4, "예수께서 이르시되 여자여 나와 무슨 상관이 있나이까 내 때가 아직 이르지 아니하였나이다")는 십자가에서 포도주의 마심과 더불어 성취된다. 십자가상에서의 "목마르다"는 갈증 토로는 예수님의 육체적인 갈증과 더불어 비유적으로 성경을 응하게 만드는 행위이며, 동시에 이 갈증의 충족을 위해 받아들이는 포도주는 문자적인 갈증을 해소하기 위한 것보다도 오히려 성경을 응하게 만드는 비유적인 행위가 된다. 그렇기 때문에 요한은 예수님의 "다 이루었다"는 선언을 소개하는 것이다. 예수님께서 포도주를 마시는 것은 그의 "때"의 성취를 드러내며 "그 영"의 건넴에 대한 전주곡이 된다. 문자적인 포

28) Beasley- Murray, *John: Word Biblical Commentary*, p. 352.

29) Culpepper, *Anatomy of the Fourth Gospel*, p. 195.

도주의 마심은 비유적으로 그의 사명의 완수가 되는 것이다.

비유적인 갈증과 사명의 성취

여정에서 피곤하신 예수님은 우물가에 앉아서 사마리아 여인에게 마실 물을 요구한다(4:6-7). 비록 예수님과 사마리아 여인과의 대화가 비유적이든지 아니면 문자적이든지 간에 "물"에 관한 것이지만, 이 대화 장면에서는 예수님의 갈증이 해소되었다든지 혹은 사마리아 여인이 예수님에게 물을 제공했다는 흔적이 드러나지 않는다. 이 대화가 전개되는 과정에서 알 수 있는 것은 문자적인 갈증과 물의 공급은 이차적인 사건이 되고 실제로는 문자적인 물의 의미를 통해서 비유적인 교훈이 전달된다는 점이다. 물을 길으러 왔던 여인은 마치 그녀가 문자적인 물에는 전혀 관심이 없었던 것처럼 물동이를 버려두고 우물을 떠나 마을로 간다(4:28, "여자가 물동이를 버려 두고 동네로 들어가서 사람들에게 이르되").

예수님과 사마리아 여자의 대화가 진행되면서 문자적인 갈증과 물의 공급으로 시작되었던 대화의 본질이 바뀌어 비유적인 의미가 살아난다. 예수님의 갈증은 문자적인 갈증 이상의 것이며, 이 갈증은 사마리아 여자의 갈증, 즉 솟는 샘물의 근원이 되는 예수님 자체에 대한 갈증을 불러일으킨다.[30] 따라서 예수님께서는 "네가 만일 하나님의 선물과 또 네게 좀 달라 하는 이가 누구인 줄 알았더라면 네가 그에게 구하였을 것이요 그가 생수를 네게 주었으리라"고 말씀하

---

30) Moore, "Are there impurities in the living water that the Johannine Jesus dispenses? Deconstruction, Feminism, and the Samaritan Woman," p. 208.

신다(4:10). 비록 대화가 시작되었지만, 물을 원하는 예수님과 물을 줄 수 있는 사마리아 여자의 관점의 간극은 조화되지 않을 만큼 격차를 보인다. 그러나 대화가 진행되면서 이 간극은 좁혀지다가 마침내는 역전되며, 오히려 예수님이 물을 공급하는 자로 그리고 사마리아 여자는 물을 원하는 자로 입장이 바뀐다. 이 역전 현상은 문자적인 물과 비유적인 물의 도치라고도 할 수 있으며 상호간에 바라는 것이 바뀐 것이다. "그[예수]가 바라는 것은 이 여인이 바라는 것이 되는 것이며, 그녀 자신이 부족한 것을 그에게서 찾을 수 있도록 하는 것이다. 그의 욕구는 그녀의 부족을 만족시켜주는 것이다. 따라서 그의 깊은 갈증, 채워져야 할 그 자신의 부족함이 채워질 수 있다."[31] 그래서 예수님의 문자적인 갈증에도 불구하고 대화는 비유적인 "생수" 주제로 발전하며, 예수님의 문자적인 갈증은 비유적인 생수의 공급을 촉진시킨다(참조, 4:34; 6:25-40).

그렇다면 예수님의 문자적인 갈증은 어떻게 되었을까? 예수님께서는 십자가상에서 다시 문자적인 갈증을 느끼신다. 예수님의 갈증은 요한복음을 관통하여 흐르다가 십자가상에서 다시 표출된다. 사마리아 여인과의 대화에서 "영생하도록 솟아나는 샘물"(4:14)의 제공자이심을 선포하던 분이 아이러니하게도 갈증을 느끼신다. 그의 사명의 결정적인 순간에 발생한 문자적인 갈증은 사마리아 여인과의 대화에서처럼 문자적인 포도주로도 채워지지 않을 것이다. 그의 문자적인 갈증은 비유적으로 충족되어야 한다. 그는 비록 그가 좋은 포도주를 공급했지만 가나의 혼인잔치에서 있었던 연회장이 증언하

---

31) Ibid.

듯이(2:10, "말하되 사람마다 먼저 좋은 포도주를 내고 취한 후에 낮은 것을 내거늘 그대는 지금까지 좋은 포도주를 두었도다 하니라"), 질 낮은 신 포주를 받으시며 그 연회장의 진술을 성취시킨다(19:29). 연회장의 언급은 대조적인 기대를 만든다: 예수님께서는 모든 사람이 일반적으로 행하는 질이 떨어지는 포도주 대신에 최상의 포도주를 주실 것이다(일반적인 물과 비교되는 생수같이). 채워지지 않는 예수님의 갈증은 십자가의 죽음에서 다시 등장하며(19:28),[32] 갈증의 정점에서 예수님은 포도주를 마신다. 예수님의 문자적인 갈증은 그의 비유적인 갈증을 채워주며, 그의 문자적인 갈증 해소는 그의 사역의 비유적인 성취가 된다.[33] 이제 예수님은 사마리아 여인의 갈증을 채워 줄 좋은 포도주를 공급할 준비가 되었다.

갈증과 새 포도주를 마심

지금까지 언급한 바를 토대로 물이 포도주로 바뀐 사건에서 포도주가 무엇을 상징하는지를 찾아 볼 것이다. 요한복음은 가나의 돌항아리와 예수님이 장사되었던 돌무덤에서 기적이 발생하는 것을 소개한다. 남겨진 가나의 빈 돌항아리가 첫 번째 표적을 담고 있듯이, 빈 무덤은 마지막 표적을 담고 있으며, 이것들은 새로운 표적들에 대한 증거물이 된다. 요한복음의 이야기가 전개되는 과정에서 물은 상징적으로 '영'과 관련 되며 이 물이 포도주로 바뀐 일을 통해서 영

---

32) Ibid., pp. 208, 218. 참조, R. H. Lightfoot, *St. John's Gospel: A Commentary* (Oxford: Clarendon Press, 1956), pp. 1, 22; Schnackenburg, *The Gospel according to St John*, vol. 3, p. 283.

33) Witkamp, "Jesus' Thirst in John 19:28-30: Literal or Figurative," pp. 492, 497-99

과 성령의 관계를 이해할 수 있게 된다. 물이 포도주로 변화되듯이 영의 역할은 성령으로 대치된다.

요한복음에서 물은 어떤 이미지를 내포하고 있을까? 비록 물이 침례나 혹은 양수를 상징한다고 해도 이 물은 출생의 이미지에 둘러 싸여 있다.[34] 보다 구체적으로 말하면 물이 포도주로 바뀌는 물질적인 현상이 출생의 이미지를 지배한다고 할 수 있다. 포도주는 물과 밀접한 관련을 갖는데 비록 물이 포도주로 변했다고 하더라도 "물로 된 포도주"(2:9)라는 요한의 진술을 통해 이 포도주는 물과 분리될 수 없게 된다. 예수님의 거듭남을 상징하는 부활은 말씀이 육신이 되는 것 같은 새로운 출생이며(ἐγένετο: γίνομαι, 1:14) 또한 니고데모의 진술(3:4, "사람이 늙으면 어떻게 날 수 있사옵나이까 두 번째 모태에 들어갔다가 날 수 있사옵나이까")에서 암시 되듯이 물이 포도주가 되는 것(γεγενημένον: γίνομαι, 2:9)과 같은 변화이다. 1장 14절에서 사용된 "되다"(ἐγένετο)는 물과 포도주와의 관계 및 예수님의 부활의 성격에 대한 새로운 통찰을 제공해준다. 이 ἐγένετο는 "되다" 대신에 J. C. O'Neill의 지적과 같이 "태어 났다"로 번역될 수 있다. 이것은 단순히 외형적인 변화를 의미하는 것이 아니라 질적인 변화인 출생의 의미를 담고 있다. 그래서 로고스는 육(σάρξ)으로 가장하거나 혹은 변화된 것이 아니라 태어나신다.[35] 이 의미는 물이 포도주로 바뀌는 일의 상징성을 강화시킨다. 요한의 설명인 "물로 된 포도주"도 포도주와는 성질이 다

---

34) Dorothy A. Lee, *The Symbolic Narratives of the Fourth Gospel*, JSNTS 95 (1994), p. 47.

35) J. C. O'Neill, "The Word did not 'Become' Flesh," *ZNW* 82 (1991), pp. 125-7.

른 물에서 나온 것임을 밝히며 이는 단순한 표면적인 변화가 아니라 물의 질적인 변화를 드러낸다. 그러므로 물이 포도주로 태어나듯이 말씀은 육신으로 태어나신다. 그 영이 건네지고(19:30), 그의 피와 물이 쏟아졌던 예수님의 부활(거듭남)은 세 번째 날에 물이 포도주로 바뀐 것과 같다고 할 수 있다.

포도주가 구약에서 새로운 시대를 상징하듯이(아모스 9:13-14; 호세아 14:7; 예레미아 31:12 등), 물이 포도주로 바뀌는 표적에서 예고되었을 뿐만 아니라 첫 번째 표적을 완성시키는 마지막 표적은 파라클레토스와 더불어 새로운 시대의 시작을 상징한다. 연회장조차 몰랐던 가나의 포도주 기원은 예수 그리스도이시다. 새로운 포도주의 기원에 대한 요한의 설명(2:9, "연회장은 물로 된 포도주를 맛보고도 어디서 났는지 알지 못하되")은 역설적으로 새포도주의 기원은 오직 예수님뿐이라는 것을 증명한다. 알 수 없는 포도주의 기원처럼 알 수 없는 예수님의 기원이 이야기의 전개를 통해서 강조된다(8:14; 9:29; 19:9. 참조, 3:8). 마지막 표적에서 오는 선물은 예수님으로부터 기인하는(20:22, "이 말씀을 하시고 그들을 향하사 숨을 내쉬며 이르시되 성령을 받으라") 동시에 그 선물이 예수님 자신이 된다(14:16, 26; 15:26; 16:7). 새로운 포도주를 마시는 새로운 시대에 어떻게 들어갈 수 있을까? 물이 포도주로 바뀌는 것은 새로운 출생을 상징하며 이 새로운 포도주는 예수님이신데 어떻게 그 포도주를 마실 수 있을까? 요한은 이 새로운 창조에 들어가기 위한 조건은 거듭남인데, 이 거듭남은 성령을 받는 것이라고 말한다. Dodd는 20장 22절의 "숨을 내쉬며"라는 예수님의 행위가 창세기 2장 7절의 "생기를 그 코에 불어 넣으시니"라는 인간을 창조하시는 하나님의 행위를 반영하며 이는 영생에 들어가는 성령으로 거듭나는 것과 비교될 수 있다고 설명한다(참조, 3:1-9).[36] 새로운 포도주의 세계에 들어가는 것은 새로운 출생이며 이 출생은 영이 성령으로 바뀌듯이(출생의 이미지), 성령을 통해서 이루어지는 것임을 요한이 밝히고 있다.

남겨진 돌항아리와 빈 무덤은 독자들에게 어떤 의미를 제공할 수 있을까? 이미 사라진 포도주와 예수님의 몸 대신에 요한복음의 이야기 속에서 그 포도주와 부활을 증거하는 실체인 이 두 요소는 어떤 의미를 주고 있을까? 물이 포도주로 바뀌는 것이 그 영이 성령으로 바뀌는 것을 상징하듯이 빈 무덤은 일곱 번 째 돌항아리로써 끊임없이 그리스도인들에게 새로운 포도주를 공급하는데, 이 포도주가 바로 빈 무덤을 통해서 오는 성령으로 주어진 파라클레토스이다. 비록 여섯 개의 돌항아리가 새로운 포도주로 가득 찼다고 해도, 사마리아 여자의 남겨진 물동이가 그녀의 흔적을 증거하듯이(4:28) 포도주를 마신 후에 남겨진 여섯 개의 빈 항아리가 이 사실을 증거 한다. 빈 무덤은 일곱 번째의 돌항아리로서 예수님의 부활(거듭남)을 증거하며 마지막 표적이 되어 계속해서 포도주를 공급한다. 7장 38절 및 39절의 말씀("누구든지 목마르거든 내게로 와서 마시라 나를 믿는 자는 성경에 이름과 같이 그 배에서 생수의 강이 흘러나오리라 하시니 이는 그를 믿는 자들이 받을 성령을 가리켜 말씀하신 것이라 예수께서 아직 영광을 받지 않으셨으므로 성령이 아직 그들에게 계시지 아니하시더라")과 같이 문자적인 우물의 물이 비유적인 생수로 바뀌어 갈증을 충족시킨다. 마지막 표적을 통해서 주어진 성령은 새

36) C. H. Dodd, *The Interpretation of the Fourth Gospel* (Cambridge: The University Press, 1953), p. 227. 참조, Schnackenburg, *The Gospel according to St John*, vol. 1, p. 337.

로운 포도주로서 유대인들의 유월절과 구분되는 새로운 유월절 포도주가 된다(2:13; 6:4; 11:55).[37)]

4. 피와 물의 흐름: 거듭남의 전주곡

요한복음에서만 생생하게 묘사하는 피와 물의 흐름은 십자가상에서 벌어지는 예수님의 말씀과 요한의 해석을 통해서 의미를 가지게 된다. 예수님께서 포도주를 마실 때 이는 그의 죽음의 시간이며 그의 몸에서 피와 물이 쏟아지는 순간이다. 이 피와 물의 흘러내림은 어떤 의미를 나타낼까? 첫 번째 표적과 더불어 등장한 포도주는

---

37) 요한복음에서 "유대인"은 "바리새인"이란 용어보다 빈번히 사용된다. "유대인"이란 용어는 상징적이며 이 집단은 예수님에 대해서 적대적이라는 인상을 준다: Luke T. Johnson, *The Writings of the New Testament: An Interpretation* (London: SCM, 1986), pp. 477-8; Kysar, *John: The Maverick Gospel*, pp. 67-70; Wayne A. Meeks, "Galilee and Judea in the Fourth Gospel," *JBL* 85 (1966), pp. 159-69. 갈릴리에서 시작한 표적은 예루살렘에서 끝난다. 예수님은 갈릴리와 예루살렘을 오고 가면서 그의 사역을 수행하신다. 유월절과 유월절 이미지들에 대한 빈번한 언급들을 통하여(1:29, 36, 6:32-51; 19:36) 예수님의 사역은 유월절 분위기에 둘러싸여 있다. 비록 유월절 횟수에 대한 정확한 판단을 하기 어려운 면도 있지만, 요한복음에는 예수님의 사역 동안에 최소한 세 번의 유월절이 준수되었다는 것을 밝히고 있다(2:13, 23; 6:4; 11:55; 12:1; 13:1; 18:28, 39; 19:14). 요한복음에서 예수님이 십자가에서 죽으시는 순간은 유월절 양이 살해당하는 시간이다. 요한은 예수님의 정체에 대한 성격을 유월절과 관련하여 명확하게 정의 한다: "세상 죄를 지고 가는 하나님의 어린양을 보라"(1:29), "보라 하나님의 어린 양이로다"(1:36). 이에 대한 이해를 위해서는 다음을 참조하라: George L. Carey, "The Lamb of God and Atonement Theories," *TB* 32 (1981), pp. 97-122; J. K. Howard, "Passover and Eucharist in the Fourth Gospel," *SJT* 20(1967), pp. 329-32; Robert G. Bratcher, " 'The Jews' in the Gospel of John," *BT* 26 (1975), pp. 401-9; D. Moody Smith, "The Life Setting of the Gospel of John," RevExp 85 (1988), pp. 435-6.

여러 표적들을 거친 후 마지막 십자가 사건에서 다시 등장하면서 연회장의 진술과 같이 일반적인 상식을 뛰어넘는 질 좋은 포도주의 제공으로 표출된다. 십자가상의 예수님의 몸에서 흘러내리는 피와 물은 새로운 포도주의 공급을 상징한다고 할 수 있다(비교, 마 26:29; 막 14:25; 눅 22:18). 이 공급은 예수님을 통해서 이루어지며, 그 기원이 바로 예수님 자신이다. 포도주의 근원이 예수님이 되신다는 것은 이미 가나의 포도주 표적 사건에서 예고되었다. 피의 쏟아짐은 유월절과 관련되는데, "십자가의 사건을 언급할 때 등장하는 시점(19:14), 해면에 신 포도주를 묻힌 우슬초의 사용(19. 29), 그리고 유월절 양과 같이 예수님의 뼈가 부러지지 않은 것은 이러한 해석을 지지한다."[38] 어쨌든 이와 같은 것이 유월절과 관련된다고 해도 피와 물은 그 근원이 되는 예수님의 몸에서 흘러나온다. 유월절 양이 살해되듯이(요한복음에 따르면 예수님은 유월절 양이 살해당하는 시간에 죽임을 당하셨다) 죽음을 당하는 예수님은 피와 물의 근원이 된다. 따라서 예수님께서는 "내가 부활한 자이다 혹은 살아날 자이다"라고 하지 않고 "나는 부활이다"라고 말씀하신다(11:25). 이 피와 물이 예수님의 몸에서 흐르는 사건을 통해서 포도주와 관련된 상징이 된다.

십자가 사건의 현장에서 군병들이 예수님의 옷을 취하였는데, 심지어 호지 아니하고 위에서부터 통으로 짠 속옷까지 제비 뽑아 나누어 가졌다(19:23-24). 요한의 세밀한 기록에 의해서 독자들은 예수님의 몸이 적나라하게 노출되었다는 사실을 알 수 있다. 예수님께서는

38) Jones, *The Symbol of Water in the Gospel of John*, pp. 212, 204. 유월절의 역할 및 하나님의 어린양과의 관계에 대한 논의에 대해서는 이 책의 제 10장을 보라.

십자가에 매달려 있는 동안에 그의 생명과 그가 소유했던 모든 것을 빼앗겼다.[39] 그렇기 때문에 문자적으로 그리고 비유적으로 예수님의 벗은 몸에서 흘러내리는 피와 물은 속옷이나 다른 천에 의해 스며들지 않고 생생하게 목격할 수 있게 된다.

유대인들은 빌라도에게 예수님과 그의 양편에 있던 사람들의 다리를 부러뜨리도록 요구한다. 왜냐하면 "이 날은 준비일이라 유대인들은 그 안식일이 큰 날이므로 그 안식일에 시체들을 십자가에 두지 아니하려 하여 빌라도에게 그들의 다리를 꺾어 시체를 치워 달라"고 한 것이다(19:31). 그래서 군병들이 예수님의 양 편에 있던 사람들의 다리를 꺾었으며, "예수께 이르러서는 이미 죽으신 것을 보고 다리를 꺾지 아니하고 그 중 한 군인이 창으로 옆구리를 찌르니 곧 피와 물"이 나왔다(19:34). 흘러내리는 피와 물에 대해서는 학자들의 여러 가지 의견이 있다. 의학적인 설명을 통해 예수님의 치명적인 죽음을 지지하든지 아니면 실제적인 사건으로 간주하고 이를 비유적 해석하기도 한다.[40] 그 중에 Schnackenburg는, "피는 예수님의 구속적

---

39) George R. Beasley-Murray, *John: Word Biblical Commentary*, p. 348.

40) Lindars는 그 물이 폐 속에 있던 액체가 모인 것이었을 가능성을 제시한다: Barnabas Lindars, *The Gospel of John: The New Century Bible Commentary* (Grand Rapids: Eerdmans, 1972), p. 586. 그러나 Jones는 그러한 사실에 대해 의심하지 않고 독자들에게 그 확실성을 공유하기 원하는 요한에게 그 흘러내림의 역사성은 이것이 의미하는 것보다 덜 중요하다고 주장한다: Jones, *The Symbol of Water in the Gospel of John*, p. 210. 창으로 찌름 및 피와 물의 분출과 물 및 예수님의 죽음의 관계에 대한 의학적인 연구에 대해서는 다음을 보라: Beasley-Murray, *John: Word Biblical Commentary*, pp. 355-6. 피와 물을 구분하지 않고 이를 혼합된 액체로 보는 견해도 있다. 우슬초 및 부러지지 않은 뼈와 같은 유월절 이미지와 관련된 구절들에 대한 랍비적 개념들에 대한 연구에서 J. Massingberd Ford

죽음에 대한 표적일 것이며(참조, 요한일서 1:7) 물은 성령(the Spirit)과 생명의 상징이겠지만(참조, 요 4:14; 7:38), 그러나 이 둘은 아주 밀접하게 연관되어 있다"고 주장한다.41) 요한은 독자들에게 이것을 성경의 성취라고 상기시킨다(19:36-37).42) 만일 그의 다리가 부러졌다면 그의 몸을 창으로 찌를 필요도 없었고 그의 몸에서 피와 물이 나오지 않았을 것이다. 그렇기 때문에 성경의 성취를 통해서 그의 몸에서 흘러나오는 피와 물은 생생하게 증거된다. 또 다른 성경의 성취인 "그들이 그 찌른 자를 보리라 하였느니라"는 말씀도 피와 물의 흘러내림과 관련된다(19:37).

피와 물의 흘러내림은 명확하게 문자적인 육체(σάρξ)의 죽음을 상징하며, 육체(σάρξ)의 개념이 몸(σῶμα)의 개념으로 바뀔 것이라는 기대를 제공해 준다(변화의 의미를 담고 있는 물의 이미지를 통해서). 피와 물의 쏟아짐으로 인해 텅 빈 육체는 새로운 포도주로 가득 찰 것이다.43) 즉 피와 물이 빠져나가 고갈된 예수님의 몸은 이미 가나의 혼인잔치에서 연회장에 의해 예기치 않게 예고되었듯이 빈 무덤에서 가장 좋은 포도주로 바뀔 포도주의 고갈과 같다고 할 수 있다. 이 고갈은

는 피와 물은 유월절의 "혼합된 피"(mingled blood)라는 전제 하에 예수님의 몸에서 "즉시 액체(물)같은 피(blood even fluid)가 나왔다"고 설명한다. J. Massingberd Ford, " 'Mingled Blood' from the Side of Christ (John XIX. 34)," *NTS* 15 (1969), p. 337.

41) Schnackenburg, *The Gospel according to St John*, vol. 3, p. 294.

42) Beasley-Murray는 이 사건의 상징성에 대한 Schnackenburg의 입장을 지지하면서 예수님의 삶과 죽음은 그 마지막의 절정에 이르는 τέλος에 적절하게 어울린다고 설명한다. Beasley-Murray, *John: Word Biblical Commentary*, p. 358.

43) 이 책의 제 10장(2. '육'과 '몸')을 참조하라.

새로운 표적을 불러일으킨다. 예수님과 니고데모와의 대화에서 예고된 거듭남의 표적이 발생하는 것이다. 빈 무덤에서 예수님은 부활의 원천이 되며 이 부활은 거듭남을 흡수하며 반영하는데, 예수님과 니고데모와의 대화에서 등장하는 거듭남은 부활이 미래적인 것을 지향한다는 점에서 부활과 구별된다. 그러나 거듭남은 부활이 실현되도록 만드는 수단이 된다.[44] 피와 물이 쏟아진 후에 요한은 이에 대한 결론을 내린다: “이를 본 자가 증언하였으니 그 증언이 참이라 그가 자기의 말하는 것이 참인 줄 알고 너희로 믿게 하려 함이니라”(19:35). 예수님의 몸에서 기원하는 피와 물의 쏟아짐은 요한의 증거를 통해서 독자들에게도 흘러내리면서 갈증을 초래하여 빈무덤을 통해 공급되는 새로운 포도주를 맛보게 한다.

5. 피와 물: 육과 영의 건넴

십자가 사건에서 피와 물의 동시 등장을 주목할 필요가 있다. 요한은 피와 물이라는 실체를 정밀하게 포착하고 이를 묘사할 뿐만 아니라 동시적인 피와 물의 등장에 관심을 쏟으며 즉시 이야기 전개

---

44) Sandra M. Schneiders, “The Encounter of the Easter Jesus with Mary Magdalene–A Transformative Feminist Reading,” *“What is John?” and Readings of the Fourth Gospel”* (Atlanta: Scholars Press, 1996), p. 156. 연회장의 진술은 예수님의 부활에 반영되었던 니고데모의 진술과 비교될 수 있다: “니고데모가 이르되 사람이 늙으면 어떻게 날 수 있사옵나이까 두 번째 모태에 들어갔다가 날 수 있사옵나이까”(3:4). 예수님과 니고데모와의 거듭남에 관한 논쟁에서 니고데모의 문자적이고도 육적인 거듭남에 대한 질문과 같이 예수님의 부활은 문자적으로 이루어진다. 그렇기 때문에 니고데모의 답변 속에 예수님의 부활의 성격이 내포되었다고 할 수 있다.

속에 그의 증언(19:35)을 첨가한다.[45] 이 피와 물이 분리되어 요한복음의 몇 곳에 등장하지만(6:53-56; 4:14, 7:38 등),[46] 십자가 사건에서 처음으로 동시에 등장한다. 요한의 증언에 내포되어 있듯이 동시적인 피와 물의 흐름은 상징성을 가질 수밖에 없는데, 이러한 상징성 대신에 흐르는 피를 배제하고 단지 물을 성령에 대한 상징으로 간주하여 연구하는 것이 일반적인 경향이다.[47] 그러나 요한의 관점에서 정확하게 묘사하는 피와 물의 동시적인 흘러내림은 이 두 요소가 가지는 각각의 상징성과 함께 더불어 연구되어야 할 필요성을 가지게 만든다. 동시에 등장하는 피와 물의 흐름을 예수님의 실제적인 죽음이나 성령에 대한 상징으로 간주할 수도 있지만, 흘러내리는 피와 물의 동시적인 등장은 육신을 입은 예수님의 첫 번째 출생과 부활(거듭남)을 연결시키는 요소가 될 수 있다. 물이 출생의 이미지를 상징하고 무엇인가 새로운 것이 발생할 것이라는 기대를 내포한다고 할 때, 피와 물의 동시적인 출현은 영의 건네짐 및 육의 죽음과 관련될 뿐만 아니라 물이 포도주로 바뀌는 것(태어나는 것)과 같은 거듭남에 대한 기대를 내포한다고 할 수 있다.

비유적으로 비록 피와 물을 육체적인 죽음과 영의 건네짐으로 간주하는 것이 일반적인 견해라고 해도 요한은 예수님의 마지막 장면을 "머리를 숙이시니 영혼이 떠나가시니라"(19:30)고 함축적으로 간략히 기록한다. 바꾸어 말하면 요한은 마지막 순간에 예수님의 육

45) Jones, *The Symbol of Water in the Gospel of John*, p. 199.

46) Ibid., p. 210.

47) Ibid., p. 211.

체적인 죽음의 순간을 묘사하는 대신에 예수님께서 "육이 되셨을 때" 그에게 머물렀던(1:32, "요한이 또 증언하여 이르되 내가 보매 성령[τὸ πνεῦμα]이 비둘기 같이 하늘로부터 내려와서 그의 위에 머물렀더라") 그 영의 건네짐을 정확하게 소개한다. 요한은 예수님께서 피와 물의 흘러내림을 통해서 영을 건넨 것을 보증한 후에 그의 육체적인 죽음을 그의 양 편에서 죽임을 당한 두 사람의 다리를 군병들이 꺾는 장면과 관련하여 확인시킨다.

예수님의 육체적인 죽음에 대해 유대인들은 의문을 가지고 있었다. 그래서 이들은 시체가 십자가에 계속 매달려 있는 것을 방지하기 위해(19:31, "이 날은 준비일이라 유대인들은 그 안식일이 큰 날이므로 그 안식일에 시체들을 십자가에 두지 아니하려 하여 빌라도에게 그들의 다리를 꺾어 시체를 치워 달라 하니") 빌라도에게 그들의 죽음을 재촉하도록 예수님과 양 편 사람들의 다리를 부러뜨려달라고 요청한다. 그래서 군병들은 예수님과 함께 못 박힌 두 사람의 죽음을 앞당기기 위해 다리를 꺾었으나(19:32) 예수님께 와서는 그가 이미 죽은 것을 확인하고는 다리를 꺾는 대신에 창으로 그의 옆구리를 찌른다. 물론 "예수께 이르러서는 이미 죽으신 것을 보고"라는 표현은 그가 영을 건네주신 후 언제 죽으셨는지를 나타내지 않으며, 비록 요한이 예수님께서 영을 건네며 "머리를 숙이니"라고 설명하지만 이 표현도 그의 육체적인 죽음을 문자적으로 정확하게 드러내지 않는다. 그렇기 때문에 군병들이 그의 옆구리를 창으로 찌를 때까지 그의 확실한 죽음은 최종적으로 확인되지 않으며 피와 물의 쏟아짐은 그의 영의 건네짐과 육체의 죽음을 입증하는 수단이 된다.[48] 요한복음의 이야기 전개 속에서 이러한 영과 육의 분리된 확인은 예수님의 부활 후에도 반복된다. 영의 건네짐은 부활한 예수님께서 "성령을 받으라"(20:22)는 말씀에 반영되어 있으며, 몸(성전)의 붕괴를 통한 부활은 예수님의 손과 옆구리의 자국을 보여주는 것을 통해서 확인된다(20:27). 이와 같이 피와 물은 예수님의 확실한 영과 육의 떠남과 죽음을 보증하며 새로운 것(포도주)을 기대하게 만든다.

6. 피와 물: 새 포도주의 근원

요한은, 성전을 헐고 다시 세우는 것은 예수님의 부활에 대한 비유라고 말한다(2:21-22, "그러나 예수는 성전된 자기 육체를 가리켜 말씀하신 것이라 죽은 자 가운데서 살아나신 후에야 제자들이 이 말씀하신 것을 기억하고 성경과 예수께서 하신 말씀을 믿었더라"). 성전을 허는 것은 성육신하신(1:14) 육체(σάρξ)의 죽음을 나타내고, 성전을 세우는 것은 예수님의 몸(σῶμα)의 부활을 의미한다는 것을 알 수 있다. 이 성전 정화 사건은 바로 앞에서 기록된 가나의 포도주 사건과 밀접하게 관련되며 가나의 포도주 사건의 여운이 이 성전 정화 사건에 짙게 드리워진다. 가나의 포도주 사건은 변화(되다)의 이미지를 통해서 성전 정화 사건(σάρξ와 σῶμα의 관계)을 비추어준다. 예수님은 "결혼식에서 정결을 위해 사용된 물을 포도주로 대치시켰다. 그리고 성전에서 그는 그의 몸을 사람들이 하나님을 만나는 새로운 장소인 새로운 성전으로 제공하신다."[49]

---

48) 이미 육과 피는 각각 예수님에 대한 비유로 사용되었으며, 이 요소들은 같은 실체에 대한 다른 두 측면으로 간주된다(6:53-56): Jones, *The Symbol of Water in the Gospel of John*, p. 211.

49) R. Alan Culpepper, *The Gospel and Letters of John* (Nashville: Abingdon Press,

물은 가나의 포도주 사건을 통해 '되다'의 이미지를 담고 있으며, 이어지는 성전 정화 사건은 변화되는(2:21, 부활하는) 예수님의 몸과 관련된다. 예수님의 몸에서 피와 물이 나올 때, 비록 물이 영을 상징한다고 해도 동시에 물의 '되다'라는 이미지를 통해 동반되는 피의 의미가 강화된다.[50] 피가 가지고 있는 이미지는 육과 교환될 수 있는데, 이는 예수님께서 이 두 단어를 유어(類語) 반복으로 사용하기 때문이다(참조, 6: 52-58).[51] 그래서 성전을 헐고 세우는 사건에서, 물이 포도주로 바뀌듯이 물은 '태어나다(되다)'의 이미지를 가지고 육(σάρξ)의 개념이 몸(σῶμα)의 개념으로 변화되는 기대를 안겨준다. 피와 물의 흘러내림이 예수님의 실제적인 죽음을 인증하듯이(19:33, 34), 피와 물이 흘러내린 그의 옆구리에 난 상처는 그의 부활에 대한 증거가 된다(20:25, 27). 따라서 피와 물의 흘러내림은 그의 문자적이며

1998), p. 130.

50) 물의 이미지는 비록 요한복음에서 자주 등장하지만 하나로 통일되지 않고 다양하다. 요한복음에 나타난 물의 다양한 의미와 기능에 대해서는 다음을 보라: Culpepper, *Anatomy of the Fourth Gospel*, pp. 192-5; Jones, *The Symbol of Water in the Gospel of John*, pp. 36-242.

51) 물은 '되다'의 이미지와 함께 '영' 혹은 '성령'을 상징하지만, 피는 육의 다른 측면인 동시에 육은 피의 또 다른 측면이다. 요한복음에는 한 가지 일에 대해 다른 표현을 사용하는 독특하고도 반복적인 짝들이 있다. 예를 들어, "혈통으로나 육정으로나 사람의 뜻으로"(1:13), "물과 영"(3:5), "물과 성령"(the Spirit)(4:24), "내가 줄 떡은 곧 세상의 생명을 위한 내 살이니라"(6:51, 53, 55, 56). 그 외에 10장 1절 및 14장 6절 등. 그래서 "물과 성령"(the Spirit)은 두 가지 다른 상태를 전제하기보다는 한 가지 실체에 대한 반복적인 표현이다. 그러나 Lee는 출생을 육적인 것으로 그리고 거듭남을 영적인 것으로 간주하기 때문에 물과 영을 육(σάρξ)으로부터의 출생과 영(πνεῦμα)으로부터의 출생으로 구분한다. Lee, *The Symbolic Narratives of the Fourth Gospel*, p. 52.

비유적인 부활에 대한 전주곡이라고 할 수 있다.

요한은 피와 물이 흘러내리는 장면을 강조하며 "이를 본 자가 증언하였으니 그 증언이 참이라 그가 자기의 말하는 것이 참인 줄 알고 너희로 믿게 하려 함이니라"고 기록하여 다른 반대의 가능성을 배제하고 있다(19:35).[52] 예수님의 몸에서 흘러내린 피와 물은 육체를 허는 것(2:19)과 영의 건네짐을 상징하는데, 로고스인 예수님이 육신이 되신 후(1:14) 그 영은 그의 위에 머물렀으며(1:32) 그 육과 영은 십자가상에서 피와 물로 드러나게 되었다.[53] 두 개의 분리된 사건을 두 개의 다른 흐름, 즉 피와 물의 흐름과 관련하여 연결시키는 것이 가능하다. 이 흐름은 문자적이며 비유적인 육과 영의 나타남을 균형 있게 만든다: 피는 문자적인 육의 죽음에 대한 상징이며 물은 문자적인 영의 건네짐에 대한 비유적인 표현이다. Moore는 흥미롭게도 문자적이며 비유적인 흘러내림의 혼합을 주장한다:

> 이 물은 단지 물질적(material)이며 문자적이 아닌데, 이는 이 물이 상징이기 때문이며, 또한 이 물은 완전히 영적이며 비유적이 아닌데, 이는 이 물이 물질적(physical)이기 때문이다. 이 물은 '영적 물질적'(spiritual material)이며 '물질적 비유적'(literal figure)이다. 문자성과 비유성은 예수님의 옆구리에서 나오는 흐름 속에 섞이며, 각자는 다른 상대를 얽혀

---

52) Lindars, *The Gospel of John: The New Century Bible Commentary*, pp. 586-9.

53) Francis J. Moloney, *Belief in the Word: Reading the Fourth Gospel, John 1-4* (Minneapolis: Fortress, 1993), pp. 111-2. Lindars는 "성령(the Spirit)과 관련한 물 상징은 영적인 정결과 갱신을 요구하는 구약(예, 겔 36:25f.)과 쿰란 문헌(예,, 1QS iv. 19-21)에 빈번히 등장한다"고 설명한다: Lindars, *The Gospel of John: The Century Bible Commentary*, p. 152.

서 물들게 하며, 결국에는 문자적인 것을 비유적인 것으로부터 분명하게 분리할 수 없게 만든다고 말할 수 있다.[54)]

첫 번째 표적에서 예고된 마지막 표적이 포도주와 밀접한 관련성을 가지며 예수님의 부활을 통해 성취된다. 이 포도주는 변화의 상징성을 가지면서 예수님의 부활의 특징을 내포한다. 문자적인 포도주는 비유적인 의미를 가지면서 육과 몸의 변화를 내포하며 예수님의 몸에서 흘러내리는 피와 물을 통해서 그 실체를 드러낸다. 예수님의 사명과 성경의 성취가 결합되는 십자가의 죽음 사건에서 예수님의 갈증은 충족되며 이 갈증은 독자들의 갈증을 불러일으킨다. 빈 항아리가 새로운 포도주로 가득 차듯이 문자적인 피와 물의 쏟아짐으로 비게 된 예수님의 빈 몸은 비유적으로 새로운 포도주(2:9, "물로 된 포도주")로 가득 찰 준비가 된다. 그래서 피와 물의 쏟아짐은 새 포도주의 근원이 되며 독자들의 갈증을 해소시킨다.

54) Moore, "Are There Impurities in the Living Water That the Johannine Jesus Dispenses? Deconstruction, Feminism, and the Samaritan Woman," p. 222.

제7장 두 여자

첫 번째 표적사건에서 등장하는 여자인 예수님의 어머니와 두 번째 포도주와 더불어 등장하는 여자인 막달라 마리아(19:25, "예수의 십자가 곁에는 그 어머니와 이모와 글로바의 아내 마리아와 막달라 마리아가 섰는지라")의 상징적인 역할에 대해 살펴볼 것이다. 두 여자 모두 요한에 의해 혈연관계로 또는 이름으로 누구인지 그 정체가 설명되지만, 예수님으로부터는 "여자여"라고 불리며 독특한 역할을 수행한다. 이 두 여자의 역할은 '인자'의 상징적인 거듭남인 부활과 관련하여 문자적으로 그리고 비유적으로 구분된다. 거듭남과 빈 무덤의 상호 연상 작용은 빈 무덤이 비유적인 역할을 떠 앉게 만들어 예수님의 부활이 문자적이며 비유적인 성격을 동시에 갖도록 만든다. 니고데모의 답변(3:4, "니고데모가 이르되 사람이 늙으면 어떻게 날 수 있사옵나이까 두 번째 모태에 들어갔다가 날 수 있사옵나이까")은 두 여자의 비유적이며 문자적인 이중의 기능을 통해 빈 무덤에서 확인된다.

1. 세 여자

요한복음에는 '여자'로 불리는 세 사람이 있다. 예수님의 어머니, 사마리아 여자, 그리고 막달라 마리아이다.[1] 별개의 사건 속에서 등장하는 세 여자이지만, 요한복음의 이야기가 전개되는 동안에 이들은 공통적인 여자 칭호를 통해서 상호 관련성을 가지며 거듭남을 상징하는 예수님의 부활에 대한 의미를 제공한다. 가나의 포도주 사건과 더불어 등장하는 예수님의 어머니와 이 포도주 사건의 성취가 되는 예수님의 부활 현장에서 등장하는 막달라 마리아는 그 칭호에서 '여자'로 불리는 공통점을 갖는다. 비록 전혀 무관한 관계처럼 보이는 이 두 여자는 같은 호칭을 통해 그 역할의 공통성을 갖는다고 할 수 있다. 특히 첫 번째 표적의 성취가 되는 부활과 관련하여 등장하는 '여자' 칭호는 이 두 여자의 역할이 상징성을 가지게 된다는 것을 짐작할 수 있게 만든다.[2]

---

1) 요한복음에는 예수님의 어머니, 사마리아 여자 그리고 막달라 마리아와 외에도 '여자' 칭호가 적용되는 또 다른 인물이 등장한다. 바리새인들은 예수님을 고발하기 위한 구실을 만들기 위해서 간음한 '여자'를 예수님에게 데리고 왔으며, 이에 대해 예수님은 죄의 용서에 대한 교훈을 주심으로 바리새인들의 의도를 무산시킨다(7:53-8:11). 그런데 이 '여자'의 역할은 위의 세 여자와 같이 예수님의 사역과 직접적으로 맞물리거나 혹은 예수님의 정체를 밝히지 않는다. 따라서 8장의 '여자' 칭호는 세 '여자' 칭호와 관련된 논의에서 제외시켰다. 한편 7장 53-8장 11절을 소개하는 사본의 진정성에 대한 많은 논란이 있으며 이에 대해서는 다음을 참조하라: Leon Morris, 『요한복음: 성경주석 뉴 인터내셔널』 하, 이상훈 역 (서울: 생명의 말씀사, 1983), pp. 582-93

2) Ben Witherington III는 "예수님의 어머니를 예수님의 사역 초기와 절정의 순간에 위치시킨 것"은 그녀의 중요 역할을 드러내는 것이라고 주장한다: Ben Witherington III, *Women in the Ministry of Jesus*, SNTSMS 51 (Cambridge:

사마리아 여자도 여자 칭호로 불리지만 이 여자의 역할은 처음과 마지막에 등장하는 여자의 역할에 귀속되기 때문에 여자 칭호와 관련하여는 처음에 여자 칭호로 불리는 예수님의 어머니와 마지막 여자 칭호로 불리는 막달라 마리아의 중심 역할이 강조된다. 결국 처음 표적과 마지막 표적의 현장에서 등장하는 두 여자의 상징적인 역할을 통해 요한복음에서 나타나는 거듭남의 논쟁이 종결된다. 다시 말하면 여자 칭호와 관련하여 예수님의 부활, 즉 예수님과 니고데모와의 대화에서 발생하는 문자적이며 비유적인 거듭남에 대한 실체가 드러난다고 할 수 있다. 이를 파악하기 위해 요한복음의 이야기가 전개되면서 밝혀지는 세 여자의 상징적인 기능에 대해 검토하고자 한다.

'여자' 칭호와 예수님의 어머니

요한복음 2장의 혼인잔치에서 예수님이 자신의 어머니를 '여자'라고 부른 것은 많은 논쟁을 불러일으킨다. 요한은 특징적으로 기적을 '표적'이라고 부르고 있으며,[3] 표적들의 순서를 지칭하는 수식어인 서수 '첫 번째'는 계속 발생하게 될 표적을 예상하게 만들면서 동시에 마지막 표적이 있을 것이라는 전제를 제공한다. 첫 번째 표적인 혼인잔치는 요한복음 이야기 속에서 예수님의 공개적인 활동의

Cambridge University Press, 1984), p. 83.

3) 능력이나 기적과 관련하여 공관복음에서 빈번하게 사용된 명사 δύναμις는 요한복음에서 등장하지 않는다. 그 외에 이 용어는 몇 개의 서신(딤전, 딛, 몬, 약, 유, 요한서신들)을 제외하고는 신약의 전반에 걸쳐 고르게 사용된다.

시작을 위한 첫 번째 무대를 제공한다. 비록 예수님의 어머니의 역할이나 혹은 이 어머니와 혼인잔치와의 관계가 분명하게 드러나지 않지만,[4] 이 혼인잔치의 초반부에는 예수님의 어머니가 "예수님보다 먼저 이야기 속에서 소개되기에 이야기가 시작되면서부터 초점은 그녀의 아들보다 어머니에게 맞추어 진다."[5] 예수님의 어머니가 가나의 결혼식에서 중요한 역할을 성취한다는 것이 일반적인 견해이다. Bultmann은 심지어 결혼식에서 예수님의 어머니의 중요성으로 인해 그녀의 이름이 본문에 등장했을 것이라는 가능성을 제시하기도 한다.[6] Paul S. Minear는 예수님의 어머니가 예수님과 그의 제자들이 결혼식에 도착하기 전에 이미 그 곳에 있었다는 것은 그녀가 결혼식을 주최한 인물(host)이었기 때문이라며, 그래서 예수님의 어머니가 "저들에게 포도주가 없다"고 예수님에게 말한 것은 결혼식에 대한 그녀의 책임을 반영하는 것이란 주장을 한다.[7] 더욱이 요한은 혼인잔치에서 그녀를 "ἦν"이라는 용어와 더불어 소개하기 때문에[8] 그녀의 존재가 중요하다는 것을 은연중에 암시한다. 그래서 예수님

4) Brown은 예수님의 어머니가 신랑의 이모(aunt)라는 가능성 있는 전승을 소개한다: Raymond E. Brown, *The Gospel according to St. John I-XII: The Anchor Bible* (Garden City: Doubleday, 1970), p. 98.

5) Colleen M. Conway, *Men and Women in the Fourth Gospel: Gender and Johannine Characterization*, SBLDS 167 (Atlanta: SBL, 1999), p. 71.

6) Rudolf Bultmann, *The Gospel of John: A Commentary*, trans. George R. Beasley-Murray (Oxford: Blackwell, 1971), p. 115.

7) Paul S. Minear, *John: The Martyr's Gospel* (New York: The Pilgrim Press, 1984), p. 146.

8) "ἦν"에 대해서는 이 책의 제6장 주 2를 참조하라.

의 어머니는 첫 번째 표적에서 무엇인가 중요한 임무를 수행하는 '여자'로서의 역할을 수행하며 관심을 끄는 것이다.

혼인 잔치에서 포도주의 고갈과 함께 예수님과 예수님의 어머니와의 대화가 펼쳐진다. 예수님의 어머니가 예수님에게 포도주가 떨어진 것을 말하자 그는 "여자여 나와 무슨 상관이 있나이까 내 때가 아직 이르지 아니하였나이다"라고 반응한다(2:4). 예수님의 반응은 표면적으로 볼 때 포도주 공급과 무관하며 예수님의 어머니의 성급한 요구처럼 들린다. 그렇지만 예수님은 물을 포도주로 바꾸는 기적을 행하신다(2:7-8). 이 대화 가운데서 주목해야 할 부분이 바로 예수님이 그의 어머니를 "여자여"라고 부르는 장면이다. 예수님께서 직접 사용하시며 가나의 혼인잔치에서 등장했던 "여자여"라는 호칭은 사마리아의 우물에서 잠시 등장했다가 십자가상의 신 포도주와 관련하여 다시 등장한다. 어떤 이유로 "어머니" 호칭 대신에 "여자여"라는 호칭이 예수님의 사역 초기와 마지막 부분에 등장할까? 만일 요한의 설명이 없었다면 예수님과 예수님의 어머니와의 대화 가운데서 요한이 설명하는 "예수의 어머니"가 실제로 예수님의 어머니인지 알 수가 없을 것이다. 단지 요한의 설명이 그녀를 예수님의 어머니로 확인시켜줄 뿐이다(2:3, 5 등). 물론 예수님이 자신의 어머니를 그의 사랑하는 제자에게 위탁할 때 "어머니"라는 용어를 사용하지만(19:27, "또 그 제자에게 이르시되 보라 네 어머니라 하신대 그 때부터 그 제자가 자기 집에 모시니라"), 이는 그의 제자에게 적용시키는 말이며 이 경우에도 예수님은 자신의 어머니를 직접 부를 때에 "여자여"라고 칭하신다(2:4; 19:26). 예수님께서 자신의 어머니를 어머니라고 부를 수 있는 상황에서 예수님은 직접적인 혈연관계의 호칭 대신에 제삼자의 입장과 같이 자신의 어머니를 "여자여"라고 부르신다. 그렇기 때문에 예수님께서 자신의 어머니를 향해 사용하신 여자 칭호는 매우 독특한 성격을 가질 수밖에 없다.

이 특성을 이해하기 위해서는 예수님께서 "어머니"라는 호칭 대신에 "여자여"라고 사용하신 호칭이 어머니와 아들 간의 관계에서 적절했는지에 대한 여부를 파악해야 한다. 만일 이러한 호칭이 당시에 자연스럽지 않고 어색한 칭호였다고 하면 이 칭호의 특성을 요한복음의 이야기 전개 과정에서 찾아야만 한다. J. N. Sanders는 "여자여"라는 호칭에 상응하는 영어 단어는 "애정과 존경의 두 의미가 분명하게 조화되는" 의미를 담고 있는 "어머니"라고 제시한다.[9] 그러나 그의 주장은 이 "어머니" 의미가 사마리아 여인(4:21)이나 막달라 마리아(20:13, 15)에게 적용될 수 없기 때문에 충분한 제안이 되지 못한다. 이에 대해서는 여러 가지 의견이 있지만 공통적인 주장은 여자 칭호가 어머니와 아들의 관계 속에서 사용될 때는 매우 부자연스럽다는 것이다. 그래서 "여자여"라는 호칭은 아들이 자신의 어머니를 향해 사용하기에는 매우 부자연스러운 것인데[10] 설령 이러한 호칭이 "다른 상황에서는 불경이 아니라고 할지라도, 이 상황에서 이러한 호칭의 등장은 그래도(적어도) 놀랄만한 것"이라고 할 수 있다.[11] 이러한 주장들을 고려할 때 예수님의 어머니를 향한 여자 호

9) J. N. Sanders, *The Gospel According to St. John: Black's New Testament Commentaries*, ed. B. A. Mastin (London: Adam & Charles Black, 1968), p. 110.

10) D. A. Carson, *The Gospel According to John* (Leicester: Inter-Varsity Press, 1991), p. 170.

11) Conway, *Men and Women in the Fourth Gospel: Gender and Johannine*

칭은 요한복음의 특징을 드러내주는 요소 중의 하나로서 다른 여자 칭호와의 관련성을 고려하게 만든다. 요한은 심지어 예수님의 어머니 이름도 소개하지 않기 때문에 그녀는 예수님과 관련해서는 단지 '여자'로만 알려진다(비교, 마 1:16, 18, 20; 2:11; 13:55; 막 6:3; 눅 1:27, 30, 34, 38, 39, 41, 46, 56; 2:5, 16, 19, 34). 여자 칭호는 예수님 어머니의 정체와 역할을 규정짓게 만드는 역할을 한다.

요한은 예수님의 어머니의 이름을 알고 있었을 것이다. 예수님의 어머니의 이름이 "마리아라고 하는 초대교회의 완전한 일치는 복음서 기자와 그의 공동체가 이것을 알았을 것"이라고 Lieu는 제시한다.[12] 그럼에도 불구하고 예수님의 어머니의 이름이 등장하지 않기 때문에 여자 칭호는 더욱 부각되며, 그 결과 요한복음을 읽을 때 예수님과 그의 어머니와의 혈연관계는 독자들에게 약화되어 제시된다. 도드라지는 칭호로 인해 독자들이 가지고 있을 선입견이 배제되면서 예수님의 어머니는 여자 칭호 속에서 독자들에게 의미를 제공한다고 할 수 있다. 비록 예수님께서는 하나님과 관련하여 '아버지' 칭호를 사용하며 관계를 분명히 하지만(예컨대, 20:17, "예수께서 이르시되 나를 붙들지 말라 내가 아직 아버지께로 올라가지 아니하였노라 너는 내 형제들에게 가서 이르되 내가 내 아버지 곧 너희 아버지, 내 하나님 곧 너희 하나님께로 올라간다 하라 하시니"), 이러한 관계적인 용어를 그의 문자적인 어머니와 관련 하여는 사용하지 않는다. 요한복음의 이야기가 전개되는 동안에 이러한 관계를 알 수

Characterization, p. 73. 이 부분에서 Collen M. Conway가 제시하는 여자 칭호에 대한 다양한 견해들의 요약을 참조하라.

12) Judith M Lieu, "The Mother of the Son in the Fourth Gospel," *JBL* 117 (1998), p. 62.

있도록 만드는 것은 단지 요한의 설명에 의한 것뿐이다.

여자 칭호를 교회와 관련하여 지나치게 확대 적용시키는 해석도 있다. Brown은 여자 칭호는 예수님의 어머니의 역할을 확대한 것에 기인한 것이라는 흥미 있는 주장을 한다. 그의 관점은, 예수님의 어머니는 예수님을 따르는 자들의 어머니가 된다는 것이다(19:26–27).[13] 그러나 그의 주장은 성모신학(mariology)에 기초하여 부자연스러운 호칭을 해결하려는 입장으로 여겨진다. 성모신학에 기초해서 이 부자연스러운 호칭을 극복하려는 또 다른 부자연스러운 시도가 있다. John McHugh는 영국 빅토리아 시대의 아이들이 자신들의 아버지를 선생님(Sir)으로 부르는 특별한 계층들이 있었다는 것에 착안하여 이 여자 칭호를 자신의 어머니에 대한 지극히 존경스러운 표현이라는 주장을 한다.[14] 만일 이들의 주장이 타당하려면 이미 언급한 바와 같이 여자 칭호가 막달라 마리아와 사마리아 여자에게도 적용되는 것을 간과해서는 안 될 것이다(4:21; 20:13, 15). 빈 무덤에서 천사

---

13) Raymond E. Brown, *The Gospel and Epistle of John* (Collegeville: Liturgical Press, 1988), pp. 28-9. 또한 Brown은 요한복음의 서론과 창세기를 비교하면서 예수님의 어머니를 제자들의 어머니가 된다고 하는 새로운 이브로 제시한다. 이에 대한 추가적인 이해를 위해서 다음을 참조하라: Lieu, "The Mother of the Son in the Fourth Gospel," pp. 74-5. 예수님의 어머니의 역할에 대해서는 많은 다른 논의들이 있다. 특별히 Culpepper는 예수님의 이상적인 제자인 사랑하시는 제자와 그가 예수님으로부터 위탁 받은 어머니는 "그리스도인 공동체"(believing community)와 예수님과의 새로운 관계에 대한 범례를 제공한다고 제시한다: R. Alan Culpepper, *Anatomy of the Fourth Gospel* (Philadelphia: Fortress, 1983), pp. 133-4.

14) John McHugh, *The Mother of Jesus in the New Testament* (London: Darton, Longman & Todd, 1975), p. 362.

들이 막달라 마리아를 "여자여"라고 부르며, 예수님도 그녀를 동일하게 "여자여"라고 부른다. 결국 이 여자 칭호는 예수님께서 사마리아 여자를 비롯해 그의 어머니와 막달라 마리아를 부를 때 독특하게 사용한 것으로서 첫 번째 표적과 마지막 표적의 순간에 등장한다는 점에서 중요성을 가진다.

특정한 여자들을 향해서 사용한 여자 칭호의 역할과 이 칭호가 등장하는 시점을 통해서 이 용어의 상징성을 이해할 필요가 발생한다. 예수님께서 그의 어머니를 부르며 직접 사용하신 여자 칭호는 예수님과 그의 어머니와의 관계적인 호칭이라기보다는 요한복음의 이야기 전개 과정에서 등장하는 다른 여자 칭호를 가진 인물들과의 관계성 속에서 파악할 수 있는 부분이다. 이 여자 칭호는 호칭의 단계를 넘어 특정한 인물들의 역할을 규정해주면서 이들의 역할을 보완하며 해석해주는 가운데 요한복음의 주제를 드러낸다고 할 수 있다.

'여자' 칭호와 막달라 마리아

예수님의 어머니와 그의 사랑하는 제자와의 새로운 관계는 '여자' 및 '예수의 어머니'라는 칭호 사이의 긴장을 완화시키며, 대신에 이 긴장을 막달라 마리아와 그녀가 불리는 '여자' 칭호 사이에서 발생시킨다. 여자 칭호와 막달라 마리아 사이의 그러한 긴장은 예수님께서 그녀의 이름을 부를 때 비로소 해소된다(20:16). 예수님의 어머니에게 사용된 이 칭호를 예수님께서 막달라 마리아에게 적용할 때 막달라 마리아도 요한복음 안에서 이 용어를 통해 상징적인 기능을 부여받는다. 마지막 표적인 부활의 빈 무덤에 등장하는 막달라 마리아가 단지 부활의 증인으로서가 아니라 첫 번째 표적과 관련한 마지막 표적의 현장에서 예수님의 어머니와 같이 '여자'로 불리며 표적 성취의 기능을 담당하는 것이다. 즉 비유적인 호칭인 "여자여"는 예수님의 빈 무덤에서 막달라 마리아에게 적용되어 새로운 기능을 부여 하면서 빈 무덤에서 예수님의 부활에 대한 문자적이며 비유적인 성격을 강화시킨다.

요한은 막달라 마리아가 여자로 불리는 호칭을 소개함으로써 그녀의 기능을 예수님의 어머니의 기능과 통합시킨다. 즉 어머니의 역할이 아니라 예수님의 어머니가 수행하였던 역할을 대신 수행한다고 할 수 있다. 여자 칭호가 예수님과 관련한 막달라 마리아의 역할을 균형 있게 만드는 것이다. 예수님의 첫 번째 출생과 관련된(1:14) 첫 번째 여자 칭호로 불리는 인물은 예수님의 공생에 시작 전에 등장하며, 마지막에 등장하는 여자는 예수님의 빈 무덤에 등장하여 그의 거듭남을 상징하는 부활과 관련된다. 이러한 역할의 분리는 예수님께서 십자가상에서 포도주를 마시기 전 그의 어머니를 "여자여"라고 부를 때 이루어진다. 즉 여자로서 예수님의 어머니와 막달라 마리아의 역할은 십가가 아래에서 서로 교체된다. 막달라 마리아는 상징적으로 문자적이며 비유적인 출생의 의미를 담고 있는 모태를 연상시키는 빈 무덤에서 여자로 불리며 문자적이며 비유적인 예수님의 부활에 대한 증인이 되는 것이다.

'여자' 칭호와 사마리아 여자

예수님의 어머니와 막달라 마리아 외에 '여자'로 불리는 인물이 있다. 요한복음의 이야기가 전개되는 동안에 사마리아 여자가 '여자'로 불리며 예수님의 어머니와 막달라 마리아의 역할과 관련하여 독특한 사명을 수행한다. 일반적으로 사마리아 우물의 사건은 종종 이 여인을 니고데모와 비교하는 것으로 혹은 예수님께서 사회적인 금기를 깨뜨리는 사건으로 연구된다.15) 이 둘은 영적인 교훈을 육적인 성격으로, 비유적인 교훈을 문자적인 교훈으로 받아들인 인물들로 간주되기도 한다. 물론 사마리아 여자는 예수님과의 대화 가운데 문자적인 이해에서 비유적인 이해로 전이되는 과정을 보여주는 긍정정인 인물로 평가받기도 한다.

사마리아 여자를 향해서 예수님은 여자 칭호를 사용하신다. 비록 예수님께서 이 칭호를 그녀에게 직접적으로 단지 한번만 사용하지만 (4:21, "예수께서 이르시되 여자여 내 말을 믿으라 이 산에서도 말고 예루살렘에서도 말고 너희가 아버지께 예배할 때가 이르리라"), 이 사건 속에서 지속적으로 등장하는 여자 칭호는 그녀를 이 칭호 속에 함몰 되도록 만든다(4:7, 9-두번, 11, 15, 17, 19, 21, 25, 27, 28, 39). 요한은 사마리아 여자를 설명하면

15) 사마리아 여인에 대한 연구 경향은 니고데모와의 비교에 집중되어 있다. 예를 들어 이 비교의 초점은 남성대 여성, 유대인과 비유대인, 이름이 소개된 자와 그렇지 않은 자, "귀족 신분과 볼품없는 과거" 등: Culpepper, *Anatomy of the Fourth Gospel*, p. 136. "종교인, 남성, 유대 귀족… 엉망인 삶을 살아가는 교육받지 못한 사마리아 여성 시골뜨기-예수님은 이 둘을 솔직하게 역전시키고 적절하게 사회적이며 종교적으로 견고한 금기 사항들을 깨뜨리신다": Carson, The Gospel According to John, p. 218. 혹은 부정적으로 "니고데모와 같이"(3:9), 그 여인은 계속 오해하며, 모든 갈증을 해소시킬 기적적인 물을 요구한다: Rudolf Schnackenburg, *The Gospel according to St John*, vol. 1, trans. Kevin Smyth (Kent: Burnes & Oates, 1968), p. 432. 참조, Hermann Ridderbos, *The Gospel of John* (Grand Rapids: Eerdmans, 1991), p. 155.

서도 그녀에게 반복적으로 여자 칭호를 사용하여 이 여자에게 여자 칭호의 이미지를 불어 넣는다. 예수님과 사마리아 여인과의 대화 주제는 물에 관한 것이다. 즉 이 대화는 문자적인 "우물물"과 비유적인 "생명수"와의 긴장을 보여준다. 이 장면은 단지 문자적인 의미 제공으로 그 범위가 제한되지 않고 대화의 전개 속에서와 같이 특별한 상징성을 제공하는데 까지 그 역할이 확대된다.[16] 생수, 즉 "영생하도록 솟아나는 샘물"(4:14)은 하나님 나라에 들어가기 위한 조건으로서 유비를 가지고 있다(비교, 3:3, 5). "생명수"와 관련된 예수님과 사마리아 여자와의 대화 주제는 여자 칭호를 통해 형성되며, 4장 14절에서는 출생의 이미지를 포함하는 "되다"(1:12, 14; 2:9; 3:3-7)가 이 "생명수"와 관련하여 사용된다.[17]

예수님과 사마리아 여자와의 대화는 독자들에게 가나의 물을 상기시킬 수 있다. 비록 돌항아리 속의 물이 예수님에 의해서 최상의 포도주로 바뀌었다고 해도 요한은 이를 "물로 된 포도주"로 소개한다(2:9). 즉 요한은 연회장이 맛 본 포도주를 "물이었던 포도주"가 아니라 "지금은 포도주가 된 물"이라고 소개하는 것이다. 예수님께서 공급하시는 물이 야곱의 우물 물과 구별되듯이 "포도주가 된

---

16) 예수님과 사마리아 여자와의 대화 장면과 관련된 상징성이 연구되기도 한다. James D. Purvis는 여기에서 "거짓 사마리아 선생[선지자]은 사마리아의 진정한 남편이 아니다"라는 내용을 추론한다. James D. Purvis, "The Fourth Gospel and the Samaritans," *NovT* 17 (1975), p. 181. 참조, Paul D. Duke, *Irony in the Fourth Gospel* (Atlanta: John Knox Press, 1985), pp. 101-3; Culpepper, *Anatomy of the Fourth Gospel*, p.136.

17) γίνομαι와 γεννάω의 비교를 위해서는 이 책의 제5장(1. ἄνωθεν과 출생 이미지) 및 제12장 (3. 창조 이미지)을 참조하라.

물"(2:9)은 돌항아리 아귀까지 가득 찬 물(2:7)과 구별된다. 물이 포도주가 되는 것은 상징적으로 물이 생명수가 되는 것과 비교 된다(4:10, 11). 예수님과 사마리아 여자와의 대화 가운데 자주 등장하며 이 대화에 출생의 이미지를 뿌려주는(참조, 16:21) 여자 칭호와 더불어, 물이 "영생하도록 솟아나는 샘물이 되리라"(4:14)는 약속에서 "되다"(γενήσεται: γίνομαι)라는 용어는 독자들에게 가나에서 물이 포도주가 "되는"(γεγενημένον: γίνομαι) 사건을 기억하게 만든다. 여자 칭호가 물이 포도주가 되듯이 그리고 물이 생명수가 되듯이 변화와 출생의 이미지를 더해준다.

사마리아 여자는 마치 그녀에게 이제는 더 이상 문자적인 물이 필요 없는 것처럼, 혹은 그녀의 갈증이 비유적인 생명수에 의해 충족된 것처럼, 혹은 예수님으로부터 흘러나오는 생명수를 받고 있는 용기(容器)라도 되듯이 물동이를 두고 떠난다. 물을 길으러 왔던 여자가 물동이를 우물에 두고 떠나는 장면을 요한이 정확하게 증언한다(4:28, "여자가 물동이를 버려 두고 동네로 들어가서 사람들에게 이르되"). 이 남겨진 물동이가 어떤 역할을 할까?[18] 어떤 면에서 남겨진 물동이는 암호와 같이 이 대화의 장면을 풀어주는 중요한 열쇠라고 할 수 있다. 가나의 혼인 잔치에서 등장하는 여섯 개의 돌항아리들이 일곱 번째

18) 가나의 여섯 돌항아리를 연상시키는 남겨진 물동이의 역할에 대해 Gary A. Philip은 해체이론에 입각해서 흥미로운 주장을 한다. 그는 본문에서 갈증 난 독자가 남겨진 물동이를 발견하여 물을 마시도록 한다는 남겨진 물동이의 역할을 소개한다: Gary A. Phillips, "The Ethics of Reading Deconstructively, or Speaking Face-to-Face: the Samaritan Woman Meets Derrida at the Well," *The New Literary Criticism and the New Testament*, eds. Elizabeth Struthers Malbon and Edgar V. McKnight, JSNTS 109 (Sheffield: Sheffield Academic Press, 1994), p. 307.

의 돌항아리 혹은 여섯 개의 표적들과 관련된 일곱 번째 표적을 기대하게 만든다고 할 수도 있다. 남겨진 물동이는 이 장면을 가나 혼인잔치의 여섯 개 돌항아리 및 일곱 번째 돌항아리를 상징하는 빈 무덤과 연결시키는 고리와 같다고 할 수 있다. 즉 요한복음 이야기 속에서 남겨 진 사마리아 여인의 물동이는 서로 전혀 관련성을 가지고 있지 않는 것처럼 보이는 사건들을 매우 밀접하게 연결시키는 역할을 한다. 야곱의 우물과 십자가 사건을 비교할 때도 상호 관련성을 찾을 수 있다. 야곱의 우물과 십자가상에서 발생한 예수님의 갈증은 같은 시간인 여섯 시경에 발생한다. 더욱이 "성취" 혹은 "완성"이라는 언급이 인상적으로 두 장면에서 모두 등장한다(4:34; 19:28, 30). 반복되는 여자 칭호를 통해서도 이 장면들은 공고하게 연결 된다.

이러한 관련성을 통하여 남겨진 사마리아 여인의 물동이는 채워야 할 일곱 번째 돌항아리를 연상시키며 무엇인가 가득차게 될 것을 기대하게 만든다. 다시 말하면, 가나의 여섯 개 돌항아리의 완성으로서 빈 무덤이 거듭남을 상징하는 부활이라는 새로운 포도주로 가득하게 되듯이[19] 사마리아 여자의 물동이는 비유적으로 새로운 생명수, 즉 "이는 그리스도가 아니냐"라는 고백으로 채워진다(4:29). 남겨진 물동이는 문자적인 우물의 물을 길으러 왔던 사마리아 여자가 비유적인 물, 즉 생명수를 담고간 흔적이 된다. 이 물동이는 사마리아

---

19) Lindars는 여섯 이라는 숫자의 상징성을 인정하면서도 특별한 의미를 부여하는 것을 꺼려한다. 그는 숫자 여섯은 "상징으로 여겨지는데(율법의 부적합성, 여섯이 완전한 숫자인 일곱에서 하나가 부족한 것 같이), 그러나 혹시 어떤 특별한 의미가 이에 덧붙여졌는지는 회의적이다": Barnabas Lindars, *The Gospel of John: The New Century Bible Commentary* (Grand Rapids: Eerdmans, 1972), p. 130.

여자를 지탱해주는 흔적이며, 빈 무덤에서 여자로 불리는 막달라 마리아와 같이 사마리아 여자는 생명수로 충족된 남겨진 물동이의 주인공라고 할 수 있다. 여자 칭호를 통해서 빈 돌항아리, 빈 물동아리, 빈 무덤이 상호 관련성을 갖는 것이다. 이와 같이 사마리아 여자의 역할은 가나의 혼인잔치와 십자가상에서 등장하는 여자들의 역할과 겹치며 동시에 이들의 역할을 지지한다. 이러한 내용들을 다시 한 번 비교하여 열거하면 다음과 같다: 여섯 시에 대한 언급(4:6; 19:14), 성취 혹은 완성에 대한 언급(4:34; 19:28, 30), 특정한 때에 대한 언급(2:4; 4:21, 23), 여섯 개의 돌 항아리와 남겨진 물동이(2:6; 4:28), 물로 (된 포도주)와 (영생하도록 솟아나는) 샘물(2:9; 4:14), 그리고 이름 없는 여인들(예수님의 어머니와 사마리아 여인).

세 여자의 역할

여자 칭호를 받은 세 여자 가운데 첫 번째 표적 발생 시 등장했던 여자와 마지막 표적인 부활 사건에서 등장할 또 다른 여자가 십자가상에서 동시에 소개된다. 십자가상에서 이루어진 위탁 장면을 통해서 새롭게 부각되는 여자 칭호는 이미 이 칭호와 관련하여 소개되었던 사마리아 여자 및 부활 시 여자 칭호와 더불어 새로운 역할을 수행할 막달라 마리아를 포함한 세 여자의 기능에 대해 집중하도록 만든다. 이 세 여자의 역할에 대한 이해를 위해서는 우선적으로 이들에게 독특하게 적용되는 여자 칭호를 통해 이들의 기능에 대한 상호 관련성을 찾아볼 필요가 있다. 바꾸어 말하면, 세 여자의 상호 관련성은 이들에 대해 공통적으로 적용되는 여자 칭호에 기인한 것이기 때문에, 여기서는 여자 칭호와 관련하여 등장하는 세 여자의 관계를 통해 첫 번째와 마지막에 등장하는 여자 칭호의 기능을 살펴볼 것이다.

세 여자 가운데 사마리아 여자의 역할은 다른 두 여자와 비교할 때 독특한 성격을 가지고 있다. 일반적으로 사마리아 여자와 비교되는 인물은 니고데모이다. 사마리아 여자와 니고데모는 비유적인 의미를 문자적인 의미로 혹은 영적인 문제를 육적인 문제로 이해하려고 시도한 어리석은 인물로 비교된다. 이 니고데모와 사마리아 여인은 비교되는 동시에 서로 다른 신분을 통해서도 대조 된다: 니고데모는 "이스라엘의 남자 선생이다; 그녀는 사마리아 여자이다. 니고데모는 귀족 가문(a noble heritage)이다; 그녀는 부끄러운 과거를 가지고 있다. 그는 표적을 보았고 예수님께서 "하나님으로부터 온 것"을 알았다; 그녀는 예수님을 철저히 낯선 사람으로 알았다."[20] 이렇게 비교되며 대조되는 인물들의 어리석음은 모든 계층의 어리석음을 대표하면서 요한복음의 이야기가 전개되는 가운데 오히려 역설적으로 그 어리석음이 문자적이며 비유적인 의미의 균형을 찾도록 만들어주는 중요한 요소가 된다.

그런데 사마리아 여자가 니고데모와 비교되는 구조 속에서는 여자로 호칭되는 사마리아 여자의 독특한 기능이 배제되며 단지 니고데모와의 상이한 배경이 부각될 수 있다. 그렇기 때문에 사마리아 여자를 니고데모와 비교되는 틀을 벗어나도록 하여 요한복음서의 줄거리가 전개되는 동안에 다른 두 여자들과 사마리아 여자와의 상호

---

20) Culpepper, *Anatomy of the Fourth Gospel*, 136; 참조, 이 앞의 주 15.

작용을 통해 사마리아 여자의 역할을 찾아볼 필요가 있다. 예수님과 사마리아 여자와의 대화 가운데 부각되는 특징은 '물'에 대한 주제와 그녀가 '여자'로 불리는 호칭이다. 그렇다면 예수님께서 직접 '여자'라고 부르는(4:21) 사마리아 여자의 역할은 무엇인가?[21)]

사마리아의 위치에 대한 지리적인 역할도 이 여자의 역할과 관련지을 수 있다. 갈릴리에서 예루살렘, 즉 첫 번째 표적지의 발생지에서부터 마지막 표적이 발생하는 장소라는 지리적인 구도 속에서 사마리아는 지리적으로 상징성을 갖는 중간 지점이다. 이에 대해 De Jonge은 예수님이 환영 받았던 갈릴리와 예수님이 배척 받았던 예루살렘 사이에 위치한 사마리아는 "상징적인 의미"를 가지고 있다고 제시한다. 그는 사마리아 사람들의 신앙에 초점을 맞추어(4:41-42), 이들의 신앙이 중간적인 입장에 있었을 것이란 주장을 한다.[22)] 그렇게 볼 때 지리적인 구도의 조화 속에서 사마리아 여자는 예수님의 어머니와 막달라 마리아 사이의 중간 지점에서 이 둘을 상호 연결시키는 역할을 한다고 제시할 수 있다.

예수님께서 사마리아 여자의 결혼 배경과 과거를 모두 알고 있음에도 불구하고(4:17-18), 이 여자의 이름을 부르거나 요한이 이를 소개하지 않는 것은 '여자'의 기능을 강조하기 위한 것으로 보인

---

21) 사마리아 여인은 "여성 제자의 모범이며 또한 사마리아 신자들의 모본일 것이다"라는 것이 일반적인 견해이다. Culpepper, *Anatomy of the Fourth Gospel*, p. 137.

22) Marinus De Jonge, "Jesus as Prophet and King in the Fourth Gospel," *ETL* 49 (1973), 173. 갈릴리-예루살렘 순환에 대해서는 다음을 보라. Fernando F. Segovia, "The Journey (s) of the Word of God: A Reading of the Plot of the Fourth Gospel," *Semeia* 53 (1991), 23-51; C. H. Giblin, "The Tripartite Narrative Structure of John's Gospel," *Biblica* 71 (1990), 456.

다.[23] 예수님께서 사마리아 여자를 “여자여”라고 부르시는 장면에서는, 예수님의 어머니가 ‘여자’로 소개되는 상황에서 ‘때’의 강조가 등장한 것처럼, “때가 오나니 곧 이 때라”는 말씀이 소개된다(4:23, “아버지께 참되게 예배하는 자들은 영과 진리로 예배할 때가 오나니 곧 이 때라 아버지께서는 자기에게 이렇게 예배하는 자들을 찾으시느니라”). 비록 ‘때’가 영과 진리로 드리는 예배와 관련되지만(4:23), ‘때’의 옴에 대한 예수님의 설명(4:21)과 그의 ‘때’와 관련한 메시아 오심의 대화(4:25)는 2장 4절의 ‘때’와 관련성을 갖도록 만든다. 이 대화는 마지막 ‘여자’로 불리는 막달라 마리아의 등장 후에 선포되는 “예수께서 이르시되 나를 붙들지 말라 내가 아직 아버지께로 올라가지 아니하였노라 너는 내 형제들에게 가서 이르되 내가 내 아버지 곧 너희 아버지, 내 하나님 곧 너희 하나님께로 올라간다 하라 하시니”(20:17)라는 단계까지 발전한다. 첫 번째 여자인 그의 어머니에게 포도주 기적을 베풀기 직전에 “여자여 나와 무슨 상관이 있나이까 내 때가 아직 이르지 아니하였나이다”라고 말씀하시던 예수님께서는, 물이 포도주로 바뀌는 것과 같은 부활 후 그의 때의 성취를 반영하는 올라감을 말씀하시면서 그의 올라감에 대해 붙들지 말도록 명령하신다. 여자 칭호를 받은 세 여자는 모두 공통적으로 예수님의 ‘올라감’을 낳게 되는 ‘때’의 진행 및 성취와 관련된다.

예수님과 사마리아 여자와의 대화 주제는 가나의 혼인 잔치 사

---

23) 사마리아 여인의 결혼에 대한 문자적이며 비유적인 논의에 대해서는 Moore가 정리한 자료를 보라: Stephen D. Moore, “Are there impurities in the living water that the Johannine Jesus dispenses? Deconstruction, Feminism, and the Samaritan Woman,” *BI* 1 (1993), 210-2.

건 속의 내용과 관련된 요소를 가지고 있다. 이 요소는 두 사건에서 공통적으로 등장하며 사건과 대화를 이끌어가는 주제가 된다. 가나에서 물이 포도주로 변한 것과 같이 이 두 사건에서 공통적으로 '물'이 대화와 사건의 주요 대상으로 등장하며 예수님과 사마리아 여자의 대화에서 이 물은 '생명수,' 즉 "그 속에서 영생하도록 솟아나는 샘물"이 될 것이다(4:14). 이 과정에서 상징성을 갖는 중요한 단어가 등장한다. '출생'의 의미를 내포하고 있는 "되다"(4:14, γενήσεται)는 물이 포도주로 바뀌는 변화(1장 12절 및 14절을 연상시키는)를 설명하며 2장 9절에서도 공통적으로 사용된다. 물이 포도주로 바뀌는 것이나 우물의 물이 생명수로 바뀌는 것은 모두 출생의 이미지를 담고 있으며, 이 이미지는 마지막 표적인 예수님의 부활까지 적용된다. 출생과 변화의 틀 속에서, 변화를 성취하며 다시 태어남을 상징하는 부활의 현장인 동시에 가나의 돌항아리와 사마리아 여자의 남겨진 물동아리를 모두 흡수하는 빈 무덤에서는 마지막 여자인 막달라 마리아가 등장한다. 빈 무덤은 물이 포도주로 바뀌는 변화 혹은 출생과 야곱의 우물에서 우물물이 솟는 샘물로 바뀌는 변화 혹은 출생의 성취를 모두 수용한다. 이 수용은 거듭남을 상징하는 부활을 통해서 이루어진다.

마지막에 여자 칭호를 받는 막달라 마리아는 첫 번째 여자 칭호의 등장과 함께 예고된 예수님의 부활에 대한 첫 번째 증인이 될 뿐만 아니라 예수님께서 사마리아 여자와 대화하실 때 주시겠다고 약속하신 생명수인 예수님의 부활을 증언한다. 사마리아 여자의 역할은 예수님의 어머니 및 막달라 마리아의 역할과 중복되면서 이들에게 부여되는 의미를 보강해 줌으로써 이 세 여자의 기능이 상호 유사성과 관련성 속에서 조화되도록 만든다. 세 여자는, 요한의 신학적인 목적을 위해서 각자의 독특한 배경과 출신에도 불구하고 공통된 여자 칭호를 통해서 역할의 공통성을 가지며, 변화와 출생(되다)의 이미지를 가지고 돌항아리, 물동이, 그리고 빈 무덤으로 연결되는 일련의 새로운 포도주와 생수를 쏟아내는 표적의 완성을 성취시키는 역할을 한다.

2. '사흘 째'와 '여자' 칭호

갈릴리 가나의 첫 번째 표적은 특징적으로 "사흘째"라는 서수를 사용하며 시작된다(2:1, "사흘째 되던 날 갈릴리 가나에 혼례가 있어 예수의 어머니도 거기 계시고"). 그렇다면 이 "사흘째"의 기점이 되거나 혹은 이에 대해 추론할 수 있는 상황이 전제되어야 하는데 이러한 전제는 이 사건의 앞과 뒤의 내용에서 찾을 수 없다. 즉, 비록 요한이 이 날을 구체적으로 "사흘째"라고 묘사하지만 정확히 언제부터 계산 된 "사흘째"인지는 알 수 없다. 요한복음이 신학화된 역사이며 단순한 연대기적인 역사 기술이 아니기 때문에 이러한 숫자의 소개도 상징성을 가질 수 있으며, 다른 한편으로는 이야기와 이야기를 연결시켜주는 장치라고도 할 수 있다. 그렇지만 사건과 사건 그리고 이야기와 이야기를 연결시켜 주는 장치라고 하기에는 날짜 제시가 매우 구체적이다. 그렇기 때문에 요한이 전제로 하는 "사흘째"는 요한복음의 기록 목적을 위해서 배치된 상징적인 숫자라고 할 수 있다. 날짜 제시의 상징성에 대한 일치된 견해 대신에 이에 대한 부정적인 견해도 있다. 예컨대 Schnackenburg는 이 표현에서 상징적인 의미는 없다고 설명한다.[24] 또한 F. F. Bruce는 이에 대한 연대기적이며 지리학적인 배경을 고려하면서 상징적인 의미에 대해 회의적인 입장을 취한다.[25] 그렇지만 요한복음에 등장하는 사건들의 신학적인 배치와 숫자의 구체성, 그리고 사흘째가 어떤 기점으로부터 시작한 것인지 명확하지 않은 점 등에 비추어 볼 때 상징성을 부여하는 것이 타당할 것이다. 이에 대한 Jones의 설명은 이 숫자의 상징성에 대한 적절한 해석을 제공해 준다. Jones는 이러한 서수의 상징적인 기능을 지적하면서 이는 요한복음에서 전개되는 이야기의 초점의 변화와 함께 전체적으로 새로운 이야기의 시작을 나타낸다고 설명한다.[26] 요한복음의 다른 곳에서 사용된 숫자 사용과 비교할 때도 첫 번째 표적과 관련한 숫자 사용은 그 형태에서 독특성을 갖는다. 요한은 이야기를 전개하면서 사건과 사건들을 연결하는 것으로 기능하는 숫자적인 표현들을 사용한다(예컨대, 1:29, 35, 43). 이 때 사용된 "이튿날" 같은 경우는 이야기 전개 과정에서 예수님의 지리적 이동이나 혹은 단순히 사건과 사건을 이어주는 역할을 하며 특정한 시점을 제시한다고 할 수 없다. 그렇지만 가나의 혼인잔치에서 등장하는 숫자는 시간에 대한 구체적인 설명과 같이 상징성을 갖는다고 할 수 있다.

---

24) Schnackenburg, *The Gospel according to St John, vol.* 1, pp. 325-6.

25) F. F. Bruce, *The Gospel of John* (Basingstoke: Pickering & Inglis, 1983), p. 68.

26) Larry Paul Jones, *The Symbol of Water in the Gospel of John*, JSNTS 145 (Sheffield: Shffield Academic Press, 1977), p. 52. 참조, Carson, *The Gospel According to John*, pp. 167-9; Brown, *The Gospel according to John I-XII: The Anchor Bible*, p. 97.

특별히 가나의 포도주 사건과 관련 하여는 정확한 서수인 "첫 번째" 라는 용어를 사용하며 표적의 발생 순서를 매김하고 있다. 따라서 일정한 시점의 지정 없이 갑작스럽게 출현하는 "사흘째"와 같은 서수는 당연히 특별한 기능을 내포한다고 할 수 밖에 없다.[27]

가나의 혼인잔치를 소개하면서 사용된 "사흘째"라는 표현은 요한복음의 다른 곳에서는 등장하지 않다가 예수님의 부활과 관련된 날짜 소개에서 등장한다. 첫 번째 표적이 마지막 표적의 예고이며 마지막 표적인 부활은 첫 번째 표적의 성취인데, 요한은 이러한 구도 속에서 정교하게 첫 번째 표적에서 사용된 "사흘째"를 마지막 표적인 예수님의 부활과 관련시킨다. 예수님은 "사흘째"로 시작하는 가나의 혼인잔치 후에 등장하는 성전정화 사건에서 자신이 사흘 만에 (죽으신 후 사흘 째) 다시 살아날 것이라고 선언하신다(2:19).[28] 예수님께서는 유대인들이 성전 정화 사건 후 그에게 표적을 요구하자(2:18) 그의 부활을 성전으로 상징하는 표적으로 제시한 바 있다(2:20-22, "유대인들이 이르되 이 성전은 사십육 년 동안에 지었거늘 네가 삼 일 동안에 일으키겠느냐 하더라 그러나 예수는 성전된 자기 육체를 가리켜 말씀하신 것이라 죽은 자 가운데서 살아나신 후에야 제자들이 이 말씀하신 것을 기억하고 성경과 예수께서 하신 말씀을 믿었더라").[29] 요한은 동일한 '사흘'이라는 숫자를 통해서 물이 포도주로

---

27) "그러한 표면적인 연대기의 정확성은 즉각적으로 요한복음서의 독자들에게 카이로스(kairos) -하나님의 영원성이 인간의 역사에 침투할 때 질적으로 전혀 다른 시간- 를 경고한다. Ivone Gebara, Maria Clara Bingemer, *Mary, Mother of God, Mother of the Poor: Liberation and Theology* 7, trans. Philip Berryman (Kent: Burns & Oates, 1989), p. 78.

28) "사흘 째"와 예수님의 "부활"의 관계에 대한 Dodd의 설명을 참조하라. C. H. Dodd, *The Interpretation of the Fourth Gospel* (Cambridge: University Press, 1953), p. 300.

변화되는 이미지를 예수님의 몸의 변화인 부활과 연결시키며 포도주 표적 사건의 이야기를 진행시킨다. 사흘 만에 발생할 것이라는 예수님의 부활 예고는 사흘째 발생한 포도주 기적 사건에서 이미 예고되었다고 할 수 있다. "사흘째"라는 표현을 통해서도 첫 번째 표적과 마지막 표적이 관련성을 가진다.

요한은 이야기의 전개에 맞추어 정교하게 표적들을 배열했다. 요한은 이 표적들의 선정과 배열에 대해 자신의 신학적인 목적을 제시한다. 예수님의 부활 후에 요한은 "예수께서 제자들 앞에서 이에 기록되지 아니한 다른 표적도 많이 행하셨으나 오직 이것을 기록함은…"이라고 언급하면서 많은 표적들 가운데 의도적인 선정과 정리를 소개한다.[30] 이 목적은 예수님의 부활 사건을 포함한 이야기 전개과정에서 등장한다. "사흘째"라는 상징적인 숫자를 통해서 연결되는 첫 번째와 마지막 표적의 성취 후에 요한복음의 기록 목적이 설명되는데, 구체적인 숫자를 통하여 제시되는 관련성은 첫 번째 표적에 대한 정확한 성취가 마지막 표적에서 이루어졌음을 입증하는 수단이 된다. 죽은 자 가운데서 살아나시는 마지막 표적에 대한 기대가 "사흘째"와 "첫 번째 표적"이라는 상징적인 표현들을 통해 주어진 것이다. "첫 번째 표적"은 "사흘째"에 첫 번째 여자와 더불어 시

---

29) J. K. Howard는 성전 정화 사건에서 메시아의 오심으로 새로운 메시아 공동체가 형성되며 예수 그리스도의 죽음을 통해서 옛 제도의 중단과 새로운 무엇인가의 형성을 찾을 수 있다고 설명 한다: J. K. Howard, "Passover and Eucharist in the Fourth Gospel," *SJT* 20 (1967), p. 333.

30) D. A. Carson, "The Purpose of the Fourth Gospel: John 20:31 Reconsidered," *JBL* 106 (1987), pp. 639-51.

작하고, 마지막 표적인 그의 부활은 예수님이 죽은 후 "사흘째"에 마지막으로 등장하는 여자를 통해 증거 된다.[31] 가나의 포도주 표적과 함께하는 "사흘째"(2:1) 및 예수님의 부활과 관련하여 등장하는 "사흘 만에(2:19, 20)라는 상징적인 표현들은 십자가 사건 후에 단지 유월절에 대한 날짜 추정을 통해서 알 수 있는 예수님의 부활의 발생 시점을 알게 해 줄 뿐만 아니라, 2장의 성전 비유에 대한 예수님의 말씀과 20장의 부활을 연결시켜주면서 첫 번째 표적의 성취를 제공하는 역할을 한다.

3. 첫 번째 '여자' 칭호의 상징적인 역할

예수님께서 그의 어머니를 부를 때 여자 칭호를 사용하기 때문에 이 칭호를 통해서 둘의 관계를 알 수는 없으며, 오직 요한의 설명을 통해서 이 여자가 예수님의 어머니임을 파악할 수 있다. 요한의 설명을 통해서만 예수님의 어머니와 예수님의 관계를 정확하게 밝혀주기 때문에 요한에 의해 기록된 요한복음의 이야기 전개 과정에서 그 어머니의 역할을 어떻게 요한이 활용하는지 이해할 필요가 있다. 특히 공관복음서들과 달리 아버지-아들의 관계가 강조되는 구조를 가지고 있는 요한복음은 '관계의 상징성'을 통해서 요한복음의 이야기를 전개시키고 있다. 즉 요한복음에는 아버지-아들 관계가 예수님과 유대인들이 주장하는 그의 아버지와의 관계가 아니라 비유적

31) 구약에 나타난 배경과 빈무덤 특별히 사흘째에 대한 신학적인 해석에 대해서는 다음을 보라: W. L. Craig, "The Historicity of the Empty Tomb of Jesus," *NTS* 31 (1985), 44-48.

으로 예수님과 하나님과의 관계를 지칭하는 관계설정으로 사용된다. 그렇기 때문에 칭호에 담겨있는 상징성을 토대로 예수님과 그의 어머니와의 관계를 여자 칭호를 통해서 살펴 보고자 한다.

'여자' 칭호와 예수의 어머니

우선적으로, 요한이 소개하는 "예수의 어머니"와 예수님이 사용하는 "여자여"라는 호칭의 긴장 관계 속에서 드러나는 의미에 대한 이해가 필요하다. 가나의 혼인잔치에서 예수님의 어머니는 "여자여"라고 불리는데, 이 호칭은 예수님께서 직접 자신의 어머니를 부르실 때 사용하신 것이다. 이 여자 칭호는 일반적인 칭호라기보다는 요한복음 전체를 볼 때 예수님께서 단지 세 여인을 향해서만 사용하는 특별한 성격을 가진다. 이와 관련된 인물은 그의 어머니(2:4), 막달라 마리아(4:21), 그리고 사마리아 여자(20:15)이며, 한편 이 가운데 막달라 마리아에게는 예수님뿐만 아니라 두 천사들도 이 칭호를 사용한다(20:13). 이렇게 오직 제한된 범주의 인물들을 향해서만 이 여자 칭호가 적용된다. 요한의 설명에서도 이 칭호를 통한 의도적인 관계성의 회피가 보인다. 예수님께서 "아들"(19:26, "예수께서 자기의 어머니와 사랑하시는 제자가 곁에 서 있는 것을 보시고 자기 어머니께 말씀하시되 여자여 보소서 아들이니이다 하시고")과 "어머니"(19:27, "또 그 제자에게 이르시되 보라 네 어머니라 하신대 그 때부터 그 제자가 자기 집에 모시니라")라는 용어를 사용하심에도 불구하고, 요한은 예수님을 아들로 소개하지 않고 예수님이 그의 어머니를 단지 "여자여"라고 부르는 것을 소개하고 있다. 예수님은 "어머니"라는 호칭을 직접 사용하시면서도 이를 자신의 어머니에게 적용하는 것이 아니라 그녀를 위탁하는 과정에서 그의 사랑하시는 제자에게 적용시킨다. 어쨌든 예수님께서 그의 어머니를 향해 사용하신 여자 칭호는 관계성에 대한 칭호와 설명으로는 부자연스러우며, 이 어색함은 의도적인 관계성의 회피를 내포하면서 새로운 관계를 드러낸다고 할 수 있다. 요한이 그의 신학적인 목적을 위해 의도적으로 예수님과 그의 어머니와의 관계를 보여주는 방법이라고 할 수 있는 것이다.

예수님의 어머니를 '어머니'로 호칭하는 것은(2:1, 3, 5; 19:25, 26) 이를 기록한 요한이며, 요한은 이를 통해 요한복음 안에서 모성의 역할을 그녀를 "규정하는 특징"(defining characteristic)으로 만들고 있다.[32] 혈통 관계를 사용하여 예수님을 소개하는 표현은 요한복음의 서언에 등장한다: "본래 하나님을 본 사람이 없으되 아버지 품 속에 있는 독생하신 하나님이 나타내셨느니라"(1:18). 요한은 동일하게 2장과 19장에서 예수님이 하나님을 아버지(the Father)로 부르는 것을 소개하며(2:16), 예수님께서 "여자여"라고 부르는 그 여인을 예수님의 어머니로 소개한다. 이 두 부분에서 등장하는 혈연관계를 통한 문자적이며 비유적인 관계의 설명은 흥미롭다. 독자들은 요한의 기록을 통해서 예수님께서 육신적인 어머니가 있다는 것을 충분히 파악할 수 있다. 아버지(the father) 요셉과 유대인들이 알고 있는 예수님의

---

32) Conway, *Men and Women in the Fourth Gospel: Gender and Johannine Characterization*, p. 70. 또한 다음을 보라: McHugh, *The Mother of Jesus in the New Testament*, pp. 361-2. 그런데 McMugh는 매우 대담하게도 "예수님의 어머니"라는 표현을 "성육신 하신 말씀의 어머니"라고 바꿔 번역하기도 한다. 물론 이러한 McMugh의 입장은 성모신학에 기인한 것으로 여겨진다.

어머니(6:42, "이르되 이는 요셉의 아들 예수가 아니냐 그 부모를 우리가 아는데 자기가 지금 어찌하여 하늘에서 내려왔다 하느냐")의 역할은 요한복음의 이야기 전개 과정에서 사실상 등장하지 않는다. 요셉의 이름을 거론하며 이 요셉과 예수님의 관계를 밝히는 요한은 이 과정을 유대인을 통해서 진행하는데, 그 과정에서도 예수님의 어머니의 이름은 밝혀지지 않는다. 요한복음의 이야기가 진행되는 동안에 전혀 그 역할이나 활동이 소개되지 않는 요셉은 예수님의 아버지로 불리며 그 이름과 함께 등장하지만 예수님의 어머니 이름은 알려지지 않는다. 그녀는 이름 없이 예수님과의 문자적인 혈통 관계와 무관하게 여자 칭호와 관련된 역할만을 통해 요한복음에서 소개된다. 요셉과 예수님의 어머니의 등장을 비교할 때, 요셉의 소개는 유대인들을 통해서 슬쩍 노출되며 예수님의 어머니는 예수님을 통해서 여자로 불리며 이루어진다.

또한 요한복음은 예수님의 선재(先在)에 대한 선언으로 복음서를 시작하기 때문에 예수님의 출생 과정이나 배경도 다른 복음서와 달리 요한복음에서는 찾을 수 없다. 그렇기 때문에 예수님의 문자적인 출생과 관련된 요셉 및 예수님의 어머니의 역할은 축소될 수밖에 없으며, 아버지(the Father)와 이름이 소개되지 않는 예수님의 어머니인 '여자'가 등장하여 예수님의 사명을 촉진시킨다. 그래서 "하늘의 아버지와 이 땅의 어머니를 서로 대립적인 위치에 배치시키는 대신에, 요한복음서 이야기는 하늘 아버지의 의지와 예수님의 지상 어머니의 격려와의 완전한 공동작용을 제시한다."[33] 이와 같이 요한복음은 지

---

33) Conway, *Men and Women in the Fourth Gospel: Gender and Johannine Characterization*, p. 84.

상의 '아버지와 어머니' 라는 구도 대신에 하늘의 아버지와 예수님의 어머니의 모성적인 측면을 활용하며, 동시에 상징적인 여자 칭호를 통해서 예수님과 그의 어머니와의 관계를 정리한다. 즉 요한은 복음서의 이야기를 전개하면서 예수님께서 사용하시는 아버지 칭호를 통해 예수님과 하나님과의 관계를 '아버지-아들' 도식 속에서 설명하지만, 다른 한편으로는 예수님께서 그의 어머니를 향해 사용하시는 여자 칭호를 통해서 문자와 비유적인 성격을 동시에 내포하는 모태의 상징적인 역할을 지속시킨다.

요한복음에서 예수님의 어머니가 등장하는 특별한 시점도 관심을 불러일으킨다: 그녀는 첫 번째 표적 사건(2:1-11)과 십자가의 죽음이 발생할 때 등장한다(19:25-27). 예수님의 어머니는 "예수님의 지상 사역의 시작과 마지막에 신분이 알려진 유일한 등장인물이며 따라서 첫 번째와 마지막 예수님의 영광이 드러나는 것을 목격한 증인"이 된다.[34] 이 영광은 이미 첫 번째 표적 사건에서 예고되었으며 십자가의 죽음에서 완성된다. 그렇기 때문에 예수님의 어머니는 '여자'로서 기능하며 예수님의 사역의 처음과 마지막에 등장하여 예수님의 사명을 성취시키는 역할을 한다.

"여자여"라고 불린 인물들의 등장과 사라짐은 극적으로 첫 번째와 마지막 여자의 역할을 교체시킨다. 이미 검토한 바와 같이 '여자'

---

34) Ibid., p. 70. 그러나 Conway는 예수님의 영광은 그의 승천을 포함한다고 주장한다. 만일 그렇다면 예수님의 어머니는 요한복음에 나타나는 전체 영광의 증인이 될 수 없다. 필자는 이 책에서 십자가의 죽음 뒤에 막달라 마리아가 예수님의 문자적인 부활을 증언하는 예수님의 어머니의 역할을 상징적으로 맡았다고 제시한다.

칭호는 예수님의 처음 출생 및 거듭남을 상징하는 부활과 관련된다. 요한은 이 여자 칭호를 사용하여 예수님의 두 가지 출생(부활)에 대한 균형을 정교하게 맞추어 주며, 예수님께서 사용하시는 여자 칭호와 함께 이 여자를 "예수의 어머니"로 소개하면서, 여자 칭호와 어머니의 이미지를 결합시키고 있다. 여자 칭호는, 예수님께서 자신의 어머니를 "여자여"로 부른 경우에서 보듯이(2:4; 19:26) 어머니 이미지를 불러일으킨다. 요한은 "예수의 어머니"라는 소개와 그의 어머니를 "여자여"라고 부르는 것을 통해서 어머니의 이미지를 여자 칭호에 전이시키는 것처럼 보이며, 그래서 '여자'는 문자적인 어머니의 역할에 대한 비유적인 표현인 동시에 비유적인 어머니의 역할에 대한 문자적인 표현이라고 할 수 있다. "주연 역할을 맡은"[35] 예수님의 어머니(여자 칭호를 첫 번째 얻은)의 역할이 끝나자마자 막달라 마리아가 마지막 '여자'로 불리며 그 역할을 대신한다. 그래서 나사렛 예수와 관련된 여자는 공식적으로 무대에서 사라지고, 그 역할을 대신하는 마지막 여자가 "만남의 장소"인[36] 십자가 아래에서(19:25-27) 임무를 교대하며 예수님의 부활을 위해 조용히 등장한다.

위탁 장면의 기능

예수님의 어머니는 위탁 장면(19:25-27) 이후에 요한복음의 무대에서 사라진다. 이러한 위탁과 사라짐은 예수님과 그의 어머니와의

35) Lieu, "The Mother of the Son in the Fourth Gospel," p. 63.

36) Ibid., p. 68.

관계가 새롭게 정리되도록 만든다. 단지 예수님의 어머니가 무대에서 사라짐으로써 그녀의 역할이 종식되었다고 전제하기보다는 이 위탁 장면을 통해 새로운 관계의 설정이 이루어졌다고 볼 수 있다. 이 위탁 장면에서는 예수님께서 그의 어머니와 그의 제자 사이에서 사용하는 직설적인 호칭이 관심을 끈다. 예수님은 자신의 어머니를 자신의 제자에게 위탁하는 과정에서 “어머니” 칭호를 사용한다. 예수님은 그러한 친밀한 혈연관계의 칭호를 그의 어머니와의 관계에서 직접 사용하지 않으시고 대신에 그의 어머니와 그녀를 위탁받는 제자와의 관계에서 사용한다. 일반적으로 이 위탁 장면에서는 그의 어머니와 그의 제자와의 관계에 초점이 맞추어 진다. 그렇지만 다른 측면에서 이 사건은 예수님의 어머니와 그의 제자 사이의 관계라기보다는 오히려 예수님과 그의 어머니와의 관계를 드러내는 것으로 보인다. 이러한 위탁에 대한 선언은 오직 요한복음에서만 등장한다. 요한복음에서는 얼마나 많은 예수님의 형제가 있었는지 알 수 없지만, 예수님이 둘 이상의 형제가 있었다는 것은 확실하다(2:12; 7:3ff.; 막 6:3). 이러한 사실은 예수님께서 그의 어머니에 대한 염려를 할 필요가 없었다는 추론을 가능하게 한다. 그러므로 이 위탁은 단지 그의 어머니나 그 사랑하는 제자에 대한 헤아림에 기인한 것이 아니라 새로운 관계에 대한 선언으로 이전의 관계를 종식 시키는 상징을 담고 있다고 할 수 있다.

요한은 이 위탁 장면에서 여자 칭호를 통해 예수님의 어머니의 사명의 종식을 밝히며 그녀를 ‘어머니-아들’이라는 지상의 관계에 대한 도식 속에서 새로운 관계의 형성을 밝혀준다. 그의 어머니를 그가 사랑하는 제자에게 위탁하는 것은 예수님과 자신의 어머니와의 관계 포기이며 동시에 새로운 관계의 시작이라고 받아들여지기도 한다.[37] 이 위탁 장면에서의 초점이 예수님과 그의 어머니와의 관계에 대한 새로운 정립에 놓일 때 이 장면은 그 동안 '여자'로서 기능하던 예수님 어머니의 역할이 다른 사람에게 전이되는 기점이라고 할 수 있다. 실제로 요한의 증거에 따른 예수님의 관심의 초점은 그와 자신의 어머니와의 관계가 아니라 문자적인 어머니-아들 관계를 그의 어머니와 그의 제자 사이에 적용시키는데 있는 것으로 보인다. 요한복음의 이야기 전개에서 이 위탁 장면은 첫 번째 표적에 대칭되는 마지막 표적을 준비하는 새로운 인물의 등장을 예고한다. 실제로 이 기능을 수행해야 할 임무교대가 십자가상의 위탁 장면에서 이루어진다.

예수님이 그의 어머니를 그의 사랑하시는 제자에게 위탁하는 장면은 그녀의 정체와 역할에 대한 논쟁을 불러일으킨다. 19장 26절에서 요한이 예수님의 어머니를 지칭하면서 사용한 정관사의 역할과 소유대명사의 생략, 그리고 예수님께서 그의 어머니를 지칭할 때 사용한 소유대명사는 그녀의 정체와 역할에 대한 단서를 제공해준다:

---

37) Culpepper, *Anatomy of the Fourth Gospel*, p. 134; George R. Beasley-Murray, *John: Word Biblical Commentary*, vol. 36, second ed. (Nashvill: Thomas Nelson, 1999), pp. 349-50; Judith M. Lieu, "The Mother of the Son in the Fourth Gospel," pp. 68-9; Lindars는 이 관계를 예수님의 죽음에 의한 "새로운 생명"을 나타내는 것으로 간주한다: Lindars, *The Gospel of John: The New Century Bible Commentary*, pp, 579-80; Carson은 이 관계를 상징적인 것으로 보아야 하며 그래서 마리아는 "또 다른 동료 제자"로 취급해야 한다고 주장한다: Carson, *The Gospel according to John*, p. 618.

그의 어머니(19:25), 그 어머니(19:26, 두 번 사용),[38] 너의 어머니(19:27). 특별히 19장 26절에서는 25절이나 27절과 달리 예수님께서 직접 사용하시는 '여자' 칭호의 등장과 함께 소유대명사 대신에 정관사가 '어머니' 칭호를 수식한다.[39] 그렇기 때문에 이 상황에서 예수님은 주요 인물로 개입되며, 그녀는 더 이상 25절에서와 같이 "그의 어머니"가 아니라 "그 어머니"(26절)가 된다"고 할 수 있다.[40] 즉 예수님께서는 19장 30절에서 그가 그(그의) 영을 건네듯이 그(그의) 어머니를 건넨다. 따라서 예수님의 사랑하시는 제자에게 그의 어머니를 위탁하는 것은 단지 인간 관계에 대한 위탁이나 혹은 그의 어머니에 대한 특별한 역할의 부여가 아니다. 오히려 이것은 그녀의 어머니 역할로부터 그녀를 분리하는 것이라고 할 수 있다. 그래서 요한은 그 "때"를 언급한다: "그 때부터 그 제자가 자기 집에 모시니라."(19:27).[41] 그 순간(때)부터 가나의 포도주 표적이 시작된 예수님의 어머니의 때는 끝이 난다. 그래서 "여자여 나와 무슨 상관이 있

---

38) 비록 한글 개역개정판에 "그 어머니"와 "자기의 어머니"(또는 "his mother," RSV)로 번역되어 있지만, 그리스어 원문은 "τὴν μητέρα"와 "τῇ μητρί"로 나와 있다.

39) 소유대명사 αὐτοῦ와 σου는 19장 25절과 27절에 나타난 관계를 분명하게 만든다. 그럼에도 불구하고 예수님의 어머니가 이미 알려져 있기 때문에 26절의 정관사가 소유대명사의 의미를 가지게 되었고 따라서 소유대명사가 사용되지 않았다고 할 수도 있다. 그렇지만, 2장 5절에서는 소유대명사가 사용되었다(2:5, ἡ μήτηρ αὐτοῦ). 그렇기 때문에 필자는 19장 26절의 "τὴν μητέρα"와 "τῇ μητρί"가 이 상황에서는 "그의 어머니"가 아니라 "그 어머니"를 지칭한다고 제시한다.

40) Lieu, "The Mother of the Son in the Fourth Gospel," 68.

41) 비록 이 때(19:27)가 2장 4절의 "내(예수) 때"와 다르지만, 이 때는 십자가 죽음의 순간이기 때문에 결과적으로 "내 때"와 겹친다.

나이까"(혹은, "여자여, 우리서 서로 무엇을 해야 하는가?")와42) 그리고 "내 때가 아직 이르지 아니하였나이다"는 다음과 같이 바꾸어 쓸 수 있다: "여자여, 이것이 당신과 나에게 무엇이겠는가? 내(우리의) 때가 왔고 또 오고 있다." 이와 같이 예수님의 선포는 그의 때의 시작과 그의 때와 관련된 그와 어머니와의 관계(어머니의 "때")를 정리해 준다. 결국 때의 성취는 위탁의 행위를 통해서 드러난다. 성육신과 관련된 첫 번째 여자는 그녀의 임무 완수와 더불어 무대에서 사라지고, 그 기능을 수행하는 여자 칭호가 부활과 관련하여 등장한다. 따라서 예수님 어머니의 위탁은 첫 번째 표적에서 시작한 그녀의 역할에 대한 성취를 상징한다고 할 수 있다.

그렇다면 '여자'로서 수행하던 예수님 어머니의 상징적인 역할의 종식은 어떤 결과를 낳을까? '여자'로 호칭되던 예수님의 어머니는 십자가상에서 예수님의 한 제자에게 어머니로 받아들이도록 위탁되면서 요한의 설명에 따른 예수님과의 혈연 관계 종식이 드러난다. 이 장면에서 예수님과 그의 어머니와의 관계를 다시 정의하는 것 못지 않게, "여자여"라는 호칭은 또 다른 "여자여"라는 호칭을 독자들에게 상기시킨다. 비록 예수님과 다른 여자들이 서로 혈연을 통한 관련성이 없다고 할지라도 이 세 여자들에게 동일하게 적용 된 여자

---

42) Beasley-Murray, *John: Word Biblical Commentary*, vol. 36, second ed.(Nashville: Thomas Nelson, 1999), p. 32. Giblin은 예수님의 때와 의도에 따라 그 대답은 부정적이지만 동의하는 반응이라고 주장하는 가운데 이 구절을 예수님의 관심과 일이 그의 어머니의 관심과 일이라고 절충하여 제시한다("'My concern is your concern, woman?' Or 'My business is your business, woman?'"): Charles H. Giblin, "Suggestion, Negative Response, and Positive Action in St John's Portrayal of Jesus," *NTS* 26 (1980), pp. 202-3.

칭호는 이들의 관계를 대등하게 만든다고 할 수 있다. 예수님의 어머니에 대한 "어머니" 칭호의 생략과 대신 사용된 여자 칭호의 사용은 동일하게 여자 칭호가 적용되는 막달라 마리아의 상징성을 상대적으로 강화시킨다고 할 수 있다.[43]

4. 마지막 '여자' 칭호의 상징적인 역할

예수님의 어머니에게 사용된 '여자' 칭호는 십자가 상에서 그녀의 역할 종료와 함께 막달라 마리아에게 전이된다. 막달라 마리아는 빈 무덤에서 '여자'로 불리는 역할의 상징성을 가지면서 예수님의 부활에 대해 증언한다. 특히 빈 무덤 앞에서 울고 있던 막달라 마리아의 모습은 예수님의 부활이 문자적이며 비유적으로 그리고 물질적이며 영적으로 성취되도록 확인시키는 기능을 수행한다.

첫 번째 여자의 사라짐과 마지막 여자의 등장

우선 첫 번째 여자로 불리는 예수님의 어머니의 역할을 니고데모의 역할을 통해 조명해보고자 한다. 다시 말하면, 예수님과 대화하던 니고데모의 모습은 대화의 절정 순간에 본문에서 사라지며 대신에 거듭남과 관련한 주제가 펼쳐지는데, 이러한 니고데모의 등장과

43) 요한이 같은 이름에 대한 혼란을 피하기 위해 예수님의 어머니를 마리아라고 부르지 않았다고 F. F. Bruce가 주장한다. 그렇다면 Bruce는 왜 예수님께서 분명하게 다른 사람과 그의 어머니를 구분하는 "어머니" 칭호를 사용하지 않았는지를 설명해야 한다. Bruce, *The Gospel of John*, p. 371.

사라짐을 예수님의 어머니에 대한 묘사와 비교하면서 예수님의 어머니의 역할을 대신하는 막달라 마리아의 등장을 찾아볼 것이다. 니고데모와 예수님의 어머니 모두가 표면적으로는 예수님의 보조 역할로 보인다고 하더라도 요한복음 이야기가 전개되면서 이 두 인물은 단지 조역이 아니라 매우 중요한 역할을 하게 된다.

가나의 혼인잔치에서 활약하는 예수님 어머니의 모습은 이 사건의 보조 역할 이상이다. 예수님의 어머니는 첫 번째 표적에서 중요 인물로 등장한다. 그녀는 예수님의 역할이 부각되도록 신속하고도 재치 있게 무대를 준비한다. 한편으로 그녀는 예수님에게 포도주의 고갈을 말하는 동시에 다른 한편으로는 그녀가 모든 결과를 마치 알고나 있듯이 하인들에게 "너희에게 무슨 말씀을 하시든지 그대로 하라"며 예수님의 지시를 따르도록 "확신에 찬 명령"을 한다.[44] 특별히 포도주의 고갈과 관련해서 이 책임이 예수님의 어머니에게 있었던 것 같지 않았음에도 불구하고 그녀의 적극적인 참여는 그녀의 역할에 대한 관심을 유발시킨다. 연회장의 진술에서 알 수 있듯이(2:9), 비록 혼인잔치에서 포도주를 제공하는 것은 신랑의 책임이지만 예수님의 어머니는 예수님께서 포도주와 관련한 첫 번째 표적을 행하도록 통로를 만든다. 그녀는 누가 공식적으로 포도주 고갈에 대한 책임이 있는지를 찾기 보다는 누가 포도주의 고갈을 해소하며 이를 공급할 수 있는지를 인식하고 있었던 것처럼 행동한다. Minear는 포도주의 고갈에 대한 고지의 예언적 성격을 제시하면서, 예수님의 어머니는 "그 때가 완전히 왔을 때 무엇이 발생하는지를 부지중에 기대했

---

44) McHugh, *The Mother of Jesus in the New Testament*, p. 367.

을 것"이라고 설명한다.[45] 그래서 Minear는 예수님의 어머니가 예수님에게 말한 내용과 그녀가 하인들에게 주는 명령을 통해서 이스라엘의 메시아에 대한 기대를 충족시키는 "예언적인 기대"를 감지할 수 있다고 주장한다.[46] 그는 또한 예수님의 어머니가 "너희에게 무슨 말씀을 하시든지 그대로 하라"는 명령을 하인들에게 전달한 후 이야기 속에서 사라지는 점을 주목한다.[47] 포도주의 고갈과 이를 공급해야 하는 상황을 준비하는 역할을 마친 예수님의 어머니의 모습은 이 사건이 기록된 본문 속에서 조용히 사라진다. 대신에 예수님이 무대 전면에 등장하여 새로운 포도주를 공급하는 주역이 된다. 이러한 역할은 3장에 등장하는 니고데모의 역할과 유사하다.

니고데모의 답변이 예수님의 질문을 조명해 주듯이 예수님 어머니의 포도주 고갈에 대한 고지와 하인들에게 주는 명령은 포도주 기적에 대한 무대를 효과적으로 마련한다. 니고데모가 예수님이 행한 표적들에 대한 반응을 소개하듯이(3:2, "그가 밤에 예수께 와서 이르되 랍비여 우리가 당신은 하나님께로부터 오신 선생인 줄 아나이다 하나님이 함께 하시지 아니하시면 당신이 행하시는 이 표적을 아무도 할 수 없음이니이다"), 예수님의 어머니는 결혼식의 상황을 소개한다(2:3, "포도주가 떨어진지라 예수의 어머니가 예수에게 이르되 저들에게 포도주가 없다 하니"). 니고데모의 "사람이 늙으면 어떻게 날 수 있사옵나이까 두 번째 모태에 들어갔다가 날 수 있사옵나이까"(3:4)라는 질문이 거듭남의 방법에 대한 논쟁을 촉진시키듯이, 예수님의 어머니는

45) Paul S. Minear, *John: the Martyr's Gospel*, p. 146.

46) Ibid.

47) Ibid.

마지막 표적인 부활을 지향하는 첫 번째 표적을 예수님이 행하시도록 준비 장치를 한다(2:5, "그의 어머니가 하인들에게 이르되 너희에게 무슨 말씀을 하시든지 그대로 하라 하니라"). 니고데모가 대화 장면에서 갑자기 사라지듯이 예수님의 어머니도 첫 번째 표적 사건에서 그녀의 중요한 역할에도 불구하고 갑자기 사라진다. 예수님의 부활이 니고데모의 대답에 내포된 대로 문자적이며 비유적으로 이루어지듯이, 포도주는 예수님의 어머니의 요구가 성취되듯이 공급된다. 돌항아리의 새로운 포도주는 독자들의 거듭남을 위해 공급하는 예수님 자신을 상징한다고 할 수 있다. 예수님의 어머니는 여자로 불리며 첫 번째 표적인 포도주의 변화 사건 속에 주요 인물로 등장하지만, 니고데모와의 대화 속에 드러난 거듭남을 상징하는 부활의 실체를 드러내는 예비적인 사명을 다하며 본문 속에서 일정 기간 동안 사라진다. 이 기간 동안에 물이 포도주로 바뀌듯이 예수님의 부활에 대한 이야기가 발전하며 전개된다.

첫 번째 여자의 사라짐과 함께 마지막 여자로 호칭되는 막달라 마리아가 이야기 속에서 소개된다. 막달라 마리아의 등장은 예수님의 빈 무덤 사건에서 세밀하게 소개되는데 예수님과 막달라 마리아와의 상호관계는 이 장면에서 다른 관계보다 더 강조된다. 요한복음 전체에서 막달라 마리아는 오직 십자가의 죽음과 빈 무덤 사건에서만 등장한다(19:25; 20:1ff.). 예수님의 어머니가 가나의 혼인 잔치 표적 사건에서 주요 역할을 하듯이(2:3, 5), 요한은 막달라 마리아의 역할이 빈 무덤에서 예수님의 부활을 준비하도록 배치시킨다.

빈 무덤 사건에서 막달라 마리아가 두드러진 역할을 하는 것은 이야기 전개의 상황을 볼 때 분명하게 드러난다. 제자들과 예수님의 가족들보다도 그녀는 제일 먼저 빈 무덤에 와서 천사들과 부활하신 예수님을 만난다. 비록 십자가의 죽음 사건에서 몇 명의 여자들이 있었고(19:25, 예수님의 어머니, 그녀의 자매, 글로바의 아내 마리아, 막달라 마리아), 막달라 마리아가 일인칭 복수 대명사 "우리"를 사용하여(20:2) 그녀 외에 다른 사람들의 존재를 암시하지만, 그러나 오직 막달라 마리아만 빈 무덤 이야기 속에 등장한다(20:1ff.; 비교, 막 16:1; 마 28:1; 눅 24:1). 막달라 마리아 외에도 다른 인물들이 있었을 가능성을 일깨워주는 "우리"라는 일인칭 복수의 사용은, 어떤 경우에는 Schnackenburg의 지적과 같이 요한이 다른 사람들을 배제시킴으로써 뚜렷한 극적인 효과를 만들기도 한다.[48] 그렇기 때문에 요한은 일인칭 복수 대명사 "우리"를 사용하여 막달라 마리아의 역할을 더욱 독특하게 만든 것으로 보이고, 이로 인해 다른 사람들이 배제된 상태에서 그녀의 임무의 중요성이 부각된다고 할 수 있다. 막달라 마리아는 첫 번째 여자 칭호와 함께 등장하는 예수님의 어머니를 대치하여 예수님의 부활과 상징적으로 관련된 첫 번째 여자의 기능을 대신한다.

마지막 여자 칭호와 빈 무덤

막달라 마리아는 빈 무덤에서 단지 예수님의 부활을 목도하는 문자적인 역할이 아니라 그녀가 불리는 여자 칭호를 통해서 상징적인 역할을 수행한다. 그녀는 요한복음 이야기가 전개되는 가운데 '여자'로 호칭되는 마지막 여자로 등장하면서 빈 무덤과 밀접한 관련성

48) Rudolf Schnackenburg, *The Gospel according to St John*, vol. 3, trans., David Smyth and G. A. Kon (Kent: Burnes & Oates, 1982), p. 308.

을 가지게 된다. 예수님의 빈 무덤을 확인하는 장면에서 막달라 마리아와 다른 제자들의 반응은 뚜렷한 대비를 보인다. 막달라 마리아로부터 소식을 듣고 무덤에 달려가서 빈 무덤을 확인한 두 제자의 반응을 통해서는 예수님의 부활에 대한 증거가 확인되지 않고 단지 시체의 사라짐만 그 제자들이 확인하는 것으로 소개된다. 요한은 무덤에 간 제자 베드로의 증언을 통해서 "세마포가 놓였고 또 머리를 쌌던 수건은 세마포와 함께 놓이지 않고 딴 곳에 쌌던 대로 놓여 있더라"고 설명을 하지만 이를 부활의 증언으로 간주하지 않는다(20:6-7). 이에 대해 요한은 "그들은 성경에 그가 죽은 자 가운데서 다시 살아나야 하리라 하신 말씀을 아직 알지 못하더라"고 설명함으로써 부활에 대한 그들의 불신앙을 생생하게 기록한다(2:10). 비록 빈 무덤이 등장하지만 예수님을 따르던 제자들은 정작 그 빈 무덤을 통해서 부활에 대한 믿음보다 시체의 부재만을 확인 한다. 막달라 마리아도 이러한 흐름에서 벗어나지 못하고 있다. 무덤에서 돌이 옮겨진 것을 보고 그녀는 예수님의 부활보다는 그 시체의 없어짐에 놀라서 제자들에게 그 시체의 부재를 알린다(20:2, "시몬 베드로와 예수께서 사랑하시던 그 다른 제자에게 달려가서 말하되 사람들이 주님을 무덤에서 가져다가 어디 두었는지 우리가 알지 못하겠다 하니").

처음에 등장하는 막달라 마리아와 제자들의 반응은 공통점을 가지고 있다. 그러나 차이점은 두 제자는 빈 무덤을 확인하고 자기들의 집으로 돌아갔지만, 막달라 마리아는 출생 장면을 연상시키듯이 고통 속에서 울며 무덤 안을 들여다본다는 사실이다(20:11, "마리아는 무덤 밖에 서서 울고 있더니 울면서 구부려 무덤 안을 들여다보니"). 계속 빈 무덤에 남아있던 막달라 마리아와 집으로 돌아간 제자들 사이에 발생하는 막달라 마리아의 두 번째 증언은 이들 관계의 뚜렷한 변화를 보여준다. 빈 무덤에서 등장하는 첫 번째 막달라 마리아의 증언과 달리 두 번째 증언은 예수님의 부활을 확증할 뿐만 아니라 예수님께서 부탁하신 말씀까지도 전달한다(20:18, "막달라 마리아가 가서 제자들에게 내가 주를 보았다 하고 또 주께서 자기에게 이렇게 말씀하셨다 이르니라"). 막달라 마리아는 예수님의 직제자들을 뛰어넘어 예수님의 부활에 대한 첫 번째 증인이 될 뿐만 아니라 그 부활 사실과 예수님의 부탁을 예수님의 제자들에게 전달한다. 빈 무덤에서 벌어진 사건에 대한 막달라 마리아의 두 번의 증언 사이에 그녀의 독특한 역할이 자세하게 소개된다. 즉 시체의 부재현장에 대한 세밀한 증거들, 천사의 등장, 예수님을 동산지기로 인식하는 오해, 예수님과의 대화 등이다. 이와 함께 요한은 무덤에 뉘어졌던 예수님의 몸의 재등장이 아니라 전혀 다른 몸을 가진 예수님의 출현을 소개한다.

예수님의 몸의 부재를 확인한 막달라 마리아가 근심 가운데 우는 장면을 연상시키는 구절을 요한복음에서 찾아볼 수 있다: "여자가 해산하게 되면 그 때가 이르렀으므로 근심하나 아기를 낳으면 세상에 사람 난 기쁨으로 말미암아 그 고통을 다시 기억하지 아니하느니라"(16:21). 이 구절의 분위기와 빈무덤 앞에 있는 막달라 마리아의 분위기와 비교할 때 상징적인 공통점을 찾을 수 있다. 이 구절에서는 예수님의 어머니, 사마리아 여자 그리고 막달라 마리아와 관련된 내용에서 공통적으로 등장하는 '여자' 및 '때'와 같은 상징적인 용어들 대신에 '어머니'나 '아들'과 같은 직설적이고도 일상적인 용어가 출산 장면을 묘사하고 있다. 슬픔이 기쁨으로 바뀌는 과정을 겪게

될(20:15-16) 막달라 마리아의 우는 장면은 16장 21절의 해산의 수고를 지나 기쁨을 맛보게 될 여자의 이미지와 겹치게 된다. 이 구절에 앞서, 요한은 "내가 진실로 진실로 너희에게 이르노니 너희는 곡하고 애통하겠으나 세상은 기뻐하리라 너희는 근심하겠으나 너희 근심이 도리어 기쁨이 되리라"는 예수님의 말씀을 전하며, 곧이어 여자의 출산 장면을 비유로 들어 제시한다. 빈 무덤 사건에 대해 세상은 기뻐하고 제자들은 슬픔가운데 근심하나 이 슬픔과 근심은 곧 기쁨으로 바뀐다. 16장 21절을 해석하는 22절도 빈 무덤에서 전개되는 예수님의 올라감을 상징한다. 즉 16장 21절은 예수님께서 그의 떠남과 다시 오심을 설명하는 분위기 속에서 전개되는 내용이다(참조, 22절, "지금은 너희가 근심하나 내가 다시 너희를 보리니 너희 마음이 기쁠 것이요 너희 기쁨을 빼앗을 자가 없으리라"). 이 장면은 빈 무덤에서 나오신 예수님께서 마리아에게 그의 올라감을(떠남과 다시 옴) 설명하는 장면을 연상시킨다(20:17, "예수께서 이르시되 나를 붙들지 말라 내가 아직 아버지께로 올라가지 아니하였노라 너는 내 형제들에게 가서 이르되 내가 내 아버지 곧 너희 아버지, 내 하나님 곧 너희 하나님께로 올라간다 하라 하시니"). 16장 21절은 20장 빈 무덤의 상황을 반영하면서 출생의 이미지를 통한 상호 관련성을 갖는다. 비록 "어머니"라는 용어가 이 구절에서 등장하지 않지만 본문과 그 분위기를 고려할 때 "전체적인 이미지는 모성애"이며,49) 그래서 "여자여"라는 호칭은 어머니 즉 모태의 이미지를 대신한다고 할 수 있다.

16장 21b절에서 등장하는 ἄνθρωπος(사람)와 16장 21a절의 παιδίον(아기)은 서로 구별된다. 비록 이 두 어휘가 태어난 한 사람을 동일하

---

49) Francis J. Moloney, *Woman: First Among the Faithful* (London: Darton, Longman and Todd, 1985), p. 87.

게 지시하지만, ἄνθρωπος의 추가로 인해 이 출생 장면은 다른 구절과 상징적인 관련성을 갖는다. ἄνθρωπος와 관련하여 출생의 이미지를 드러내주는 내용은 예수님과 니고데모와의 대화에서 등장한다. 다시 말하면, 사람(ἄνθρωπος)의 출생은 사람이 성장한 후에 다시 태어나는 문제를 제기한 니고데모의 대답을 연상시킬 수 있다(3:4, "니고데모가 이르되 사람[ἄνθρωπος] 이 늙으면 어떻게 날 수 있사옵나이까 두 번째 모태에 들어갔다가 날 수 있사옵나이까"). 출생이라는 배경 속에 놓여있는 ἄνθρωπος로 인해 이 두 장면은 상호 관련성을 갖는다. 예수님의 질문에 대한 니고데모의 답변 속에 내포된 문자적인 거듭남의 성격이 비유적으로 성취되는 것을 반영한 구절이라고 할 수 있다. 문자적인 아기의 출생을 통해서 비유적인 사람의 출생을 지시하면서 예수님의 부활 장면을 미리 반영하며 니고데모와 예수님과의 대화 가운데 드러나는 거듭남의 성취 모습을 상징하는 것이다. 출생은 죽음을 반영하면서 부활의 성격을 암시한다고 할 수 있다. Lieu는 16장 21a절을 통하여 출생은 죽음이 되며 죽음과 출생은 상호 보완적이고, 슬픔이 기쁨을 수반하듯이 죽음은 출생과 밀접한 관련을 갖는다고 본다. 즉 그녀는 죽음에 직면할 때 출생을 만나게 된다고 제시한다.[50] 요한은 이 구절을 통해서 예수님의 죽음의 장면을 연상시키는 설명을 한다.

예수님의 죽음이 첫 번째 출생에 대한 종결이며 동시에 두 번째 출생에 대한 시작이 되듯이 막달라 마리아는 마지막이 시작이며 시작이 마지막인 단계에서 '여자'로서 중개 역할을 하는 기능을 담당한다.[51] 빈 무덤에서 펼쳐지는 그녀의 역할은 여자 칭호를 통해서 상

50) Lieu, "The Mother of the Son in the Fourth Gospel," 73.

징성을 가지게 되며 예수님의 부활이 문자적이며 비유적으로 성취되는 모습을 드러낸다. 막달라 마리아는 16장 21절의 아기를 출생하는 '여자'의 기능을 포함해서 첫 번째 여자 칭호로 불리는 예수님의 어머니의 기능을 반영하는 가운데 빈 무덤에서 문자적인 거듭남을 상징하는 예수님의 부활에 대해 증거 하는 역할을 수행한다.

여자와 천사들

빈 무덤을 보고 집으로 돌아간 두 제자들과 달리 막달라 마리아는 무덤 밖에서 울다가 안을 들여다보게 된다. 마리아가 목도한 광경은 두 제자들이 보았던 것과 다르다. 요한은 막달라 마리아를 통해 두 제자들이 보았던 세마포와 수건을 포함해서 예수님의 시체가 뉘였던 머리 편과 발편에 있던 천사들을 증거 한다(20:12). 이 상황에서 천사들은 여자의 역할과 관련하여 독자들의 관심을 불러일으킨다. 신비스러운 천사들의 출현은 빈 무덤 현장에서 막달라 마리아와 관련성을 가지고 있다. 이 천사들은 빈 무덤에서 등장하여 막달라 마리아에게 단 하나의 질문을 제기한 후 사라진다(20:13, "천사들이 이르되 여자여 어찌하여 우느냐"). 단지 한 마디의 질문을 증언하기 위해 요한이 천사들의 등장을 기록했다고 보기 보다는, 두 제자들의 출현과 비교되는 막달라 마리아의 상징적인 역할을 드러내 주는 장치로 이 장면을 기록했다고 볼 수 있다. 그러므로 여기서는 막달라 마리아의 상징적인 역할과 관련하여 천사들이 빈 무덤 사건에서 어떤 기능을

51) Ibid., 72.

하는지 살펴보고자 한다.

요한은 빈 무덤 사건에서 막달라 마리아의 역할이 유일하도록 예수님의 몸에 대한 모든 가능한 증인들을 배제한다(참조, 20:10, "이에 두 제자가 자기들의 집으로 돌아가니라"). 요한복음의 이야기 흐름을 고려할 때 예수님의 출현이나 천사들의 등장은 우선적으로 예수님의 직제자들인 두 제자들과 관련되는 것이 자연스럽다. 그런데 이상하게도 예수님의 사랑하시는 제자와 함께 베드로가 무덤에 갔었지만 예수님이나 천사들은 그들에게 나타나지 않았다. 빈 무덤 현장에서 천사들은 단지 막달라 마리아와만 접촉하며 예수님도 울고 있는 막달라 마리아에게만 나타난다. 두 제자가 단지 빈 무덤만 확인하고 집으로 돌아간 상황에서 요한은 이들이 예수님의 부활에 대한 아무런 증거를 찾지 못하고 단지 시체의 부재에 대해서만 알았다고 확인시켜주며(20:8, "그 때에야 무덤에 먼저 갔던 그 다른 제자도 들어가 보고 믿더라"), 이들이 시체의 부재와 부활의 흔적을 통해서도 예수님의 부활을 믿지 않았다고 확인해준다(20:9, "그들은 성경에 그가 죽은 자 가운데서 다시 살아나야 하리라 하신 말씀을 아직 알지 못하더라"). 두 남자 제자들의 무력한 모습과 불신앙은 막달라 마리아의 활동과 뚜렷한 대조를 이룬다. 막달라 마리아가 구부려 무덤 안을 들여다 볼 때, 그녀는 두 천사를 발견한다(20:11, 12). 빈 무덤 사건을 둘러싸고 극적인 반전이 이루어지는 순간이다. 텅 비었던 돌무덤이 놀랄만한 사건으로 가득 찬다. 세마포가 놓였던 빈 무덤은 제자들과 함께 텅 빈 채로 마무리되며, 막달라 마리아를 통해서는 그 빈 무덤이 부활로 가득 차는 장소가 되어 솟아나는 샘물처럼 부활을 증거 한다.

막달라 마리아와 천사들의 만남 장면에서 특징적으로 관심을 불러일으키는 것은 막달라 마리아의 반응이다. 비록 그녀가 천사들을 인식했다고 가정해도(물론 천사들의 등장에 대한 요한의 설명과 달리 그녀가 천사들을 천사로 인식했는지는 의문으로 남는다) 흥미롭게도 요한은 마치 그녀가 일반 사람들을 대하는 것처럼 매우 평이하게 천사들의 출현에 반응하는 것으로 소개한다(20:13, "천사들이 이르되 여자여 어찌하여 우느냐 이르되 사람들이 내 주님을 옮겨다가 어디 두었는지 내가 알지 못함이니이다").[52] Beasley-Murray는 천사들이 이 장면에서 출현한 것은 하늘의 능력이 계속해서 일하고 있다는 증거이며 또한 천사들의 위치, 즉 한 명은 예수님이 누웠던 머리 편에 다른 한 명은 발편에 있었는데(20:12) 이러한 배치는 무덤에 있는 옷들이 침묵가운데 무엇을 증언하는지 일깨워주는 요소라고 주장한다.[53] 그러나 막달라 마리아는 Beasley-Murray가 주장하는 이러한 깊은 의미를 몰랐던 것으로 보인다. 물론 천사들의 존재 자체도 예수님의 부활에 대한 무언의 증언을 한다고 할 수 있지만 이에 대한 특징적인 막달라 마리아의 반응도 또 다른 무언의 증언이라고 할 수 있다. 특이하게도 두 천사의 역할은 이상할 뿐만 아니라 갑자기 중단된다. 누군가 예수님의 몸을 가져갔다고 생각한 막달라 마리아는 단지 이에 대해 천사들에게 대답한다: "사람들이 내 주님(κύριος)을 옮겨다가 어디 두었는지 내가 알지 못함이니이다"(20:13). 비록 막달라 마리아가 왜 그녀가 울고 있는지에 대한 천

52) 비교, 눅 24:4-5a("이로 인하여 근심할 때에 문득 찬란한 옷을 입은 두 사람이 곁에 섰는지라 여자들이 두려워 얼굴을 땅에 대니").

53) Beasley-Murray, *John: Word Biblical Commentary*, p. 374. 또한 다음을 보라: Schnackenburg, *The Gospel according to St John*, vol. 3, p. 315.

사들의 질문에 대답을 하지만 두 천사들은 그녀의 대답에 대한 반응 없이 이야기 속에서 사라진다. 막달라 마리아 역시 천사들에게 관심을 기울이지도 않고 예수님의 몸이 사라진 것에 대해 천사들로부터 답변도 기다리지 않는다. 대신 그녀는 예수님을 예수님으로 알아보지 못한 상태에서 그를 보기 위해 돌아선다. 그렇다면 막달라 마리아는 천사를 천사로 인식하지 못하고 단지 그들을 예수님의 부재를 설명하는 일반인으로 인식한 것으로 보인다. 그렇기 때문에 이 본문의 상황에서 두 천사들의 기능이 무엇인지에 대한 의문이 제기될 수 있다.

천사들은 막달라 마리아나 독자들에게 단지 질문만 했을 뿐이지 사라진 예수님의 몸이 어디에 있는지에 대해 어떠한 정보도 제공하지 않는다. 그들은 단지 빈 무덤의 증거, 즉 예수님의 몸의 부재를 그의 몸이 놓였던 자리의 머리 편과발 편에 앉아 조용히 증거할 뿐이다(20:12). 예수님의 몸의 부재를 증언하는 것 외에 막달라 마리아와 관련한 천사들의 역할은 막달라 마리아가 울고 있는 것을 드러내는 것이다. 비록 두 천사가 마리아에게 "어찌하여 우느냐"고 각각 물어보았는지 아니면 동시에 둘이 물어보았는지 명확하지 않지만, 이 천사들은 독자들에게 막달라 마리아가 "울고 있었다"는 것을 생생하게 상기시킨다(20:13). 이렇게 막달라 마리아가 울고 있는 장면은 예수님의 출현 시에도 이어진다. 천사들에 대한 대답이나 질문을 지속하지 않고 마리아는 갑자기 돌아서서 예수님을 바라본다. 그녀가 울고 있는 동안에 예수님께서 등장하는데 예수님도 역시 마리아가 울고 있는 상황을 언급한다(20:15, "어찌하여 울며 누구를 찾느냐"). 따라서 막달라 마리아는 반복되는 "어찌하여 우느냐"는 질문의 분위기 속에 묻히게 된다(20:11, 13, 15). 천사의 출현 자체에 대해서는 막달라 마리아가 무덤덤한 반응을 보이기 때문에 그녀의 우는 모습이 강조되는 것은 피할 수 없다. 빈 무덤에서 천사들의 출현 자체도 중요하겠지만 그러나 이야기 전개과정에서 그들의 주된 역할은 막달라 마리아에게 질문하는 것으로 보인다. 막달라 마리아가 울고 있는 상황을 모를 리가 없는 분위기 속에서 천사들은 우문과도 같은 질문을 막달라 마리아에게 던진다. Ingrid Rosa Kitzberger는, "이 질문은 마리아가 우는 이유를 독자들이 알도록 준비해 준다"고 설명한다. 그러나 Kitzberger는 막달라 마리아가 우는 이유를 시체의 부재 때문이라는 그녀의 진술("사람들이 내 주님을 옮겨다가 어디 두었는지 내가 알지 못함이니이다")을 전제로 한 것이다.[54] 막달라 마리아가 울고 있는 문자적인 이유는 Kitzberger의 주장과 같이 시체의 부재에 기인한다. 그러나 요한은 이러한 문자적인 부재를 통해서 또 다른 비유적인 부재를 말하며 문자적인 예수님의 출현을 예고하고 있다. Duke는 이것을 아이러니로 간주하며, 만일 그녀가 시체를 찾았더라면 "그 결과는 정말로 기쁨이 없었을 것이고," 마리아가 예수님의 정체를 인식하지 못한 것은 "그의 정체(인물로서)에 관한 우리의 확신을 강화"시키면서 동시에 독자에게 이해와 만족을 주는 중요한 요소라고 제시한다.[55]

막달라 마리아가 그녀의 뒤에 서있는 예수님을 보았을 때 비록 예수님께서 그녀를 부르고 그녀에게 질문도 했지만(20:15a, "예수께서 이

54) Ingrid Rosa Kitzberger, "Mary of Bethany and Mary of Magdalene-Two Female Characters in the Johannine Passion Narrative," *NTS* 41 (1995), p. 582.

55) Duke, *Irony in the Fourth Gospel*, pp. 104-5.

르시되 여자여 어찌하여 울며 누구를 찾느냐"), 그녀는 바로 그가 그녀가 찾고 있는 예수님이라는 것을 알아보지 못했다. 결과적으로, 반복되는 단어인 '울음'(20:11a, 11b, 13, 15)은 마리아의 역할이 이 '울음'과 밀접하게 관련된다는 것을 보여준다.[56] 더욱이 예수님께서 가나의 포도주 기적 사건과 십자가상에서 그의 어머니를 "여자여"라고 부른 후 '여자'로 칭하는 마지막 장면은 막달라 마리아와 관련하여 등장한다. 예수님의 부활과 관련된 분위기 속에서 울고 있는 모습으로 정형화되는 마리아의 모습과 결합되는 '여자' 칭호의 기능을 막달라 마리아가 떠맡게 된다.

새로운 기능을 상징하는 '여자' 칭호

빈 무덤 앞에서 등장하는 막달라 마리아의 모습은 울고 있는 그녀의 모습과 여자 칭호를 통해서 이해할 수 있기 때문에 여자 칭호 및 울고 있는 상황과 관련하여 막달라 마리아가 어떻게 역할을 수행하는지 찾아보고자 한다. 울고 있는 막달라 마리아는 독자들에게 곡하며 애통하는 가운데 근심하지만 아기를 낳고 기뻐하는 장면을 떠올리게 만들 수 있다(16:21). 사복음서에서 등장하는 인물 가운데 "사실상, 그녀가 예수님을 '더 이상 보지 못했을' 때 울며 슬퍼한 복음서의 유일한 인물이다(참조, 16:19)."[57] 여기에서 Conway는 "예수님께서 그의 죽음과 부활 뒤에 수반되는 인간의 감정을 묘사하기 위해

56) Conway, *Men and Women in the Fourth Gospel: Gender and Johannine Characterization*, p. 192.

57) Ibid., p. 193.

출생의 비유를 사용하시는 것을 볼 때 여자가 이 예언을 성취하는 것은 아마도 우연의 일치가 아니다"라고 주장한다.[58] 예수님께서는 자신이 장사되었던 빈 무덤에서 첫 번째 표적에서 예고된 대로 부활하셨다. 이 부활이 문자적인 출생의 이미지에 둘러싸이는데, 그 중에서 막달라 마리아가 여자로 불리며 이 이미지를 불러일으키는 역할을 한다. 빈 무덤은 니고데모가 언급한 문자적인 모태를 연상시킬 수 있으며, 세마포, 수건, 울고 있는 여인 등은 아기의 출생과 관련하여 친숙한 이미지를 제공한다. 이러한 출생의 이미지 속에서 예수님의 첫 번째 출생(1:14, "말씀이 육신이 되어"[출생])과 관련된 어머니가 '여자'로 불리듯이 막달라 마리아는 예수님의 거듭남을 상징하는 부활과 관련하여 '여자'로 불린다. 여자 칭호가 비유적으로 출생의 이미지를 담고 사용되기 때문에 여자 칭호를 동반하는 막달라 마리아는 예수님의 부활과 관련하여 빈 무덤을 출생의 이미지와 관련시키는 역할을 한다.

두 여자는 예수님의 첫 번째 출생을 비롯해 두 번째 출생을 상징하는 부활과 관련하여 서로 밀접하게 관련된다. 예수님의 사역의 초기와 절정에 등장하는 첫 번째 여자의 기능을 그 사역의 마지막 현장에서 막달라 마리아가 수행한다. 막달라 마리아의 역할을 통해서 문자적이며 비유적인 성격의 거듭남을 반영하는 니고데모의 답변은 빈 무덤에서 실현된다고 할 수 있다(3:4, "니고데모가 이르되 사람이 늙으면 어떻게 날 수 있사옵나이까 두 번째 모태에 들어갔다가 날 수 있사옵나이까"). 첫 번째 표적 이후에 등장하는 예수님의 부활은 마침내 20장에서 문자적

58) Ibid.

으로 그리고 비유적으로 성취된다. 가나의 첫 번째 포도주 사건에서 시작된 장면은 십자가 사건과 빈 무덤을 통해서 마무리 되며 이 두 사건은 상호 영향을 주고받으면서 요한복음 이야기의 완성을 촉진시킨다.[59] 이와 같이 두 여자는 예수님의 생애를 처음부터 마지막까지 둘러싸고 있다. Conway의 주장과 같이, 예수님의 영광의 시간이 시작되는 순간부터 마지막 순간까지 등장하는 두 여자인 예수님의 어머니와 막달라 마리아는 그의 "영광의 때가 펼쳐지는 것을 본 증인인 동시에 참 여자"가 된다.[60]

'여자'의 기능을 성취한 막달라 마리아

막달라 마리아는 이름이 소개될 뿐만 아니라 '여자'로도 불린다. 예수님의 어머니나 사마리아 여자와 달리 이름이 소개될 뿐만 아니라 '여자'로도 불리는 것이다. 그렇다면 그녀의 역할이 다른 두 여자 칭호와 어떻게 구별될 수 있을까? 요한복음의 이야기 속에서 막달라 마리아와 관련한 상징적인 여자의 역할은 그녀의 이름이 불리는 것과 함께 종료된다. 요한은 이 역할의 종료를 막달라 마리아를 부르는 예수님의 칭호 구분을 통해서 달성한다. 요한은 예수님이 여자 칭호를 사용하여 막달라 마리아를 부를 뿐만 아니라 직접적으로 그녀의 이름인 '마리아'를 부르는 것을 세밀하게 구분하여 소개한다. 부활하신 예수님께서 막달라 마리아를 만날 때 예수님은 그녀의 이

59) Lieu, "The Mother of the Son in the Fourth Gospel," 69.

60) Conway, *Men and Women in the Fourth Gospel: Gender and Johannine Characterization*, p. 198.

름 대신에 그녀를 "여자여"라고 부르신다. 막달라 마리아가 돌아서서 예수님을 보았고 이야기를 나누었지만, 그녀는 어떻게 된 일인지 예수님을 알아보지 못한다. 막달라 마리아가 예수님을 만나고 그의 목소리를 들었을 때 그를 알아보지 못한 것은 이상한 일이다. 충분히 예수님의 목소리나 그 모습을 알아보아야 하는 상황에서 막달라 마리아는 예수님을 동산 지기인줄로 착각하며 계속해서 예수님의 시체의 부재에 대한 진술을 반복할 뿐이다(20:15, "예수께서 이르시되 여자여 어찌하여 울며 누구를 찾느냐 하시니 마리아는 그가 동산지기인 줄 알고 이르되 주여 당신이 옮겼거든 어디 두었는지 내게 이르소서 그리하면 내가 가져가리이다"). 아이러니하게도 막달라 마리아는 문자적으로 부활하신 예수님에게 그 예수님의 문자적인 시체 어디 있는지 물어본다. 천사의 출현에도 이에 대한 특별한 반응 없이 문자적인 예수님의 시체를 찾던 막달라 마리아는 예수님의 출현에도 불구하고 반복적인 질문을 하며 예수님의 출현과 뚜렷하게 대비되는 시체의 부재를 반복하여 언급한다. 그녀의 반복되는 시체의 부재에 대한 토로는 부활하신 예수님의 실존을 강조하는 요한의 역설적인 표현이라고 할 수 있다. 어쨌든, 그녀는 자신이 찾고 있는 예수님을 찾았음에도 불구하고 이를 인식하지 못하고 계속해서 찾고 있다.

막달라 마리아가 예수님을 향하여 고개를 돌린 일과 관련하여 의미를 부여하는 경우도 있다. 그녀가 예수님을 향하는 장면에서 "돌이켜"라는 용어가 두 번 등장한다(20:14, 16). 그녀의 두 번째 돌아섬은 매우 어색하다. 왜냐하면 막달라 마리아는 이미 20장 14절에서 돌아섰기 때문이다("이 말을 하고 뒤로 돌이켜 예수께서 서 계신 것을 보았으나 예수이신 줄은 알지 못하더라"). Schneiders는 이 모순을 해결하는 방법으로 두 번째 돌아섬에 비유적인 의미를 불어 넣기도 한다. 그는 두 번째 돌아섬을 비유적인 "개종"의 의미로 간주하면서 막달라 마리아를 새로운 이스라엘인 요한 공동체를 대표하는 상징으로 여긴다.[61] 물론 Schneiders의 주장과 같이 이러한 돌이킴이 상징성을 가질 수도 있지만 그보다는 막달라 마리아가 두 번의 돌이킴과 관련하여 어떻게 예수님을 인식하는지에 대해 초점을 맞출 필요가 있다.

막달라 마리아는 자신의 이름을 들었을 때 비로소 예수님을 인식하기 시작한다. 비록 Koester는 막달라 마리아가 자신의 이름을 부르는 소리를 들었을 때 그 사람을 예수님으로 인식했다고 설명하지만, 그는 단지 그녀가 예수님의 목소리를 들었다는 데만 초점을 맞춘다. 그러나 예수님의 목소리를 통해서 막달라 마리아가 예수님을 인식했다고 볼 수 없다. 막달라 마리아는 이미 예수님의 목소리를 들었으며,[62] 그녀가 자신의 이름을 듣기 전까지는 그를 동산지기로 간주하여 그 앞에 서 있는 예수님에게 예수님의 시체를 달라고 요구했다(20:15). 어떤 면에서 예수님의 어머니가 예수님에게 포도주의 고갈을 알리듯이(2:3), 이 부분에서는 이 요구가 새로운 몸으로 부활하신 예수님의 부활을 확인하는 독촉같이 들린다. 아무튼, 막달라 마리아는 예수님의 음성을 들었을 때나 혹은 여자로 불릴 때가

---

61) Sandra M. Schneiders, "The Encounter of the Easter Jesus with Mary Magdalene–A Transformative Feminist Reading," *"What is John?": Readers and Reading of the Fourth Gospel*, SBL Symposium Series, ed. Fernando F. Segovia (Atlanta: Scholar Press, 1996), pp. 163-4.

62) Craig R. Koester, "Hearing, Seeing, and Believing in the Gospel of John," *Biblica* 69 (1989), pp. 343-5

아니라 자신의 이름으로 불릴 때 예수님을 인식했다고 할 수 있다. 바꾸어 말하면, 여자 칭호는 거듭남과 관련되었을 뿐만 아니라 예수님의 어머니의 기능을 인수하기 때문에 막달라 마리아가 이름으로 불릴 때 그녀가 '여자'의 기능을 수행하는 것으로부터 분리되는 것이다. 여기에서 초점은 예수님께서 "여자여"라는 호칭 대신에 막달라 마리아의 이름을 부를 때 예수님의 부활과 관련하여 예수님의 어머니를 대신하는 그녀의 상징적인 기능이 끝난다는 점이다. 막달라 마리아에 대한 두 개의 다른 칭호를 통해 그녀의 기능은 구분되며, 이 구분 후에 막달라 마리아는 니고데모가 예수님을 "랍비여"라고 부른 것과 같이(3:2) "사랑과 믿음과 기쁨"으로 "랍오니"('Ραββουνί)라고 외친다.[63)]

5. 비유적/문자적 '여자' 칭호

예수님께서 그의 어머니를 "여자여"라고 부른다고 해도 독자들은 이미 요한복음 이야기가 진행되는 동안에 이 칭호 속에 예수님의 모성 이미지가 내포된 것을 충분히 인지할 수 있을 것이다. '하나님'이란 칭호 속에 상징적으로 아버지(the Father)의 이미지가 함축되어 있는 것과 비교할 수 있다. 문자적이며 비유적인 요소는 "완전히 분리될 수 없으며,"[64)] 요한복음의 여러 가지 개념들은 이 두 가지 요소

---

63) 'Ραββί 및 'Ραββουνί의 구분에 대해서는 이 책 제4장 (6. 인물과 호칭의 상호작용: 'Ραββί · 'Ραββουνί · διδάσκαλος 및 7. 인물과 호칭의 상호작용: ῥαββουνί · "히브리 말로")을 참조하라.

64) David Seeley, *Deconstructing the New Testament* (Leiden: E. J. Brill, 1994), p. 105.

를 동시에 내포하고 있다. 하나님에 대한 '아버지' 칭호가 문자적이며 비유적으로 사용되는데, 예수님께서 가나의 포도주 기적 사건 후 성전을 정화시킬 때 그는 비둘기는 파는 사람들에게 "이것을 여기서 가져가라 내 아버지의 집으로 장사하는 집을 만들지 말라"고 명령한다(2:16). 이 명령 속에서 예수님은 성전을 하나님의 집이 아니라 아버지의 집이라고 부른다. 그리고 자신의 몸을 성전과 관련하여 비유로 사용하며(2:19, "너희가 이 성전을 헐라 내가 사흘 동안에 일으키리라"), 제자들은 예수님의 부활 후 비로소 이 말씀을 이해한다(2:22). 예수님의 부활 후에 비유적이며 문자적인 의미가 밝혀진다. 그래서 서언에서 처음 사용된 "아버지"(the Father)라는 용어(1:14, 18)는, 그 성전인 아버지의 집과 예수님의 몸을 일치시키는 것을 통해서 아들(the Son)에 대한 부성의 이미지를 제공한다.

여자 칭호도 문자적이며 비유적인 의미를 가지며 첫 번째 표적에서 뿐만 아니라 마지막 표적인 부활 사건에서도 상징적인 역할을 한다. 첫 번째 여자 칭호를 통해서 첫 번째 표적 사건에 드리운 모태의 이미지는 사마리아 여인과 막달라 마리아를 통해서 다시 등장한다.[65] 사마리아 여인의 이야기에서 예수님은 그 여인을 "여자여"라고 부르며 자신의 '때'를 언급할 때 하나님을 아버지로 소개한다(4:21, 23). 물론, 이미 제시한 바와 같이 첫 번째 여자 칭호 사용과 '때'는 예수님의 어머니와 관련하여 등장한다(2:4). 예수님께서는 막

65) Samuel Terrien은 사마리아 여인과 막달라 마리아의 이야기에서 "모성과 거룩한 부성"(womanhood and divine fatherhood) 사이의 "주제적 연결"(thematic link)의 가능성을 제시한다. Samuel Terrien, *Till the Heart Sings: A Biblical Theology of Manhood & Womanhood* (Philadelphia: Fortress, 1985), pp. 137-8.

달라 마리아와 그의 올라감에 대해 이야기 하실 때 하나님을 아버지(the Father)라고 부른다(20:17). 예수님의 부활 장면에서 등장하는 '아버지 됨'은 막달라 마리아가 '여자'로 불리는 것과 조화되는 상징성을 가진다. 비유적이며 문자적인 상징성을 가진 모태의 이미지는 '여자' 칭호를 통한 균형 속에서 거듭남을 상징하는 부활이 문자적이며 비유적으로 그리고 물질적이며 영적으로 이루어지는 것임을 증언하는 기능을 한다.

제8장 때와 표적

요한복음의 특징 중 하나는 특정한 시점과 목적 성취를 내포하는 '때'라는 용어를 사용한다는 점이다. 특별히 예수님께서 사용하신 "여자여"라는 칭호가 '때'와 관련하여 등장하는 것을 주목할 필요가 있다(2:4; 4:21, 23). 여자 칭호 및 '때'는 포도주의 고갈과 공급, 갈증과 생수 공급 그리고 예수님의 부활 현장에서 등장한다. 여기서는 거듭남(부활)의 개념을 구체화 시키는 주요 동인인 '여자' 및 '포도주'와 관련시켜 '때'와 표적의 상호 관련성 및 그 기능을 찾아보고자 한다.

'때'는 일상적인 시간을 지칭하는 것과 구별된다. 즉 '때'는 일상적인 시간뿐만 아니라 중요한 순간을 지칭할 때 사용된다(1:39; 2:4; 4:6, 21, 23, 52; 5:28; 7:30; 8:20; 11:9; 12:23, 27; 13:1; 16:2, 4, 25, 32; 17:1; 19:14, 27).[1] 이 '때'는 독자들에게 예수님의 특별한 사건이나 십자가

---

1) 요한복음에서 강조되는 것은 특정한 '때'인데 일상적인 시점을 지칭할 때도 구체적인 시간 표현을 사용하여 이를 상징으로 사용한다. 특정한 때와 일상적인 시

의 분위기를 상기시키기도 한다(19:14, "이 날은 유월절의 준비일이요 때는 제육시라 빌라도가 유대인들에게 이르되 보라 너희 왕이로다"). '때'의 절정인 십자가의 죽음은 마지막 표적으로서 새로운 포도주의 공급을 상징하는 부활의 전주곡이 된다. 따라서 '때'와 표적의 관계성은 요한복음의 전반에 걸쳐 흐르는 '때'의 진행을 부활을 지향하며 전개되는 표적들과 관련하여 이해할 때 밝히 드러나게 된다.

1. '때'와 예수님의 어머니

우선적으로 가나의 혼인잔치에서 발생한 포도주 표적 사건을 둘러싸고 전개되는 '때'의 문제를 통해 어떻게 이 '때'가 상징성을 가지고 실현되는지를 살펴볼 것이다. 예수님께서는 단순한 포도주의 고갈을 알리는 것처럼 보이는 그의 어머니의 요구에 반응하는 표현으로 '때'를 언급하신다. 예수님의 반응은 그의 어머니의 요구와는 전혀 무관한 답변처럼 보이며 이어지는 예수님의 행동은 이 답변이 모

간의 구분 혹은 일상적인 시간이 특정한 때를 지칭하는지에 대한 구분은 그것들의 상징성에 기초해야 한다. 요한복음에는 어떤 사건이 발생한 시점과 이를 기록한 시점이 비록 다르다고 해도 동일한 본문 속에 녹아있기 때문에 이를 구분하면서 요한의 의도를 찾을 필요도 있다. 그렇지만 요한은 그의 신학적인 목적을 위해 역사적인 요소들을 신학화시켰기 때문에 본문 속에서 역사와 신학의 지나친 구분은 요한복음의 목적을 벗어날 수 있다. 비록 세 가지로 시점을 구분한다고 해도 이는 요한이 의도한 '때'를 위해 종속되어야 한다. 이야기가 발생하는 때(narrative time), 이야기가 펼쳐지는 때(story time), 그리고 저자와 청중의 때에 관한 이해를 위해서는 다음을 보라: Richard A. Burridge, *Four Gospels, One Jesus?: A Symbolic Reading* (London: SPCK, 1994), pp, 139-40; R. Alan Culpepper, *Anatomy of the Fourth Gospel* (Philadelphia: Fortress, 1983), pp. 53-75.

순성을 가진 것처럼 보이게 만든다. 이와 같이 예수님께서 언급하신 '때'는 포도주의 고갈 고지에 대한 예수님의 반응을 반영하기 때문에 이 구절을 둘러싸고 있는 분위기와 무관하게 이 '때'를 이해할 수 없으며 오히려 주변의 구절을 통해서 이 의미가 밝혀진다고 할 수 있다.

가나의 혼인잔치 이야기에서 '때'는 이를 이해하는데 어려움을 주는 4절과 5절의 비논리적으로 보이는 연결에도 불구하고 일반적으로 예수님 어머니의 부탁과 더불어 연구된다.[2] 요한복음의 이야기 전개 과정에서 '때'의 상징적인 기능은 포도주 기적 사건에서 나타나듯이 여자 칭호 및 포도주와 관련하여 찾을 수 있다. 예수님과 그의 어머니와의 대화는 예수님께서 여자 칭호를 사용하는 답변인, "여자여 나와 무슨 상관이 있나이까 내 때가 아직 이르지 아니하였나이다"(2:4)로 인해 혼동을 불러일으킬 수 있다. 더욱이 물을 포도주로 바꾼 사건은 그의 어머니에 대한 답변과는 전혀 반대되는 행동처럼 보이게 만들며, 이러한 것은 그녀에게 '때'를 파악하지 못했다는 혹은 지나친 요구를 예수님에게 했다는 부정적인 이미지를 안겨준다. 즉 예수님의 반응(2:4)은 외면적으로 예수님께서 포도주의 고갈에 관심이 없는 것처럼 보이게 만들며 동시에 그녀의 성급한 요구에 대한 반박같이 보인다.

그러나 이에 대해서는 예수님의 어머니의 입장을 옹호하면서 예

---

2) 이에 대한 전통적인 연구를 참고하기 위해서는 다음을 보라: Raymond E. Brown, et. als., eds., *Mary in the New Testament* (London: Geofrey Chapman, 1978), pp. 182-94; John McHugh, *The Mother of Jesus in the New Testament* (London: Darton, Longman & Todd, 1975), pp. 361-403; Ritva H. Williams, "The Mother of Jesus at Cana: A Social-Science Interpretation of John 2:1-12," *CBQ* 59 (1997), 679-92.

수님의 답변을 그녀의 요구에 대한 반박이 아니라 긍정을 내포한 것으로 간주하는 주장도 있다. Brown은 예수님 어머니의 진술에서, 그녀가 단지 절망적인 상황을 보고하는 것이 아니라 예수님이 무엇인가 하도록 요구하는 것을 내포한다고 주장한다. "내 때가 아직 이르지 아니하였나이다"라는 예수님의 반응은 무엇인가 하고 싶어 하는 듯한 분위기를 반영한다는 것이다.[3] 그렇다면 예수님의 답변은 "내 때가 이제 오지 않았는가?"로 번역될 수 있게 된다.[4] 어쨌든, "내 때가 아직 이르지 아니하였나이다"라는 답변과 이어지는 물이 포도주로 바뀌는 사건은 두 가지 행동이 모순처럼 보이는 것으로 인해 오해를 낳는다. 때가 이르지 않았다며, 예수님이 자신의 어머니의 요구에 대해 부정적인 반응을 보이면서도 다른 한편으로는 그녀의 요구에 응하는 행위인 물을 포도주로 바꾸는 기적을 베풀기 때문에 예수님의 답변과 행동이 모순인지 아니면 예수님의 어머니의 요청이 잘못된 것인지에 대한 해석의 갈등이 있다. 이 요청과 반응의 핵심적인 구절은 예수님의 반응을 나타내는 답변이다. 예수님의 어머니의 요청과 그 후에 이어지는 예수님의 행동은 상호 일치성을 가지지만 그 중간에 있는 예수님의 답변이 이 두 가지를 모순되게 만드는 인상을 주기 때문에 예수님의 답변에 초점을 맞추어 이 문제를 풀어야 한다. 예수님의 답변은 이중의 성격을 내포한 것으로 보인다. 이 답변은 두 가지, 즉 "적의나 혹은 평화스러운 태도"의 표현일 수 있

3) Raymond E. Brown, *The Gospel according to John I-XII: The Anchor Bible* (New York: Doubleday, 1970) p. 99.

4) Rudolf Schnackenburg, *The Gospel according to St John*, v. 1, trans. Kevin Smyth (Kent: Burns & Oates, 1968), pp. 328-4.

다.[5] 이에 대해 Beasley-Murray는 예수님은 그의 어머니의 선취권적인 요청에 대해서는 거절을 하면서도 동시에 포도주의 고갈에 대한 해결 요청은 수락했다는 주장을 한다. 그는 열왕기하 3장 13절을 연구하면서 다음과 같이 주장한다: 이것은 "거절을 표현하지만, 그러나 이 예언자는 요청받은 것을 제공한다; 그래서 여기에서는 마리아의 선취적인 행동에 대한 명백한 거절이지만, 그러나 개입에 대한 요청은 수락한 것이다. 그러나 그 [예수님의] 질문은 부드러웠을 것이다; 동부 시리아 갈데아(Syrian 'Chaldean') 지역에서 온 비유적인 표현은 생각의 분열이 아니라 통일을 의미하는데…"(참조, 삿 11:12; 삼하 16:10; 왕상 17:18; 왕하 3:13; 대하 35:21; 막 5:7).[6]

예수님의 답변이 이중적인 의미를 담고 있다는 Beasley-Murray의 온건한 주장도 타당성을 가지겠지만, 이 답변 속에 포함된 '때'의 도래는 첫 번째 포도주와 더불어 시작되는 것을 그의 행동을 통해서 보여주기 때문에 이 답변의 이중적인 의미보다는 그의 어머니의 요청에 대한 긍정적인 수락에 비중이 주어져야 한다. 표면적으로 볼 때 예수님의 반응인, "여자여 나와 무슨 상관이 있나이까"는 예수님께서 무엇인가 하도록 성급하게 독촉하는 그의 어머니에 대한 책망같이 보이기도 한다. 그러나 이 문장을 직역하면, "당신과 내게 이것이 무엇인가"라고 할 수 있다.[7] 즉 예수님의 어머니의 요구에 대해

---

5) George R. Beasley-Murray, *John: Word Biblical Commentary*, vol. 36, second ed. (Nashville: Thomas Nelson Publishers, 1999), p. 34.

6) Ibid,

7) A. T. Robertson, *Word Pictures in the New Testament* (Nashville: Broadman Press, 1932), p. 34. 참조, 마 8:29; 막 1:24; 5:7. 이 문장에 대한 다양한 해석에 대해서

예수님은 기다렸다는 듯이 포도주의 고갈 상황과 충족에 대한 의미를 확인시킨다고 할 수 있다. 예수님의 어머니는 여자로 불리며 첫 번째 표적인 포도주를 물로 바꾸는 사건의 동역자가 된다. '때'는 여자 칭호와 밀접한 관련성을 가지면서 포도주 기적 사건이 첫 번째 표적인 상황에서 예수님의 답변이 본격적으로 표적을 행하는 때의 시작을 의미하도록 만든다. 이 '때'는 어떤 한 시점에서 이루어지기보다는 십자가상의 "다 이루었다"라는 표현처럼 첫 번째 표적 이후 성취 되어야 할 완성의 때를 지향한다고 할 수 있다. 포도주의 고갈은 예수님과 그의 어머니가 함께 무엇인가 하도록 요구하는 상황을 상징한다고 할 수 있으며, 이 사건 자체가 양자에게 모두 의미가 있다고 할 수 있다. 예수님께서 말씀하시는 '때'는 그의 어머니의 부탁에 대한 거절이라기보다는 예수님의 행동을 유발하는 동인이 되며, 따라서 그녀의 역할을 통해서 예수님의 '때'가 본격적으로 전개된다.

2. '때'의 시점

가나의 첫 번째 표적 사건에서 '때'와 '영광'이 함께 등장한다. 요한은 포도주의 고갈과 충족에 관한 '때'의 시작을 말하면서(2:4) 이 표적의 성취 결과를 영광으로 표현한다(2:11, "예수께서 이 첫 표적을 갈릴리 가나에서 행하여 그의 영광을 나타내시매 제자들이 그를 믿으니라"). 이러한 '때'와 '영광'의 동시적인 등장은 첫 번째 표적의 성격을 통해서 이 '때'와

는 다음을 보라: McHugh, *The Mother of Jesus in the New Testament*, pp. 363-6, 392-4.

'영광'의 실체가 무엇인지 짐작하게 만든다. 예수님께서 그의 어머니의 요청에 대한 반응에서 "내 때가 아직 이르지 아니하였나이다"라고 답변하며 '때'의 도래가 되지 않았음을 말하는데 이 '때'는 어느 한 시점에서 이루어지는 것을 의미하지 않는다. 즉 예수님의 '때'는 어느 한 순간에 이루어지는 것이 아니라 첫 번째 표적을 통해서 이 '때'의 시작이 공표되며 요한복음의 이야기가 펼쳐지는 동안에 지속되던 '때'는 십자가의 죽음에서 마무리 된다. 문자적으로 표현되며 시작된 이 '때'는 십자가 사건 속에서 성취되는데 바로 이 '때'의 성취가 그의 영광의 성취와 일치하게 된다. 그렇기 때문에 십자가의 죽음 뒤에 '때'라는 용어는 더 이상 사용되지 않으며 대신에 그의 올라감이 빈 무덤에서 소개되는 그의 말씀 속에 내포되어 있듯이 여전히 과정 중에 있는 것으로 소개된다(20:17).

'영광' 및 '때'의 결합이 드러나는 것을 이야기의 전개과정에서도 발견할 수 있다. 12장 23절의 "인자가 영광을 얻을 때가 왔도다"는 말씀에서 알 수 있듯이 영광의 시점이 '때'와 관련된다. 물론 '영광'도 어느 한 시점에서 이루어지는 것이 아니라 '때'와 마찬가지로 점진적인 드러남의 과정을 거치며 십자가에서 이루어진다. 이 '때'와 '영광'의 관계는 점진적인 전개 과정을 거쳐 문자적인 특정한 시점에서 완성되는 비유적인 의미라고 할 수 있다. 비록 이 예수님의 '때'가 영광의 순간이고 그가 이 '때'를 위해서 왔지만 그는 이 '때'에서 벗어나기 위해 절박한 심정을 토로하기도 한다(12:27, "지금 내 마음이 괴로우니 무슨 말을 하리요 아버지여 나를 구원하여 이 때를 면하게 하여 주옵소서 그러나 내가 이를 위하여 이 때에 왔나이다"). 예수님이 그 '때'를 따르고 순종하는 것은 아버지의 이름을 영광스럽게 하는 것이다. 그래서 아버지께서

"내가 이미 영광스럽게 하였고 또다시 영광스럽게 하리라"고 말씀하신다(12:28).

'때'의 시점에 대한 이해를 위해, '때'와 관련하여 요한복음의 특징적인 단어인 "οὔπω"(아직 아닌)가 2장 4절과 20장 17절에서 사용된 것을 비교해 볼 필요가 있다.[8] 20장 17절에서 예수님은 자신이 아버지께로 올라감을 말한다("예수께서 이르시되 나를 붙들지 말라 내가 아직 아버지께로 올라가지 아니하였노라 너는 내 형제들에게 가서 이르되 내가 내 아버지 곧 너희 아버지, 내 하나님 곧 너희 하나님께로 올라간다 하라 하시니"). 비록 그의 올라감이 진행 중이라고 해도 그의 올라감은 아직 완성되지 않았다. 그렇지만 그의 올라감이 아직 완성되지 않았다고 해도 그의 올라감은 이미 시작되었다. '올라감'의 이중적인 의미와 같이 '때'의 시점도 십자가의 죽음에서 완성되기 전까지 이중의 의미를 갖는다. "내 때가 아직 이르지 아니하였나이다"(2:4)는 말씀은 "내 때가 왔고 또 오고 있다"로도 바꿔 쓸 수 있다. 결국 "내 때"가 무엇을 의미하느냐에 따라 이 진술에 대한 이해가 결정된다.[9] 이중의 의미를 가지며 모호한 시점을 지칭하는 것으로 보이는 '때'는 예수님의 어머니에 대해 부정적인 인상을 주는 2장 4절에 대한 충분한 이해가 수반될 때 정리될 수 있다는 것을 보여준다.

요한복음에서 '때'의 시점은 매우 역설적이다: 때는 아직 오지 않았다(7:30; 8:20), 때가 왔다(12:23; 17:1. 참조, 13:1), 때는 오고 있다(5:28.

---

8) "οὔπω"의 사용은 요한복음의 특징 중에 하나이다. 이 용어는 마태복음에 두 번, 마가복음에 다섯 번, 그리고 누가복음에 한 번 사용되었다. 그러나 요한복음에는 13번 사용되었다: McHugh, *The Mother of Jesus in the New Testament*, p. 464.

9) Brown, et. als., eds., *Mary in the New Testament*, p. 191.

참조, 16:25), 때는 오고 있는데, 실제로는 이 때가 이미 왔다(16:32), 때는 오고 있으며 지금이 그 때이다(5:25). 또한 특정한 '때'는 예수님과 사마리아 여인과의 대화 속에 내포되어 있다(4:21, 23): 때는 "오고 있고" 그리고 "지금이 그 때이다." 이와 같이 요한복음에서는 '때'의 시점이 어느 한 시점이라고 고착시킬 수 없을 만큼 다양하기 때문에 이 '때'는 계속 진행 중이라고 할 수 있으며 그래서 '때'는 아직 오지 않았고, 이미 왔고, 그리고 동시에 오고 있다고 할 수 있다.[10] 요한은 예수님께서 그의 때의 시작을 선포하는 첫 번째 표적을 통해서 이 '때'가 그의 영광을 드러내는 것으로서 십자가의 죽음에서 완성되는 '때'임을 밝히고 있다. 예수님의 어머니는 그 '때'의 시작을 알리며 물이 포도주로 바뀌는 표적을 준비하는 역할을 한다. 포도주 기적사건에서 시작된 그 '때'는 마지막 표적의 등장을 수반하는 십자가의 죽음에서 완성된다.

---

10) 이러한 모호한 표현은 오히려 위와 같은 의미들을 모두 포함하는 장치가 될 수 있다. 이 모호성은 이중의 혹은 다양한 의미를 포함한다고 할 수 있는데 특정한 시점으로 고착되는 때가 아니라 이루어지는 과정 중의 때를 말하기 때문에 다양한 표현을 통해서 때가 시작되었고, 오고 있고, 그리고 완성될 것이라는 의미를 전달한다고 할 수 있다. 참조, E. Richard, "Expressions of Double Meaning and their Function in the Gospel of John," *NTS* 31 (1985), pp. 96-112; Paul D. Duke, *Irony in the Fourth Gospel* (Atlanta: John Knox Press, 1985), pp. 144-5; Judith M. Lieu, "The mother of the Son in the Fourth Gospel," *JBL* 117 (1998), p. 65: Lieu는 "문맥과 단어들 사이에 조성된 모호성"을 "매우 의도적"인 것과 그리고 요한복음에서 사용되는 아이러니의 한 부분으로 간주한다..

3. '때'의 시작

포도주의 고갈 상황을 해소하기 위해 제기한 예수님의 어머니의 요구에 대한 예수님의 반응은 학자들 가운데 많은 논란을 불러일으킨다. 예수님의 어머니의 요구가 성급한 것처럼 보이게 만들고 이에 대한 반박같이 보이는 예수님의 반응의 성격은 부정적이든지 혹은 긍정적이든지 간에 2장 4절과 5절의 밀접한 관련성에 기인한 것으로 보인다. 예수님의 어머니의 요구에 대한 그의 반응의 성격이 어떠하든지 간에 이에 대한 많은 논의가 있지만 대부분의 논의의 중심은 4절과 5절의 관계에 관한 것이다. 만일 이 구절들을 분리한다면 예수님의 반응은 그의 어머니의 성급함에 대한 책망이 되지만 만일 5절이 4절을 해석하는 수단이 된다면 예수님의 대답은 그녀와 협력적 관계가 된다.[11] 대부분의 구절들이 이전 혹은 이후의 구절들과 상황적으로 연결되듯이 4절도 이를 밝혀주는 5절과 분리되어서는 이해될 수 없다.[12] 계속되는 예수님 어머니의 반응은 표면적으로 예수님의 반응과는 전혀 다른 모습을 보이는데, 이는 예수님의 지시가 그의 어머니의 기대와 다르게 전개되는 것처럼 보이기 때문이다(2:7, "예수께서 그들에게 이르시되 항아리에 물을 채우라 하신즉 아귀까지 채우니"). 그렇지만 기민하고도 신속한 모습으로 하인들에게 예수님의 명령을 따를 준비를 시키는 예수님 어머니의 대응(2:5, "그의 어머니가 하인들에게 이르되 너희에게 무슨 말씀을 하시든지 그대로 하라 하니라")은 예수님의 반응이 책

---

11) McHugh, *The Mother of Jesus in the New Testament*, p. 367.

12) F. F. Bruce, *The Gospel of John* (Basingstoke: Pickering & Inglis, 1983), p. 69.

망일 것이라는 선입견을 배제하게 만들 뿐만 아니라 4절에 등장하는 예수님 어머니의 역할을 부정적으로 간주하는 가능성마저도 희석시킨다. 더욱이 예수님은 그의 어머니가 포도주 고갈을 고지하자마자 마치 그 기회를 기다렸다는 듯이 표적을 행하신다.

이어지는 예수님 어머니의 확언적인 행동(2:5)은 예수님의 답변이 긍정적이라는 중요한 단서가 된다. 예수님께서 무엇인가 하도록 기대하며 준비하는 그녀의 모습은 예수님의 답변을 그녀의 요구에 대한 긍정적인 행동으로 간주할 수 있게 만들며 예수님의 다음 행동에 대한 철저한 준비를 하는 모습으로 비친다. 그럼에도 불구하고 예수님의 답변은 예수님께서 그의 어머니와의 혈연 관계를 분리시키려는 의도적인 시도라는 주장도 있다.[13] Witherington III는 "4a는 예수님께서 마리아가 부모로서 권위를 행사하는 역할로부터 벗어나는 것"이라고 주장하면서, 중요한 것은 마리아가 혈통적이며 영적인 가족관계의 긴장을 해결하고 믿음의 공동체에 들어가기 위해서 어머니가 아니라 여자로서 역할을 수행하는 것이라고 설명한다.[14] 이러한 Witherington III의 주장은 예수님의 답변을 그의 어머니의 요청을 받아들이는 것으로 간주하되 그녀와 예수님의 관계를 새롭게 정립하려는 시도이다. 물론 그는 예수님과 예수님의 어머니와의 혈연적인 관계에 초점을 맞추었지만 요한복음의 독특한 칭호인 여자 칭호를 고려한 것은 아니다. 어쨌든, 비록 예수님 어머니의 질문과 예수님의

13) McHugh, *The Mother of Jesus in the New Testament*, pp. 363-70.

14) Ben Witherington III, *Women in the Ministry of Jesus*, SNTS Monograph Series (Cambridge: Cambridge University Press, 1984), pp. 84-5.

반응 사이에 긴장이 놓여있는 것처럼 보인다고 해도 이것은 예수님의 "거부, 거절, 혹은 꾸짖음"이 아니라 독자들에게 이제 본격적으로 '때'가 시작된 것을 알리는 우호적인 협동이라고 할 수 있다.[15)]

예수님의 어머니의 요구와 예수님의 대응을 통해서 '때'는 이 대화 가운데 중요한 주제로 떠오른다. 즉 이 대화의 초점은 예수님의 때의 시작을 알리는데 놓여진다. 그래서 2장 4, 5, 6절과 7절의 상호작용을 통해서 예수님과 그의 어머니의 역할이 견고하게 엮인다. 이러한 역할들의 상호 관련성은 예수님의 '때'의 실체를 드러내기 때문에, 요한은 "예수께서 이 첫 표적을 갈릴리 가나에서 행하여 그의 영광을 나타내시매 제자들이 그를 믿으니라"(2:11)고 하면서 다른 표적들의 경우에서와 같이 이 표적을 통해서 무엇인가 지시하거나 교훈을 주며 청중들의 반응을 소개하지 않고 그 표적 자체의 실체를 설명한다. 따라서 예수님의 '때'의 시작은 예수님의 어머니가 첫 번째 등장하는 '여자'로서 그 때를 준비하며 포도주 기적 사건을 발생시키는 예수님의 행동을 촉발하는 역할을 수행하는 시점이다. 이 첫 번째 포도주 표적과 더불어 십자가에서 완성될 예수님의 '때'가 본격적으로 전개된다.

4. 포도주를 마심: 때의 성취 상징

예수님과 그의 어머니와의 대화에서 처음으로 등장하는 '때'가 문

---

15) Williams, "The Mother of Jesus at Cana: A Social-Science Interpretation of John 2:1-12," p. 692.

자적으로 어떻게 성취되는지 알 수 있을까? 요한은 이 '때'를 예수님이 포도주를 마시는 일과 관련시키지는 않을까? 예수님의 '때'의 성취를 그가 포도주를 마시는 행위와 관련시킴으로 이 '때'가 가시적으로 드러남을 이해할 수 있다. 가나의 혼인잔치에서 포도주를 공급하신 예수님께서 포도주를 마시는 장면이 등장하지 않는 것은 매우 흥미롭다. 가나의 혼인잔치 책임을 맡은 연회장이 행한 포도주의 질에 대한 평가를 통해서 그 포도주의 성격을 알 수 있지만, 예수님은 단지 "이제는 떠서 연회장에게 갖다 주라"(2:8)는 명령을 하신 후 본문 속에서 사라진다. 연회장이 그 포도주의 실체와 성격을 증언할 뿐이며 그 연회장도 그 포도주를 만든 예수님에 대해서는 본문 속에서 전혀 관심이 없는 것처럼 보인다. 공관복음에서 자세하게 묘사된 최후의 만찬 사건이 요한복음에는 등장하지 않기 때문에 예수님께서 포도주를 마시는 장면은 가나의 혼인잔치가 아니라 단지 십자가상에서 등장할 뿐이다.

이 장면을 공관복음에서 소개하는 최후의 만찬 장면과 비교할 때 뚜렷한 요한복음만의 특징을 찾을 수 있다. 이 특징을 통해서 볼 때 예수님께서 포도주를 마시는 장면이 부각되는 것을 알 수 있다. 공관복음에서 소개하는 최후의 만찬 장면에서 예수님은 포도주를 마시지 않겠다고 선언한다(마 26:29, "그러나 너희에게 이르노니 내가 포도나무에서 난 것을 이제부터 내 아버지의 나라에서 새것으로 너희와 함께 마시는 날까지 마시지 아니하리라 하시니라." 비교, 막 14:25; 눅 22:18). 요한복음에는 그 흔적으로만 보이는 최후의 만찬 사건이 등장하기 때문에 공관복음과 달리 포도주를 마시거나 혹은 포도주를 마시지 않겠다는 선언을 찾을 수 없다. 그렇기 때문에 네 복음서를 비교할 때 포도주가 공통적으로 등장하는 것은 십자가 사건에서이다. 이 포도주의 등장과 마심은 첫 번째 표적에서 예고된 것과 같이 예수님의 사역의 마침을 상징한다. 예수님의 공생애와 더불어 시작되던 들리움이 이미 진행되어 십자가에서 완성될 것이기 때문에 이미 시작 된 그의 '때'는 그가 포도주를 마실 때 성취된다. 그 '때'는 예수님의 어머니가 '여자'로서 특별한 역할을 수행할 때 시작되어 십자가 사건에서 다시 등장하는 '여자' 칭호 및 포도주와 더불어 완성되는 순간을 말하기 때문에 포도주와 더불어 등장하는 그 '때'는 예수님께서 십자가에서 포도주를 마실 때 완성된다. 그러므로 그의 '때'의 성취를 상징하는 것은 예수님이 십자가상에서 포도주를 마시는 순간이라고 할 수 있다.

5. 돌항아리를 채움: 때의 성취 예고

가나의 혼인잔치에서 물이 포도주로 바뀌기 전에 예수님의 명령에 따라 물이 돌항아리 아귀까지 가득 찬 것을 주목할 필요가 있다(2:7). 유대인의 결례를 따라 사용되던 여섯 개의 돌항아리들은 이제 새로운 역할을 위해 준비되었다. 아귀까지 가득 채운 물이 무엇을 상징하며 물이 포도주로 바뀌는 것과 어떤 관계를 가지고 있을까? 물이 포도주로 바뀌는 것과 관련하여 이 변화가 시대를 구분하는 상징성을 가진다는 주장도 제기된다. 그래서 Bruce는 포도주를 새로운 질서로 그리고 물은 옛 질서로 간주하며 이제 때가 왔기 때문에 옛 질서는 끝났고 새로운 질서가 시작되었다고 설명한다.[16] 물이

16) Bruce, *The Gospel of John*, p. 71.

포도주로 바뀌는 것 자체로도 의미를 제공하듯이 이러한 변화를 담고 있는 돌항아리는 물과 포도주의 대비와 분리하여 생각할 수 없다. 또한 이 표적을 첫 번째 표적이라고 지칭하듯이 돌항아리의 숫자를 구체적으로 언급할 때 이 숫자들의 상호 관련성 속에서 돌항아리의 역할을 이해할 필요가 있다.

포도주 변화 사건은 첫 번째 표적이기 때문에 이 표적은 앞으로 표적들이 계속 발생할 것과 함께 마지막 표적도 예고한다고 할 수 있다. '때'는 포도주의 고갈 및 물을 아귀까지 채우라는 예수님의 명령과 밀접한 관련을 가지며 등장한다. 포도주는 돌항아리의 바닥까지 고갈되었지만 이제는 그 아귀까지 가득찬 물을 통해서 변화를 드러낸다. 성경을 응하게 하는 것과 예수님의 사역의 성취는 첫 번째 포도주 표적이 마지막 표적인 거듭남(부활)을 예시하기 때문에 그의 '때'의 성취를 상징하는 물을 아귀까지 채우는 것과 조화될 수 있다. '때'에 대한 언급 뒤에 수반되는 포도주의 변화는 이 '때'를 마지막 표적과 연결시키는데 이 마지막 표적은 첫 번째 표적과 조화를 이루는 것이다. 요한복음에 등장하는 독특한 시간적인 표현들인 '첫 번째(표적)'나 혹은 '때'는 요한복음서 전체 이야기를 읽을 때 "완전한 본문의 해석에 중요한 해결의 열쇠"를 제공한다.[17] 첫 번째 표적과 마지막 표적의 틀 속에서 이루어지는 때의 진행이 십자가에서 완성되고, 이 완성은 빈 무덤을 통해서 문자적으로 그리고 비유적으로 독자들에게 체험된다.

---

17) Birger Olsson, *Structure and Meaning in the Fourth Gospel*, Coniectanea Biblica: New Testament Series 6, trans. Jean Gray (Lund: CWK Gleerup, 1974), pp. 18, 100-1.

요한은 예수님께서 첫 번째 표적을 통해서 "그의 영광"을 나타냈다고 설명하는데(2:11), 이는 "이보다 더 큰 일을 보리라"(1:50)는 약속이 "성취되기 시작하는 것"을 보여 준다.[18] 그 영광은 마지막 표적인 부활을 준비하면서 십자가상에서 성취될 것이다. 물을 돌항아리 아귀까지 채우는 것이 물이 포도주로 바뀌는 변화의 서곡이듯이 그의 '때'의 성취는 그의 부활에 대한 전주곡이 될 것이다. 예수님의 부활(거듭남) 전에 그의 '때'는 여섯 개의 돌항아리에 함축되어있는 여섯 개의 표적들을 통해서 성취되며, 여섯 개의 돌항아리의 아귀까지 물이 가득 차듯이 첫 번째 표적 후에 이어지는 여섯 개의 표적들이 성취될 때 예수님의 영광이 드러난다. 첫 번째 표적의 틀 속에서 발생하는 돌항아리에 물을 가득 채우는 사건은 '때'의 성취를 예고하면서 새로운 포도주로 가득 차게 될 마지막 일곱 번째 돌항아리인 빈 무덤을 위한 상징성을 가진다고 할 수 있다.

---

18) J. N. Sanders, *The Gospel According to St. John: Black's New Testament Commentaries*, ed. B. A. Mastin (London: Adam & Charles Black, 1968), p. 108.

제9장 아버지 됨과 아들 됨

1. 비유적이며 문자적인 아버지(the Father)—아들(the Son) 관계성

요한복음의 전개과정에서 아버지와 아들의 하나됨은 이미 서언에서 제시된 것과 같이(1:1, 18. 참조, 10:30; 20:28) 이 개념의 절정에 이르기까지 요한복음의 전체 이야기 발전 과정에 중요한 조명을 제공한다. 요한복음의 서언은 이 복음서의 줄거리를 압축하며 그 결과를 예시한다.[1] 이 서언에서 선언하는 아버지 됨과 아들 됨의 상징적인 이미지는 요한복음서 전체에 스며들어 있다.[2] "아버지"는 아들을 전

1) Richard A. Burridge, *Four Gospels, One Jesus?: A Symbolic Reading* (London: SPCK, 1994), p. 135.

2) 요한복음에서 '아버지'는 가장 많이 사용된 칭호이다. 이 용어에서 오는 상징적인 이미지와 관계성은 이에 대조되는 어머니 이미지와의 균형을 필요로 한다. 비록 요한복음에서 개인의 이름 사용 회피가 특징 중에 하나이지만 첫 번째 표적 사건에서 이름 대신에 등장하는 '어머니' 칭호는 소홀히 취급될 수 없다(2:1,

제하고, "아들" 역시 어머니의 상대적인 개념을 가지고 있는 아버지를 전제로 한다.[3] 이러한 혈통 개념은 요한복음의 이야기 속에서 예수님의 부활을 성취시키는 '여자' 칭호의 기능적 이미지 속에 스며든다. 특별한 관계를 반영하는 "아버지" 혹은 "아들"이라는 용어들의 빈번한 등장은 예수님의 부활이 성취되는 과정에서 그에 상응하는 다른 용어와 관계되는 것이다. 이 용어들은 '관계적'이라고 규정할 수 있다. 이 관계적인 용어들은 그 의미를 독립적으로 파악할 수 없고 그에 상응하는 대상물과의 관련 속에서 파악 할 수 있다. 이에 대해 Barry는 의미 산출을 위한 관련성에 대해 다음과 같이 강조한다: "어떤 단어들이든지 간에 다른 단어와 독립되어 규정될 수 없다. 어떤 단어의 규정이든지 간에 이는 다른 '인접한' 단어들과의 관련성에 달려있다."[4] 요한복음에서 관계성의 전형을 보여주는 것은 바로

3, 4, 12; 19:25). 요한복음에서 어머니의 역할로 등장하는 예수님 어머니의 이름 없는 역할로 인해 아버지 됨과 아들 됨의 이미지가 어머니의 역할과 관련됨을 추론하게 만든다. 즉 아버지-아들 관계는 표면에 등장하며, 그에 따른 어머니 이미지는 배경 속에서 함축되어 있다고 할 수 있다.

3) '아들,' 또는 '아들 됨'의 주제에 대한 많은 기독론적 접근들이 있다. Robin Scrogg는 이 관계를 "하나님의 실체"(the divine reality)에 대한 완전한 계시로 간주한다: Robin Scrogg, *Christology in Paul and John: Proclamation Commentaries* (Philadelphia: Fortress, 1988), pp. 67-72; Schnackenburg는 이 문제를 계시와 구원의 교리라는 관점에서 취급한다: Rudolf Schnackenburg, *The Gospel According to St John*, trans. Cecily Hastings, et. als., vol. 2 (Kent: Burnes & Oates, 1980), pp. 172-86; Kysar는 복음서 기자 또는 요한복음 공동체가 이 용어를 조합했다고 주장한다. 즉 그들(혹은 그가)은 "예수님과 하나님 사이의 정체와 기능의 독특한 결속"을 설명하기 위해 이 용어를 결합했다는 것이다: Robert Kysar, "John, The Gospel of," *ABD*, 1992ed. "인자"에 대한 배경 연구를 위해서는 다음을 보라: Stephen S. Smalley, "The Johannine Son of Man Sayings," *NTS* 15 (1969), pp. 281-301.

아버지와 아들 개념이고 이들의 상호 관계이다. 그렇기 때문에 상대가 되는 다른 반대편의 단어를 찾기 위해서는 드러난 본문에서 대조되는 모든 단어들을 검색할 필요가 있다.[5] 물론 이러한 개념은 John Barton이나 Barry의 설명과 같이 특정한 분석 방법론에 기초할 수 있지만, 그러나 요한복음에 특징적으로 드러나는 아버지-아들 관계는 상호성을 가지고 있는 개념이기 때문에 그 관계성의 역할에 대한 의미를 이해하기 위해서는 구조주의와 같은 방법론의 적용 대신에 문자적인 드러남과 비유적인 의미제공의 균형을 찾아야 한다. 아버지-아들 관계는 문자적이며 비유적인 관계의 형태를 취하며 이 관계를 통해서 여자 칭호와 관련된 예수님과 그의 어머니와의 상징적인 관계를 파악할 수 있다.

David L. Mealand는 요한복음에서 아버지와 아들 관계의 본질은, 동등하지만 아직은 아들이 아버지에게 예속된 것으로 표현한다. Mealand는 아들이 아버지와 구별되는 것은 그가 아들이면서 동시에 사람이기 때문이며 본질적으로 신성을 가지고 있기 때문에 아버지의 뜻과 동일하게 행하신다고 주장한다. 또한 아들은 아버지께 보냄을 받았기 때문에 자신이 아니라 아버지를 드러내는 종속적인 관계이지만 동시에 그와 처음부터 함께 하셨던 아버지의 영광을 드러내기 때문에 동일하다고 설명한다.[6] 이러한 것은 "완전한 인간이신 예수님과 하나님과의 일치가 아니라 하나님과 성육신 하신 선존재와의 상

---

4) Peter Barry, *Beginning Theory* (Manchester: Manchester University Press, 1995), p. 42.

5) John Barton, "Structuralisms," *ABD*, 1992ed.

6) David L. Mealand, "The Christology of the Fourth Gospel," *SJT* 31 (1978), p. 461.

호 내주(indwelling)"라는 것이다.[7] 그러나 아버지–아들 관계의 기능적인 임무로부터 존재론적인 구분이 필요하며 이와 더불어 이 주제는 평행되는 대칭 관계인 여자–아들의 관계 속에서 검토할 필요가 있다.

요한은 아버지(the Father)–아들(the Son) 관계를 어머니(mother)–아들(son) 관계와 균형을 맞추며, 이 두 관계를 문자적이며 비유적인 예수님의 부활을 낳는 빈 무덤 사건 속에서 결합시킨다. 요한복음 이야기가 발전하는 동안 표면적으로 보이는 아버지와 아들의 종속적인 관계는 점점 희석되어 동등한 관계로 변한다. 어머니–아들 관계에서는 이러한 분명한 관계가 드러나지 않는다. 대신에 예수님의 어머니는 여자로서 첫 번째 출생을 상징하는 '육'과 관련한 기능을, 그리고 막달라 마리아는 여자로서 두 번째 출생을 반영하는 '몸'과 관련하여 각자의 기능적인 역할을 수행한다. 요한복음 이야기가 전개되는 동안에 요한은 그 아들과 예수님 어머니와의 관계를 직접적인 "어머니"라는 표현 대신에 "예수의 어머니"라는 용어를 사용하여 혈연 관계를 희석시킨다. 더욱이 요한복음서는 예수님의 아버지(father)인 요셉의 이름을 등장시키지만(6:42) 그의 역할에 대해 침묵함으로써 비유적인 아버지(the Father)–아들(the Son) 관계가 돋보이게 만들면서 이 관계가 예수님의 어머니의 활동을 부각시키는 가운데 문자적인 어머니(mother)–아들(son) 관계와 평형을 이루게 만든다. 즉 비유적인 아버지와 문자적인 예수님 어머니의 역할은 비유적이며 문자적인 아들을 중심으로 균형을 갖추게 된다. 문자적이며 비유적인 관

---

7) Ibid.

계에서 어느 한 측면이 강조되거나 혹은 소홀히 여겨지는 진행이나 또는 문자적인 요소가 비유적인 것으로 붕괴되거나 혹은 비유적인 요소가 문자적인 것으로 붕괴되는 대신에 양자는 균형을 이룬다. 아버지(the Father)가 아들(the Son) 속으로 흡수되거나 혹은 아들이 아버지 속으로 흡수되는 대신에 양자는 상호 조화를 통해서 균형을 이룬다.[8] 문자적이며 비유적인 요소들의 조화처럼 아버지는 아들 안에 있고 아들은 아버지 안에 있다(17:21-23).[9] 문자적이며 비유적인 균형을 갖춘 아버지-아들 관계의 조화는 요한복음 안의 여기저기에 흩어져 독자들에게 방향을 제공하는 나침반과 같은 역할을 한다.[10] 그렇기 때문에 예수님과 하나님의 관계를 비유적이며 문자적인 상징으로 표현하는 아버지-아들 관계에 대한 혼란은 요한복음의 내용에 대한 혼란을 초래할 것이며, 반면에 이 관계에 대한 이해는 이 관계의 상대성에 대한 이해를 낳아 빈무덤 사건을 문자적이며 비유적으로 접근하게 만든다.

비록 유대인들이 예수님의 문자적인 아버지(father)와 어머니(mother)를 알았다고 해도(6:42), 그들은 그 문자적인 관계가 상징하는 비유적인 아버지(the Father)와 아들(the Son) 관계를 알지 못한다. 그렇

---

8) 그러나 Seeley는 "아들인 예수님과 아버지인 하나님과의 관계는 비유적인 것을 문자적인 것으로 용해시키는 방향으로 나간다"고 주장한다. David Seeley, *Deconstructing the New Testament* (Leiden: E. J. Brill, 1994), p. 116.

9) Ibid., p. 110.

10) Ibid. 비록 Seeley의 입장이 비유적인 것에 대한 문자인 것의 승리에 기인한 것이지만, "같이 거주하는 편재와 직접적인(즉 중개되지 않는) 현존"에 관한 그의 진술은 우리의 관심을 끌기에 충분하다.

기 때문에 유대인들은 예수님을 "요셉의 아들"이라고 불렀지만(6:42), 예수님은 자신을 하나님의 아들이라고 지칭한다.[11] 이 '아들' 인식은 유대인과 예수님 사이의 심각한 긴장을 조성한다. 유대인들은 "이는 요셉의 아들 예수가 아니냐 그 부모를 우리가 아는데 자기가 지금 어찌하여 하늘에서 내려왔다 하느냐"고 예수님의 기원과 관련하여 심각한 의문을 가지며 수군거린다. 특히 이러한 논쟁은 예수님께서 자신의 몸을 주겠다는 표적의 핵심부분을 말하는 분위기에 둘러싸인다(6:48, "내가 곧 생명의 떡이니라"). 예수님의 아들됨의 실체가 드러나는 이 장면에서 유대인들과의 긴장과 더불어 가룟 유다의 배신이 소개된다(6:70-71, "예수께서 대답하시되 내가 너희 열둘을 택하지 아니하였느냐 그러나 너희 중의 한 사람은 마귀니라 하시니 이 말씀은 가룟 시몬의 아들 유다를 가리키심이라 그는 열둘 중의 하나로 예수를 팔 자러라"). 아들로서 예수님은 아버지의 뜻을 행하며 아버지를 대신하지만, 이러한 예수님의 역할과 임무는 유대인들의 반감을 사며 이 반감은 가룟 유다의 배신까지 낳게 된다. 예수님의 아들 됨에 대한 인식의 차이는 그 죽음을 통해서 생명을 얻는 것과 함께 그 예수님을 파는 행위로 갈라진다. 즉 아버지-아들 관계에 대해 균형을 갖추지 못한 이해는 유대인들과 같이 단지 문자적으로 예수님과 요셉의 관계를 바라볼 뿐이다.

요한은 이러한 유대인들의 문자적인 이해를 넘어 비유적인 아버지-아들 관계를 소개한다. "예수의 어머니"와 비교되는 "예수의 아버지"라는 표현 대신에 요한은 아버지(the Father)를 예수님의 설명을

11) "하나님의 아들"에 관한 칭호는 주로 고백과 관계된다(침례 요한, 나다나엘, 그리스도인들-20:31). 참조, Marinus De Jonge, "Jesus as Prophet and King in the Fourth Gospel," *ETL* 49 (1973), pp. 160-77.

통해서 묘사한다. 즉 거룩한 아버지는 아들을 통해서 드러나며(5:19, "그러므로 예수께서 그들에게 이르시되 내가 진실로 진실로 너희에게 이르노니 아들이 아버지께서 하시는 일을 보지 않고는 아무 것도 스스로 할 수 없나니 아버지께서 행하시는 그것을 아들도 그와 같이 행하느니라"), 아들은 자신이 스스로 독특한 계시임을 드러낸다.[12] 그래서 그 아들과 관련된 칭호나 개념은 예수님의 정체와 관련되며 동시에 예수님은 하나님으로부터 보냄을 받았다는 것을 드러낸다. 요한은 비유적인 그 아버지를 문자적인 예수님의 어머니의 역할과 대조시킨다. 이 때 이 양자의 역할은 그 아들의 역할에 의해 좌우된다. 유대인들에 의한 문자적인 아버지의 소개와 그 역할의 침묵으로 비유적인 아버지-아들 관계는 부각되며, 이 관계는 상대적인 예수님의 어머니-아들의 도식 속에서 균형을 갖추어 요한복음 이야기를 이끈다.

2. 아버지(the Father)와 아들(the Son)의 일치

요한은 아버지(the Father)와 아들(the Son)의 특징적인 하나 됨을 여러 가지 방법으로 묘사하는 가운데 문자적인 표현들을 통해서 비유적인 아버지-아들 관계의 성격을 드러낸다. 아버지는 아들에 대한 그의 사랑을 표현한다(3:35). 아들은 아버지로부터 심판의 권한(5:22, 27)과 "만민을 다스리는 권세"(17:2)를 받으셨다. 아들은 자신의 뜻을 행하려고 하늘에서 내려오지 않고 아버지의 뜻을 행하려고 왔다(6:38, "내가 하늘에서 내려온 것은 내 뜻을 행하려 함이 아니요 나를 보내신 이의 뜻을 행하려 함이니라"). 특히 이러한 하나님의 뜻을 행함은 그의 사명, 즉 그

12) Scrogg, *Christology in Paul and John: Proclamation Commentaries*, pp. 68-72.

의 역할이 하나님과 일치됨을 드러낸다. 물론 이러한 기능적인 일치는 이야기 전개 과정에서 그와 그 아버지의 존재론적 일치까지 발전한다(20:28). 요한이 이 구절(6:38)을 소개하는 부분은 그의 정체에 대한 논쟁이 발생하는 곳이며 이 논쟁의 한복판에서 자신의 몸을 떡으로 제공하는 선언까지 도출시킨다. 하나님의 뜻을 행하는 아들은 그의 몸을 드리는 데까지 이르며 이는 존재론적인 일치를 낳는다. 아들은 아버지에게서 듣고 배운 것을 말하고 가르치신다(8:28, 40, 12:49-50; 17:8, 14, 16-18). 아버지는 아들의 일들을 입증하신다(5:30, 36). 아들과 아버지는 목자와 양의 관계와 같이 서로 잘 알고 있다(10:15). 아들은 아버지의 명령을 지키며 그의 사랑 안에 머문다(15:10). 아들을 믿는 것은 아버지를 믿는 것이기 때문에(3:18) 아들은 아버지와 같이 신앙의 대상이다. 아들과 아버지는 영생을 위하여 협력하신다(6:44). "아버지께서 아들을 사랑하사 만물을 다 그의 손에 주셨으니"(3:35) 아들은 모든 것을 가지고 있다. 아버지는 아들보다 크시다(14:28). 결국 요한은 아들과 아버지가 하나가 되기까지 그 관계를 이야기 속에서 발전시킨다(10:30, "나와 아버지는 하나이니라 하신대"; 17:11, 22).[13] 요한복음의 전반에 걸쳐 등장하는 아버지-아들 관계는 상호 분리될 수 없이 기능적이며 존재론적인 일치까지 이어지며 이 상징적인 관계성에 대한 이해가 문자적인 아들-아버지 관계를 뛰어넘는다. 예수님의 왕권이나 그의 예언자적인 사명도 아들과 아버지 사이의 독특한 관계와 관련하여 새롭게 정의되는 것으로 보인다.[14]

---

13) Robert Kysar, "John, The Gospel of," 1992 ed.

14) De Jonge, "Jesus as Prophet and King in the Fourth Gospel," p. 162.

이 왕권이나 예언자적인 사명은 아버지-아들 관계로 인해 다른 왕권이나 예언자적인 사명과 구분되는 독특성을 갖는다.

아들을 통한 아버지를 설명하는 요한복음서의 줄거리에 대한 연구에서 Fernando F. Segovia는 요한복음의 우주적인 여행 구조 속에서 지리적인 여행에 따른 삼중의 구분을 제시한다. 그는 1장 18절("본래 하나님을 본 사람이 없으되 아버지 품속에 있는 독생하신 하나님이 나타내셨느니라")과 17장 26절("내가 아버지의 이름을 그들에게 알게 하였고 또 알게 하리니 이는 나를 사랑하신 사랑이 그들 안에 있고 나도 그들 안에 있게 하려 함이니이다")을 가장 중요한 분기점으로 파악한다.[15] 이러한 구분은 요한이 아버지-아들 관계가 하나 됨에 이르기까지 점진적으로 이 관계를 발전시킨다는 인상을 준다. 아버지에 대한 전적인 의존은 아버지가 가진 것에 대한 수용인데 이는 그리스도께서 오직 아버지께서 하시는 것을 행하는 것이며, 동시에 아들과 아버지의 하나 됨으로 인해 아들이 행하는 것은 아버지가 행하는 것이 된다.[16] 이와 같이 요한은 도마의 고백(20:28)에서 드러나듯이 행동의 일치를 존재의 하나 됨으로 발전시킨다. 그래서 예수님을 통하지 않고는 아무도 아버지에게 올

---

15) 삼중의 구분은, 예수님의 기원에 대한 이야기(1:1-18), 예수님의 공생애 혹은 생애(1:19-17:26), 예수님의 죽음과 영속적인 중요성(18:1-21:25)이다: Fernando F. Segovia, "The Journey(s) of the Word of God: a Reading of the Plot of the Fourth Gospel," *Semeia* 53 (1991), pp. 35-46. 요한복음의 줄거리의 발전에 대해서는 다음을 보라: R. Alan Culpepper, *Anatomy of the Fourth Gospel*(Philadelphia: Fortress, 1983), pp. 89-97; idem, "The plot of John's Story of Jesus," *Interpretation* 49 (1995), pp. 347-59; Fernando F. Segovia, "The Journey(s) of the Word of God: A Reading of the Plot of the Fourth Gospel," *Semeia*, 53 (1991), pp. 23-54.

16) Peter Riga, "Signs of Glory: The use of 'Sēmeion' in St. John's Gospel," *Interpretation* 17 (1963), p. 421.

수 없으며 동시에 아버지를 통하지 않고 예수님에게 올 수 없는 이 관계는 완벽한 것으로 보인다고 Seeley는 주장한다.[17]

아버지와 아들 관계가 하나 됨에 이르기까지 요한이 이야기를 전개시키지만 예수님과 예수님 어머니와의 관계는 비록 아버지가 비유적이고 어머니가 문자적이라고 해도 그 실체가 모호하다. 상대적인 개념을 통해서 이해할 수 있는 어머니-아들 관계는 아버지-아들 관계에 비해 그 기능을 찾을 수 없을 정도로 회피되고 있다. 요한에 의해서 필요한 경우 "예수의 어머니"로 표현되며 이마저도 여자 칭호의 등장으로 더욱 약화된다. 그렇다면 아버지-아들 관계에 상응하는 어머니-아들 개념을 무엇이 대치하고 있을까? 이미 언급한 바와 같이 여자 칭호가 이를 대신한다고 할 수 있다. 요한복음에서 예수님의 어머니와 아들의 관계는 여자 칭호를 통해서 희석되기 때문에 문자적인 관계는 단지 내포되어있을 뿐이다. 이러한 내포성은 아버지-아들 관계를 돋보이게 만든다. "예수의 어머니"라는 용어의 사용은 아들과 어머니의 관계성보다도 어머니 칭호를 통한 모태의 상징적 기능과 관련된다고 할 수 있으며 이것마저도 여자 칭호에 흡수된다. 어쨌든, 아버지와 아들의 완벽한 일치는 빈 무덤 사건 후에야 성취되며 이와 관련성을 가진 어머니와 아들 관계는 여자 칭호를 가진 세 명의 여자들을 통해서 수행된다. 따라서 유대인들이 예수님의 아버지(father)와 어머니를 알고 있다고 주장하지만(6:41), 요한은 이야기를 전개시키면서 이를 예수님과 관련시키지 않는다. 요한은 문자적인 아버지(father)와 어머니 대신에 비유적인 아버지(the

---

17) Seeley, *Deconstructing the New Testament*, p. 114.

Father)와 '여자'가 요한복음서 이야기 속에서 주연이 되도록 장치해 놓음으로써 아버지-아들의 일치를 완성시킨다.

3. 아버지(the Father)-아들(the Son) 관계의 확대

비록 "아버지"라는 용어가 요한복음의 여기저기에서 등장하지만 그 실체는 문자적인 예수님의 어머니와 달리 비유적이다. 그런데 예수님의 어머니는 이름마저도 소개되지 않으며 예수님으로부터 직접 어머니라고 불리지도 않는다. 문자적인 어머니이지만 실제로는 비유적이라는 인상을 주며, 오히려 비유적인 아버지는 문자적이라는 인상을 준다. 특징적인 것은 요한복음의 이야기 속에서 아버지(the Father)가 실제적으로 등장하지 않음에도 불구하고 예수님께서는 하나님을 아버지라고 부르지만, 실제로 등장하는 그의 어머니에 대해서는 결코 어머니라고 직접 부르지 않는다는 점이다. 그렇기 때문에 예수님과 그의 어머니와의 혈육성은 요한복음의 이야기 속에서 문자적이기 보다는 비유적이며 예수님-아버지(the Father) 관계는 문자적인 관계가 된다. 요한은 예수님과 하나님과의 관계를 아버지-아들 관계로 묘사하지만, 예수님과 그의 어머니와의 관계는 단지 "예수의 어머니"라는 표현 속에 함축하고 있기 때문에 비유적인 관계는 문자적이 되며 문자적인 관계는 비유적인 관계가 된다.

한편, 아버지 이미지는 아들(the Son)을 통해서 요한복음서 전반에 스며들어 있으며 아들의 역할은 가나의 첫 번째 표적과 빈 무덤을 통하여 '여자' 칭호(어머니) 이미지에 둘러싸여 있다. 십자가의 죽음인 들리움은 아버지가 주는 잔을 마시는 것이며(18:11), 이 죽음의 순간을 '여자'(들)의 상징적인 이미지가 둘러싸고 있다(19:25, 26). 요한은 아들(the Son)의 삶을 통해서 아버지(the Father)의 역할과 어머니의 역할을 세분화 시킨다. 그래서 아버지-아들 관계를 통해서 드러나는 아버지 개념은 인자의 들리움까지 발전하며, 다른 한편으로 상징적인 모태의 개념은 발전하여 빈 무덤을 통해 표출된다. 즉 요한복음 이야기는 아버지-아들 관계의 이미지를 통해서 명확하게 펼쳐지며 빈 무덤은 문자적인 모태의 기능처럼 인자의 문자적이며 비유적인 부활(거듭남)을 상징하는 장소가 된다.

비록 아들이 주인공임에는 틀림없지만 내포된 주인공은 그 아버지이다(예를 들어 다음을 보라: 4:34; 5:24, 30, 37; 6:27, 38, 44; 8:42; 10:36; 11:42; 12:44, 45; 17:8; 20:21). 그렇기 때문에 "아들(the Son)-아버지(the Father)" 관계는 "예수-하나님(비유적인 아버지 이미지)" 관계와 평행을 이룬다고 제시할 수 있다. 보편적으로 받아들여질 수 있는 "아버지-아들" 관계 이미지는 유대 배경에서 이해될 수 있는 한계를 가지고 있는 "하나님-그리스도" 관계를 극복할 수 있게 만든다.[18] 그래서 예수님의 부활 후에 그는 제자들에게 하나님께서 아버지이심을 말씀하시며 믿는 자들도 예수님께서 하나님을 아버지라고 부르듯이 하나님을 아버지로 부를 수 있게 만든다(20:17 "예수께서 이르시되 나를 붙들지 말라

18) 요한복음에 나타나는 갈등은 인종적이거나 혹은 특정한 집단 간의 문제가 아니며, "유대인"이란 상징적인 표현을 갈등이 발생하는 "분리" 혹은 "구분"이라는 개념으로 이해할 필요가 있다(예, 1:11; 15:25). 이 구분은 메시아이신 예수를 분기점으로 삼는다: Burridge, *Four Gospels, One Jesus?: A Symbolic Reading*, pp. 147-51.

내가 아직 아버지께로 올라가지 아니하였노라 너는 내 형제들에게 가서 이르되 내가 내 아버지 곧 너희 아버지, 내 하나님 곧 너희 하나님께로 올라간다 하라 하시니").[19] "너희 아버지"(20:17)라는 표현은 아버지(the Father)-아들(son) 관계를 문자적으로 실제적인 혈연관계처럼 만드는 것으로 비유적인 관계를 문자화 시키는 것이다. 요한은 아버지(the Father)-아들(the Son) 관계를 들리움과 부활을 겪는 아들을 통해서 모든 믿는 자들에게까지 확대시킨다.

"여자여 보소서 아들이니이다"와 "보라 네 어머니라"(19:26-27)는 말씀은 예수님께서 사랑하시는 제자에게 그의 어머니를 위탁하는 장면이다. 예수님의 어머니로서 '여자'는 예수님의 제자들 가운데 한 명이 되며, 그 제자는 예수님의 어머니였던 여자의 아들이 된다. 이미 서언에서 예시되었던 아버지와 아들 간의 통일성의 성취 전에 요한은 "여자여 보소서 아들이니이다"라고 말함으로써 예수님과 그의 어머니와의 혈연성을 종식시킨다. 이 후에 예수님은 그 제자에게 "보라 네 어머니라"고 확인을 시킨다. 독점적인 아버지-아들 관계가 20장 17절에서 그 성취를 밝히는 것과 같이 이 관계는 그의 부활 후 제자들에게까지 확대된다. 따라서 예수-하나님의 비유적인 아버지-아들(the Father-the Son) 관계는 인자의 부활 후 하나님과 예수님의 일치(아들과 아버지의 일치)를 통해 드러났듯이 '하나님-그리스도인'의 관계를 '아버지-아들'(Father-son)의 관계로 만든다.

19) D. Francois Tolmie, "The Characterization of God in the Fourth Gospel," *JSNT* 69 (1998), pp. 70-5.

제10장 거듭남과 관련된 '육'과 '몸'

요한은 예수님의 출생 기사를 뛰어 넘는 선재(先在)를 소개한 후에 "말씀이 육신이 되었다"고 선언한다(1:14). 여기에서 '육신'은 인자 및 그의 영광과 밀접한 관련을 가지며 특별히 인자의 정체와 기능을 드러낸다. '육신'이란 용어는 인자의 문자적이며 비유적인 부활을 지지하면서 '몸'과 대조되는 독특한 성질을 가지고 있다. 여기서는 이러한 전제 속에서 인자의 부활과 관련한 '육'과 '몸'의 역할과 특징을 탐구하고자 한다.

1. 유월절과 하나님의 어린 양

요한복음의 시작부터 침례 요한은 예수님이 "세상 죄를 지고 가는 하나님의 어린 양"이라고 밝히면서 예수님의 운명을 예고한다(1:29). 예수님을 지칭하는 이 "어린 양"은 요한복음의 특징인 유월절과 밀접한 관련을 가지면서 인자의 죽음과 연결된다. 요한은 이 관련성을 통해 비유적이며 문자적인 예수님의 죽음을 인자의 운명과 일치하게 만들며 그 죽음의 성격을 드러낸다.

유월절 분위기

다른 복음서들과 비교할 때 요한복음의 특징 중에 하나는 유월절의 빈번한 등장과 그 성격이다.[1] 유월절은 요한복음을 구성하는 중요한 요소이며 다른 복음서에 등장하는 유월절과 비교할 때 이 유월절이 예수님의 거듭남을 상징하는 부활과 밀접하게 관련된다는 점에서 특징적인 차이가 있다. 처음 세 복음서와 요한복음의 유월절에 대한 차이도 연대기적으로 뚜렷하다. 처음 세 복음서와 요한복음의 구절들을 비교할 때 연대기적인 불일치가 분명하게 드러나며 이들의 서로 다른 설명을 조화시키는 것은 실제로 어렵다. 그렇기 때문에 처음 세 복음서와 요한복음의 연대기적인 불일치를 해결하려는 시도는 결론을 내릴 수 없게 된다.[2] 더욱이 네 복음서의 각기 다른 특징 속에서 각 복음서가 각각의 특징적인 신학을 가지고 있다는 것을

---

1) '유월절'이란 용어는 마태복음에 네 번, 마가복음에 다섯 번, 누가복음에 일곱 번 등장한다. 공관복음서의 유월절은 예수님의 부모와 관련되는 누가복음 2장 41절을 제외하고는 모두 예수님의 수난과 관련된다. 요한복음에서 유월절은 11번 언급되는데 이는 단 한 번의 갈릴리와 예루살렘의 여정을 소개하는 공관복음과 달리 한결 같이 갈릴리와 예루살렘 사이를 오가는 세 번의 여정과 관련된다. 유월절의 반복적이며 지속적인 등장은 요한복음의 특징을 이룬다.

2) 복음서 기자의 신학적인 관점에서 이를 해결하는 것이 일반적인 경향이다. 특별히 다음을 참조하라: C. K. Barrett, *The Gospel According to St John*, second ed. (London: SPCK, 1978), pp. 48-52, 435, 437.

고려할 때 그 차이들을 조화시키려는 시도는 의미가 없다. 요한복음에 나타난 유월절의 독특한 분위기는 요한복음에 특별한 의미를 부여한다. 따라서 각 복음서에서 다르게 소개하고 있는 유월절들을 상호 조화시키려는 시도보다는 생생한 차이를 통해서 각 복음서의 특징을, 즉 요한복음의 특징을 찾는 시도가 필요하다.

우선적으로 유월절에 대한 처음 세 복음서와 요한복음에 나타난 진술의 차이를 이해할 필요가 있다. 처음 세 복음서에 따르면 최후의 만찬은 십자가의 죽음 전에 이루어진 유월절 식사이다(마 26:2, 17-21; 막 14:1, 12, 14, 16; 눅 22:1, 7, 8, 11, 13, 15). 그렇지만 요한복음에 따르면 최후의 만찬은 유월절 식사가 될 수 없다. 왜냐하면 최후의 만찬은 예수님께서 십자가에 달릴 때까지 시작되지 않았기 때문이다(요 18:28; 19:14, 36. 참조, 출 12:46; 민 9:12).[3] 처음 세 복음서는 유월절 분위기에서 최후의 만찬을 강조하고, 요한복음은 유월절 어린양인 인자를 강조한다. 그렇기 때문에 요한복음 이야기는 유월절 배경 속에서 진행되며 인자의 죽음은 "유월절 어린양이 성전에서 살해되는 순간"이 된다.[4] 이러한 특징은 인자의 성격을 비추어주며 하나님의

---

3) 이에 대해서는 다음을 보라: Joachim Jeremias, *The Eucharistic Words of Jesus*, trans. N. Perrin (Chatham: W. & J. Mackay, 1966), pp. 15-88; I. H. Marshall, *Last Supper and Lord's Supper* (Exeter: Paternoster, 1980), pp. 57-75.

4) Barrett, *The Gospel According to St John*, p. 51. 몇 가지 십자가 죽음의 상황들(예컨대, 1:29, 36, 19:14)은 유월절 준수 분위기를 드러낸다: Larry Paul Jones, *The Symbol of Water in the Gospel of John*, JSNTS 145 (Sheffield: Sheffield Academic Press, 1997), p. 201. 또한 Jones는 유월절과 십자가 죽음의 상황과의 평행을 다음과 같이 제시한다. 우슬초(출 12:22 및 요 19:29), 유월절 양의 뼈를 꺾지 않는 가르침(출 12:46; 민 9:12) 및 예수님의 뼈가 꺾이지 않음(요 19:33), 그리고 희생동물로부터 피의 흐름과 예수님의 옆구리에서 흘러나오는 피(요 19:34).

어린 양을 통해서 인자를 이해하도록 만드는 장치라고 할 수 있다. 즉 유월절 분위기의 강조를 통해서 유월절 어린 양이 강조되도록 만들며 이 어린양과 인자가 관련성을 갖게 만든다고 할 수 있다.

유월절과 관련한 연대기적인 논쟁에도 불구하고 또한 그 연대기적 논쟁의 결과가 어떠하든지 간에 유월절 분위기는 요한복음 전반에 걸쳐 스며들어 있다. 십자가의 죽음 사건이 유월절 전에 발생했든지 아니면 유월절 후에 발생했든지 간에 십자가의 죽음이 유월절 분위기에 둘러싸여 있다는 점이 중요하다. 따라서 설령 유월절 날짜와 등장 횟수가 확실하지 않더라도 유월절이 요한복음을 이해하는데 중요한 관점이 된다는 것을 배제할 수는 없다.[5] 한편 요한복음에서 유월절 관련 구절들이 요한복음 전체에 스며들었다고 해도(2:13, 23; 6:4; 11:55; 12:1; 13:1; 18:28, 39; 19:14, 31, 42; 모호한 표현들: 4:45; 12:12, 20; 13:29) 유월절 분위기는 13장부터 본격적으로 등장하며 고조된다. 첫 번째 가나의 포도주 표적 후에 유월절에 대한 설명이 2장 13절에서 등장한 이후 그 내용이 점점 강화되다가 예루살렘에서 절정에 이른다. 요한은 예수님의 부활에 대한 사전 예고 성격을 내포한 첫 번째 표적과 그 부활의 성취인 마지막 표적 이라는 틀 속에 유월절을 위치시킨다. 그렇기 때문에 유월절 분위기는 마지막 표적의 역할에 영향을 줄 수밖에 없다. 즉 거듭남을 상징하는 부활인 마지막 표적은 유월절 분위기에서 독립적일 수 없는데 그것은 마지막 표적이 예루

5) Larry J. Kreitzer는 요한복음에 기록된 유월절들은 한 번의 유월절에 대한 반복적인 표현들일 수 있다는 가능성과 또한 요한이 수난 주간에 발생한 유월절을 중요하게 취급하는 세 가지 인식의 창일 수 있다는 가능성을 제시한다. Larry J. Kreitzer, *The Gospel According to John* (Oxford: Regent's Park College, 1990), p. 2.

살렘에서 절정에 이르는 유월절 분위기에 가장 많이 노출되어 있기 때문이다. 게다가 유월절은 첫 번째 표적 발생 후 예수님께서 예루살렘을 여행하시게 되는 중요한 동기를 제공한다. 첫 번째 표적과 마지막 표적이 발생한 장소인 예루살렘과 갈릴리를[6] 오가는 요한복음서의 지리적인 구조는[7] 예수님의 정체와 임무를 드러내는 것과 관련되어 있다.[8] 갈릴리와 예루살렘이라는 구조도 유월절 준수와 관련되기 때문에 이 갈릴리와 예루살렘이 포함하는 상징적인 요소들도 역시 유월절의 기능과 맞물려가면서 역할을 수행한다. 요한복음

6) 예루살렘과 갈릴리는 각각 상징성을 가지며 동시에 상징 요소들을 포함하고 있다. 예루살렘은 다음의 상징들을 포함한다: 마지막 여자 칭호(문자적인 여자는 비유적인 모태의 기능을 한다), 빈무덤, 하나님의 아들, 마지막 표적(영광을 볼 수 있는 마지막 장소). 갈릴리는 다음의 상징들을 포함한다: 첫 번째 여자 칭호(문자적인 어머니는 비유적인 여자로 기능한다), 빈 돌항아리, 인자, 첫 번째 표적(예수님의 영광을 볼 수 있는 첫 번째 장소).

7) W. A. Meeks, "Galilee and Judea in the Fourth Gospel," *JBL* 85 (1966), p. 166; 갈릴리와 예루살렘이라는 지리적인 틀을 사용하여 요한은 독자들이 이 틀 속에서 의미를 파악하도록 이야기를 전개시킨다. 요한복음의 특징 중에 하나는 요한복음이, "사건과 해석, 그리고 이야기(story)와 신학의 비분리성이 전면에 드러나도록 정교하게 구성되었다"는 것이다: Gail R. O'Day, "The Word Become Flesh: Story and Theology in the Gospel of John," *"What is John": Literary and Social Readings of the Fourth Gospel*, vol. 2 (Atlanta: Scholars Press, 1998), p. 67; 이와 같이, "요한복음서의 신학적인 '오고 감들'은… 성육신이나 승귀 주제에 관해 단순 동사 ὑπάγω를 사용하는 요한의 독특한 생각 방식이다"(예, 7:33; 8:14, 21; 13:3; 16:5): Stephen S. Smalley, "The Johannine Son of Man Sayings," *NTS* 15 (1969), p. 294.

8) 예수님의 정체와 의무, 즉 그의 의미가 갈릴리와 예루살렘이라는 구조 속에서 설명되기 때문에 "예수님의 생애 속에서 일어난 일을 그 의미로부터 분리하려는 것은 이 복음서에 대한 잘못된 탐구이다": O'Day, "The Word Become Flesh: Story and Theology in the Gospel of John," p. 67.

의 전체 구조 속에서 유월절은 처음 표적부터 마지막 표적까지 요한복음 이야기를 견인하는 기능을 한다.

하나님의 어린 양의 기능

유월절과 하나님의 어린양은 요한복음에서 불가분리의 관계이다. 무엇보다도 먼저 예수님의 침례에 대한 모호한 소개와 함께[9] 만찬에 관한 이야기가 13장에서 소개되는데 이 만찬이 유월절 만찬인지에 대한[10] 불확실한 측면을 주목할 필요가 있다. 어떤 이유로 유월절이 강조되면서 침례와 최후의 만찬 사건이 요한복음에서 명확하게 소개되지 않을까? 이러한 모호함은 요한복음서가 예수님의 가르침 속에 있는 성례전을 무시하는 것이라는 오해를 불러일으킬 수 있다.[11] 비록 침례와 주의 만찬을 내포하는 구절들이 등장한다고 해도(1:29-34; 4:1-2; 6:51-58; 13장) 이 구절들은 침례와 주의 만찬을 분명하게 소개하는 처음 세 복음서와는 다르다. 다른 복음서들이 소개

---

9) 비록 침례 요한의 침례가 언급되지만(1:31, 33), 침례 요한이 예수님께 침례를 주었다는 Carson의 단언과 같이 이것이 예수님의 침례를 말하는지는 확실치 않다. D. A. Carson, *The Gospel According to John* (Leicester: IVP, 1991), p. 151; Schnackenburg는 1장 33절에서 대충 예수님의 침례를 가정하지만, Brown은 요한이 "그의 분파에 원군(succor)을 주지 않기 위한 희망"을 반영하기 위해 그가 "침례 자체를 언급하지 않았다"고 주장하며 그 모호성을 받아들인다. Rudolf Schnackenburg, *The Gospel according to St John*, trans. Kevin Smyth, vol. 1 (Kent: Burnes & Oates, 1968), p. 304 및 Raymond E. Brown, *The Gospel according to John I-XII: The Anchor Bible* (Garden City: Doubleday, 1970), p. 65.

10) 참조, 마 3:13-17; 26:17-30; 막 1:9-11; 14:12-21; 눅 3:21; 22:14-23.

11) 이와 관련하여 이 앞의 주 9에서 설명한 Brown의 입장을 참고하라.

하는 최후의 만찬의 떡과 잔의 나눔이 요한복음에서는 세족식으로 대치된 것으로 보인다. 요한은 예수님을 자신이 어디에서 온 누구이고 또 어디로 갈 지를 알기 때문에 자신을 낮추셨던 인물로 묘사하며 그렇기 때문에 그는 "제도를 소개하지 않고 성찬식에 대한 그의 이해를 제시한다."12) 만일 6장이 최후의 만찬 자체를 드러내는 시도라고 한다면, 유월절 어린 양의 역할은 축소되고 최후의 만찬은 강조될 수밖에 없을 것이다. 그렇지만 최후의 만찬의 흔적과 모호한 배경은 독자들이 최후의 만찬 자체가 아니라 최후의 만찬의 요소인 하나님의 어린양에 집중하도록 만든다. 따라서 최후의 만찬에 대한 요한복음의 침묵은 요한복음이 반성례전의 특징을 가지고 있는 것이 아니라 하나님의 어린 양이 부각되도록 만드는 장치가 된다.

네 복음서 가운데 오직 요한복음에서만 예수님을 하나님의 어린 양이라고 소개하는데 이 하나님의 어린 양은 요한복음의 특징인 유월절과의 관련성 속에서 이해될 수 있다. 하나님의 어린 양은 예수님을 유월절의 완전한 희생으로 만들면서 이전의 질서에 대한 "완전한 대형"으로서 그리스도인들을 위한 새로운 이스라엘을 상징하는데, 이는 또한 성찬식으로 상징된다고 여겨지기도 한다.13) 그러나 6장 53절의 성찬식 언어는 주의 만찬이나 혹은 이에 대한 준수를 강

---

12) O. S. Brooks, "The Johannine Eucharist: Another Interpretation," *JBL* 82 (1963), pp. 298-9.

13) J. K. Howard는 나사렛 예수를 "모든 유월절 의식의 성취인, 참된 어린 양"과 "연례적인 유월절 축제의 성취로서" "유월절 양의 개념들과 관련 된" 성찬식으로 간주한다. J. K. Howard, "Passover and Eucharist in the Fourth Gospel," *SJT* 20 (1967), p. 330, 333.

조하려는 것이 아니라 오히려 '육'의 성격에 대한 문자적이고 비유적인 균형을 갖추려는 것이며,14) 동시에 주의 만찬에 대한 성례전을 제정하려는 것 보다는 오히려 예수님의 죽음의 성격에 대한 이해를 반영하는 것이라고 할 수 있다. 예수님이 유월절과 그 분위기를 통해서 많은 사람들을 만나는 동안 요한은 예수님을 유월절의 중요한 인물로 소개하며(2:23; 6:4; 11:55; 12:9, 18) 유월절 기간 동안 많은 표적들을 행하는 예수님의 모습을 자세히 묘사한다(예컨대 2:23, "유월절에 예수께서 예루살렘에 계시니 많은 사람이 그의 행하시는 표적을 보고 그의 이름을 믿었으나"). 마침내 유월절은 예수님께서 예루살렘에 최종적으로 머무시는 이유가 될 뿐더러 하나님의 어린 양이 유월절 양처럼 살해당하기 위해 들리움 받는 인자로 동일시되는 수단이 된다. 이와 같이 유월절은 예수님의 정체와 그의 역할을 드러내는 장치가 되기 때문에 침례 요한이 선포한 하나님의 어린 양(1:29, 36)은 이러한 유월절 분위기 속에서 해석되어 들리움 받는 인자의 정체를 밝혀준다.

하나님의 어린 양과 유월절

요한복음에서 등장하는 하나님의 어린 양의 정체를 파악하기 위해서 여러 가지 가능성들이 제시된다. 그러나 무엇보다도 이 하나님의 어린 양을 이해하기 위해서는 그 배경이 되는 유월절 분위기가 동반되어야 한다. 비록 침례 요한의 선언이 유월절과 관련되는 분위기에서 직접적으로 이루어지지 않았다고 해도 그 선언은 첫 번째 표

14) J. D. G. Dunn, "John 6-A Eucharistic Discourse," *NTS* 17 (1971), 334-5. J. D. G. Dunn은 '육'의 문자적인 해석과 반대로 비유적인 성격을 제시한다.

적이 이루어지기 전에 서론으로 등장한다. 즉 요한은 예수님의 정체를 드러내기 위해 하나님의 어린 양 칭호를 통해서 미리 그 특징을 제시하는데 이러한 선언은 마지막 표적을 낳는 십자가상에서 이루어진다.

침례 요한의 증언은 하나님의 어린 양을 다른 특별한 양들이나 혹은 이와 관련된 요소들로부터 분리한다.[15] 바꾸어 말하면, 하나님의 어린 양 개념은 구약의 특정한 구절과 관련되지 않으며, 대신에 "신학적인 개념들의 결합"이라고 할 수 있다.[16] 침례 요한이 예수님을 규정하는 개념으로 하나님의 어린 양 칭호를 사용할 때 이 독특한 칭호는 예수님의 의미를 포함시킨다. 요한복음의 하나님의 어린 양은 '고난 받는 어린 양'과 '유월절 어린 양' 이미지를 내포하고 있다고 일반적으로 받아들여지기도 하지만 실제로는 이 두 가지 이미지가 결합되었다고 할 수 있다.[17] 침례 요한의 선포가 구약성서의 특별한 구절에 기초했다기보다는 요한이 특별한 신학을 만들어 내는

15) G. L. Carey는 "복음서 기자가 침례 요한의 진술을 채택하여 그의 복음서 구조의 중요한 부분에 위치시킨 것은 어린양의 굴욕(humiliahum), 어린양의 죄 없음과 그의 죽음의 효력을 표현하기 위한 것이다"라고 설명한다. G. L. Carey, "The Lamb of God and Atonement Theories," *TB* 32 (1981), pp. 120-1; 또한 Schnackenburg는 " '하나님 어린 양' 비유는 '주님의 종'만으로 혹은 '유월절 어린양' 만으로 설명될 수 없다"고 주장한다. Schnackenburg, *The Gospel According to St John*, vol. 1, p. 300.

16) Carey는 "구약성서의 많은 주제들이 요한복음의 구조 속에 매우 자주 설명 없이 엮여 있다"고 주장한다. Carey, "The Lamb of God and Atonement Theories," pp. 107-12; Barrett는 이것을 "구약성서 개념들의 혼합"이라고 설명한다. Barrett, *The Gospel According to St John*, pp. 176-7.

17) Carey, "The Lamb of God and Atonement Theories," pp. 101-7.

의도에 기초했다고 할지라도 이 선포는 유월절 분위기를 벗어날 수 없다. 그래서 하나님의 어린 양의 정체는 침례 요한의 역할과 유월절 분위기 사이의 상호 작용을 통해서 밝혀지게 된다.

하나님의 어린 양의 특징에 대한 이해는 무엇보다도 요한이 사용하는 수식어를 통해서이다. 즉 하나님의 어린 양의 역할이 특징적으로 드러나는 것은 이어지는 구절인 "세상 죄를 지고 가는"(1:29)이란 수식어가 그 양의 성격을 규정하기 때문이다.[18] 이 수식어로 인해 하나님의 어린 양이 다른 양들과 구별될 뿐만 아니라 요한복음 안에서 특별한 의미를 갖게 된다. 무엇보다도 하나님의 어린 양이 유대인들의 죄가 아니라 세상 죄를 지고 간다는 설명은 하나님의 어린 양의 정체에 대한 중요한 단서를 준다. 이 점이 하나님의 어린 양을 구약의 다른 양들과 구별시켜주는 중요한 요소이다. 유월절 어린 양의 희생으로서 하나님의 어린 양의 역할에 관한 논의에서 초점이 "세상의 죄" 보다는 "지고 가다"에 놓이는 것이 일반적인 경향이기 때문에, 그 논의는 하나님의 어린양의 단순한 역할에 집중하게 된다(참조, 19:36; 출 12:46; 민 9:12; 시 34:20). 또한 만일 "지고 가다"라는 부분에 관심을 집중한다고 하면 이 하나님의 어린 양은 요한복음에서 드러나는 예수님의 역할과 분리될 수밖에 없다. 하나님의 어린 양은 "세상 죄"라는 범위 설정으로 인해 민족적인 범위의 한계를 극복하면서 유대인의 틀을 벗어난다(참조, 요 3:16). 그렇기 때문에 비록

18) 이 구절에서 의미하는 죄는 "그리스도안에서 나타나는 하나님의 계시에 대한 불신앙의 반응"이며, 그래서 복음서는 "성육신과 같은 구속의 목적으로 기여한다(20:31)": R. Alan Culpepper, "The Theology of the Gospel of John," *RevExp* 85 (1988), pp. 419-21.

"하나님의 어린 양" 칭호를 구약에서 채택했다고 하더라도 요한복음의 용법은 다른 곳에서 사용된 용법보다 우선성을 가져야 한다.

어쨌든 하나님의 어린 양의 역할에 대한 확대는 유월절 양의 한계를 극복한 것으로 보인다. 그렇기 때문에 요한은 구약에 기초한 유월절을 예수님께서 유월절 양이 되신 "새로운 유월절"과 비교하여 "유대인의 유월절"로 부른다(2:13; 6:4; 11:55).[19] 예수님은 유월절 분위기 속에서 하나님의 어린 양의 기능을 수행하며 하나님의 어린 양은 동시에 예수님의 죽음의 성격을 내포하고 있다. 이와 같이 요한은 유월절의 틀을 사용하여 어떻게 예수님께서 인자로서 문자적이며 비유적인 하나님이 어린 양의 이미지를 가지고 "세상 죄를 지고 가는"(1:29)지를 보여준다. 하나님의 어린 양은 세상 죄를 지고 가는 양이며 이 양은 유월절 양으로서 십자가의 죽음에서 그 정체를 완전히 드러낸다.

2. 육과 몸

요한은 육과 몸의 관계를 예수님의 정체를 밝히는 장치로 사용하고 있다. 인자 및 하나님의 어린 양과 관련된 이 육은 인자의 특징을 밝혀준다. 침례 요한을 통해서 선포되는 하나님의 어린 양이 요한복음의 특징 중에 하나인 육과 몸의 구분을 통해서 예수님과 일치되며 이 구분은 예수님의 죽음과 부활이 비유적으로 그리고 문자

19) 참조, Paul D. Duke, *Irony in the Fourth Gospel* (Atlanta: John Knox, 1985), p. 128; Brown, *The Gospel According to John XIII-XXI: The Anchor Bible*(New York: Doubleday, 1970), p. 866.

적으로 균형을 갖추도록 만든다.

육과 몸의 기능

요한복음에서 육과 몸이 예수님과 관련될 때 이 둘은 상호 구별되면서도 보완적이다. 요한은 "말씀이 육신이 되었다"고 선포한다(1:14). 초월적이며 선존재로 계시던 말씀이 불과 13개의 구절을 통해서 설명된 후에 "육신"이 되었다는 충격적인 선언이 등장한다. 요한복음에서 육은 특별한 기능을 통해서 새로운 의미를 부여 받는다. 말씀이 육신이 되었다는 것은 예수님의 구속 사역에서 중요한 사건이다. 그래서 G. H. C. Macgregor는 "요한복음에서 '말씀이 육신이 되었다'는 신비는 십자가의 속죄보다도 구속사역의 중심적인 사실이다"라고 주장한다.[20] 비록 "말씀이 육신이 되었다"는 사실이 물질적인 성격이나 혹은 그와 연관된 측면을 일컫는 것처럼 보이지만, 그럼에도 불구하고 이는 특별한 사람을 지칭한다. 이 특별한 사람의 정체 확인을 위해 예수님과 니고데모와의 대화를 상기하는 것도 유익하다. 이 대화에서 나타나는 육체적인 거듭남과 영적인 거듭남 사이의 긴장으로 보이는 외적인 인상은 예수님의 부활이 빈 무덤을 통하여 문자적으로 그리고 비유적으로 실현되고 입증됨으로써 해소된다. 즉 요한은 니고데모의 역할을 통해 거듭남의 문자적인 성격을 드러냄으로 이 거듭남의 성격에 대한 균형을 맞추고 있다. "말씀이 육신이 되었다"는 선언에서 조차도 '육신'이라는 용어는 문자적인

---

20) G. H. C. Macgregor, "The Eucharist in the Fourth Gospel," *NTS* 9 (1963), 116.

성격을 담고 있다. 그래서 육이란 용어의 사용은 육체에 대한 영의 우선성을 붕괴시키며, 동시에 문자적이며 비유적인 거듭남의 성격에 대한 균형을 갖추어 준다. 그렇다면 육은 무엇/누구인가? 어떻게 말씀이 육이 되었는가? 요한이 "말씀[로고스]이 육신이 되었다"는 말씀을 예수님의 부활과 관련시키기 위해 어떻게 이야기를 전개시키는가?

예수님과 관련하여 육의 독특한 성격을 이해하기 위해서는 육과 몸을 비교할 필요가 있다. 육은 문자적인 부패를 내포하는 몸과 구분된다(참조, 2:21; 19:31, 38, 40; 20:12). 즉 몸은 감각적으로 만져서 알 수 있는 성질이지만, 육은 "로고스가 인간에게 '영생'을 주기 위해 완전한 인간의 본질을 입은 것"이다.[21] 즉 성육신과 관련된 육은 일상적인 몸을 나타내는 몸과 구분된다. 육은 로고스가 문자적인 성육신이 되었다는 것을 나타내는 환유법적인 표현이다. 즉 육이란 용어의 사용은 외면적으로 성육신의 문자적인 측면을 드러내며, 다른 한편으로는 이 환유법적인 표현(1:14, "말씀이 육신이 되어")이 6장 51절에서 사용된 것과 같이 비유적인 성격을 유지하고 있다("나는 하늘에서 내려온 살아 있는 떡이니 사람이 이 떡을 먹으면 영생하리라 내가 줄 떡은 곧 세상의 생명을 위한 내 살이니라 하시니라"). 게다가 말씀(로고스)이었던 육은 십자가에서 성취되는 영광과 관련되기 때문에 요한은 육의 소개 뒤에 "우리가 그의 영광을 보았다"고 소개한다(1:14). 바꾸어 말하면, 육의 영광은 인자의 들리움과 관련하여 십자가에서 성취되며,[22] 그래서 이 성취

---

21) Ibid., p. 116. 또한 다음을 참조하라: Hermann Ridderbos, *The Gospel of John* (Grand Rapids: Eerdmans, 1997), pp. 49-50.

22) Rudolf Bultmann은 영광은 "σάρξ와 함께(alongside) 또는 창문을 통하듯이 σάρξ를

및 들리움과의 관련성은 예수님의 출생과 관련한 육의 정체를 밝혀 준다. 십자가 사건 뒤에 예수님의 몸은 2장 21절에서 예고된 것과 같이 다른 일상적인 몸과 같은(19:31) 몸으로 묘사된다(20:12). 따라서 육은 첫 번째 출생과 관련되며 몸은 문자적으로 그리고 비유적으로 성취되는 그의 부활(거듭남)과 관련된다.

육과 하나님의 어린 양

육의 정체가 무엇이고 이 육이 어떻게 기능적으로 하나님의 어린 양과 관계되어 의미를 산출하는지를 알기 위해서는 우선적으로 그 육의 실체에 대한 이해가 필요하다. 육의 처음 등장은 침례 요한과 관련되는데 침례 요한의 증언 뒤에 육에 대한 소개가 뒤따르는 것은 매우 흥미롭다. 이 육이 소개되자마자(1:14), 바로 뒤이어 요한의 설명과 침례 요한의 증언이 이 육의 기원과 그에 대한 관계를 보증한다(1:15, "요한이 그에 대하여 증언하여 외쳐 이르되 내가 전에 말하기를 내 뒤에 오시는 이가 나보다 앞선 것은 나보다 먼저 계심이라 한 것이 이 사람을 가리킴이라 하니라"). 침례 요한의 그에 대한 증언과 역할의 선포는 바로 육에 대한 것으로서 침례 요한의 역할은 육의 정체와 실체를 드러내는 것과 밀접하게 관련된다. 침례 요한은 요한복음의 이야기 속에서 육을 예수님과 일치시킬 뿐만 아니라 이를 하나님의 어린 양과 연결시키며 또한 그 영(the Spirit)이 예수님에게 내려옴을 증언함으로써(1:32) 그의

통하여(through) 보이지 않는다. 영광은 σάρξ안에서 보여지며 다른 곳에서 볼 수 없다"라고 설명한다: Rudolf Bultmann, *The Gospe lof John: A Commentary*, trans. George R. Beasley-Murray (Oxford: Blackwell, 1971), p. 63.

선언에서와 같이(1:23, "이르되 나는 선지자 이사야의 말과 같이 주의 길을 곧게 하라고 광야에서 외치는 자의 소리로라 하니라") 자신의 역할을 성취한다. 침례 요한이 예수님의 육체적이며 영적인 특징을 드러냄으로 육의 실체가 분명하게 밝혀지는 것이다. 침례 요한의 역할을 통해서 육은 바로 "하나님의 어린 양"이며(1:29, 36) 이 실체는 하나님의 아들로 불리는 예수님이라는 것이 확인된다(1;34, "내가 보고 그가 하나님의 아들이심을 증언하였노라 하니라").[23)]

한편, 예수님 자신의 말씀도 육이 하나님의 어린양이라는 개념을 지지한다. 예수님은 자신의 육을 떡에 비유하여 말씀하신다(6:51, "나는 하늘에서 내려온 살아 있는 떡이니 사람이 이 떡을 먹으면 영생하리라 내가 줄 떡은 곧 세상의 생명을 위한 내 살이니라 하시니라"). 이 구절은 6장 33절의 의미를 밝혀준다("하나님의 떡은 하늘에서 내려 세상에 생명을 주는 것이니라").[24)] 예수님께서 사용하신 인자 칭호는 육과 '생명'을 연결시킨다(6:53, "예수께서 이르시되 내가 진실로 진실로 너희에게 이르노니 인자의 살을 먹지 아니하고 인자의 피를 마시지 아니하면 너희 속에 생명이 없느니라"; 참조 3:13-15).[25)] 인자 칭호가 유월절 어린 양의 이미지를 통하여 육의 개념을 명료하게 만드는 동안 영생과 관련한 육의 개념은 인자의 들리움 때까지 계속해서 발전한다.

---

23) 하나님의 어린 양과 하나님의 아들 칭호에 대한 비교를 위해서는 다음을 보라. Dom John Howton, "'Son of God' in the Fourth Gospel," *NTS* 10 (1964), 227-37.

24) Dunn, "John 6-A Eucharistic Discourse," p. 329.

25) J. G. Van Der Watt는 αἰώνιος가 하나님에 대한 언급과 문맥에서 그 의미를 이해할 수 있는 상황에서는 생략되었다고 하며, ζωὴ αἰώνιος와 ζωή는 요한복음에서 차이가 없고 αἰώνιος의 생략은 문체와 관련된 문제라고 소개한다. 이와 같은 "생명"과 "영생"의 관계에 대해서는 다음을 보라. J. G. Van Der Watt, "The Use of αἰώνιος in the Concept ζωή αἰώνιος in John's Gospel," *NovT* 31 (1989), pp. 225-7.

그렇기 때문에 인자가 영생을 선포할 때 육의 개념을 드러내는 하나님의 어린 양 이미지가 포함된다고 할 수 있다: 인자는 영생으로 인도하는 양식을 줄 것이고(6:27), 그는 생명의 떡이며(6:35), 살아있는 떡이며(6:51), 떡은 그의 육이다(6:51). 그렇기 때문에 그의 육을 먹어야 하며(6:53-58) 그의 피를 마셔야 한다(6:53-56). 결국 육과 하나님의 어린 양은 유월절 분위기에서 상호 관련성을 가지며 특별한 의미를 갖게 된다. 그래서 1장14절의 육은 인자를 나타내며, 인자는 그의 육을 주는 하나님의 어린 양이라고 할 수 있다.

인자와 하나님의 어린 양

육이 예수님의 정체와 실체를 드러내는 중요한 요소이지만 예수님과 관계된 그 육은 요한복음 6장에서 인자와 일치된 후에는 사라진다.[26] 그렇다면 이 육의 개념을 무엇이 대치하며 이야기를 전개시킬까? 비유적이며 문자적인 혹은 육적이며 영적인 예수님의 부활(거듭남)을 실현하는 예수님의 정체와 실체에 대해 다른 무엇이 육의 개념을 대치하는지를 찾아보고자 한다. 이와 관련하여 우선적으로 침례 요한의 역할이 두드러지는 점을 주목할 필요가 있다. 침례 요한의 역할을 통해서 육 및 하나님의 어린 양과 일치되는 인자가 육의 역할을 대신한다고 가정할 수 있다. 육과 인자의 들리움은 어떤 관계가 있을까? 들리움과 관련하여 특징적으로 등장하며 관련성을 가지는 것은 바로 '인자'이다. 특별히 인자만이 들리움과 영광 이 양

26) 8장 15절과 17장 2절의 '육'은 비유적으로 그리고 일반적인 사람을 지칭하는 것으로 사용되었기 때문에 예외적이다.

자에 모두 관련된다(3:13; 8:28; 13:31). 이미 언급한 바와 같이 들리움은 육을 주는 것인 동시에 그 육의 영광을 드러내는 것이며 이 들리움은 인자와 관련하여 등장하는 영생과 관련된다(3:14; 8:28; 12:32, 34). 따라서 요한은 인자의 들리움을 하나님의 어린 양이 살해당하며 그의 육을 주는 순간으로 간주한다. 바꾸어 말하면 육의 건네짐은 인자의 들리움이며 이 들리움은 하나님의 어린 양이 살해당하는 순간이다. 이 인자는 그의 문자적이며 비유적인 부활을 통하여 하나님의 아들과 일치하게 된다.

요한이 복음서를 전개시키면서 날짜와 시간을 구체적으로 소개하는 것은 소홀히 취급될 수 없다. 비록 네 복음서가 시간을 묘사한다고 해도(마 27:45, 46, 62; 막 15:25; 눅 24:44), 오직 요한복음만이 유월절과 관련한 특정한 시간과 날짜를 반복해서 소개한다(18:39, "유월절이면"; 19:14, "유월절의 준비일이요 때는 제육시라"; 19:31, "이 날은 준비일이라 유대인들은 그 안식일이 큰 날이므로"; 19:42, "이 날은 유대인의 준비일이요"). 이러한 강조는 유월절 분위기 속에서 십자가상의 인자의 죽음을 유월절 양의 죽음으로 보고 이 죽음을 하나님의 어린 양의 죽음과 연결시키는 극적인 장치로 기능하게 만든다고 할 수 있다. 만일 유월절에 대한 구체적인 시간 진술이 없다면 하나님의 어린 양은 예수님의 임무에 대한 단순한 상징이겠지만, 유월절 전에 죽음이 발생한 시간에 대한 지속적인 상기는 하나님의 어린 양이 문자적으로 그리고 비유적으로 유월절과 함께 해석되도록 만든다. 유월절 양이 죄를 지고 가는 속죄의 성격을 가졌는지 아닌지에 대한 논쟁을 소개한 후에 Howard는 복음서 기자가 침례 요한의 선언적인 이야기 속에서 유월절 어린 양의 개념들을 발전시킬 장치를 만들었다고 하며, 그 결과 나사렛 예수는 유월절 의식을 완성시킨 참된 어린 양으로 소개된다고 설명한다.[27] 그래서 세상의 죄를 지고 가기 위해 인자이신 예수님은 유월절 양이 유월절에 살해당하는 것과 같은 시간에 죽음을 당하는 것이라고 제시할 수 있게 된다. 하나님의 어린 양은 유월절 분위기 속에서 인자의 '육'적인 성격을 보충해주며 십자가에서 세상 죄를 지고 가는 하나님의 어린 양으로써 죽게 되는 인자의 성격에 대한 정체를 밝혀준다.

3. 육과 거듭남(떡을 줌): 표적의 핵심

요한복음에는 처음 세 복음서와는 다르게 다양하게 묘사된 빈번한 갈릴리-예루살렘 여행과 함께 표적들이 적절하게 소개된다. 예수님께서 유월절(들)을 준수하기 위한 갈릴리와 예루살렘 사이의 여행들은 일곱 번째 표적을 예고하는 다른 표적들을 발생시키는 동인이다. 다른 한편, 유월절(들)을 지키는 것은 이 여행들의 중요한 동기이며 그래서 유월절 이미지가 이 여행들을 둘러싸게 된다. 일곱 개의 표적들은 유월절 분위기와 밀접하게 연결될 뿐만 아니라 서로의 의미를 밝혀주는 역할을 한다. 즉 표적들은 상호간에 관련이 없거나 혹은 영향을 주지 않는 독립성을 가지지 않는다. 표적들의 이러한 관련성은 상호 의존성을 낳게 되며 상호 작용을 통해서 첫 번째 표적을 통해 드러난 표적들의 지향 방향은 마지막 표적에서 확인된다. 모든 표적들이 상호 작용을 가지며 첫 번째 표적이 다른 표적들의

27) Howard, "Passover and Eucharist in the Fourth Gospel," p. 332.

진행 방향을 가늠하게 하고 마지막 표적은 모든 표적들을 담는 기능을 한다고 할 때, 첫 번째와 마지막 표적의 비교는 표적들 사이의 관계를 입증해 준다고 할 수 있다.

앞으로 설명하겠지만, 마지막 표적을 예고하는(2:21) 첫 번째 표적과 처음 표적에서 예고된 마지막 표적은 변화(출생)의 문제에 대해 관심을 가지며 '몸'과 관련된다(2:21; 19:38, 40; 20:12). 그리고 다른 다섯 개의 표적들은 치료와 관련되며 '육'인 떡을 주는 것에 집중된다. 즉 처음 표적과 마지막 표적의 전체적인 구조 속에서 "떡을 줌"은 표적들 가운데 중요한 주제로 떠오른다. 하늘로부터 오는 떡에 대한 주제는 예수님께서 "위로부터" 오는 기원을 확언하는데 사용되었을 뿐만 아니라(6:41, 51), 예수님의 정체를 정의하는데 있어서 생수의 근원이 되신다고 하는 '나-말씀' 가운데 드러나는 '물'보다도 더 큰 상징적인 역할을 한다.[28] 요한복음의 표적들을 정리하면 이 표적들이 떡, 즉 그의 '육'을 주기 위한(D-D*) 교차대칭 구조로 이루어진 것을 알 수 있다.[29]

---

28) R. Alan Culpepper, *Anatomy of the Fourth Gospel*, p. 196.

29) 이 책에서는 요한복음서의 표적을 여섯 개로 간주한다(2:1-12; 4:46-54; 5:1-9; 6:1-14; 9:1-12; 11:1-44). 물론 예수님께서 물 위로 걷는 이적(6:16-21)을 표적으로 간주할 수 있는지에 대한 많은 논란이 있다. 일반적으로 이 사건은 이적 발생에 뒤이은 반응이 소개되지 않기 때문에 요한이 의도한 표적에서 제외되는 경향이 있으며, D. K. Clark는 이 기적을 바로 이전의 오병이어 기적과 연관시키기도 한다: D. K. Clark, "Signs in Wisdom and John," *CBQ* 45 (1983), p. 205. 참조, Stephen S. Smalley, "The Sign in John XXI," *NTS* 20 (1974), pp. 277-8; John McHugh, *The Mother of Jesus in the New Testament* (London: Darton, Longman & Todd 1975), p. 396-7: 모든 표적들이 나머지 표적들의 성격에 대해 예고하는 첫 번째 표적을 제외하고, 예수님의 정체나 권위와 관련되어 있다고 하면서도,

A. 거듭남에 대한 예고: 빈 돌항아리와 새포도주(2:1-12)

B. 귀족의 아들 치유: 거의 죽게 된 자(4:46-54)

C. 마비된 자 치유: 38년 된 환자(5:1-9)

D. 육(떡)을 줌: 오천 명 먹임(6:1-14)

D*. 육(떡)을 줌: 오천 명 먹임(6:1-14)

C*. 맹인 치유: 날 때부터 맹인 된 자(9:1-12)

B*. 나사로 치유(살리심): 죽었던 자(11:1-44)

A*. 거듭남의 실현: 빈 무덤과 거듭남(20:1-18)

요한복음 이야기가 전개되는 동안에 표적의 내용이 놀라운 것으로 발전하며 동시에 창조의 이미지도 점점 증가하며 분명해진다. 달

McHugh는 부활을 표적이 아닌 이전의 표적들에 대한 성취로 간주하기도 한다; 그러나 Joseph A. Grassi는 예수님의 죽음과 피와 물의 쏟아짐을 첫 번째 표적과 관련된 일곱 번째 표적으로 간주한다. 특히 두 사건에 나타나는 네 번의 '어머니'란 칭호의 사용과 한 번의 '여자' 칭호의 사용 등에서 두 사건의 연관성을 찾는 것이다: Joseph A. Grassi, "The Role of Jesus' Mother in John's Gospel: A Reappraisal," *CBQ* 48 (1986), pp. 67-71. 어쨌든, 예수님의 부활은 마지막 표적으로 간주될 수 있으며 그렇기 때문에 요한복음의 표적은 일곱개가 된다. 첫 번째 표적은 이어지는 표적들이 마지막에 극적으로 펼쳐지는 것에 대한 예고라고 할 수 있는데, Schnackenburg는 첫 번째 표적이 "표적들(참조, 12:37; 20:30)을 통해 드러나는 예수님의 완전한 자기 계시의 출발점"이라고 설명한다: Schnackenburg, *The Gospel according to St John*, vol. 1, p. 323; Brown은 12장 37-50절을 표적들의 책에 대한 결론이라고 간주한다: Brown, *The Gospel according to St. John I-XII: The Anchor Bible*, p. 322. 12장부터 19장, 즉 예수님의 죽음 때까지 표적이 등장하지 않는다는 점은 주목할 만하다. 이것은 12장부터 19장까지의 목적이 마지막 가장 큰 표적을 준비하기 위한 것이라고 여겨진다. Clark는 솔로몬의 지혜서에 있는 표적들과 예수님의 표적들을 비교한 후에, 처음의 여섯 표적들은 마지막 표적을 지향하며 마지막 표적은 이전의 여섯 표적을 능가하면서 이를 완성시킨다고 제시한다: Clark, "Signs in Wisdom and John," pp. 201-9.

리 말하면 표적들이 발전하면서 전환점이 되는 "떡을 줌"의 사건을 지날 때 창조의 이미지는 명백하게 드러나며 구체화된다(예컨대, 9:32, "창세 이후로 맹인으로 난 자의 눈을 뜨게 하였다 함을 듣지 못하였으니"). 창조의 이미지를 분명하게 드러내는 맹인 치유 사건에 뒤이어 나사로의 부활과 예수님의 부활이 뒤따른다. 표적들이 부활을 지향하며 발전할 때 다른 한편으로 모든 일곱 개의 표적들은 중앙의 표적(D–D*)에 집중한다. 그 핵심은 이미 첫 번째 표적에서 예고되었고 마지막 표적에서 완성된 떡, 즉 '육'을 주는 것이다(6:54, 56, 57, 58).[30] 예수님께서는 6장 50절 및 51절에서와 같이 '떡'이라는 비유적인 표현을 사용하여 '육'의 정체를 밝히신다. 그렇기 때문에 '인자'와 같이 비유적으로 예수님을 지칭하는 떡은 "육과 피"에 대한 오해를 방지시키면서 비유적인 표현인 "먹고 마신다"는 의미를 강화시킨다. 즉 떡과 육의 관계는 "내가 줄 떡은 곧 세상의 생명을 위한 내 살[육]이니라"는 예수님의 말씀으로 밝히 드러난다. 그래서 떡을 주는 것은 육을 주는 것이고 떡은 하나님의 어린 양(유월절 양)인 육에 대한 비유적인 표현이라는 것이 분명해 진다. 떡은 문자적인 '육'에 대한 비유적인 용어이며[31] 따라서 육을 주는 것은 문자적이며 비유적인 인자의 들리움으로 드러난다.

표적들의 핵심인 떡을 주는 것은 어떻게 실현될 수 있을까? 예

30) "떡을 줌"이 표적의 핵심인 것은 표적의 숫자와 관련없이 받아들여지기도 한다. Grassi는 표적의 교차대칭 구조를 논하며 일곱 번째 표적을 십자가 사건으로 간주하지만, 그럼에도 불구하고 "떡을 줌"이 표적의 핵심이라는 점은 인정한다. Grassi, "The Role of Jesus' Mother in John's Gospel: A Reappraisal," pp. 68-69.

31) David Seeley, *Deconstructing the New Testament* (Leiden: E. J. Brill, 1994), p. 114.

수님의 설명은 이에 대한 직접적인 답을 준다. "내가 진실로 진실로 너희에게 이르노니 인자의 살을 먹지 아니하고 인자의 피를 마시지 아니하면 너희 속에 생명이 없느니라 내 살을 먹고 내 피를 마시는 자는 영생을 가졌고 마지막 날에 내가 그를 다시 살리리니 내 살은 참된 양식이요 내 피는 참된 음료로다 내 살을 먹고 내 피를 마시는 자는 내 안에 거하고 나도 그의 안에 거하나니"(6:53-56). 육과 떡은 "의미의 한 층을 부정하는 것이 아니라 오히려 의미를 확장하는"[32] 이중의 의미와 같이 실체에 대한 이중의 평행적인 표현이다.[33] 바꾸어 말하면, 육을 먹고 피를 마심은 한 가지 실체에 대한 다른 접근이라고 할 수 있다.

그렇다면 살을 먹는 것은 무엇을 의미하는가?(6:52, "이 사람이 어찌 능히 자기 살을 우리에게 주어 먹게 하겠느냐"). 예수님은 로고스의 성육신이기 때문에 그의 말씀들은 비유적으로 "그 자신의 생명을 나누어 주는 능력을 가진 자신에 대한 표현"과[34] "그의 영의 확장"이라고 할 수 있다.[35] 이러한 생명을 주는 영은 예수님의 말씀을 받아들임으로 주어지기 때문에 "예수님은 '그의 육을 먹는 것'은 그의 육에 대한 그의 말씀들을 인정함으로 그의 생명을 주는 영/호흡을 받아들이는

---

32) Duke, *Irony in the Fourth Gospel*, p. 145.

33) George R. Beasley-Murray, *John: Word Biblical Commentary*, vol. 36, second ed. (Nashville: Thomas Nelson Publishers, 1999), p. 95.

34) G. H. C. Macgregor, *The Gospel of John: The Moffatt New Testament Commentary* (London: Hodder and Stoughton, 1928), p. 161.

35) Delbert Burkett, *The Son of Man in the Gospel of John*, JSNTS 56 (Sheffield: JSOT Press, 1991), p. 140.

것을 의미한다고 설명하신다."[36] 생명의 떡을 먹는 것은 들리움에서 육을 주어 사명을 완성시킨 성육신한 로고스, 즉 그의 말씀들을 받아들이는 것이다.

---

36) Ibid.

제11장 거듭남을 위한 인자의 역할

예수님과 니고데모의 대화에서 그 중심 주제는 거듭남이다. 이 거듭남의 실체는 요한복음의 이야기가 전개되면서 비유적으로/문자적으로 균형을 갖추어 가며 예수님의 부활 사건에서 그 실체를 드러낸다. 이에 대한 이해를 위해 요한복음에 나타난 '인자'와 '육'의 관계가 무엇을 상징하는지 그리고 인자의 '들리움'이 그의 문자적이며 비유적인 부활을 발생시키는 인자의 죽음을 반영하는지에 대해 살펴볼 것이다.

1. 하나님의 아들과 인자

첫 번째 표적 직전에 등장하는 인자 칭호는 다른 칭호들을 흡수하며 십자가의 죽음까지 예수님의 생애를 이끌고 간다. 인자 칭호가 소개되기 전에 메시야, 하나님의 아들, 이스라엘의 왕과 같은 기독론적 칭호들이 등장하며 예수님의 운명을 예고하고 있다. 인자는 내려옴과 들리움의 구조 속에서 그의 들리움을 그가 왕으로 등극하는 십자가의 죽음에서 완성하며 이 들리움 후에 인자는 하나님의 아들로서 도마의 고백과 같이 하나님과 일치된다. 요한복음의 서언에서 선언되었던(1:1) 존재론적 일치가 이루어지는 것이다.

하나님의 아들과 이스라엘의 왕

예수님께서 예루살렘에 오셨을 때 군중들은 그를 "이스라엘의 왕"으로 불렀으며(12:13, "종려나무 가지를 가지고 맞으러 나가 외치되 호산나 찬송하리로다 주의 이름으로 오시는 이 곧 이스라엘의 왕이시여 하더라"), 요한은 이것을 구약의 성취라고 설명한다(12:14ff.). 이 칭호는 요한복음의 시작부터 독립적으로 등장하지 않고 일련의 다른 칭호들과 함께 사용된다. '왕'이란 칭호는 첫 번째 표적 전에 '하나님의 아들' 칭호(1:49)와 함께 나다나엘의 고백 속에 등장하며 이어서 '인자' 칭호가 등장한다(1:51). 첫 번째 표적이 발생하기 전에 중요한 칭호들이 연속적으로 등장한다. 특별히 왕 칭호는 예수님께서 예루살렘 입성 시에 군중들이 종려나무 가지를 가지고 환호하는 모습과 함께 소개되기도 하지만, 다른 한편 예수님의 십자가 죽음의 상황에서 이 왕 칭호는 조롱과 비난의 칭호로 바뀐다.

예수님의 체포 뒤에 관심을 끄는 빌라도의 질문은 이스라엘의 왕에 관한 것이다(18:37, 39; 19:12, 19, 21. 참조, 마 27:31; 막 15:20). 이 장면에서 벌어지는 예수님의 왕되심에 대한 대립은 역설적인 상황의 전개이다. 즉 한편에서는 유대인들이 예수님을 모독하는 표시로 그에게 왕 칭호를 부여하지만 비유적으로는 오히려 그들의 비난이 고백이 되어 예수님은 그들의 왕으로 등극한다. 왕권에 대한 긴장이 고조되는 관정 안에서 예수님은 심판의 선포자가 되며(참조, 5:27, "또 인자됨으로 말미암아 심판하는 권한을 주셨느니라") 그의 왕권을 확언하신다(18:33-38). 비록 빌라도가 "돌을 깐 뜰(히브리 말로 가바다)에 있는 재판석"에 앉아 있지만, 역설적으로 예수님은 빌라도의 입술을 통하여 자신이 세상의 왕이시며(19:14, "보라 너희 왕이로다") 유대인의 왕은 유대인들의 외침에서 드러나듯이 가이사라는 것을 판정하신다(19:15, "가이사 외에는 우리에게 왕이 없나이다").[1] 유대인들에 의해 유대인의 왕으로 불리는 가이사의 휘하에 있는 빌라도와 유대인들은 아이러니하게도 십자가상의 예수님께서 유대인들의 왕이라는 것을 드러낸다.[2] 이 상황에서 예수님의 왕권은 유대인의 한계 범위를 뛰어 넘는다. 빌라도는 예수님이 유대인들의 왕이라고 하나 유대인들은 자신들의 왕이 가이사라고 고백한다. 물론 이러한 것은 문자적인 표현을 넘어 유대인들과 빌라도 간에 예수님의 모습을 희화화시키는 장면이다. 그러나 요한은 이러한 언어유희를 통해서 예수님의 왕권을 선언한다. 그러면서 요한은 이 왕권을 단지 유대인들에게만 국한되는 한계를 넘어 유대인으로부터 세상까지 확대시킨다. 쫓겨날 이 세상의 통치자들 대신에(12:31. 참조, 14:30; 16:11) 유대인들에게 배척받은 그 왕이 "참으로 이스라엘의 선생"인 나다나엘의 선언과 같이 이 세상의 왕

1) Marinus De Jonge, "Jesus as Prophet and King in the Fourth Gospel," *ETL* 49 (1973), pp. 175-6.

2) Richard A. Burridge, *Four Gospels, One Jesus?: A Symbolic Reading* (London: SPCK, 1994), p. 158.

으로 선포된다(1:47-49). 예수님의 왕권이 확장되는 것을 요한이 무엇으로 표시하고 있을까? 바로 당시의 세계 언어로 기록된(그리스어, 라틴어, 히브리어) 십자가상의 명패는 예수님이 단지 유대인의 왕이 아니라 세계의 왕 되심을 상징한다고 할 수 있다. De Jonge은 복음서 기자가 왕권은 단지 이스라엘로 국한된 것이 아니라 이스라엘을 넘어 세상의 왕권에 관계된다는 것을 충분이 알았다고 주장한다(12:19; 19:20; 18:37).[3]

요한복음의 시작 단계에서 나다나엘의 고백(1:49, "당신은 하나님의 아들이시요 당신은 이스라엘의 임금이로소이다")은 예수님의 정체를 미리 밝혀주는데, 이러한 예수님의 정체는 들리움에서 성취되며 빈 무덤을 통해서 드러난다. 요한복음의 이야기가 전개되면서 드러나는 예수님의 정체에 대한 이해는 그의 십자가 죽음인 영광 뒤에 가능하다.[4] 나다나엘의 고백과 십자가 사건의 비교에 초점을 맞출 때 이 문제는 더욱 분명해진다. 나다나엘은 예수님을 "하나님의 아들"과 "이스라엘의 왕"으로 동시에 소개한다(1:49). 이 두 칭호는 상호 보완적이며 이스라엘의 왕이 하나님의 아들로 확인되는 것은 그가 왕으로 등극한 후이다. 유대인들은 예수님의 죄목이 자신이 하나님의 아들이라고 주장했다는 것이다(19:7, "우리에게 법이 있으니 그 법대로 하면 그가 당연히 죽을 것은 그가 자기를 하나님의 아들이라 함이니이다"). 왕으로 등극하는 십자가의 죽음은 그가 자신을 하나님의 아들로 칭했기 때문이다. 이 칭호로 인해 그는 십자가의 처형을 받으며 왕으로 등극한다. 예수님이 하나

3) De Jonge, "Jesus as Prophet and King in the Fourth Gospel," p. 176.

4) Ibid., 170.

님의 아들이라는 나다나엘의 고백과 달리 예수님은 그가 하나님의 아들이라고 주장한 것 때문에 죽어야 한다. 예수님의 정체에 대한 전주곡은 유대인들이 예수님을 고소한 것과는 대조적이다. 빌라도 앞에서 유대인들은 자신들의 법을 거론하면서 예수님을 십자가에 못 박으라고 소란스럽게 외친다. 그들의 고소 사유는 결과적으로 무고가 되며 오히려 그 고소의 내용이 예수님에게 적용되어 그의 정체를 드러낸다. 예수님은 자신이 하나님의 아들이라는 주장으로 인해 죽음을 당하면서 오히려 왕으로 등극하며 역설적으로 그가 하나님의 아들이심을 증명한다.5)

인자와 나사렛 예수

요한복음에 등장하는 인물들의 고백을 통해서 예수님의 정체가 밝혀진다. 요한복음의 시작부터 기독론적인 칭호들의 등장은 예수님의 정체가 무엇인지를 밝혀주는 단초로서 이야기의 진행 과정에서 그 실체가 밝혀진다. 나다나엘과 빌립의 대화에서 예수님은 나사렛에서 온 사람으로 소개된다(1:45-46). 요한은 "간사한 것이 없는" 나다나엘(1:47)의 신실한 고백을 통해서 예수님이 "나사렛 예수"이며 "이스라엘의 왕"이라고 솜씨 있게 소개한다. 요한복음의 초반부에 등장하는 나다나엘의 고백은 예시적인 성격을 가지며 그의 고백은 요한복음의 종반부이며 인자가 들리우는 장소인 십자가 명패의 내용과 관련된다. 예수님의 정체는 칭호를 통해서 선포되며, 그 칭호에

---

5) Paul D. Duke, *Irony in the Fourth Gospel* (Atlanta: John Knox Press, 1985), pp. 133-4.

수반되는 개념은 복음서의 이야기가 전개되는 과정에서 정립된다. 그 대표적인 경우가 바로 나다나엘의 고백을 통해서 소개되는 "나사렛 예수"이다. 나다나엘의 고백 후에 사라진 것처럼 보이는 이 칭호가 복음서의 후반부에 다시 등장한다. 빌라도의 명령에 따라 "나사렛 예수 유대인의 왕"이라고 기록된 십자가의 명패는 그 내용의 유사성으로 인해 독자들에게 나다나엘의 고백을 상기시킬 뿐만 아니라 이 고백의 성취를 보게 만든다. 빌라도가 지시하여 만들어진 명패는 역설적으로 예수님의 정체를 로마 총독의 손을 통해서 공포하는 장치이다. "나사렛"이란 지역성을 가진 예수님은 그 지역 이름을 따른 칭호를 통해서 예언의 성취적인 성격을 나타내며, 이 예언의 성취가 유대인의 한계를 넘어 로마의 총독을 통해 온 세상에 선포된다. 선지자들이 "나사렛 예수"에 대해 기록한 것과 같이 빌라도도 십자가상의 예수님에게 "나사렛 예수" 칭호를 부여하는 것이다.

하나님의 아들이며 이스라엘(유대인)의 왕이며 나사렛 예수인 인자의 예시된 역할은 십자가의 죽음에서 성취된다. 특별히 인자 칭호와 하나님의 아들이라는 칭호가 십자가상에서 누락되었다는 점은 주목할 필요가 있다. 예수님의 정체가 적나라하게 들어날 뿐만 아니라 그 정체를 밝히 보여주는 십자가 죽음의 현장에서 다른 칭호들을 흡수하는 이 두 가지 칭호는 등장하지 않는다. 이 두 칭호는 복음서의 시작부터 요한복음의 이야기 전개를 이끌지만 진공상태가 모든 것을 흡수하듯이 십자가의 죽음이 이전의 칭호들을 흡수하며 그 문자적인 실체를 드러내도록 만든다. 즉 그 칭호들의 실체가 십자가에서 증거된다.

인자의 죽음은 유대인들의 반응에 역설적으로 반영되어 있듯이(5:8; 19:7. 참조, 10:33, 36) 하나님의 아들이 하나님으로 일치되는 기회를 제공한다(20:28, "도마가 대답하여 이르되 나의 주님이시요 나의 하나님이시니이다"). 게다가 요한은 예수님을 죽이려는 유대인들의 음모의 근원이 하나님의 아들이 하나님과 일치되는 것에 기인한 것으로 증언한다(10:30-31, "나와 아버지는 하나이니라 하신대 유대인들이 다시 돌을 들어 치려 하거늘"). 균형이 맞추어지듯이 인자는 하나님의 아들을 통해 드러나며 하나님의 아들은 인자의 정체를 드러낸다. 인자와 하나님의 아들과의 관계와 그 구분은 십자가의 죽음인 들리움에서 분명하게 밝혀지며 그 인자가 하나님이 되심으로 나사렛 예수의 실체가 드러난다(20:28). 결국 모태를 상징하는 빈 무덤에 들어가는 것은 인자이며 인자의 부활을 통하여 드러나는 것은 하나님의 아들이다. 인자인 나사렛 예수는 이스라엘의 왕으로 등극하는 십자가에서 하나님의 아들과 일치하며 믿음의 대상이 된다(20:31).

인자와 하나님의 아들: 정체

요한복음에는 예수님께서 부활하신 후에 제자들이 모여 있는 곳에 등장하는 장면이 세밀하게 묘사되어 있는데, 이 때 예수님의 출현은 육체의 한계를 극복하신 신비스러운 모습으로 그려진다. 요한은 예수님께서 제자들이 모여 있는 곳에 들어오셨을 때에 문이 잠겨 있었다고 자세히 소개한다(20:19, "이 날 곧 안식 후 첫날 저녁 때에 제자들이 유대인들을 두려워하여 모인 곳의 문들을 닫았더니 예수께서 오사 가운데 서서 이르시되 너희에게 평강이 있을지어다"). 이 때 제자들은 유대인들이 두려워서 그들 스스로 능동적으로 문을 잠갔었다고 소개된다. 또한 도마의 부재 상태에서 제자들에게 나타나셨던 예수님께서는 마침 도마가 있을 때 다시 제자들이 있는 방안으로 들어오신다(20:26, "여드레를 지나서 제자들이 다시 집 안에 있을 때에 도마도 함께 있고 문들이 닫혔는데 예수께서 오사 가운데 서서 이르시되 너희에게 평강이 있을지어다 하시고"). 피와 물이 흐르는 장면을 예리하게 관찰하고 세밀하게 이를 기록한 요한은 예수님께서 제자들에게 나타나셨던 두 번의 방문에 대해 공통적으로 모두 *문이 닫혀있었다*고 자세히 보고한다. 비록 문들이 잠겨 있었다고 해도 예수님께서 문 안으로 들어오셨다는 것이다. 예수님의 출현도 놀라운 일이지만, 이에 못지않은 충격을 주는 것은 문이 닫힌 상태였다는 것이다. 이 출현의 상황은 문이 닫힌 상태에서 예수님이 밖에서 안으로 들어오셨다는 것이다. 이 상황은 다음과 같이 단순하게 바꿀 수 있다: "문들이 잠겨 있었음에도 불구하고 예수님께서는 방 안에 오셔서 그들 가운데 서셨다."[6]

닫힌 문과 예수님의 놀랄만한 출현은, 이것이 비록 초자연적인 출현이든지 아니든지 간에 기적적인 출현이라는 공통점을 가지고 있다. 문이 잠겼음에도 불구하고 이를 초월해서 예수님께서 제자들에게 출현하신 놀라운 일은 많은 논란을 불러일으키는데 이에 관한 여러 가지 의견이 있다. Lindars는 예수님의 몸을 "잠긴 문을 통과할 수 있는 무형(ethereal)"으로 묘사하는 대신에 예수님은 자신이 원하면 어디에서든지 출현할 수 있다는 점을 강조해야 한다고 주장한다.[7] Beasley-Murray는, 예수님의 출현을 우리의 이해 한계를 초

---

6) Rudolf Schnackenburg, *The Gospel according to St John*, trans. David Smith and G. A. Kon, vol. 3 (Kent: Burnes & Oates, 1982), p. 322.

월하는 사건으로 본다.[8] Bultmann과 Ridderbos는 이 장면은 초자연적으로 예수님께서 제자들에게 오신 것을 드러낸다고 지적한다.[9] Hoskyns는 이에 대한 논쟁 대신에 이 사건에 대한 비유적인 해석을 시도한다. 그는 "유대인들로부터 제자들을 보호하고 분리했던" 문을 통해서 갑작스럽게 나타나신 주님은 "그리스도를 배제시키거나 또는 그가 발견되는 것을 막을 수 없다"고 설명하다.[10]

이와 같이 잠긴 문에 대한 강조와 해석들은 부분적으로 차이가 있지만 어쨌든 이 잠긴 문은 예수님의 변화된 모습 혹은 정체의 새로운 면을 드러낸다고 할 수 있다. 십자가에 달린 흔적을 보여주면서도 잠긴 문을 통과한 예수님은 "그의 상처들을 보여줄 정도로 한때 온전한 육체였으며 또한 잠긴 문을 통과할 정도로 충분히 비물질적이신 부활하신 예수님[자신]의 신비한 능력을 제시하는 것이다."[11] 그렇기 때문에 이 사건은 인자가 들리움에서 그의 육의 기능을 완수하자마자 하나님께 돌아감으로써 그의 부활 뒤에 인자가 육의 한계를 극

---

7) Barnabas Lindars, *The Gospel of John: The New Century Bible* (Grand Rapids: Eerdmans, 1972), p. 610.

8) George R. Beasley Murray, *John: Word Biblical Commentary*, vol. 36, second ed. (Nashville: Thomas Nelson, 1999), p. 378.

9) Rudolf Bultmann, *The Gospel of John: A Commentary*, pp. 690-1 및 Hermann Ridderbos, *The Gospel of John: A Theological Commentary*, trans. John Vriend (Grand Rapids: Eermans, 1997), p. 641.

10) Edwyn Clement Hoskyns, *The Fourth Gospel*, ed. Francis Noel Davey (London: Faberand Faber Limited, 1947), p. 544.

11) C. K. Barrett, *The Gospel according to St John*, second ed. (London: SPCK, 1978), p. 568.

복했다는 것을 반영한다고 할 수 있다.

하나님의 아들은 도마의 고백과 같이 하나님과 동일시된다(20:28).[12] 하나님과 일치되는 하나님의 아들과 인자도 요한복음 안에서 기능적인 차이에 따라 상호 구분된다. 하나님의 아들(1:34, 49; 3:18; 5:25; 10:36; 11:4, 27; 19:7; 20:31)은 존재론적인 칭호가 되며 인자(1:51; 3:13, 14; 5:27; 6:27, 53, 62; 8:28; 9:35; 12:23, 34; 13:31)는 기능적인 칭호가 된다. 요한복음 9장 35절에서 비록 예수님께서 맹인에게 그의 정체(존재론적 칭호)를 확인하는 것처럼 보이는 "네가 인자를 믿느냐"고 묻지만, 그럼에도 불구하고 이어지는 구절은 이 질문이 인자의 기능을 드러내는 것으로 확인된다(특별히 39절, "예수께서 이르시되 내가 심판하러 이 세상에 왔으니 보지 못하는 자들은 보게 하고 보는 자들은 맹인이 되게 하려 함이라 하시니"). 인자와 하나님의 아들과의 관련성과 이에 대한 긴장이 본문상에서도 등장한다. 흥미롭게도 9장 35절의 그리스어 원문은 하나님의 아들(A L Θ Ψ)과 인자(P $^{66.75}$ ℵ B D W 등) 사이의 갈등을 보여준다.[13] 사본들과 본문 주변의 상황을 고려할 때 '하나님의 아들' 보다도 '인자'가 우선된다. Mogens Müller는 이 구절에서 "인자는 완곡한 표현으로 이해되어야 하며" 이중의 의미(기독론적 칭호와 자기 칭호)를 가지는 상황에서 "화자는 자신을 지시한다"고 말한다.[14] 요한은 들리움에서 명백하게 드러날 인자의 실제 정체를 드러내기 전에 인자 칭호

---

12) Marianne Meye Thompson, *The God of the Gospel of John* (Grand Rapids: Eerdmans Publishing Company, 2001), pp. 232-5.

13) Nestle-Aland, *Novum Testamentum Grace*, 27판.

14) Mogens Müller, "John 9.35," *NTS* 37 (1991), pp. 291, 294.

를 통한 예수님의 기능적인 임무를 설명한다. 이는 그의 기능 수행이 종료되면 예수님은 하나님의 아들로서 하나님이 되시며 그의 정체를 완전하게 드러내기 때문이다. 그래서 인자 칭호는 비록 이것이 외형적으로는 존재론적인 칭호처럼 보이지만 실제로는 기능을 내포하고 있다. 하나님의 아들 칭호는 정체를 확증하기 위해 그리고 인자는 나사렛 예수의 임무와 역할(1:14, 성육신한 '육', 즉 떡 의 제공)을 나타내기 위해 사용된다.

인자와 하나님의 아들: 내려옴-올라감

요한복음에서 인자 칭호가 처음으로 등장할 때부터 이 칭호는 올라감 및 내려옴과 관련되면서 그의 정체를 드러내는 중요한 단서를 제공 한다(1:51, "또 이르시되 진실로 진실로 너희에게 이르노니 하늘이 열리고 하나님의 사자들이 인자 위에 오르락 내리락 하는 것을 보리라 하시니라"). 인자 개념은 하나님의 어린양 및 육의 역할을 통하여 요한복음의 내려옴과 올라감의 구조 속에서 발전한다. 이 구조는 인자가 그의 임무를 수행하는 틀이 된다. 그래서 Schnackenburg는 예수님께서 내려옴과 올라감의 구조 안에서 그의 임무가 성취되는 과정을 통해 인자로 불린다고 주장한다(1:51; 9:35; 12:34).[15] 인자는 그의 임무를 수행하면서 그 인자의 특징을 드러내는 들리움을 통해서 사명을 성취한다. 들리움은 내려옴과 올라감의 틀을 운행하는 수단으로 인자의 내려옴과 올라감을 가시화시키며 그 정체를 드러내는 기능을 한다. 내려옴과 올

15) Rudolf Schnackenburg, *The Gospel According to St John*, vol. 1, trans. Kevin Smyth (Kent: Burns & Oates, 1968), p. 393.

라감의 틀을 활용하여 요한은 인자가 그의 사명의 마지막에 어떻게 하늘에서 내려와서 아버지에게로 돌아가는지를 소개하는데[16] 이 여행기간 동안에 인자는 들리움을 위한 "구현된 육체"로 확인된다.[17]

표면적으로, 내려옴과 올라감은 요한복음 이야기 구조 속에서 균형을 갖추지 않은 것으로 보인다. 이미 내려온 인자는 복음서의 이야기가 전개되는 동안에 단지 올라감을 지속하는 것으로 설명된다. 불균형 속에서 이루어지는 것처럼 보이는 내려옴과 올라감에 대해 요한은 두 가지 중요한 칭호인 하나님의 아들과 인자를 통하여 그 균형을 맞춘다. 처음에는 명확하게 구분되지 않게 보이던 인자와 하나님의 아들의 역할을 내려옴과 올라감의 구도 속에서 구분할 수 있다. 예수님은 인자로서 성육신부터 들리움까지 그의 역할을 수행하며, 다른 한편 예수님은 하나님의 아들로서 복음서의 목적을 성취시킨다(20:30-31). 인자의 사명이 언제 시작되며 그의 임무가 언제 완성될까? 성육신 사건이 인자의 사명의 출발점이며 들리움은 그의 사명의 최종목적지가 된다. 인자의 올라가는 과정은 "말씀이 육신이 되었다"에서 근거하는 그의 내려옴과 비교된다. 말씀이 육신이 된 것(1:14)과 그 말씀이 하나님이었다(1:1)는 사실은 인자가 "이전에 있던 곳"(6:62), 즉 로고스가 있던 곳으로 올라가는 것에 대한 설명의 근원이 된다.

비록 유대인들이 예수님께서 출생하여 성장하신 지상의 장소

16) W. A. Meeks, "The Man from Heaven in Johannine Sectarianism," *JBL* 91 (1972), p. 44.

17) T. C. Smith, "The Life Setting of the Gospel of John," *RevExp* 85 (1988), p. 27.

(1:46)와 그의 기원(6:42; 7:27-28)을 알고 있지만, 요한은 유대인들의 문자적인 이해를 뛰어 넘어 인자가 하늘에서 왔고 그가 있던 곳으로 돌아간다고 설명한다. 인자의 올라감은 그의 내려옴과 대칭되지만 이 올라감은 십자가에서 성취되는 들리움과 구분되면서(참조, 8:28; 12:34) 예수님의 부활 후 하나님의 아들에 의해 실행된다.[18] 떡은 하늘에서 내려온 것으로 강조되면서(6:33, 38, 41, 42, 50, 51, 58)[19] 다른 한편으로 올라감은 "하나님의 떡이 하늘에서 '내려옴'에 대한 균형을 맞추어 준다."[20]

2. 인자와 거듭남

예수님과 니고데모와의 대화에서 등장하는 일련의 표현들인 다시/위로부터(ἄνωθεν)의 출생(3:3, 7), 모태(3:4), 물과 성령으로부터의 거듭남(3:5), 육과 영으로부터의 출생(3:6), 영으로부터의 출생(3:8)은 영적으로 간주되든지 혹은 그렇지 않든지 간에 출생 이미지의 분위기 속에서 발견된다. 이러한 일련의 표현들은 다음과 같은 질문을 발생 시킨다: 여기에 많은 다른 출생이 있거나 혹은 다른 단계의 출생이 있다는 것을 의미하는가? 혹은 한 가지 출생이 다른 각도에서 설명되는가? 어쨌든 예수님과 니고데모와의 대화는 계속해서 다시/

---

18) 이 주제에 대해서는 제 이 책의 12장에서 자세히 논할 것이다.

19) 하나님께서 "하늘로부터 참 떡"을 주시며(6:32), "그 하나님의 떡은 계시자(Revealer)이다": Bultmann, *The Gospel of John: A Commentary*, p. 229.

20) Stephen S. Smalley, "The Johannine Son of Man Sayings," *NTS* 15 (1969), p. 294.

위로부터의 출생과 그 방법에 초점이 맞추어진다. 그렇기 때문에 이 대화에서는 "무엇으로부터 태어날 수 있는가" 혹은 "무엇에 의해 태어날 수 있는가?"라는 문제가 논의되는 주제라고 할 수 있다.

거듭남의 필요성과 성격에 대한 강조가 끝나자마자 "무엇에 의해"라는 내용이 펼쳐지며 따라서 방법을 지칭하는 "무엇에 의해"는 다시/위로부터의 출생 주제를 대신한다(3:14, "모세가 광야에서 뱀을 든 것 같이 인자도 들려야 하리니"). "하나님 나라에 들어감"의 방법은 3장 8절까지 설명되며 9절부터는 그 배경이 등장한다. 모세가 뱀을 문자적으로 들어 올린 것은 비유적인 상징이 되며 비유적인 인자의 들리움은 문자적인 들어 올림이 된다. 인자의 들리움은 거듭남과 관련하여 3장에서 처음으로 등장한다. 니고데모의 증언과 같이(3:2, "하나님이 함께 하시지 아니하시면 당신이 행하시는 이 표적을 아무도 할 수 없음이니이다") 예수님은 "하늘에서 내려온 자 곧 인자 외에는 하늘에 올라간 자가 없느니라"고 말씀하신다(3:13). 무엇이 거듭남을 가능하게 만드는가? 이에 대한 해답으로 요한은 거듭남에서 인자의 들리움으로 주제를 변경시킨다. 들리움의 성취는 십자가의 죽음에서 이루어지며 이 죽음은 인자의 영광이 된다.

인자: 중심 칭호

예수님에게 적용되는 여러 칭호가 있지만 '인자' 및 '하나님의 아들'이라는 칭호는 요한복음의 이야기 전개에서 예수님의 역할과 정체를 드러내는 중요성을 갖는다. 그래서 De Jonge은 요한복음에서 " '왕,' '예언자,' 혹은 심지어 '그리스도'가 아니라 요한의 특별한 방식으로 해석 된 '인자'와 '하나님의 아들'이 의심할 여지없이 중심적인 칭호들"이라고 주장한다.21) 1장 41절에서 첫 번째 제자들이 사용한 메시아 칭호마저도 완전한 예수님의 정체를 드러내는데 불충분한 칭호이기 때문에 요한은 이 칭호에 덧붙여 하나님의 아들과 이스라엘의 왕 칭호를 사용하면서 예수님께서 직접 사용하시는 인자 칭호를 통해 그의 사명의 성취를 전개시킨다.22) Barrett도 인자의 역할에 대한 중요성을 강조한다. 그는 "예수님께서 지상과 천상의 영역들 사이의 연결 고리를 형성하는 것은 인자로서이다. 그의 지상적 존재는 천상의 일들이 보여지는 장소이며 또한 천상의 일들이 인간에 의해 거절되는 장소이다"라고 주장한다.23)

요한복음에 등장하는 기독론 칭호 중에서 인자 칭호의 중요성에 대해서는 일반적으로 받아들여지는 경향이다. Mealand는 인자 칭호는 예수님과 관련한 칭호 중에 제일 우선이라고 설명한다.24) 요한복음의 전체적인 이해를 위해서 이 인자 칭호가 핵심역할을 한다는 주장도 있다. Stephen Smalley는 인자가 하늘에서 내려오고 올라가기 때문에 모든 자보다 뛰어나다고 주장하면서 이 칭호와 관련시켜 요한복음의 전체 기독론을 설명한다.25) 인자 칭호가 중심 칭호로

---

21) De Jonge, "Jesus as Prophet and King in the Fourth Gospel," p. 161.

22) Ibid.

23) Barrett, *The Gospel According to St. John*, p. 212.

24) David L. Mealand, "The Christology of the Fourth Gospel," *SJT* 31 (1978), p. 457.

25) Stephen Smalley, *John: Evangelist & Interpreter* (London: The Paternoster Press, 1978), p. 214.

요한복음 이야기의 전개를 이끌고 가는 동안 무엇보다도 인자 칭호는 이 인자가 누구인지에 대한 질문을 낳고(12:34, "이에 무리가 대답하되 우리는 율법에서 그리스도가 영원히 계신다 함을 들었거늘 너는 어찌하여 인자가 들려야 하리라 하느냐 이 인자는 누구냐") 예수님의 운명을 해석하는데 기여한다.[26]

인자와 들리움

요한복음에서 사용하는 예수님의 칭호들은 요한복음의 이야기가 전개되는 동안에 새로운 개념을 내포하게 된다. 비록 인자나 하나님의 아들과 같은 중요한 칭호들이 전승에 기초한다고 해도 이 칭호들은 새로운 의미를 취하며 이야기가 전개되는 동안에 그 의미가 변형된다.[27] 특별히 인자 칭호는 '육' 및 '들리움'과 분리하여 생각할 수 없을 정도로 이 두 요소와 밀접한 관련성을 가지며 의미를 생성한다. 육을 통해 그 정체를 드러내는 인자는 들리움인 십자가의 죽음에서 그의 사명을 마치며, 거듭남을 상징하는 부활 후에 도마의 고백에서 드러나듯이 사명을 마친 인자는 하나님의 아들로서 하나님과 일치된다. 이러한 인자의 역할의 구분은 십자가의 죽음과 부활 사건에서 발생하는데 특히 들리움과 올라감을 통해서 기독론적 칭호의 뚜렷한 구별이 이루어진다. 거듭남을 상징하는 부활과 이 부활의 토대가 되는 들리움이 예수님의 정체에 대한 분기점이 되기 때문에 이와 관련한 인자 칭호의 기능은 이러한 구별을 위한 기초가 된다.

---

26) 참조, T. C. Smith, "Christology of the Fourth Gospel," *RevExp* 71 (1974), p. 27; Edward Schweitzer, "The Son of Man Again," *NTS* 9 (1963), p. 259.

27) Mealand, "The Christology of the Fourth Gospel," p. 466.

예수님은 인자 칭호를 영생을 얻기 위해 그의 육을 먹고 그의 피를 마시는 것과 관련시킨다(6:53, "예수께서 이르시되 내가 진실로 진실로 너희에게 이르노니 인자의 살을 먹지 아니하고 인자의 피를 마시지 아니하면 너희 속에 생명이 없느니라"). 요한복음 이야기가 전개되면서 인자 칭호는 특정한 상황 속에서 등장한다. 즉 인자 칭호와 관련한 주요 요소 중에 하나는 대부분의 경우에 이 칭호를 예수님께서 십자가의 죽음 분위기에서, 즉 들리움의 상황에서 사용하셨다는 점이다.[28] 비록 예수님을 지칭하는 다른 칭호들이 있지만[29] 인자 칭호는 그 신학적 기능으로 인해 다른 칭호들보다도 들리움과 관련하여 더 큰 중요성을 갖는다. 그렇기 때문에 인자 칭호에 대한 이해가 요한복음 이야기 속에서 펼쳐지는 그리스도의 모습에 대한 충분한 이해를 낳는 것이다.

예수님의 운명을 결정짓는 개념이 들리움이기 때문에 이 인자 칭호를 통해서 나타나는 의미는 요한복음 안에서 예수님의 정체가 무엇인지를 알려주는 중요한 통로가 된다. 이 칭호는 예수님께서 십자가의 여정을 진행하는 동안에 예수님께 적용된 다른 칭호들을 흡수하면서 동시에 다른 칭호들을 들리움을 중심으로 펼쳐지게 만든다. 예컨대, 인자의 들리움이 성취되는 십자가 죽음의 분위기에서 그

---

28) 12장 34절은 예외이다("이에 무리가 대답하되 우리는 율법에서 그리스도가 영원히 계신다 함을 들었거늘 너는 어찌하여 인자가 들려야 하리라 하느냐 이 인자는 누구냐"). 그럼에도 불구하고 이 질문은 그의 들리움(12:33)에 관한 예수님의 말씀들에 기인한 것이다. 들리움은 인자와 연결되기 때문에(3:14; 8:28), 들리움의 사용은 군중들에게 인자에 관한 질문을 촉진시킨 것으로 여겨진다.

29) 메시아(두 번), 예수 그리스도(두 번), 그리스도(16 번), 예수(224 번), 아들(Son) 또는 하나님의 아들(38 번) 등: D. A. Carson, *The Gospel According to John* (Leicester: Inter-Varsity Press, 1991), pp. 95-7.

죽음의 명목을 통해서 예수님이 하나님의 아들이라는 주장이 표출되며 또한 이 죽음의 현장에서 유대인의 왕이라는 선언이 이루어진다. 십자가를 중심으로 인자의 정체를 밝히는 칭호들이 등장하면서 인자의 죽음을 수식하는 것이다. 요한은 여러 기독론적 칭호를 통해서 부분적으로 제시하던 예수님의 정체를 마지막 표적인 부활 사건에서 드러나도록 인자의 들리움을 그 정점으로 삼는다.

인자 칭호와 표적

요한복음의 이야기를 전개시키는 중요한 요소인 표적들이 이야기 전개 속에서 인자와 관련된다. 인자 칭호가 십자가 사건의 분위기에 등장하면서도 요한복음의 구조 속에서는 제한된 범위 안에서만 사용된다. 다시 말하면, 인자 칭호는 표적의 책에만 등장하며 (1:51–13:31) 표적이 모두 기술된 후에는 등장하지 않는다. 인자 칭호가 등장하는 시점은 표적과의 관련성을 드러내 준다. 이 인자 칭호가 첫 번째 표적 직전에 등장하는 것을 볼 때 이 칭호가 요한복음에서 사려 깊게 정리된 것을 알 수 있다. 인자의 등장과 더불어 첫 번째 표적이 시작되며 마지막 표적의 기초가 되는 십자가의 죽음에서 그의 영광이 드러난다.

첫 번째 표적이 마지막 표적을 예고하며 이어지는 표적들의 방향을 제공하듯이 첫 번째 표적 전에 등장하는 인자 칭호는 다른 칭호들의 서론과 같다고 할 수 있다. 어떤 면에서 이 칭호를 예수님 자신이 직접 사용하시면서 다른 칭호들의 방향을 이끈다고 할 수 있다. 예수님의 정체를 알려주는 인자 칭호와 예수님의 행적을 이끌며 그 정체를 밝혀주는 표적은 상호 관련성을 가지며 요한복음의 이야기를 조정한다. 표적을 행하시면서 동시에 그 표적의 주인공으로서 그 표적의 성취 대상이 되는 인자는 표적을 통해서 그 운명을 성취한다고 할 수 있다.

인자 칭호의 배경적인 용례와 의미

인자 칭호의 용례는 요한복음 안에서 이 칭호가 어떻게 활용되며 그 기능을 수행하는지 이해할 수 있도록 만드는 비교점을 제시해준다. 물론 요한복음의 이야기가 전개되면서 부여된 인자 칭호의 기능은 그 배경이나 전통적인 용법 보다 중요하다. 단지 그 중요성과 변화의 방향을 파악하기 위해서 그 비교점이 되는 용례의 배경에 대한 이해가 필요하다. 다시 말하면, 인자 칭호의 용례와 배경은 요한복음 안에서 고착화되는 이 칭호의 역할을 이해할 수 있는 출발점이 된다. 그러므로 우선적으로 인자 칭호가 어떤 배경 속에서 요한복음의 요소들과 결합되어 발전하는지를 찾을 필요가 있다.

인자 칭호의 배경이 구약성서와 초기 유대 문헌에서 발견된다고 할지라도,[30] 이 용법은 요한복음에서 사용된 것과 다르다. Schnackenburg는 요한복음에서 사용된 인자 칭호가 다니엘서 7장 14절이나 유대교 문헌인 에녹서에서 사용된 것보다도 더욱 특별한 중요성과 폭넓은 의미를 가지고 있으며 이는 요한 기독론의 발전을 보여주는 것이

---

30) 구약성서와 초기 유대교 문서에서 등장하는 인자는 하나님과 구별되는 초월적인 심판자 혹은 구원자를 의미한다: George W. E. Nickelsburg, “Son of Man,” *ABD*, 1992 ed.

라고 주장한다.[31] 그는 또한 십자가의 죽음과 부활 그리고 올라감을 영광 속에 포함하면서 십자가의 죽음을 영광의 시작으로 간주한다.[32] Mealand는 공관복음서와 요한복음서 사이의 차이를 지적하면서 요한복음 기자가 예수님의 선재를 드러내기 위해서 이 오래된 용어의 용법을 확대하여 사용한다고 주장한다.[33]

전통적인 인자의 의미가 어떻게 요한복음에서 적용되는가? 이전의 의미들과 요한복음 안에서 가지는 의미들에 대해서는 의견들이 일치되지 않는다. 인자 용어의 전통적인 의미가 요한복음의 인자 용어에 전이되었다고 해도 그 의미는 요한복음서의 틀 속에서 변형되었다.[34] Christopher Rowland는 인자와 관련된 구절들을 승귀(3:14), 선존재(3:13; 6:62), 종말론적 역할(5:27; 6:27), 그리고 고백(9:35)으로 분류하면서 이사야 53장의 고난받는 종이 인자 용어의 사용에 영향을 주었다고 주장한다.[35] Mealand 역시 떡을 주며 그 자신의 살과 피를 주는 인자는 전통적으로 고난받는 종과 관련된다고 주장한다.[36]

---

31) Schnackenburg, *The Gospel according to St John*, vol. 1, pp. 393-4. 참조, Mealand, "The Christology of the Fourth Gospel," p. 450.

32) Schnackenburg, *The Gospel According to St John*, vol. 1, pp. 393-4. 그러나 Schnackenburg의 입장과 달리 이 책에서는 십자가의 죽음을 영광의 완성으로 보며 들리움과 올라감을 분리한다. 십자가의 죽음에서 들리움은 성취된 것이며 이후부터는 올라감이 들리움과 분리되어 진행되는 것을 말한다.

33) Mealand, "The Christology of the Fourth Gospel," p. 450.

34) D. Hill, "The Request of Zebedee's Sons and the Johannine ΔΟΞΑ-Theme," *NTS* 13 (1967), p. 282.

35) Christopher Rowland, *Christian Origins* (London: SPCK, 1985), p. 183.

36) Mealand, "The Christology of the Fourth Gospel," p. 458.

이러한 주장들처럼, 요한복음이 기록될 당시의 사람들이 인자 용어를 알고 이와 관련된 개념들을 가지고 있었다고 해도 그들에게는 이 용어의 개념이 분명하거나 익숙하지 않았다는 것은 잘 알려져 있다.[37] 심지어 표준적인 당시 유대교에서 인자 칭호는 그 칭호 자체로는 의미가 없었다는 주장도 있다.[38]

비록 인자의 모호한 기원이 구약에서 발견된다고 해도 그 용례가 요한복음의 인자와는 직접 관련되지 않는다. 요한복음의 인자는 이전의 모호한 사용보다는 구체적이고도 새로운 의미와 기능을 가졌으며, 요한복음의 특징 중에 하나인 들리움과 덧붙여 사용됨으로 인해 이 칭호의 역할이 육과 들리움의 기능과 더불어 발생할 수밖에 없다. 따라서 요한복음에서 새로운 특징을 가진 인자의 의미는 들리움과 영광의 분위기에서 발전한 이 인자의 역할과 관련하여 발생하는 것이다.

인자의 역할

갈릴리 가나의 포도주 사건 직전에 등장하는 인자 칭호가 영광에 대한 언급(13:31-32)과 함께 사라지자마자 바로 이어서 고별연설 및 수난과 십자가의 죽음이 뒤따른다. 표적들도 인자 칭호가 사라진

---

37) Dom John Howton, "'Son of God' in the Fourth Gospel," *NTS* 10 (1964), p. 237; Leon Morris, *The Gospel According to John: The New International Commentary* (Grand Rapids: Eerdmans, 1971), pp. 172-3. 에스겔의 영향에 대한 논의에 대해서는 다음을 보라: Bruce Vawter, "Ezekiel and John," *CBQ* 26 (1964), pp. 451-5.

38) Smith, "Christology of the Fourth Gospel," 27.

후에는 등장하지 않는다. 물론 이 책의 제6장(포도주 상징과 표적)에서 소개한 바와 같이 빈 무덤을 비유적이며 문자적인 예수님의 부활을 발생시키는 표적으로 간주하지만, 이전의 여섯 개 표적들은 본격적인 수난 이전에 모두 성취되면서 더 이상 등장하지 않는다. 이 본격적인 수난의 시작은 인자 칭호를 수렴하면서 그 실체를 나타내 주는데 표적들과 인자 칭호의 사라짐 후에 요한복음의 이야기는 가시적으로 인자의 죽음을 통해서 이루어지는 마지막 가장 큰 표적을 준비한다. 인자 칭호는 그의 죽음과 분리하여 생각할 수 없으며, 실제로 인자와 관련된 모든 구절들은 함축적이든지 아니면 직접 언급되었든지 간에 인자의 십자가 죽음과 관련되고 그 죽음은 인자의 본질적인 성격이 된다.[39] 바꾸어 말하면 예수님에 대한 칭호인 인자는 예수님을 그의 성육신부터 들리움까지 운반하는 도구로 기능한다고 할 수 있다.

일반적으로 비록 그 적용 범위가 통일되지는 않지만[40] 인자의 기능적 의무에 대한 일치는 찾을 수 있다. Beasley-Murray는, 그 아들(the Son)은 인자의 기능을 수행하는데 공관복음서의 가르침이 당시의 유대 묵시문학보다도 이를 더욱 분명하게 드러낸다고 주장한다. 또한 그는 예수님께서 다니엘서 7장의 인자 기능에 "현재와 미래의 하나님의 나라와 심판을 중재하는 전체적인 종말론 과정을 포함하면서 이를 뛰어 넘는다(참조, 예컨대, 마 8:20; 11:18-19; 막 8:31; 8:38//

39) Schnackenburg, *The Gospel According to St John*, vol. 1, pp. 72-3.

40) 이러한 경향은 들리움에 부활과 승천이 포함되느냐 아니면 포함되지 않느냐의 입장에 따른 것이다.

눅 12:8-9; 막 14:62; 마 25:31-46)"고 설명한다.[41]

Barrett는 "예수님은 인자로서 이 땅과 하늘의 영역 사이를 연결하는 고리가 된다; 또한 하늘의 일들이 인간에 의해 거절되는 곳이다"라고 주장한다.[42] Kreitzer의 주장은 독특하다: " … 요한복음에서 이 칭호는 주로 하늘과 땅을 '내려가고 올라가는' 요한복음의 주제를 위한 도구가 된다. 이것은 하늘과 땅의 관계에 집중하며 그리고 종종 땅에서 하늘로 '들리는' 것을 포함하는 언어를 사용하는, 본질적으로 공간 개념에 기초한 표현이라고 설명할 수 있다."[43] 결국 인자는 하늘과 땅의 중재자로서 거듭남을 상징하는 부활을 준비하는 임무를 떠맡으며[44] 육(떡)을 주는 그의 죽음은 인자의 특징이라고 할 수 있다.[45] 인자는 그 칭호 속에 육을 주는 들리움을 담고 가며 거듭남을 상징하는 부활을 통해서는 하나님의 아들이 하나님으로 고백되도록 만드는 역할을 한다.

하나님의 어린 양이며 육이었던 문자적이며 비유적인 인자의 죽

---

41) Beasley-Murray: *John: Word Biblical Commentary*, p. 77.

42) Barrett, *The Gospel According to St John*, p. 212.

43) Larry J. Kreitzer, *The Gospel According to John* (Oxford: Regent's Park College, 1990), p. 103.

44) 거듭남의 관련성에 대한 William C. Grese의 설명과 같이 3장 1-21절의 논쟁은 두 가지 다른 주제를 드러낸다. 즉, 새로운 출생에 대한 요구와 인자의 역할이다: William C. Grese, "'Unless One is Born Again: The Use of a Heavenly Journey in John 3," *JBL 107* (1988), pp. 677-8. 그러나 Grese는 주변의 본문에 의존해서 거듭남을 침례와 연결시킨다. 그래서 그는 "예수님은 3-6절에서 침례/거듭남의 필요성을 설명하며 22절에서는 이 침례/거듭남을 가능하게 만든다"고 주장한다.

45) Schnackenburg, *The Gospel According to St John*, vol. 1, pp. 72-3.

음을 내포하는 들리움 뒤에 문자적이며 비유적인 변화(20:28, "나의 주 나의 하나님")가 이어지는 것을 주목할 필요가 있다. 비록 많은 기독론적 칭호들(그리스도, 왕, 예언자, 인자, 하나님의 아들)을 통해서 예수님의 정체가 점진적으로 드러나지만 결국에는 인자의 죽음과 부활 후에 도마의 고백과 같이 예수님은 하나님과 일치된다. 도마의 고백은 예수님을 하나님으로 미리 예시하는 소개인 1장 1절 및 1장 18절을 반영하는 것으로 간주된다.[46] 예수님께 적용된 칭호가 예언자(소경되었던 자의 증언, 9:17)에서 인자(9:35-39)로 변화된 것과 같이 인자는 재해석되면서 예수님의 정체를 밝히는 도구로 기능한다.[47] 요한은 들리움을 인자와 예수 그리스도를 일치시킬 뿐만 아니라 예수 그리스도와 하나님을 결합시키는 이음매로 사용한다. 인자의 역할은 요한복음의 이야기를 들리움 속으로 수렴시키면서 빈 무덤이 인자의 부활과 관련하여 문자적인 모태의 역할을 상징적으로 대신하게 만드는 것이다.

3. 문자적/비유적 들리움과 인자의 죽음

요한은 표적의 책을 마무리하면서 여섯 개의 표적이 베풀어졌던 그 결과에 대한 절망적인 상황을 표시한다(12:37, "이렇게 많은 표적을 그들 앞에서 행하셨으나 그를 믿지 아니하니"). 표적을 믿음과 관련시키는 요한의

46) 신약성서에서 예수님을 하나님으로 제시하는 구절들이 있다(요 1:1, 18; 20:28; 롬 9:5; 딛 2:13; 히 1:8). 이에 대한 논의에 대해서는 다음을 보라: B. A. Mastin, "A Neglected Feature of the Christology of the Fourth Gospel," *NTS* 22 (1975), pp. 32-51.

47) De Jonge, "Jesus as Prophet and King," 161ff.

설명이 이 구절의 중요성을 일깨워 준다. 첫 번째 표적 이후 계속해서 펼쳐지던 표적들의 결과가 믿음에 대한 유발이었음에도 불구하고 이 표적들의 결과는 매우 부정적이다. 표적의 최종 목적을 위해 표적의 침묵이 진행되며 무엇인가 마지막 표적이 준비되는 인상을 준다. 부활하신 예수님께서 자신의 몸에 대한 표적을 보이면서 도마에게 강조하는 것은 믿음에 관한 일깨움이다(20:29, "예수께서 이르시되 너는 나를 본 고로 믿느냐 보지 못하고 믿는 자들은 복되도다 하시니라." 참조, 27절). 요한은 표적과 관련한 믿음을 이 복음서의 기록 목적으로 제시하기도 한다(20:30-31, "예수께서 제자들 앞에서 이 책에 기록되지 아니한 다른 표적도 많이 행하셨으나 오직 이것을 기록함은 너희로 예수께서 하나님의 아들 그리스도이심을 믿게 하려 함이요 또 너희로 믿고 그 이름을 힘입어 생명을 얻게 하려 함이니라"). 여섯 가지 표적들을 펼친 이유가 12장 37절 속에 내포되어 있는데, 이 표적들의 결과는 "믿지 아니하니"라는 부정적인 반응을 보이는 문구 속에 담겨 있다. 즉 표적의 목적은 믿음을 지향했지만 나타난 반응은 믿음에 대한 부정이다. 이러한 표적들에 대한 반응은 앞으로 전개되는 내용들이 예수님에 대한 영접이나 혹은 거절과 관련될 수 있다는 것을 짐작하게 만든다. 즉 이전의 표적들에 대한 결론과 함께 그 지향 목적을 달성하는 내용전개가 "영접과 거절"이라는 틀 속에서 펼쳐진다. 이제는 갈등의 심화가 확인되며 단지 거절의 정도를 넘어서 예수님을 죽이려는 시도가 본격적으로 진행된다.

요한은 12장 37절의 표적에 대한 결론 뒤에 예수님을 죽이려는 음모가 본격적으로 시작됨을 알린다(13:2, "마귀가 벌써 시몬의 아들 가룟 유다의 마음에 예수를 팔려는 생각을 넣었더라"). 가룟 유다가 나가자마자(13:30) 예수님께서는 예시적으로 인자가 영광을 받았고(13:31) 하나님이 그를 영화롭게 할 것이라고 선포하신다(13:32). 다른 한편으로는 예수님의 정체를 알리는 중심 칭호인 인자 칭호가 사라진다. 인자가 누구인지에 대한 정의 대신에 이 칭호는 그 인자의 실체적인 죽음 속으로 스며든다. 3장 14절("모세가 광야에서 뱀을 든 것 같이 인자도 들려야 하리니") 및 8장 28절("이에 예수께서 이르시되 너희가 인자를 든 후에 내가 그인 줄을 알고 또 내가 스스로 아무 것도 하지 아니하고 오직 아버지께서 가르치신 대로 이런 것을 말하는 줄도 알리라")에 암시된 예수님의 죽음은 12장 32-33절에 명확하게 예언되었으며("내가 땅에서 들리면 모든 사람을 내게로 이끌겠노라 하시니 이렇게 말씀하심은 자기가 어떠한 죽음으로 죽을 것을 보이심이러라"), 18장 32절에서 언급된 대로("이는 예수께서 자기가 어떠한 죽음으로 죽을 것을 가리켜 하신 말씀을 응하게 하려 함이러라") 19장 30절에서 완성 된다("예수께서 신 포도주를 받으신 후에 이르시되 다 이루었다 하시고 머리를 숙이니 영혼이 떠나가시니라"). 그래서 십자가에 달린 예수님을 보고 요한은 "그 후에 예수께서 모든 일이 이미 이루어진 줄 아시고 성경을 응하게 하려 하사 이르시되 내가 목마르다 하시니"라는 말씀을 소개한다. 예수님의 죽음이 "말씀을 응하게" 하는 것이라는 요한의 설명과 같이(18:32) 들리움인 십자가상의 죽음은 "성경을 응하게" 만드는 것이며 그의 사명의 성취가 되는 것이다(19:30). 이와 같이 '들리움'이란 용어는 성경을 성취하면서 동시에 육의 사명의 완성인 인자의 죽음에 대한 상징적인 표현을 나타낸다.

부활 후에 예수님께서는 자신이 아버지께 올라간다고 말씀하신다(20:17, "예수께서 이르시되 나를 붙들지 말라 내가 아직 아버지께로 올라가지 아니하였노라 너는 내 형제들에게 가서 이르되 내가 내 아버지 곧 너희 아버지, 내 하나님 곧 너희 하나님께로 올라간다 하라 하시니"). 이 올라감은 요한이 이미 소개하였던 인자의 올라감을 상기시키는데(3:13; 6:62) 이러한 올라감에 대한 언급들은 그가 원래 있던 곳으로부터 내려옴을 전제로 한다. 즉 그의 기원인 올라감의 소개는 인자의 내려옴을 강조한다고도 할 수 있다. 내려옴과 올라감이 3장 13절에 묘사되었다고 할지라도 들리움은 내려옴과 올라감의 틀 속에서 인자가 경험해야 할 조건이 된다(3:14, "모세가 광야에서 뱀을 든 것 같이 인자도 들려야 하리니"). 물론 이미 내려온 인자는 들리움이라는 과정을 통해서 올라감을 지속하지만 처음에는 이 올라감과 들리움이 서로 구별되지 않는다.

그렇다면 언제 올라감과 들리움이 구별되어 진행될까? 들리움과 섞여 진행되던 올라감은 십자가의 죽음에서 절정에 달하는 들리움과 구분된다. 부활과 올라감을 들리움과 통합시키려는 시도들이 있으며 동시에 십자가의 죽음 및 부활과 올라감을 한 단계로 간주하는 경향들도 있다.[48] 물론 필자는 예수님의 들리움은 그의 부활이나 올라

48) W. E. Nickelsburg는 죽음을 영화롭게 됨으로(13:31, 32) 그리고 들리움을 승귀로(3:14; 12:32) 간주하면서 들리움에 부활을 포함시킨다: W. E. Nickelsburg, "Resurrection: Early Judaism and Christianity," *ABD*, 1992ed. 영화롭게 됨 및 승귀와 관련하여 부활과 죽음을 분리하든지 아니든지 간에 십자가의 죽음을 승귀로 간주하는 것이 일반적인 경향이다. 들리움과 올라감을 한 단계로 가정하는 입장에 대한 이해를 위해서는 다음을 참조하라: R. G. Hamerton-Kelly, *Pre-existence, Wisdom, and the Son of Man*, SNTSMS 21 (Cambridge: Cambridge University Press, 1973), pp. 232-3; Barrett, *The Gospel According to St. John*, p. 214; Schnackenburg, *The Gospel According to St John*, trans. Kevin Smyth, vol. 1(Kent: Burnes & Oates, 1968), p. 394; George R. Beasley-Murray, *John: Word Biblical Commentary*, p. 211; idem, "John 12, 31-32: The Eschatological Significance of the Lifting-Up of the Son of Man," *BZNW* 47 (1966), pp. 70, 73; Raymond E. Brown, *The Gospel According to John I-XII: The Anchor Bible* (New York: Doubleday, 1970), pp. 145-6; G. Bertram, "ὑψόω," TDNT, v. VIII, 1972 ed.; Bultmann, *The Gospel of John: A Commentary*, pp. 152ff.; H. Hollis, "The Root of the Johannine Pun- ὑψωθῆναι,"

감과 통합된 단계가 아니며 오히려 그의 십자가의 죽음에서 완성된다는 입장을 전제로 한다. 육을 주는 것과 하나님의 어린양의 죽음인 인자의 들리움은 십자가에서 완성된다.[49] 들리움은 십자가의 죽음에서 올라감과 구별되면서 그 자체로 요한복음의 절정을 이룬다. 요한복음의 특징 중에 하나가 예수님의 희생적인 죽음을 부각시키면서 십자가 사건을 강조하는 것인데 이 특징이 인자의 죽음을 통해서 드러난다. 비록 요한복음에 부활 사건이 소개된다고 해도 이는 십자가의 죽음 사건을 뛰어넘지 않으며 오히려 그 죽음을 지지하는 표적이 된다. 즉 표적이 무엇인가 지시하며 교훈을 주듯이 마지막 표적인 부활도 이 십자가의 죽음을 지향하는 가운데 십자가의 죽음을 보증하면서 들리움의 실체를 조명해준다.

들리움이 인자의 죽음으로 완성되며 성경의 성취를 이루듯이 이

NTS 35 (1989), p. 475. 그러나 들리움을 십자가의 죽음이라는 전제하에 이 들리움을 부활과 분리하며 영광의 성취로 간주하면서 올라감과 구별하는 입장에 대해서는 다음을 참조하라: 김선배, "요한복음서에 나타난 십자가 신학: 예수 그리스도의 '들리움'을 통한 자기 계시의 완성" (침례신학대학교 박사학위논문, 1995).

49) Brown은 들리움이 사람들을 위한 구원의 기초가 된다고 설명한다: Brown, *The Gospel According to John I-XII: The Anchor Bible*, p. 133. 이 들리움에 대한 배경과 관련해서 많은 논의들이 있어왔다. 이에 대한 이해를 위해서는 다음을 보라: Hollis, "The Root of the Johannine Pun-'ΥΨΩΘΗΝΑΙ," pp. 475-8; Margaret Pamment, "The Meaning of δόξα in the Fourth Gospel," *ZNW* 74 (1985), p. 16; Beasley-Murray, "John 12,31-32: The Eschatological Significance of the Lifting Up of the Son of Man," pp. 70-2; idem, *Gospel of Life: Theology in the Fourth Gospel* (Peabody: Hendrickson, 1991), pp. 34-58; C. C. Torrey, "'When I am Lifted up from the Earth,' John 12, 32," *JBL* 51 (1932), pp. 320-2; F. W. Young, "A Study of the Relation of Isaiah to the Fourth Gospel," *ZNW* 46 (1955), pp. 215-33.

들리움은 부활과 분리되어 십자가의 죽음에서 완성되는 비유적이며 문자적인 인자의 운명과 밀접한 관련을 가지며(3:14; 8:28; 12:32, 34) 부활이나 재림과는 구분된다.[50] 요한복음은 인자의 십자가 죽음을 올라감과 구별되는 들리움으로 간주하면서 그 죽음의 정체를 드러낸다. 들리움의 성취는 인자가 십자가에서 비유적이며 문자적으로 죽는 순간이며 또한 그의 문자적이며 비유적인 부활의 출발점이 된다. 이 과정은 13장 31절에서 본격적으로 시작하여 19장 30절에서 인자의 운명에 대한 해석과 더불어 끝나게 된다.[51]

4. 문자적/비유적 들리움과 인자의 영광

요한은 인자의 죽음을 해석할 때 이를 승리적인 사건으로 만들기 위해 이 죽음을 영광이라고 묘사한다. 인자 칭호의 등장 직후에 벌어진 첫 번째 표적의 결과로써 예수님의 영광이 드러난다. 이것은 이어지는 표적들과 인자의 운명에 대한 예고라고 할 수 있다. 요한은 육과 하나님의 어린 양이 인자의 들리움 과정에서 인자와 일치되게 만들며 들리움의 완성인 십자가를 영광의 정점으로 간주한다. 들리움은 한 가지 의미만을 가지지 않고 "죽음과 영광"이라는 이중의

50) Culpepper는 "기대되던 심판과 메시아가 이미 왔다는 놀랄만한 좋은 소식"이 "재림" 보다 더 강조된다고 설명한다. R. Alan Culpepper, "The Theology of the Gospel of John," *RevExp* 85 (1988), p. 424.

51) W. A. Meeks, "The Man from Heaven in Johannine Sectarianism," *JBL* 91 (1972), p. 63. Smalley는 만일 1-12장의 주제가 세상에 로고스를 드러내는 것이라면 세상을 위한 로고스의 영화롭게 됨은 13장부터의 주제가 될 것이라고 설명한다. Stephen S. Smalley, "The Sign in John XXI," *NTS* 20 (1974), p. 278.

의미를 내포하고 있다.[52] E. Richards는 요한복음의 모호하거나 이중적인 표현들을 다음과 같이 분류한다: "오해, 아이러니, 전문적인 용어 사용(일반적인 상황에서), 애매한 용어들(특별한 상황에서), 비유적인 표현들, 기독론적 칭호들, 그리고 특별한 문학적인 기교들을 능가하는 이중의 의미들."[53] 요한복음의 이야기가 진행되는 동안 들리움의 실체는 명확하게 드러나지 않으며 심지어 올라감과 더불어 진행되는 과정이기 때문에 이 '들리움'이라는 용어는 예수님의 죽음 때까지 오해된다는 C. C. Torrey의 지적은 이 용어의 특징을 적절하게 드러낸다.[54] 물론 들리움은 십자가의 죽음뿐만 아니라 들리움의 과정으로서 예수님의 수난도 포함한다. 12장 32절에서 예수님은 "내가 땅에서(ἐκ τῆς γῆς) 들리면 모든 사람을 내게로 이끌겠노라"고 말씀하신다. 33절은 이 말씀들이 예수님께서 죽어야 하는 죽음의 종류와 관계되는 것을 보여주기 위한 설명이다.

그러면 들리움이 인자에게 어떤 영향을 주는가? 십자가의 죽음은 들리움으로서 예수님의 수난의 절정이며 인자의 들리움의 과정은 그의 영광의 순간에 절정에 이르기 때문에[55] 들리움은 영광과 밀접

---

52) Hollis, "The Root of the Johannine Pun-'ΥΨΩΘΗΝΑΙ," p. 475.

53) E. Richard, "Expressions of Double Meaning and Their Functions in the Gospel of John," *NTS* 31 (1985), p. 97.

54) Torrey, "'When I am Lifted Up from the Earth', John 12,32," p. 322.

55) R. G. Bratcher는 요한복음의 δόξα와 δοξάζω의 의미를 네 가지로 분류하면서 δόξα와 δοξάζω의 의미가 일반 그리스어 문헌 속에 있는 단어들을 통해서 결정되지 않고 그 단어들의 번역이 히브리어 어근인 כבד에서 유래하기 때문에 그리스어 성경 속에 있는 단어들의 의미를 통해서 결정된다"고 주장한다. 그렇기 때문에 그는 "많은 구절에서 δόξα는 능력, 혹은 위엄, 혹은 영광, 혹은 명예, 혹은 위대

하게 연관된다.56) 1장 14절의 육과 관련하여 처음에 등장하는 '영광'이라는 용어는 요한복음서 전반에 스며들어 있으며 첫 번째 표적 직후인 2장 11절에서 등장할 때부터 계속해서 들리움을 지향한다(참조, 12:28).57) 이 영광은 십자가의 죽음에서 그 목적을 달성했기 때문에 십자가의 죽음 뒤에는 더 이상 사용되지 않는다.58) 비록 이사야 52장 13절의 들리움이 영광과 관련된다고 해도 요한은 들리움과 관련된 구절들을 직접 영광과 관련시키지 않고 그 대신에 인자를 들리움과 영광에 각각 관련시킨다(예컨대, 3:14; 8:28; 12:32, 34// 12:23; 13:31). 따라서 인자는 들리움을 받게 되며 영화롭게 된다고 제시할 수 있게 된다.59)

함 그 이상을 의미한다. 이것은 '거룩한 존재,' '거룩한 본질,' '신성,' '거룩한 분'을 의미한다"라고 제시한다": R. G. Bratcher, "What does 'Glory' Mean in Relation to John," *BT* 42 (1991), pp. 42, 403-4, 407. 참조, G. Kittel, "δόξα," *TDNT*, 1964 ed.

56) "동사 ὑψόω를 사용해서… 이 들리움은 또한 예수님의 승귀라는 개념을 표현할 수 있었다. 이것은 사람들에게(12:23) 영생(3:14)을 주는 들리움, 즉 십자가에 달린 인자에 대한 믿음이다": Pamment, "The Meaning of δόξα in the Fourth Gospel," p. 15.

57) Judith M. Lieu, "The Mother of the Son in the Fourth Gospel," *JBL* 117 (1998), p. 66.

58) 21장 19절의 영광은 들리움과 관련되지 않는다. 참조, L. T. Johnson, *The Writings of the New Testament* (London: SCM, 1986), p. 478: Johnson은 예수님께서 그의 가르침을 통해서(13:1-17:26), 그리고 그의 죽음과 부활을 통해서(18:1-20:31) 제자들에게 영광을 드러냈다고 설명한다.

59) 그러나 Delbert Burkett은 수난과 십자가의 죽음이 첫 번째 영광이며 이어지는 부활은 두 번째 영화롭게 됨이라고 주장한다. Delbert Burkett, *The Son of Man in the Gospel of John, NovT* 36 (1994), pp. 122-6. 이러한 입장은 영광의 범위를 지

영광은 인자의 들리움의 비유적인 성격을 상징한다. 인자와 들리움은 수난의 시작과 함께 사라지며, 영광은 들리움의 과정 동안에 인자의 죽음을 해석하기 위해 사용된다(δόξα–17:5, 22, 24; δοξάζω–12:16, 23, 28; 13:31, 32; 14:13; 15:8; 16:14; 17:1, 4, 5, 10). 영광은 후에 일어날 사건인 십자가의 죽음과 관련하여 해석되는데, 수난사건에서 예수님의 들리움이 본격적으로 촉진되는 동안 함축된 영광은 요한에 의해 소개된다(7:39; 12:16, "제자들은 처음에 이 일을 깨닫지 못하였다가 예수께서 영광을 얻으신 후에야 이것이 예수께 대하여 기록된 것임과 사람들이 예수께 이같이 한 것임이 생각났더라.")[60] 이 구절은 무엇인가 특별한 일이 예수님의 생애 동안에 발생할 것이라는 것을 독자들에게 그 윤곽을 살짝 보여준다.[61] 갈릴리 가나의 첫 번째 표적과 함께 시작하는 영광은 십자가에서 완전하게 드러나기 때문에 독자들은 예수님이 십자가에서 문자적으로/비유적으로 죽으실 때 비로소 들리움이 무엇을 의미하는 지를 파악할 수 있다. 그래서 요한은 인자의 비유적이며 문자적인 부활 이후에 제자들이 예수님께서 성전정화 사건에서 자신의 몸과 관련하여 말씀

나치게 확대시키는 것이다. G. B. Caird는, "하나님은 인자의 인격 안에서 그의 영광을 완전하게 나타내셨다"고 설명하며 13장 13절의 "하나님도 인자로 말미암아 영광을 받으셨도다"라는 수동 형태에 대해 설명한다: G. B. Caird, "The Glory of God in the Fourth Gospel: An Exercise in Biblical Semantics," *NTS* 15 (1969), pp. 265-77.

60) 12장 13절의 환영의 외침("이스라엘의 왕")은 독자들에게 "참으로 이스라엘 사람"인 나다나엘의 고백(1:49, "랍비여 당신은 하나님의 아들이시요 당신은 이스라엘의 임금이로소이다")을 상기시키며 십자가의 명패에서 다시 울려 퍼진다(19:19, "나사렛 예수 유대인의 왕이라 기록되었더라").

61) Pamment, "The Meaning of δόξα in the Fourth Gospel," pp. 12-3.

하신 것을 "기억하고 성경과 예수께서 하신 말씀을 믿었더라"고 증언한다(2:22).

제12장 예수님의 부활을 위한 문자적/비유적 요소의 상호 작용

1. 성경과 예수님 사역의 성취

예수님은 자신의 사역을 마치면서 그 사역에 대한 완성을 말씀하시는데 이 때 요한은 이를 '성경 말씀의 성취'로 해석한다. 요한은 심지어 십자가에 달리신 예수님의 갈증도 성경 말씀을 응하게 만드는 요소라고 설명한다. 요한복음 이야기가 펼쳐지면서 예수님의 행동과 요한의 해석은 그의 '사명의 완성'과 '성경 말씀의 성취'라는 일치점을 가지게 된다. 예수님의 사역의 성취는 성경 말씀을 완성시키며 그 성경 말씀의 성취는 예수님의 사역을 완성시키는 것이다. 이러한 '성취와 완성'도 복음서 이야기가 전개되면서 문자적인 요소가 비유적으로 그리고 비유적인 요소가 문자적으로 상호 균형을 갖출 때 이루어진다. 이와 같은 균형을 이해하기 위해서 십자가의 죽음을 토대로 하는 예수님의 부활과 관련하여 문자적이고 비유적인 요소들의 상호작용을 검토하고자 한다.

죽음의 이중 동기

십자가상에서 분명하게 드러나는 성경의 성취와 예수님의 사역의 완성은 십자가 사건의 중요한 요소이며, 이 양자의 관계가 예수님의 죽음의 동기를 파악할 수 있게 만들기 때문에 우선적으로 성경의 성취와 예수님의 사역의 완성 사이의 관계를 찾아볼 필요가 있다. 요한은 예수님의 죽음의 동기가 산헤드린의 음모(11:45-53)에 기인한 것이며 아버지의 뜻(14:31; 10:18) 혹은 예수님 자신의 의지(5:30; 8:29; 10:17-18; 14:30-31) 혹은 예수님 자신의 선택(10:18)이라고 설명한다.[1] 이미 알려진 바와 같이 예수님의 죽음의 원인은 그의 사역과 성경의 성취에서 매우 중요한 역할을 한다.

외면적으로 예수님의 죽음의 타당한 근거는 요한복음 이야기 속의 다양한 원인들에 기인한 것이지만, 요한은 이것들을 예수님의 사역의 완성과 성경의 성취로 분류한다. 바꾸어 말하면 예수님의 사역의 완성과 성경의 성취는 예수님의 죽음 배후에 있는 이중의 동기라고 간주할 수 있다. 이러한 죽음과 관련하여 예수님은 자신의 죽음으로 그의 사명의 완성과 성경의 성취를 연결시키신다(19:28, "그 후에 예수께서 모든 일이 이미 이루어진 줄 아시고 성경을 응하게 하려 하사 이르시되 내가 목마르다 하시니"). 성경의 문자적인 성취는 예수님의 사역의 실현이며 예수님의 죽음은 문자적이며 비유적인 성취가 상호 작용하는 현장이다

---

1) L. Th. Witkamp, "Jesus' Thirst in John 19:28-30: Literal or Figurative," *JBL* 115 (1996), p. 496.

(19:30, "예수께서 신 포도주를 받으신 후에 이르시되 다 이루었다 하시고 머리를 숙이니 영혼이 떠나가시니라"). 성경의 성취가 예수님의 사명의 성취인 동시에 예수님의 사명의 성취가 성경의 성취이기 때문에 이러한 일치점은 십자가의 죽음에서 이루어진다.

성취된 '떠남과 돌아감'

예수님의 사명의 완성과 성경의 성취는 예수님의 "모든 일이 이미 이루어진 줄 아시고"라는 요한의 상황 설명으로 입증되며, 이 예수님의 죽음은 그의 '떠남과 돌아감'을 연결시키는 순간이 된다. 즉 요한은 수난 이야기의 시작부터 예수님의 "모든 일이 이미 이루어진 줄 아시고"를 그의 '떠남과 돌아감'에 연결시킨다(13:1, 3). 예수님은 그의 죽음의 성격을 세밀하게 "아실" 뿐 아니라(18:4-11), 이를 그의 '내려옴-올라감' 구도의 과정으로 간주하신다(13:1-3). 실제로 요한복음의 이야기가 발전하면서 예수님은 "모든 것을 아시며 결코 숙명적인 희생자가 아니라 모든 것을 책임지시는 분"으로 소개되며 동시에 "특별히 예수님의 수난 및 죽음과 관련하여 이 점은 여러 번 강조된다(참조, 예컨대, 6:64, 70-71; 10:17-18; 13:11, 18-19, 21-30; 16:30; 18:2-10, 34-37; 19:9, 11, 26-27)."[2)]

예수님께서 이 세상을 떠나 하나님께로 돌아가는 것은 사건의 자연적인 결과가 아니다. 요한은 성경의 성취와 예수님의 사역의 완성을 이미 예고된 십자가의 죽음의 틀 속에서 이루어지는 것으로 간

---

2) Ibid., p. 495.

주한다. 예수님의 사명의 완성과 성경의 성취는 예수님께서 모든 것을 아시는 구조 속에서 펼쳐진다. 그래서 요한은 19장 28절과 같이 예수님께서 완성과 성취를 동시에 "아신다"고 설명한다("후에 예수께서 모든 일이 이미 이루어진 줄 아시고 성경을 응하게 하려 하사 이르시되 내가 목마르다 하시니"). 예수님의 '아심'은 그의 '떠남과 돌아감'을 촉진시킨다. 인자의 죽음은 그가 이 세상을 떠나 아버지에게로 돌아가는 그의 사명의 완성과 성경의 성취가 된다.

문자적이며 비유적인 성취의 상호 작용

예수님의 사역의 완성과 성경의 성취는 문자적이며 비유적인 성취라는 틀 속에서 서로 연결된다. 특별히 십자가의 죽음을 성경의 상황에 연결시킴으로 요한은 "독자가 비유 수준에 있는 세부적인 것을 보도록 초대한다."[3] 비유의 깊은 의미를 드러냄으로 이 비유의 의미는 요한복음 이야기의 문자적인 현상들과 밀접하게 연결된다. 바꾸어 말하면 예수님의 몸에 가해진 십자가상에서의 상태와 고통은 예수님의 절망적인 상황이나 혹은 군인들의 잔혹성을 소개하는 목적이 아니라 예수님의 사명을 성경의 진술과 일치시키는데 있다. 십자가의 죽음마저도 "자기가 어떠한 죽음으로 죽을 것을 가리켜 하신 말씀을 응하게 하려"는 것이다(18:32).[4]

---

3) Larry Paul Jones, *The Symbol of Water in the Gospel of John*, JSNTS 145 (Sheffield: Sheffield Academic Press, 1997), p. 213.

4) 이 구절은 12장 32-33절과 관련된다. 예수님께서 그의 들리움을 선언한 후 요한은 이 말씀을 "자기가 어떠한 죽음으로 죽을 것을 보이심이러라"고 해석한다

성경의 특정한 구절이 성취된 것을 묘사하기 위해 πληρόω가 사용되었다(13:18; 19:24, 36).[5] 그런데 일반적으로 사용되는 이 πληρόω 대신에 성취를 의미하는 보다 더 특별한 용어인 τελειόω/τελέω가 성경의 성취와 예수님의 사명의 완성을 언급하는 상황에서 동시에 등장한다(19:28, 30; 예수님의 사명과 관련하여서도 사용된다: 4:34; 5:36; 17:4, 23). τελειόω의 사용은 "아마도 반복되는 τετέλεσται [τελέω]를 고려"하였기 때문이다.[6] 즉 같은 어원을 가진 반복되는 단어를 통하여 성취와 완성을 강조한다고 할 수 있다. 성경의 성취와 예수님의 사역의 완성과 관련한 동일한 용어의 사용은 이 두 가지를 밀접하게 연결시킨다. 이러한 관련성으로 요한은 성경의 문자적인 성취를 통해 비유적인 예수님의 사명의 완성을 선언하고 동시에 문자적인 예수님의 사명의 완성을 비유적인 성경의 성취로 결합시킨다.

예수님의 사역의 완성과 성경의 성취라는 두 가지 개념의 최종적인 결합은 예수님의 정체에 대한 문자적이며 비유적인 측면의 상호 작용이다. 이 결합은 제자들의 믿음이 문자나 비유의 한 측면으로 기울지 않고 균형을 갖추도록 만든다. 즉 예수님의 부활 후에 제자들은 성경과 예수님의 말씀을 동시에 믿음으로써 균형을 갖춘 시각을 유지할 수 있었다(2:22, "죽은 자 가운데서 살아나신 후에야 제자들이 이 말씀하신 것을 기억하고 성경과 예수께서 하신 말씀을 믿었더라"). 예수님은 자신이

(12:33).

5) 이 용어는 다른 곳에서 성경의 성취를 지시하는 것으로도 사용된다: 12:38; 13:18; 15:25; 17:12; 18:9.

6) C. K. Barrett, *The Gospel According to St John*, second ed. (London: SPCK, 1978), p. 553.

문자화된 요한복음에서 구체화 된 가장 큰 표적이며,7) "예수님의 사역의 완성과 성경의 성취는 매우 밀접하게 얽혀있기 때문에 한 쪽의(전자) 성취 없이는 다른 부분의(후자) 완성은 있을 수 없게 된다."8) 따라서 예수님의 사명의 완성은 성경의 문자적인 성취에 대한 상징이 되며 성경을 성취하는 예수님의 말씀과 사역들은 역설적으로 성경의 상징에 대한 문자화(실현)이다.

2. 물과 성령 침례

요한복음에 등장하는 상징 가운데 '물'은 요한복음 전체를 관통하며 흐른다. 물이 가진 본래의 의미도 있지만 이 물은 요한복음의 이야기가 전개되는 동안에 독특한 상징성을 갖는다. 첫 번째 표적부터 등장하는 물은 예수님과 니고데모와의 대화 가운데서도 거듭남과 관련하여 등장하며 사마리아 여자와의 대화도 물을 중심으로 이야기가 전개된다. 또한 이 물은 예수님의 십자가 죽음 현장에서도 등장하는데 예수님의 옆구리에서 흘러내리는 물은 극적인 장면을 연출하며 예수님의 죽음의 성격을 규정짓기도 한다. 이렇게 요한복음의 이야기 전개 속에서 흐르는 물은 비유적이며 문자적인 의미를 내포하는

---

7) 예수님은 "계시의 도구"이며 하나님으로서 이 세상에 드러나셨다. R. Alan Culpepper, *Anatomy of the Fourth Gospel* (Philadelphia: Fortress, 1983), p. 189.

8) Witkamp, "Jesus' Thirst in John 19:28-30: Literal or Figurative," p. 493. 참조, Stephen D. Moore, "Are There Impurities in the Living Water that the Johannine Jesus Dispenses? Deconstruction, Feminism, and the Samaritan Woman," *BI* 1 (1993), p. 218.

상징성을 가지고 예수님의 죽음과 부활에 대한 실체를 드러낸다.

변화의 의미를 내포한 물

이 책의 제5장(ἄνωθεν의 의미와 기능)과 6장(포도주 상징과 표적)에서 이미 설명한 바와 같이 물이 포도주로 바뀌는 것은 변화의 이미지를 내포하기 때문에 '물' 이미지는 요한복음서의 이야기가 전개되는 동안에 변화의 개념을 불러일으킨다. 요한복음의 이야기가 전개되면서 물의 상징이 비록 다른 단어나 이미지를 언급해도 이는 처음에 내포된 상징의 이미지를 떠오르게 만든다.9) 물이 포도주로 바뀌는 것은 새로운 창조의 이미지 속에서 인간 창조를 반향 한다고 할 수 있다(참조, 3:4, "니고데모 가 이르되 사람[ἄνθρωπος]이 늙으면 어떻게 날 수 있사옵나이까 두 번째 모태에 들어갔다가 날 수 있사옵나이까?").

요한복음에서 물은 다른 상징들과 달리 독특한 성격을 내포한다. 요한복음의 "세 가지 핵심적인 상징들인 빛, 물, 떡" 가운데 물은 "나-말씀"으로 수식되지 않을 뿐만 아니라 "결코 예수님과 일치되지 않는다."10) 심지어 물의 비유적인 이미지가 요한복음 전체를 통해서 등장하기도 한다: 침례 요한의 증언(1:19-34),11) 가나의 결혼식

---

9) Culpepper, *Anatomy of the Fourth Gospel*, p. 195.

10) Ibid., pp. 189, 196. 물론 Culpepper는 비록 물이 "나-말씀"과 관련되지 않고 그가 물과 성령의 "근원과 공급자라는 확증"과 관련된다고 해도 물은 성령(the Spirit)을 상징한다고 전제한다.

11) 이 장면은 성령으로 침례를 줄 예수님께서 물로 침례를 줄 침례 요한을 대치할 것을 드러내준다. 비록 요한복음에서 첫 번째 물의 출현이 침례와 관련되지만 그 초점은 침례 자체가 아니라 침례 요한과 비교되는 예수님의 정체와 이어지는

(2:1-12), 사마리아 여인과 우물(4:1-15, 예수님과 사마리아 여인과의 대화는 물에 집중된다: 내가 너에게 생수를 주겠다; 비교, 7:37-39, "누구든지 목마르거든 내게로 와서 마시라… 그 배에서 생수의 강이 흘러나오리라"(38): 4장 14절을 반영), 벳새다 연못의 치료(5:1-9), 오천 명을 먹이신 후 물 위로 걸으심(6:16-21), 실로암 연못(9:1-12), 그리고 십자가에 달리신 예수님의 옆구리에서 물의 쏟아짐(19:34). 이러한 비유들은 예수님의 정체를 드러내는 수단으로서 뿐만 아니라 예수님의 기능 혹은 물이 가지고 있는 이미지를 활용한 교훈의 전달이라고 할 수 있다.

물이 본래적인 의미를 가지고 있지만 요한복음의 이야기 전개 속에서 새로운 이미지가 추가된다. 물은 첫 번째 표적을 통해서 변화의 이미지를 갖는다. 변화된 포도주를 지칭하면서도 요한은 이를 "물로 된 포도주"(2:9)로 부르며 변화된 물임을 상기시킨다. 이와 관련하여 물을 예수님의 정체와 관련시키는 대신에 그의 변화(부활)의 개념을 불러일으키는 그의 역할과 관련시킬 수 있다. 물론 "가나에서 포도주로 바뀐 물이 예수님의 영광을 보는 수단으로 기여했듯이 이 이야기에서 물은 예수님이 선포하고 보여주신 실체들을 믿고 영접하는 수단들을 제공한다. 생명을 주는 성격으로 인해 물은 하나님의 왕국에 들어가는데 요구되는 변화를 표시한다."[12] 더욱이 물은 요한복음 이야기가 펼쳐지는 동안에 새로운 창조 및 부활과 관련된다. 물과 관련된 사건들은 창조의 이미지를 담고 있는 실체를 만날 때까지 보다 더 깊고 기적적으로 발전한다. 특히 맹인이 눈을 뜨는

사건인 물이 포도주로 바뀌는 표적을 통해서 예고된 성령에 맞추어져 있다.

12) Jones, *The Symbol of Water in the Gospel of John*, p. 75.

장면에서 이 맹인은 실로암에 가서 물로 그 진흙을 씻게 된다. 눈에 진흙을 바르는 예수님의 행동은 흙으로 사람을 만드는 하나님의 행동을 연상시킨다(9:11). 또한 요한은 맹인이 눈을 뜬 사건 속에 창조의 이미지를 불어 넣는다(9:32, "창세 이후로 맹인으로 난 자의 눈을 뜨게 하였다 함을 듣지 못하였으니"). 달리 말한다면, 요한복음의 이야기 전개를 통해 상징적인 변화의 이미지를 담고 있는 문자적인 물은 새로운 출생과 창조인 예수님의 부활에서 그 목적 지점에 도달한다.

물이 마지막으로 등장하는 것은 예수님께서 그 영(τὸ πνεῦμα)을 전달할 때와 예수님의 옆구리에서 물이 흘러나오는 십자가상이다 (19:34, "그 중 한 군인이 창으로 옆구리를 찌르니 곧 피와 물이 나오더라"). 십자가의 죽음에서 발생하는 것은 요한복음의 이야기에서 소개하는 원래의 상태와 같이[13] 그 영(τὸ πνεῦμα)과 육의 분리이다. 첫 번째 표적이 물과 관련되듯이 물은 이어지는 표적들을 보증하며 마지막 가장 큰 표적을 예시한다. 예수님으로부터 흘러나오는 물은 그 기원에서 요한복음 이야기 속의 다른 물들과 다르다고 할 수 있다. 이 최종적인 물은 특징적으로 유일하게 예수님으로부터 흘러나온다. 그래서 예수님께서 자신의 정체와 역할을 밝히기 위해 비유적으로 사용하신 모든 문자적인 물은 그동안 지속적으로 상징적인 이미지가 축적되고 응축되어 예수님의 옆구리에서 흘러나오는 문자적인 물에서 그 절정에 달한다. 이 문자적인 물은 독자들에게 예수님의 변화를 기대하게 만든다. 즉 십자가상의 흘러내리는 물은 이전에 등장한 물들의 모든

13) 침례 요한에 따르면 그의 증언은 그 영(τὸ πνεῦμα)과 성육신한 육과의 일치를 말하는 것이며(요 1:32) 그래서 그 분리는 예수님께서 공생에 시작 시 그에게 내려왔던 그 영(τὸ πνεῦμα)과의 분리를 내포한다.

상징적인 연상을 포함한다. 예수님 자신은 물의 상징을 통해서 변화의 주체가 되며 부활(거듭남)을 구체화 시키는 주인공이 된다. 따라서 부활은 니고데모의 진술과 같이(3:4) 두 번째 태어나는(변화 또는 창조 이미지) 것을 상징한다. 그렇다면 빈 무덤은 생수가 솟아나는 우물이나 혹은 새로운 포도주를 쏟아내는 가나의 마지막 돌항아리를 완성시키는 일곱 번 째 돌항아리가 될 수 있지 않을까?

흘러내리는 물

요한복음은 십자가의 장면을 묘사할 때 다른 복음서들과 달리 예수님의 옆구리에서 흘러나오는 피와 물에 대해 세밀하게 소개한다. 창조의 이미지와 관련하여 이러한 '흘러내림'의 기능을 살펴볼 것이다. 물을 통하여 표출되는 '변화' 혹은 '창조'의 이미지는 흘러내리는 물로 강화된다(19:34). 이 흘러내리는 물 외의 모든 다른 물들은 정적인 상태로 등장하는데, 예컨대 우물(4:5-15), 연못(5:1-9), 호수 혹은 바다(6:16-21)이다. 이러한 비교를 통해서 다른 물들과 구별되는 흘러내리는 물은 생수와 관련한 말씀의 성취를 반영한다고 할 수 있다.

물이 성령(τὸ πνεῦμα)을 상징한다는 일반적인 주장 외에 예수님의 옆구리에서 흘러내리는 물은 예수님의 영화롭게 됨을 통하여 가능하게 된 "약속된 생수 혹은 성령(the Spirit)의 증거라고 할 수 있다. 그것은 성령(the Spirit)에 대한 은유(생수)의 한 상징(물의 흐름)을 남겨놓는다."[14] 또한 19장 34절의 흘러내리는 물은 예수님의 몸을 그의 옆에 있던 다른 몸들과 구별되게 만든다(19:18, 32). 십자가의 죽음 현장에서 군병들은 예수님 옆의 두 사람의 다리를 꺾으나 예수님은 이미 죽은 것을 확인하였기 때문에 창으로 그의 옆구리를 찌른다. 죽음의 순간에서 이미 예수님과 그 옆의 두 사람이 구별되지만 실질적인 구분은 흘러내리는 피를 통해서이다. 이 구별은 예수님과 두 사람의 구별이 아니라 어떤 면에서 예수님의 몸과 모든 사람들의 몸과의 구별이라고 할 수 있다. 하늘에서 내려 예수님 위에 머물렀던(1:32) 성령(그 영)의 '건넴'(19:30)과 같이 육이 되었던(1:14) 몸은 흘러내리는 피를 통해서 포기되는 것으로 드러난다.

피와 물의 흐름은 육과 영의 동시적인 부활을 반영 혹은 예고한다고 할 수 있다. 즉 문자적인 피와 물의 흐름은 문자적인 예수님의 부활에 대한 비유적인 예고라고 할 수 있다. 그 영과 육은 예수님과 니고데모와의 대화 속에 함축되어 있듯이 새로운 영(성령)과 몸이 된다. 더욱이 흘러내리는 물은 가나의 포도주 기적 사건에서 이미 기대되듯이 무엇인가 그의 몸과 그 영에 발생할 것이라는 것을 함축하고 있다. 즉 물의 이미지는 물이 포도주로 변한 것과 같이 '변화' 혹은 '무엇인가로 태어남'의 개념을 불러일으킨다. 요한복음의 상징으로서 물은 단지 무엇인가 새로운 것의 도착을 의미하는 것 이상으로 예수님 위에 머물던 그 영(τὸ πνεῦμα)이 건네 진 후에는 성령 침례의 출현을 지시한다고 할 수 있다.[15] 그렇기 때문에 이미 언급한 바와 같이 '물'이 그 영이나 혹은 피와 관련하여 사용될 때 그 물은 '영(τὸ

14) Moore, "Are There Impurities in the Living Water That the Johannine Jesus Dispenses? Deconstruction, Feminism, and the Samaritan Woman," p. 221.

15) Jones, *The Symbol of Water in the Gospel of John*, p. 219.

πνεῦμα)과 육'을 '성령과 몸'으로 대치하는 이미지를 전달한다고 제시할 수 있다.

이러한 종류의 변화 이미지는 예수님과 니고데모와의 대화에서 등장하는 물까지 거슬러 올라갈 수 있다. 3장 5절에서 그 영(τὸ πνεῦμα)이 동반되는 물과 19장 34절에서 피와 더불어 등장하는 물은 가나의 포도주 기적 사건 상황에서 물이 포도주로 변화(태어남)하는 것과 같이 새로운 출생 이미지('다시' 혹은 '새롭게')를 만들어 낸다.[16] 즉 육을 상징하는 피와 그 영(τὸ πνεῦμα)은 변화되어야(태어남) 한다(육이 몸으로 그 영이 성령으로). 육과 영은 요한복음 이야기가 전개되는 과정에서 그 자체로서의 의미와 함께 부여된 이미지를 가지고 기능하며 새로운 의미를 가지게 된다. 3장 3절의 ἄνωθεν이 이중의 의미(다시 및 위로부터)를 가지고 있듯이 '다시'는 육에 적용될 수 있고 '위로부터'는 그 영(τὸ πνεῦμα)에 적용될 수 있다.[17] 결국 거듭남의 논쟁에 관한 분위기 속에서와 같이 ἄνωθεν의 두 의미는 독자들의 부활을 위

16) Herman Servotte, *According to John: A Literary Reading of the Fourth Gospel* (Darton: London, 1992), pp. 14-5.

17) 만일 균형을 갖춘 이중의 의미가 동시에 받아들여지지 않는다면 영적인 거듭남은 이분법적인 접근에 기초해서 강조될 것이다. 예를 들어 '아래'에 대해 반대편에 있는 '위로'를 선호하는 입장과 같은 것이다. Servotte, *According to John: A Literary Reading of the Fourth Gospel*, p. 19; O'Day는 "Paul D. Duke, *Irony in the Fourth Gospel* (Atlanta: John Knox Press, 1985)" 및 "Culpepper, *Anatomy of the Fourth Gospel*"이 이중의 의미를 가지고 있는 양극단을 지나치게 강조함으로(예를 들어 '아래'와 '위') 요한복음에서 동시에 작동되는 이중의 의미를 충분히 강조하지 못했다고 지적한다. 그래서 O'Day는 독자들은 표현된 의미로부터 독립적이지 못하고 아이러니를 통해서 "표현된 의미 안에서 그리고 이를 통해서 실제 의미를 찾도록" 요청 받는다고 말한다. Gail R. O'Day, *Revelation in the Fourth Gospel* (Philadelphia: Fortress, 1986), p. 8.

해 문자적이며 비유적인 예수님의 부활에 적용된다. 흘러내리는 물을 통해서 예수님의 죽음은 다른 죽음들과 구별되는 독특성을 가지면서 '육과 영'이 '몸과 성령'으로 변화되어 거듭남을 상징하는 부활을 발생시킨다.

3. 창조 이미지

창세기의 창조와 비교되는 창조의 이미지가 요한복음에 흩뿌려져 있다. 예를 들어 창조의 이미지를 불러일으키는 맹인 된 자의 눈을 뜨는 표적(9:32) 후에 죽음마저도 극복하는 나사로의 부활 표적이 발생한다. 이러한 것은 부활이 창조 이미지의 발전 과정에서 가장 극적일 것이란 단서를 주며 그래서 독자들은 예수님의 부활 사건에서 창세기와 비교되는 창조 이미지를 발견할 수 있게 된다. 네 복음서 가운데 요한복음만 동산에 위치한 무덤을 소개하며(19:41), 마리아는 예수님을 정원 동산지기로 오해하는 것으로 묘사된다(20:15, "예수께서 이르시되 여자여 어찌하여 울며 누구를 찾느냐 하시니 마리아는 그가 동산지기인 줄 알고 이르되 주여 당신이 옮겼거든 어디 두었는지 내게 이르소서 그리하면 내가 가져가리이다"). 무덤이 있는 동산과 '여자'로 호칭되는 막달라 마리아는 창세기의 동산과 이전에 등장했던 '여자'의 상징적인 이미지를 불러일으킨다(참조, 창 2:15-17; 3:5-8).

요한복음 20장에 등장하는 동산과 여자는 "새로운 창조와 새로운 언약"을 상징하며, "새로운 창조의 약속된 해방자이며 새로운 이스라엘의 배우자인 예수님은 상징적으로 요한의 공동체이며, 교회이며, 하나님의 새로운 백성인 여인을 만난다"고 할 수 있다.[18] 독특한 '동산 배경'은 아담 및 이브와 관련된(창 2:15–17; 3:8) 창세기의 내용과 여인을 통한 구원의 약속(창 3:15)을 독자들에게 분명하게 상기시키기 위한 의도적인 장치라고 간주되기도 한다.[19] 여자와 관련된 창조의 이미지는 여자의 역할을 부활과 관련된 역할까지 확대시킨다고 할 수 있다. 예수님의 부활은 나사로의 경우와 같은 소생이 아니라 요한복음 3장에서 니고데모가 답변한 것과 같이 새로운 출생을 의미하는 창조의 이미지와 연결된다.

성령과 창조

이제 거듭남과 관련한 창조의 이미지를 살펴보고자 한다. 비록 그 영(τὸ πνεῦμα)이 내려와 예수님 위에 머물렀지만(1:32–33) 요한은 예수님께서 그 영을 십자가상에서 전달했다고 설명한다(19:30, "예수께서 신 포도주를 받으신 후에 이르시되 다 이루었다 하시고 머리를 숙이니 영혼이 떠나가시니라"). 예수님은 부활 후에 그 영(τὸ πνεῦμα)대신에 "성령을 받으라"고 선포하신다. 이 명령은 그 영이 내려와 그의 위에 머무는 장면(1:33, "나도 그를 알지 못하였으나 나를 보내어 물로 침례를 베풀라 하신 그이가 나에게 말씀하시되 성령이 내려서 누구 위에든지 머무는 것을 보거든 그가 곧 성령으로 침례를 베푸는 이인 줄 알라 하셨기에")과 부활 전에 약속된 성령의 오심을 반영한다(14:16–17, 26; 15:26). 즉 성령은 예수님께서 성령을 받으라고 선언하실 때(20:22) 마침내 실체로 등장한다. 이 선언 속에서 예수님의 매

18) Sandra M. Schneiders, "The Encounter of the Easter Jesus with Mary Magdalene–A Transformative Feminist Reading," *"What is John?" and Readings of the Fourth Gospel* (Atlanta: Scholars Press, 1996), pp. 161, 168.

19) Ibid., p. 161.

우 특징적인 행동인 "숨을 내쉬며"가 "성령을 받으라"는 말씀과 더불어 나타난다("이 말씀을 하시고 그들을 향하사 숨을 내쉬며 이르시되 성령을 받으라"). 하늘에서 비둘기가 내려오는 것처럼 보이는 그 영의 내려옴과 비교되게 성령은 예수님이 제자들에게 숨을 내쉬는 행위와 함께 선언된다. 이 상황에서 그 영과 성령의 기원을 비교할 때 흥미로운 차이를 발견할 수 있다. 요한은 그 영은 하늘에서 내려왔다고 묘사하나 성령의 기원은 예수님 자신이라고 설명한다. 이미 언급한 바와 같이 그 영과 관련된 예수님은 들리움을 받을 인자로, 성령과 관련된 예수님은 하나님의 아들로 간주될 수 있다. 그렇기 때문에 침례 요한은 성령 침례에 대한 증언과 함께 "내가 보고 그가 하나님의 아들이심을 증언하였노라"고 확언한다(1:34).

숨을 내쉬는 예수님의 행동은 성령의 성격과 정체에 대한 특성을 제공하면서 동시에 부활하신 예수님의 정체와 부활의 성격에 대한 독특성을 나타내 준다(포함한다). 창세기에서 숨을 내쉬던 하나님과 같이(창 2:7) 제자들에게 숨을 내쉬는 예수님은 도마의 고백 시에 하나님과 일치된다(20:28, "도마가 대답하여 이르되 나의 주님이시요 나의 하나님이시니이다"). 숨을 내쉬며 성령을 받으라고 선언하시는 예수님의 행위는 요한복음의 전반에 흐르는 창조의 이미지를 통하여 표현된 새로운 창조를 독자들에게 상기시키며 예수님의 부활을 확증하는 증언이 된다. 예수님이 숨을 내쉬는 행동에서 ἐνεφύσησεν이 사용된 것을 분석해보면 이 행위가 하나님의 창조 행위를 상기시키는 요소라는 것이 분명해진다. 일반적으로 신약성서 가운데 오직 20장 22절에서만 사용된 ἐνεφύσησεν은 창세기 2장 7절, 열왕기상 17장 21절, 그리고 에

스겔 37장 9절과 관련된 것으로 간주된다.[20] 이 구절들은 창조의 이미지, 즉 "다시" 혹은 "새롭게"의 의미인 새로운 시대의 도래를 상기시킨다. 생기를 사람의 코에 불어넣으시는 하나님의 행동(창 2:7)이 생명의 근원인 것과 같이 예수님이 제자들에게 성령의 제시와 함께 숨을 내쉬는 행동은 제자들의 거듭남에 대한 근원이 된다.

새로운 출생의 이미지

요한복음의 첫 장부터 새로운 출생을 의미하는 비유적인 표현이 등장한다. 예를 들어, 1장 12절에서 영접하는 자들에게 하나님의 자녀가 '되는'(γίνομαι) 권세를 주셨다고 확언한다.[21] 다른 상황에서

---

20) Rudolf Schnackenburg, *The Gospel According to St John*, trans. David Smyth and G. A. Kon, vol. 3 (Kent: Burnes & Oates, 1982), p. 325. 그 외에도 예수님께서 성령을 받으라고 명령하실 때 수반되는 숨을 내쉬는 장면과 창세기 2장 7절의 창조 행위와의 비교에 대해서는 다음을 보라: George R. Beasley-Murray, *John: Word Biblical Commentary*, vol. 36, second ed. (Nashbille: Thomas Nelson Publishers, 1999), pp. 380-2; Raymond E. Brown, *The Gospel According to John XIII-XXI: The Anchor Bible* (New York: Doubleday, 1970), pp. 1022-3, 1037; Barrett, *The Gospel According to St John*, p. 570; D. A. Carson, *The Gospel According to John* (Leicester: Inter-Varsity Press, 1991), pp. 651-2; Barnabas Lindars, *The Gospel of John: The New Century Bible Commentary* (Grand Rapids: Eerdmans, 1972), pp. 611-2.

21) Culpepper는 1장 12b절을 요한복음 서언을 구성하는 교차대칭구조의 축으로 제시한다: R. Alan Culpepper, "The Pivot of John's Prologue," *NTS* 27 (1979), pp. 15-7, 31. 만일 그렇다면 요한복음서 전체의 서언 속에 있는 1장 12b절은 요한복음의 기록 목적을 알리는 20장 31절과 균형을 맞추며, 그 결과 요한복음서는 부활 혹은 거듭 남의 주제에 둘러싸이게 된다. 1장 12절에서 요한은 하나님의 자녀가 되는 조건을 소개하며 20장 31절에서는 이 조건의 성취를 선언하면서 그의

사용 된 이 용어(γίνομαι)가 출생의 의미를 담고 있다는 것은 간과할 수 없다. 즉 이 용어는 단지 변화 혹은 변형의 의미가 아니라 출생의 이미지를 전달하기 위해 사용된 것으로 보인다. 또한 이 용어는 1장 14절에서 예수님의 성육신을 지칭할 때 사용되었으며("말씀이 육신이 *되어*") 2장 9절에서는 포도주의 변화를 지칭할 때 사용된다("연회장은 물로 *된* 포도주를…"). 요한이 1장 12절의 개념을 확대시키는 13절의 출생을 묘사하기 위해 γεννάω를 사용하기 때문에 γίνομαι와 γεννάω는 출생의 분위기 속에서 상호 밀접한 관련을 갖는다. 즉 선택적인 γεννάω와 γίνομαι의 사용은 각각의 의미를 강화하면서 예수님의 부활과 관련한 출생의 의미에 균형을 제공한다. 이미 설명한 바와 같이 1장 14절에서 사용된 γίνομαι는 γεννάω의 이미지 속에서 "태어 났다"는 의미를 가지며,[22] 그래서 γίνομαι는 γεννάω의 의미를 강화시키고 동시에 γεννάω 역시 γίνομαι의 의미를 강화시킨다. 이와 같이 γεννάω와 γίνομαι는 "출생"과 "물로 된 포도주"의 상황에서 상호 작용을 한다. 따라서 3장 3-8절에서 사용된 γεννάω는 "아이를 출생하는 모성 혹은 부성의 역할을 언급할 수 있다: '출산' 혹은 [아버지가] '낳다'."[23]

γεννάω의 역할로 인해 'ἄνωθεν'(3:3)이 '물과 성령(τὸ πνεῦμα)'(3:5)

이름을 믿는 것은 그의 부활(거듭남)을 믿는 것임을 드러낸다. 즉 "하나님의 자녀가 되는" 것(1:12)은 부활(거듭남)을 겪은(예수에서 그리스도로, 인자에서 하나님의 아들로) "예수께서 하나님의 아들 그리스도" 이심을 믿는 것이다(20:31).

22) J. C. O'Neill, "The Word did not 'Become' Flesh," *ZNW* 82 (1991), pp. 125-7.

23) Dorothy A. Lee, *The Symbolic Narratives of the Fourth Gospel*, JSNTS 95 (Sheffield: Sheffield Academic Press, 1994), p. 43.

이라는 형식 속으로 주입되었다고 할 수 있다. 'ἄνωθεν' 및 '물과 성령'은 하나님 나라를 보거나 혹은 들어가기 위한 선행 조건으로 제시된다. 그래서 요한복음 3장에서 3절은 5절의 문자적인 대응 구절이며 5절은 3절의 비유적인 대응 구절이 된다. 비록 물과 성령(τὸ πνεῦμα)이 3장에서 밀접한 관련을 가진다고 해도 물은 "영으로부터 혹은 영적인 출생에 대한 언급과 짝을 이루지 않으며,"[24] '물과 성령'은 3절의 'ἄνωθεν'을 지지하는 기능을 하는 것으로 드러난다. 이미 설명한 바와 같이 ἄνωθεν은 '위로부터'와 '다시/새롭게'의 의미를 동시에 내포하며, '물과 성령'도 '다시/새롭게' 그리고 '위로부터'의 출생의 의미를 가질 수 있다. '다시/새롭게'는 문자적인 거듭남을 반영하는 포도주 및 빈 무덤과 연결되는 것으로 간주되며, '위로부터'는 영적인 거듭남을 반영하는 성령과 관련되는 것으로 여겨진다. 그렇기 때문에 두 가지 다른 출생, 즉 육적이며 영적인 출생을 주장하기 위해 '물'과 '성령'을 분리하는 것은 ἄνωθεν의 포괄적인 성격을 무시하는 것이며 3장 3절과 5절을 동의어 중복으로 만드는 것이다. 실제로, "하나님 나라를 보는 것과 들어가는 것 사이에는 차이가 존재하지 않으며 이 두 가지 동사의 이미지들은 요한복음의 전반에 걸쳐 동의어로 기능한다(3:36; 6:40; 14:7)."[25] 물과 성령은 상호 분리할 수 없으며 동시에 ἄνωθεν의 출생에 기여한다. 그래서 "3장 3절과 3장 5절에 나타나는 예수님의 말씀의 평행 구조는" 독자들이 단지 새롭게 태어

---

24) Ben Witherington III, *John's Wisdom* (Cambridge: Lutterworth, 1995), p. 97. 그는 물의 비유가 "다양한 양상"을 가지고 있다는 것을 받아들이지만, 그럼에도 불구하고 6절을 5절에 대한 해석으로 간주하면서 두 가지 다른 출생을 주장한다.

25) Jones, *The Symbol of Water in the Gospel of John*, p. 70.

나는 부분에만 관심을 갖는 것을 경계하고 대신에 태어난다는 의미에 "물과 성령"을 포함시켜 이해하도록 만들어 출생에 새로운 창조의 이미지를 결합시킨다.[26]

새 창조로서 거듭남(부활)

요한복음의 시작부터 요한은 어떻게 예수님이 로고스로서 하나님과 함께 계셨으며(1:1-2) 태초부터 창조를 위해 어떻게 하나님과 함께 일하셨는지를 소개한다(1:3). 표적들의 전개를 통해 창조의 이미지가 생생하게 드러나면서 날 때부터 맹인 된 자를 치료하는 사건은 이전의 표적들보다도 더욱 구체적인 창조의 이미지를 수반한다(예컨대, 진흙: 9:6, 11, 14, 15. 참조, 창 2:7). 이러한 치료 행위가 인간들에게는 불가능하며 오직 하나님에게서만 가능하다는 선언으로 이해되면서 이 사건은 창조의 문자적인 계시가 된다. 예수님은 이 치료가 하나님의 행위의 표현이라고 확언하신다(9:3, "예수께서 대답하시되 이 사람이나 그 부모의 죄로 인한 것이 아니라 그에게서 하나님이 하시는 일을 나타내고자 하심이라"). 사람들의 반응도 맹인의 눈이 치유된 것을 부지중에 창조의 행위로 간주하게 만든다(9:32, "창세 이후로 맹인으로 난 자의 눈을 뜨게 하였다 함을 듣지 못하였으니").

창조의 이미지는 나사로의 부활까지 확대된다. 요한은 (예수님의 부활에 대한 전주곡 가운데 하나인) 나사로의 죽음을 날 때부터 맹인 된 자의 치료와 관련시키는 유대인들 사이의 진술을 소개한다

---

26) Ibid.

(11:37, "그 중 어떤 이는 말하되 맹인의 눈을 뜨게 한 이 사람이 그 사람은 죽지 않게 할 수 없었더냐 하더라"). 유대인들의 논쟁을 통해서 요한은 예수님께서 창조의 행위와 동등한 일을 하시도록 길을 준비한다. 이것은 맹인의 눈이 열리는 것이 나사로의 부활까지 발전할 것임을 내포한다. 나사로의 부활은, 비록 요한복음에서 이 나사로의 부활을 예수님의 부활로부터 구분되게 만드는 불일치가 있음에도 불구하고 표적의 구조 속에서 예수님의 부활과 밀접한 관련을 갖는다. 나사로와 예수님의 부활 이야기는 서로 공통점이 있는데 이 두 사건은 돌이 놓여있는 무덤가에서 발생하며(11:39, 41; 20:1) 또한 동시에 울고 있는 여자들이 등장한다(11:33; 20:13, 15).

그러나 이 두 사건 사이의 뚜렷한 차이도 있다. 나사로의 무덤의 돌은 예수님의 명령에 의해 옮겨져야 했지만 예수님의 무덤의 입구 돌은 막달라 마리아가 무덤에 왔을 때 이미 옮겨져 있었다(20:1). 나사로가 무덤에서 나왔을 때 그의 손과 발은 베로 동였으며 얼굴은 수건에 싸였다(11:44). 그러나 예수님의 경우는 이와 다르다: "둘이 같이 달음질하더니 그 다른 제자가 베드로보다 더 빨리 달려가서 먼저 무덤에 이르러 구부려 세마포 놓인 것을 보았으나 들어가지는 아니하였더니 시몬 베드로는 따라와서 무덤에 들어가 보니 세마포가 놓였고 또 머리를 쌌던 수건은 세마포와 함께 놓이지 않고 딴 곳에 쌌던 대로 놓여 있더라"(20:4-7). 요한은 두 증인을 통하여 세마포와 수건이 예수님의 부활의 증거임을 확인시킨다. 바꾸어 말하면 "적절하게 정돈된 무덤의 천들은 예수님의 부활에 대한 특별한 표적이다: 그것들은 예수님의 몸이 치워지지 않았다는 것을 보여준다."[27] 예수님의 얼굴과 몸을 쌌던 세마포와 수건의 상태는 독자들에게 나사로의 부활을 상기시키는 요소이다(나사로의 얼굴은 수건으로 싸여있었다: 11:44. 비교, 20:7).[28] 그러나 다른 한편으로 예수님의 부활은 나사로의 부활과 다른 특징이 있다. 나사로의 무덤에서 제거되어야 하는 돌과 천과 수건은 예수님의 부활에 대한 장벽이 될 수 없다. 나사로의 부활은 예수님의 부활을 초월할 수 없으며 마지막 표적을 예고하는 나사로의 부활은 예수님의 부활에서 절정을 맞게 된다.

빛과 생명의 상호관계는 요한복음의 서언부터 명백하게 드러난다. 생명과 빛은 육이 된 로고스와 연관되며 "이 생명은 사람들의 빛"이었다(1:4). 마지막 표적인 부활 전에 발생한 두 가지 표적들(날 때부터 맹인 된 자의 치유와 나사로의 부활)은 빛과 생명이신 예수님의 정체를 밝히는 도구로서 이미 서언에서 제시된 예수님이 "빛과 생명"이라는 주제를 입증시킨다. 예수님은 9장에서 "날 때부터 맹인 된 자"에게 시력을 주시면서 자신이 세상의 빛이 되심을 보여주시고(8:12; 9:5), 11장에서는 나사로에게 생명을 주시며 자신이 부활이고 생명임을 보여주신다(11:25).[29] 빛과 생명의 관련성 속에서 예수님은 이 두 가지 표적을 통해서 자신이 빛과 생명임을 밝힌다.

요한복음에서 창조의 이미지를 불러일으키는 요소인 '빛'의 빈번한 등장은 창세기의 창조의 사건을 상기시키면서 이 창조의 이미지를 요한복음에서 더욱 친근하게 만든다. 창세 이전의 영원전부터 존

---

27) Raimo Hakola, "A Character Resurrected: Lazarus in the Fourth Gospel and Afterwards," in *Characterization in the Gospel of John*, ed. David Rhodas and Kari Syreeni, JSNTS 184 (Sheffield: Sheffield Academic Press, 1999), p. 233.

28) Ibid., p. 233.

29) Ibid., p. 231.

재하시던 로고스의 소개와 더불어 복음서를 시작하는 요한복음의 "빛"은 창세기의 "빛"과 비교될 수 있다. 두 빛은 유사성을 가지고 있다: "빛이 어둠에 비치되 어둠이 깨닫지 못하더라"(요 1:5. 비교, 창 1:4-5). 세상의 창조 시에 등장했던 빛을 연상시키면서 요한복음은 이 빛에 대한 이미지를 예수님과 결합시켜 드러낸다. 요한은 예수님께서 빛이심을 밝히며(1:4, 5, 8, 9), 예수님은 자신이 "세상의 빛"이심을 선포할 뿐만 아니라(8:12) "빛으로 세상에 왔다"고 확언하신다(12:46). 세상이 창조되었을 때 하나님께서는 처음에 빛을 만드셨으며(창 1:3) 다음에 빛과 어둠을 나누셨다(창 1:4). 즉 문자적인 '빛'의 출현은 창조 과정이 시작인 것이다.[30] 예수님의 출생과 유년이야기 대신에 요한복음은 예수님의 출현을 처음부터 창조의 이야기와 더불어 소개한다. 비록 예수님의 기원이 요한복음의 서언에서 설명된다고 해도 요한은 그 기원을 그의 창조 시의 역할에 집중시킨다. 그렇기 때문에 창세기의 문자적인 빛과 비교되는 상징적인 빛인 예수님은 그 빛의 이미지와 관련하여 새로운 창조의 이미지를 촉진시키는 역할을 하신다. 이 빛의 이미지와 관련한 상징성이 맹인 된 자의 치유사건에서 두드러진다. 요한복음에서 맹인은 상징적으로 "어둠 속에 있는 것과 같은 동의어"가 될 수 있다.[31] 그래서 날 때부터 맹

30) 창세기 1-2장과 요한복음의 서언 사이의 창조에 대한 개념적 병행에 대해서는 다음을 보라: Craig A. Evans, *Word and Glory: On the Exegetical and Theological Background of John's Prologue*, JSNTS 89 (Sheffield: Sheffield Academic Press, 1993), pp. 77-9.

31) Rudolf Bultmann, *The Gospel of John: A Commentary*, trans. George R. Beasley-Murray (Oxford: Blackwell, 1971), p. 341.

인 된 자의 보게 됨은(어둠에서 빛으로 치료) "빛이 어둠에 비치되 어둠이 깨닫지[이기지] 못하더라"는 말씀을 반영하며 하나님 나라를 보게 되는 기회가 된다(1:5).

처음부터 요한복음의 빛은 생명과 밀접한 관련을 가지며 이 상징성은 부활 이후까지 진행된다. 요한복음의 서언(참조, 1:4)은 "로고스[말씀], 생명, 그리고 빛을 매우 견고하게 연결시키기 때문에 이 덩어리는 [요한복음] 이야기 전체의 상징 구조를 지배한다."[32] 빛과 생명을 연결시키는 구조 속에서 빛과 생명은 예수님의 자기 칭호와 관련된다(8:12, "나는 세상의 빛이니 나를 따르는 자는 어둠에 다니지 아니하고 생명의 빛을 얻으리라").[33] 성육신한 로고스인 예수님의 정체는 자기 칭호를 통해서도 생명의 빛으로 선포된다. "빛과 생명의 이미지들은 출생의 이미지와 조화된다: 생리학적인 표현으로 생명에 들어가는 것은 모태의 어둠에서 나와 세상의 보이는 빛으로 들어가는 것이다."[34] 창조의 이미지를 가지고 있는 빛의 개념을 생명과 연관시키며 요한은 예수님을 새로운 창조와 출생의 근원으로 제시한다.

한편 맹인의 보는 사건은 유대인들의 수군거림에서 반영되듯이 나사로가 생명을 다시 얻는 것과 관련된다(11:37, "그 중 어떤 이는 말하되 맹인의 눈을 뜨게 한 이 사람이 그 사람은 죽지 않게 할 수 없었더냐 하더라"). 나사로의 부활은 "어둠에서 빛으로" 나아오는 것을 내포한다고 할 수 있다. 왜냐하면 그의 얼굴은 수건으로 싸였으며(보기 위해서는 제거되어야 한다)[35]

32) Culpepper, *Anatomy of the Fourth Gospel*, p. 190.

33) Lee, *The Symbolic Narratives of the Fourth Gospel*, p. 47.

34) Ibid., p. 47.

예수님께서 "나사로야 나오라"(11:43)고 명령하실 때 나사로가 무덤에서 나왔기 때문이다(어둠에서 빛으로). 독자들에게 창조의 빛을 연상시키듯이 어둠에서 빛으로 나오게 하는 상징적인 예수님의 말씀이 나사로의 경우에 적용된다고 할 수 있다. 나사로의 부활 사건은 예수님의 부활 사건 전에 발생하는 표적으로써 마지막 표적인 예수님의 부활 사건을 준비한다. 무덤 속(어둠 속)에 있던 나사로에게 생명을 불어 넣으시는 명령, 즉 빛으로 나오라는 명령을 하신 예수님은 부활하신 후에 제자들을 처음 만나자 "아버지께서 나를 보내신 것 같이 나도 너희를 보내노라"는 말씀과 더불어 숨을 내쉬면서 "성령을 받으라"고 명령하신다(20:21-22).[36] 상징적으로 어둠에서 빛으로 나오는 것은 성령을 받는 것이다. 나사로의 부활이 예수님의 거듭남을 상징하는 부활을 미리 준비하면서 예고하는 표적으로서의 빛과 생명의 이미지를 통해 창조의 이미지를 반영하듯이 "성령을 받으라"는 명령은 그 부활(거듭남)을 반영하는 새로운 창조를 선포하는 것이다.

4. 두 파라클레토스(παράκλητος, 보혜사)와 거듭남(부활)

요한복음에서 특징적으로 등장하는 보혜사 즉 파라클레토스는

35) 특히 나사로의 얼굴을 둘러싼 천은 몇 가지 유사한 점에도 불구하고 예수님의 부활과 구별되는 장면을 보여준다. Hakola, "A Character Resurrected: Lazarus in the Fourth Gospel and Afterwards," pp. 222-33.

36) 두 가지 사건은 공통 주제로 연결되어 있다. 예수님은 "보냄"에 대한 이 두 가지 경우를 말씀하신다. 하나님께서 예수님을 보낸 것 같이 하나님으로부터 보냄을 받은 예수님이 제자들을 보내신다.

예수님의 지상적인 존재를 지속시키는 것으로 그의 부재를 대비해서 선언하는 보증이다. 파라클레토스는 무엇이며/누구이며 그 파라클레토스는 어떻게 예수님의 부활과 관련되는가?[37] 요한은 이 파라클레토스 칭호를 예수님과 성령께 적용시키면서 두 번째 파라클레토스인 성령이 예수님을 대신한다고 설명한다. 예수님은 자신이 아버지에게 돌아가면서 자신의 떠남에 대비하여 하나님께 또 다른 파라클레토스를 보내주도록 기도한다(14:16). "또 다른"이란 수식어는 예수님께서도 파라클레토스라는 것을 반영하기 때문에(비교, 요한 1서 2:1) 파라클레토스와 성령은 14장 26절에서 동격으로 소개된다("보혜사 곧 아버지께서 내 이름으로 보내실 성령 그가 너희에게 모든 것을 가르치고 내가 너희에게 말한 모든 것을 생각나게 하리라"). 보혜사가 곧 성령인 것이다. 더욱이 부활하신 예수님께서는 아버지에게 부탁하여 보내주신다고 약속한 성령을 받으라고 선포하시며 상징적으로 하나님의 창조 행위를 연상시키는 "숨

37) 이 책에서는 신약성경 한글개역개정판에서 사용하는 "보혜사" 명칭 대신에 그리스어 원어 표기를 그대로 사용했다. "보혜사"가 정확한 παράκλητος의 의미를 제공하는 데는 한계가 있기 때문에 중립적으로 그리스어 원어를 사용한 것이다. 이 용어는 신학화되어 요한복음 안에서 새로운 의미를 담고 있다. 파라클레토스의 배경과 의미를 찾으려는 많은 시도가 있다. 특별히 이 용어가 법정에서 사용되는지 아니면 일상생활에서 사용되는 지에 대한 격렬한 논의가 있다. 일반적으로 이 용어의 기능에 기초한 다양한 의미가 소개된다: Beasley-Murray, *John: Word Biblical Commentary*, p. 256; K. Grayston, "The Meaning of Paraclete," JSNT 13 (1981), p. 75; Brown, *The Gospel According to John XIII-XXI: The Anchor Bible*, pp. 1136-7; idem, "The Paraclete in the Fourth Gospel," *NTS* 13 (1967), 115-32; George Johnston, *The Spirit-Paraclete in the Gospel of John* (Cambridge: University Press, 1970), pp. 80-118. G. M. Burge, *The Anointed Community: The Holy Spirit in the Johannine Tradition* (Grand Rapids: Eerdmans, 1987), p. 9; Hermann Ridderbos, *The Gospel of John* (Grand Rapids: Eerdmans, 1991), pp. 499-504; J. Ashton, "Paraclete," *ABD*, 1992ed.

을 내쉬며"라는 행동을 하신다. 예수님은 파라클레토스로서 기능하시며 또 다른 파라클레토스가 그의 기능을 대신할 것이라고 이해할 수 있다. 예수님은 파라클레토스를 성령과 진리의 영으로 칭하신다(14:26, 17; 15:26; 16:13). 이러한 칭호는 파라클레토스가 성령에 대한 칭호이며 "진리의 영"은 파라클레토스의 기능에 대한 설명이라는 것을 보여준다. 예수님은 이미 자신을 아버지께 인도하는 "진리"라고 칭하셨다(14:6).[38] 그래서 파라클레토스는 예수님과 성령의 관계를 조화시키는 존재론적 및 기능적인 용어라고 할 수 있다.[39]

이제는 파라클레토스의 기능과 정체에 비추어 그 영(τὸ πνεῦμα)과 성령(τὸ πνεῦμα τὸ ἅγιον)의 관계를 살펴볼 것이다. 파라클레토스는 "예수님의 인격적(personal)인 현존"을 상징하며,[40] 파라클레토스로서 성령은 이 예수님의 역할을 지속시킨다고 할 수 있다. 그렇지만 비록 성령이 파라클레토스와 일치한다고 해도(14:26) 파라클레토스로서 성령은 그 영(τὸ πνεῦμα)과 구분된다.[41] 성령만이 파라클레

---

38) "영(τὸ πνεῦμα)과 진리"의 배경에 대해서는 다음을 보라: Beasley-Murray, *John: Word Biblical Commentary*, p. 257; Brown, *The Gospel According to John XIII-XXI: The Anchor Bible*, pp. 699, 1138; Schnackenburg, *The Gospel According to St John*, vol. 3, p. 146.

39) 파라클레토스의 기능은 예수님의 기능과 일치한다. 참조, Bruce Vawter, "Ezekiel and John," *CBQ* 26 (1964), p. 456; Brown, *The Gospel According to John XIII-XXI: The Anchor Bible*, p. 1135; Bultmann, *The Gospel of John: A Commentary*, p. 566.

40) Brown, *The Gospel According to John XIII-XXI: The Anchor Bible*, p. 1139.

41) Brown은 파라클레토스가 단순히 성령과 같지 않다고 말하는데, 그것은 "침례의 중생, 재창조, 죄사함(요 3:5; 20:22-23)은 결코 파라클레토스의 속성이 아니다"라는 이유 때문이다. 따라서 그는 파라클레토스와 성령과의 기능적인 차이를 지적한다. Ibid., p. 1140. 그러나 이러한 주장은 그 영과 성령 사이의 차이에 대한 무

토스가 아니라는 것은 성령과 그 영의 관계를 이해하는 중요한 단초가 된다.[42] 19장 30절의 그 영은 1장 32-33a절의 그 영을 독자들에게 상기시킨다.[43] 이미 예수님의 정체를 알리기 위해 등장한 그 영(1:32-33a)을 예수님은 십자가상에서 전달한다. 즉 나사렛 예수의 사명은 그가 인자로서 그 영을 전달한 후 끝나게 된다. 그렇기 때문에 제자들이 받게 될 영은 성령(τὸ πνεῦμα τὸ ἅγιον)이지 그 영(τὸ πνεῦμα)은 아니며 이로 인해 성령이 파라클레토스와 일치하게 된다.[44] 파라클레토스인 성령을 '주심'은 예수님의 거듭남을 상징하는

관심에 기초한다고 할 수 있다.

42) 요한복음 3장 8절에서 바람과 영에 대해 동시에 사용된 πνεῦμα의 이중의 의미에 대해서는 이 책 제 5장의 '3. ἄνωθεν과 πνεῦμα' 및 주 15를 보라. 요한복음에서 독립적이든지 혹은 다른 용어와 결합으로 25회 상용된 πνεῦμα의 실체와 정체는 통일되지 않으며 이야기 전개의 상황에 따라 다양하다. 이 책에서는 πνεῦμα의 실체와 정체에 대해 다음과 같이 분류한다: 자연적인 바람을 지칭하는 πνεῦμα(3:8), 하나님의 대리인(1:32, 33a; 3:34; 19:30), 하나님의 본질과 성질을 묘사(4:23, 24; 또는 3:5-Carson은 3장 5절의 물과 성령으로 태어남을 하나의 새로운 출생에 대한 언급으로 간주하면서 초점은 성령이 아니라 "영으로서 하나님의 본질에 대한 나누어 줌"에 맞추어져 있다고 주장한다: Carson, *The Gospel According to John*, p. 195), 예수님의 특성(11:33; 13:21), 거듭남과 믿음에 관련(3:5, 6, 8; 6:63; 7:38-39), 인격체인 성령(1:33b; 7:39b; 14:26; 20:22; 진리의 영-14:17; 15:26; 16:13).

43) 19장 30절에서는 πνεῦμα와 관련하여 소유 대명사인 "그의" 대신에 정관사가 사용된다. 소유격의 의미인 "그의" 의미가 그리스어 원문에서는 사용되지 않는다: Lindars, *The Gospel of John: The New Century Bible Commentary*, p. 582. 더욱이 19장 30절의 그 영(τὸ πνεῦμα)에 대한 또 다른 짝은 1장 33a절에서 찾을 수 있다. 그렇기 때문에 1장 33a절의 τὸ πνεῦμα가 그 영(the Spirit)으로 19장 30절의 to. πνεῦμα도 "그의 영" 대신에 "그 영"으로 번역되어야 한다.

44) 그러나 Culpepper는 이와 달리 그 영(τὸ πνεῦμα)을 파라클레토스로 간주한다: Culpepper, *Anatomy of the Fourth Gospel*, p. 189. 파라클레토스가 구원을 베푸는

부활을 나타내며 파라클레토스인 성령을 '받음'은 독자들의 거듭남을 나타낸다.

5. '내려옴-올라감' 상호 작용

인자의 들리움 및 하나님의 아들의 올라감과 관련하여 '내려옴과 올라감'의 상호 작용에 대해 살펴볼 것이다. 이미 검토한 바와 같이 요한은 요한복음을 '내려옴-올라감'의 구조 속에서 전개시킨다. 이 '내려옴-올라감'의 구조는 요한복음에서 첫 번째로 등장하는 한 쌍의 용어이다.[45] 요한복음을 읽는 독자들이 이러한 '내려옴-올라감'의 구조 속에서 "예수가 누구인지 아는 것은 그가 어디에서 왔고 그가 어디로 가는지를 아는 것이다."[46] 그렇기 때문에 요한복음에서 등장하는 상징적인 '내려옴-올라감'은 요한복음의 서언에서 로고스

독립적인 인물이었다가 후에 성령과 혼동되었는지 혹은 처음부터 성령과 동일시되었는지에 대한 논의에 대해서는 다음을 보라: Raymond E. Brown "The Paraclete in the Fourth Gospel," *NTS* 13 (1967), pp. 113, 114-32. 특별히 침례의 역할은 파라클레토스의 정체 및 성령과의 관계를 밝힌다. 침례 요한이 예수님에 대해 성령으로 침례를 베푸는 사람이라고 증언할 때(1:33), 요한은 비록 예수님이 그의 제자들 가운데 침례를 베풀었지만(3:22, "그 후에 예수께서 제자들과 유대 땅으로 가서 거기 함께 유하시며 침례를 베푸시더라") 예수님이 침례를 베풀지 않았다고 설명하면서(4:2) 물 침례와 성령 침례를 구분한다. 이러한 것은 성령 침례에 대한 오해를 피하기 위한 것으로 보인다. 결국, 성령 침례는 제자들의 침례와 관련되지 않고 독자들의 거듭남 및 파라클레토스의 오심과 관련된다.

45) Wayne A. Meeks, "The Man from Heaven in Johannine Sectarianism," *JBL* 91 (1972), p. 51.

46) Godfrey C. Nicholson, *Death as Departure: The Johannine Descent-Ascent Schema,* SBLDS 63 (Chico: Scholars Press, 1983), p. 22.

의 선재를 전제로 이야기를 시작하며(1:1), 이 로고스가 육신이 되는 급격한 내려옴부터(1:14) 부활하신 예수님의 올라감에 대한 선언까지(20:17) 진행되는 가운데 인자와 하나님의 아들의 정체와 역할을 드러낸다.

'내려옴-올라감'의 균형

예수님을 "하늘에서 내려와서 온 세상을 위한 선택(a krisis)을 만들어 내는 그의 사명의 마지막에 그 아버지에게 다시 돌아가는 분"으로 묘사하는 '내려옴-올라감'의 구조는 요한복음의 가장 "기본적인 형태"로 간주되기도 한다.[47] 그래서 내려오신 예수님의 정체를 확인시키는 예수님과 아버지의 관계가 요한복음의 전반부를 주도하며 그의 임박한 떠남과 아버지에게 돌아감이 13장부터 펼쳐진다.[48] 개별적인 혹은 특정한 내려옴을 묘사하는 장면이 없지만 인자는 이

---

47) Meeks, "The Man from Heaven in Johannine Sectarianism," p. 44. '내려옴-올라감'의 주제는 고대 문헌 속에서도 등장한다. '내려옴-올라감'과 관련된 '하늘 여행'(heavenly journey)의 주제에 관한 논의들에 대해서는 다음을 보라: Mary Dean-Otting, *Heavenly Journeys* (Frankfurt: Verlag Peter Lang, 1984), pp. 7-290; Charles H. Talbert, "The Myth of A Descending-Ascending Redeemer in Mediterranean Antiquity," *NTS* 22 (1976), pp. 418-40(특별히 pp. 438-9에서는 요한복음에서 사용된 자료가 이러한 '내려옴-올라감 형태'와 기독교 이전 시대의 구속자의 '구원론적 기능'에 대한 믿음으로부터 왔을 가능성이 제시된다). Grese는 '위로부터 출생'을 독자들의 하늘 여행을 위한 선행 조건으로 그리고 이 하늘 여행은 예수님의 계시에 대한 독자들의 체험으로 간주한다. 즉 그는 침례를 거듭남과 관련시키면서, 이는 침례 받은 자가 "육적인 존재에서 영적인 존재로 변화해서 하늘에 들어가는 것"이며 "예수님의 삶과 죽음 안에서 가능하게 된 하나님의 계시를 보는 것"이라고 설명한다: William C. Grese, "'Unless One is Born Again': The Use of a Heavenly Journey in John 3," *JBL* 107 (1988), pp. 678-84.

미 내려왔다는 것을, 즉 내려옴은 "어디에나 기정사실로 전제되어 있듯이"[49] '내려옴－올라감'의 구조는 인자의 내려옴을 전제로 한다(참조, 1:1, 14, 18; 3:13, 31－34; 5:19－23, 36－38; 6:46; 8:26, 28, 38, 42; 12:45－49; 14:7, 11; 15:15; 17:8, 25). 다른 한편, 요한복음에서 몇 단어들과 구절들은 아버지에게 가는 예수님의 올라감을 반영하거나 혹은 구체적으로 지시한다. 이들 대부분은 그의 원래 상태로의 돌아감을 의미하며 특별히 몇 구절들은 명확하게 그의 돌아감을 말한다(3:13; 6:62; 16:10).[50] 요한복음 16장 28절은 그의 돌아감의 과정에서 중요한 기능을 한다: "내가 아버지에게서 나와(ἐξῆλθον) 세상에 왔고(ἐλήλυθα) 다시 세상을 떠나(ἀφίημι) 아버지께로 가노라(πορεύομαι) 하시니."

내려옴과 올라감의 대조적인 관계는 요한복음 이야기가 펼쳐지는 동안에 균형을 갖추지 않은 것처럼 보일 수 있다. 올라감은 내려옴보다도 다소 복잡하게 보이는데 그것은 올라감이 단순한 주제로 이루어지지 않고 여러 가지 주제들로 서로 얽혀있기 때문이다.[51]

---

48) Nicholson, *Death as Departure: The Johannine Descent-Ascent Schema*, p. 22.

49) Meeks, "The Man from Heaven in Johannine Sectarianism," p. 50.

50) 승천과 관련하여(3:13) Burkett은 "반복되는 세상에 대한 방문을 내포하는" 9장 5절의 ὅταν을 고려한 후에, 인자는 세상에서 드러난 하나님으로 "성육신 전에 여러 번 하늘에서 내려오고 올라갔다"고 간주하면서 "최근에 성육신으로 내려왔다"고 설명한다: Delbert Burkett, *The Son of the Man in the Gospel of John*, JSNTS 56 (Sheffield: Sheffield Academic Press, 1991), pp. 86-7. 비록 이 논의가 그럴듯하다고 해도, 그럼에도 불구하고 3장 13절의 승천에 대한 언급은 그의 내려옴뿐만 아니라 그의 올라감의 종착지에 대한 강조를 위한 것이다. 더욱이 9장 5절의 상황은 성육신 하신 그리스도를 요한복음의 서언을 반영하듯이 세상의 빛과 일치시킨다(참조, 1:4-9).

51) Meeks, "The Man from Heaven in Johannine Sectarianism," p. 62.

그렇지만 이러한 인상은 서언에서 명확하게 제시된 선존재에 대한 전제에 기초한 측면이 있다. 요한은 선존재한 로고스가 세상이 창조되기 전부터 있었다고 그 존재의 시점 범위를 확장시킨다. 심지어 예수님은 유대인들이 그의 나이에 대한 문제를 제기했을 때 아브라함이 존재하기 전부터 자신이 존재했었다고 대답하신다(8:57-58, "유대인들이 이르되 네가 아직 오십 세도 못되었는데 아브라함을 보았느냐 예수께서 이르시되 진실로 진실로 너희에게 이르노니 아브라함이 나기 전부터 내가 있느니라 하시니").[52] 그렇기 때문에 예수님의 기원은 그의 출생의 한계(혹은 성육신)나 유년 이야기를 초월하며 그래서 그의 올라감은 그가 있었던 곳, 즉 로고스가 있었던 곳으로 돌아감을 말한다. 비록 요한복음에는 명확한 예수님의 출생이나 유년 이야기가 없다고 해도 그의 내려옴의 배경은 이어지는 그의 올라감과 조화될 수 있다. 요한복음의 이야기가 전개되는 동안에 상호의 균형을 위해 올라감은 내려옴보다 더욱 강조되며 단지 외면적으로 이 둘이 대칭되지 않는 것처럼 보일 뿐이다.[53]

인자의 돌아감: 그 영(τὸ πνεῦμα)의 건넴

예수님의 정체를 확증하는 그 영(τὸ πνεῦμα)의 내려옴(1:33-34)은 인자의 들리움 순간에 이루어지는 그 영(τὸ πνεῦμα)의 건넴(19:30)과

52) 요한복음 8장 58절은 그리스도의 선존재와 관련하여 "그러한 선존재를 지지하는 가장 중요한 구절중 하나이다": Edwin D. Freed, "Who or What was Before Abraham in John 8:58?," *JSNT* 17 (1983), p. 52.

53) Meeks, "The Man from Heaven in Johannine Sectarianism," p. 62. 그러나 Wayne A. Meeks는 요한복음에서 올라감은 많은 오해를 불러일으키고 있다고 주장하며, 들리움으로부터 올라감을 분리하고 있다: p. 64.

서로 연관된다. 이 영은 예수님의 공생에 시작 시부터 십자가의 죽음까지 그에게 머물다가 그의 죽음 시에 떠나는데 이는 예수님께서 그 영을 전달하시기(παρέδωκεν) 때문이다(19:30). 요한은 예수님으로부터 그 영이 떠나는 장면을 일반적으로 '건넴'의 의미를 가진 용어인 παρέδωκεν을 사용하여 묘사한다. 즉 여기에서 사용된 παρέδωκεν은 이 사람에게서 저 사람에게로 무엇인가를 건네주는 것을 의미한다.[54] 마태복음에서 ἀφῆκεν으로 사용된(마 27:50, "예수께서 다시 크게 소리 지르시고 영혼이 *떠나시니라*") 요한복음 19장 30절의 παρέδωκεν은 이와 관련한 문맥적인 상황을 고려할 때 마가복음과 누가복음의 ἐξέπνευσεν과도 비교될 수 있다(막 15:37; 눅 23:46).[55] 그러나 마태복음의 ἀφῆκεν이나, 마가복음과 누가복음의 ἐξέπνευσεν, 즉 "숨지시니라"는 그 의미에 있어서 요한복음의 παρέδωκεν과는 다르다. παρέδωκεν은 ἀφῆκεν이나 ἐξέπνευσεν보다 전달의 의미를 더욱 분명하게 표현한다. 그렇기 때문에 처음 세 복음서에서 사용된 용어들은 παρέδωκεν이 요한복음에서 특징적으로 사용된 것을 입증한다고 할 수 있다.[56]

---

54) 예수님의 생애는 결정적인 넘김의 순간이 지배하는 분위기에서 전개되는데, 이 παρέδωκεν의 용법은 다음과 같다: 가룟 유대에 의해 넘겨짐(6:64, 71; 12:4; 13:2, 11, 21; 18:2, 5; 21:20), 유대인들에 의해 넘겨짐(18:30, 35, 36; 19:11), 빌라도에 의해 넘겨짐(19:16).

55) Barrett, *The Gospel according to St. John*, p. 554. 요한복음에서 사용된 것은 공관복음에서 사용된 의미보다 더 강하며, 10장 18절("이를 내게서 빼앗는 자가 있는 것이 아니라 내가 스스로 버리노라 나는 버릴 권세도 있고 다시 얻을 권세도 있으니 이 계명은 내 아버지에게서 받았노라 하시니라")의 "스스로 버릴 수 있는" 권세가 있다는 사상을 반영한다. Beasley-Murray, *John: Word Biblical Commentary*, p. 353.

56) 예수님께서 성령을 받으라고 선언하실 때(20:22) 사용한 ἐνεφύσησεν은 마가복

한편 이 세상에서 예수님의 떠남을 묘사하기 위해 요한복음의 상황에서 완전한 분리를 의미하는(4:3, 52; 8:29; 10:12; 11:44, 48; 12:7; 14:18, 27; 16:32; 18:8; 20:23) ἀφίημι가 사용된다(16:28). 그렇기 때문에 십자가의 죽음은 하나님께 돌아가는 것을 반영하는 땅으로부터의 분리로 간주할 수 있다. 즉 그 영을 전달하는(παρέδωκεν) 순간은 예수님께서 이 세상을 떠나는(ἀφίημι) 순간이 된다. 물론 Schneiders가 적절하게 주장하듯이 "이 장면에서 예수님이 (존재론적으로, 공간적으로, 혹은 시간적으로) 그의 부활과 승천 사이의 어디엔가 있는 것으로 이해하는 것은 신학적으로 사실상 불가능하다."[57] 이미 언급한 바와 같이 중요한 본질은 '내려옴-올라감'의 구조 속에서 인자인 예수님이 그의 들리움 속에서 하나님께 돌아간 것이며, 들리움은 인자의 부활인 돌아감을 하나님의 아들의 올라감으로부터 구별하는 전환점이 된다.[58] 비록 말씀이 육신이 되셨지만 내려온 말씀의 실체

음 15장 37절 및 누가복음 23장 46절에서 사용한 ἐξέπνευσεν의 이미지를 불러일으킬 수 있다. 죽으시면서 마지막 숨을 내쉬는 장면은 그와 반대로 새로운 생명을 불어 넣기 위해 숨을 내쉬는 장면과 비교된다. 생명을 불어넣는 하나님의 행위처럼 예수님은 숨을 내쉬며 하나님으로서 이 세상에 성령을 주시는 것이다.

57) Schneiders, "The Encounter of the Easter Jesus with Mary Magdalene-A Transformative Feminist Reading," pp. 165-6. 그런데 Meeks는 "예수님은 더 이상 이 세상에 있지 않으며 아직 올라가지 않았다. 그는 이 범주들을 돌파하며 그를 만질 수 없는 중간 지대에 속해있다"고 주장한다: Meeks, "The Man from Heaven in Johannine Sectarianism," 66.

58) 요한복음 전체를 통해서 '내려옴-올라감'의 구조는 인자와 밀접하게 관련된다. 그래서 Meeks는 내려옴과 올라감이 같이 나오는 상황에서 인자 칭호가 등장하는 것은 우연이 아니라고 주장한다(3:13, "하늘에서 내려온 자 곧 인자 외에는 하늘에 올라간 자가 없느니라"): Meeks, "The Man from Heaven in Johannine Sectarianism," pp. 51-2.

는 그 영의 내려옴과 (그의 위에) 머무는 데서 드러나며 내려옴과 대칭되는 올라감은 그 영의 전달에서 본격적으로 시작된다. 성육신하신 말씀인 예수님으로부터 그 영의 건넴은 '내려옴–올라감'의 과정에 대한 균형을 제공하면서 이 세상으로부터 예수님의 떠남을 반영하는 것이다.

인자의 돌아감: 성령을 보내심

성령의 오심은 들리움에서 이 세상을 떠난 인자의 부활을 반영한다. 만일 그 영이 첫 번째 여자 칭호로 불리는 그의 어머니에게서 태어난 예수님의 정체를 밝혀준다면, 성령은 마지막 여자의 등장과 빈 무덤으로 상징되는 하나님의 아들의 정체를 밝혀준다. 결국 그 영과 성령은 ἄνωθεν의 이중의 의미를 반영하는데, 그 영이 '위로부터'의 출생을 의미한다면 성령은 '새로/다시'의 출생을 반영한다고 할 수 있다. 이야기가 전개되는 동안에 모호한 역할에 의해 상호 뒤섞여있는 것처럼 보이는 그 영과 성령은 (첫 번째) 출생과 (두 번째 출생을 상징하는) 거듭남을 지지하면서 독특한 각자의 역할을 수행한다. Brown은 들리움은 성령의 오심과 관련된다고 주장하면서 7장 39절을 성령의 오심(20:22)에 대한 예변적인 상징(proleptic symbolism)이라고 간주한다.[59]

그렇지만 성령의 오심이 그 영의 떠남이라는 사실에도 불구하고 Brown은 예수님이 하나님에게 돌아가는 것과 성령의 보내심 사이

---

59) Brown, *The Gospel According to John XIII-XXI: The Anchor Bible*, p. 913.

의 관계를 간과하고 있다. 성령의 보내심을 명확하게 지시하는 16장 7절을 간과하는 것은 바람직하지 않다("그러나 내가 너희에게 실상을 말하노니 내가 떠나가는 것이 너희에게 유익이라 내가 떠나가지 아니하면 보혜사[ὁ παράκλητος]가 너희에게로 오시지 아니할 것이요 가면 내가 그를 너희에게로 보내리니"). 성령의 보내심은 예수님이 이 세상을 떠나 하나님께 돌아가는 것을 입증하는 것이라고 할 수 있다. 이 사실은 성령에 대한 예수님의 약속과 선언에서 드러난다. 위로부터 내려와서 예수님에게 머물렀던(1:32, 33) 그 영의 전달 후에 성령(7:39b)은 제자들에게 전달된다(20:22). 그래서 하나님께 돌아갈 때 성령을 보내주겠다고 약속하신 예수님은 그의 부활 뒤에 성령을 받으라고 선언하신다(20:22). 따라서 이 구절은 예수님께서 이미 하나님에게 돌아가셨음을 반영하는 것이다.[60]

요한은 서언에서 "말씀이 육신이 되었다"고 증언한다(1:14). 비록 말씀이 육신이 되었지만 그 육(σάρξ)은 그 영(τὸ πνεῦμα)이 하늘에서 내려와 그에게 머물 때 비로소 이 세상에서 그 역할을 맡아 수행하기 시작한다. 이 사건은 예수님의 정체를 확인시켜주는 중요한 요소이다.[61] 요한복음에서 예수님의 출현은 마가복음의 갑작스러운 예수님의 출현보다 더 충격적이다. 마가복음에서 예수님에 대한 소개는 복음의 시작이라는 선언(막 1:1)과 함께 예수님의 활동을 소개한다. 마가복음은 복음이 출현했다는 선언 이후 예수님의 출현에 대한 침례 요한의 예고, 침례, 그리고 시험 사건을 소개한 후 바로 예수님

---

60) Barrett는 올라감 혹은 영광의 완성이 20장 17절과 22절 사이에서 발생한다고 주장한다. 그러나 그의 주장은 들리움이 십자가의 죽음, 부활, 그리고 승천을 포함한다는 전제에 기인한 것이다. Barrett, *The Gospel According to St John*, p. 565

61) Ibid., p. 178.

의 활동을 전개시킨다. 그런데 요한복음은 마가복음의 이러한 예수님의 소개나 출현보다도 더욱 더 신비스럽고 극적이다. 요한복음에서는 예수님의 기원을 알려주는 구약의 진술이나 혹은 유년 이야기 소개 등이 없기 때문에 그 영은 예수님의 정체 확인을 입증하는 유일한 증거가 된다.62)

그 영의 오심과 떠남은 예수님의 정체와 관련되었을 뿐만 아니라 그 영은 그의 돌아가심을 이해할 수 있는 본질적인 요소가 된다. 예수님께서 하나님께 돌아가신 후에 보혜사의 오심을 선언하는 요한복음 16장 7절은 이 문제에 대해 비중 있는 답을 준다("그러나 내가 너희에게 실상을 말하노니 내가 떠나가는 것이 너희에게 유익이라 내가 떠나가지 아니하면 보혜사가 너희에게로 오시지 아니할 것이요 가면 내가 그를 너희에게로 보내리니"). 요한은 예수님의 떠남은 보혜사의 오심에 대한 전제라고 확언한다. 그래서 침례 요한은 예수님이 성령으로 침례를 주는 하나님의 아들이라고 증언하면서 그 영을 성령과 구별한다(1:33-34, "나도 그를 알지 못하였으나 나를 보내어 물로 침례를 베풀라 하신 그이가 나에게 말씀하시되 성령이 내려서 누구 위에든지 머무는 것을 보거든 그가 곧 성령으로 침례를 베푸는 이인 줄 알라 하셨기에 내가 보고 그가 하나님의 아들이심을 증언하였노라 하니라"). 보혜사는 성령으로 일

---

62) 요한복음의 서언에서 예수님의 기원은 초역사적(meta-historical)인 사건으로 소개되며 이 점은 공관복음서의 소개와 다른 특징 중에 하나이다. 침례와 관련된 성령의 내려오시는 장면을 공관복음서와 비교할 때 그 뚜렷한 차이를 볼 수 있다. 오직 요한복음만이 그 영의 내려오심과 그 영이 예수님에게 머무는 장면을 예수님의 정체와 일치시키며 이 장면을 세밀하게 묘사한다(비교, 마 3:13-17; 막 1:9-11; 눅 3:21-22; 요 1:29-34). 공관복음서는 그 영의 내려옴과 더불어 하늘로부터 소리가 나서 이는 "내 사랑하는 아들"이라는 증언을 소개하지만 요한복음은 이와 달리 예수님이 "하나님의 아들"이라고 분명하게 증언하며 동시에 그가 "성령"으로 침례를 베푸는 자라고 선포한다(요 1:33).

치되며 그 성령의 오심은 예수님께서 하나님께 돌아가심의 성취를 드러내는 것이다.

하나님의 아들의 돌아감: 예수님과 하나님의 일치

이제 하나님의 아들의 돌아감이 어떤 의미를 주는지 찾아볼 것이다. 예수님은 자신이 아브라함이 나기 전부터 있었다고 그의 기원을 주장함으로 유대인들의 분노를 불러일으키며(8:58), 또한 안식일에 "베데스다"로 불리는 못에서 38년 된 병자를 고칠 때(5:1-18) 안식일을 어겼을 뿐만 아니라 그가 하나님과 동등으로 삼는다는 이유로(5:18. 참조, 10:30, 33) 유대인들이 그를 죽이고자 결심하는데 이르도록 했다. 요한이 유대인들의 반응을 통하여 '하나님의 아들'이라는 칭호와 '하나님'을 동등하게 간주하는 점을 주목할 필요가 있다(10:36; 19:7). 비록 지혜의 의인화와 같은 종류의 하늘의 일과 하나님의 비유적인 일치를 유대인들이 받아들였다고 해도 누군가가 문자적으로 하나님과 일치한다는 것은 유대인들에게는 상상할 수 없는 일이었다(10:33, "유대인들이 대답하되 선한 일로 말미암아 우리가 너를 돌로 치려는 것이 아니라 신성모독으로 인함이니 네가 사람이 되어 자칭 하나님이라 함이로라"). 더욱이 예수님을 하나님으로 소개하는 것은 신약성서에서조차도 낯선 일이다(히 1:8 ff.; 요 1:1, 18; 20:28).[63] 예수님이 죄가 없다고 생각하던 빌라도의 증언과 달리 예수님의 답변 속에 포함된 "하나님의 아들" 칭호가 그의 사형 언도에 대한 원인이 된다(참조, 19:7). 그러나 예수님께서 하나님

---

63) 이 책의 제11장 주 46을 참고할 것.

(10:30, 33)이며 하나님의 아들이라는 확언은, 그것이 비록 유대인들에 의해서 거부되고 그의 죽음을 재촉했다고 하더라도 역설적으로 그의 죽음에서 사실로 입증된다. 다시 말하면, 하나님과의 일치 및 확인과정을 통해서 인자인 예수님은 하나님께 돌아가는 것이다. 이 돌아감은 도마의 고백 속에 반영된다. 도마가 부활하신 예수님을 만났을 때 그는 "나의 주 나의 하나님"이라고 고백한다(20:28). 이 고백 바로 전에 도마는 그가 원했던 예수님의 부활의 흔적들을 보고 확인한다(20:25, "도마가 이르되 내가 그의 손의 못 자국을 보며 내 손가락을 그 못 자국에 넣으며 내 손을 그 옆구리에 넣어 보지 않고는 믿지 아니하겠노라 하니라"). 즉 도마가 예수님을 하나님이라고 부르는 것은(20:28) 예수님께서 빈 무덤의 부활 사건을 통해서 하나님과 하나가 되어 이미 하나님께 돌아간 것을 반영하는 것이며[64] 또한 이것은 부활 후에 예수님과 하나님이 일치되는 것을 가리킨다.

"중심 인물과 이어지는 행동의 과정에 대한 개관"인[65] 서언의 시작(1:1)과 마지막(1:18) 그리고 요한복음 전체의 마지막에서(요한은 독자들에게 20장 28절을 통해서 2장 22절을 상기시킨다)[66] 예수님의 정체와 직결

---

64) B. A. Mastin은 그리스도가 다른 관점에서 하나님으로 불리며 요한복음서의 본질적인 기독론은 많은 구절들 속에 내포되어 있고 또한 바로 위의 구절에서 명확하게 드러나듯이 그리스도를 하나님으로 제시하는 것이라고 주장한다: B. A. Mastin, "A Neglected Feature of the Christology of the Fourth Gospel," *NTS* 22 (1975), pp. 42-3. 예수님을 하나님으로 부르는 것에 대한 구약의 배경에 관한 설명에 대해서는 다음을 보라: Günter Reim, "Jesus as God in the Fourth Gospel: the Old Testament Background," *NTS* 30 (1984), pp. 158-60.

65) Culpepper, *Anatomy of the Fourth Gospel*, p. 19. 참조, Idem, "The Pivot of John's Prologue," *NTS* 27 (1981), pp. 1-31.

되는 '하나님' 칭호가 등장하는 것에 대한 관심이 요구된다. 하나님 칭호가 마지막으로 등장하는 도마의 언급은 서언의 요점을 절정에 이르게 하며 "말씀이 하나님이었고"(1:1), "말씀이 육신이 되었고"(1:14), 그 육신이 하나님이 되신다는 것을 드러낸다. 요한복음은 시작부터 하나님의 정체를 자기 계시 형식으로 밝히고(1:18) 하나님을 성육신 하신 말씀(로고스)인 예수님과 일치시킴으로 결론을 짓는다. 그래서 예수님의 정체는 "서언의 시작부터(1:1) 도마의 고백, '나의 주 나의 하나님'(20:28)에 이르기까지 분명하며" 여기에는 "비밀"이 없다.[67] 하나님께 돌아감을 통하여 예수님은 하나님의 대행자가 아님이 입증되며 자신이 직접 하나님으로서 영생을 주신다(참조, 5:18; 10:30, 33, 36; 19:7). 이런 면에서 볼 때 요한복음의 이야기 전개는 하나님과 일치되는 분에 대한 인식의 과정이라고도 제시할 수 있다. 그리스도의 정체는 다음과 같이 정의할 수 있다: 선존재이신 하나님, 성육신하신 하나님, 하나님께 돌아가신 인자, 하나님과 일치되는 하나님의 아들.[68]

---

66) 독자들은 요한의 설명을 통해 복음서의 처음부터 충분한 전제를 가지고 출발한다. 이미 서언에서 그러한 사실이 선포되었기 때문이다. 이야기가 전개되면서 여기저기에 분산된 설명들은 처음부터 소개된 전제를 강화시킨다: Culpepper, *Anatomy of the Fourth Gospel*, p. 19.

67) Richard A. Burridge, *Four Gospels, One Jesus?: A Symbolic Reading* (London: SPCK, 1994), p. 146.

68) Mastin은 "그리스도가 세 가지 다른 관점에서 '하나님'으로 불린다"고 제시한다." 창세기 1장 1절을 반영하는 선재적 로고스와 "로고스의 본질을 설명하는" 하나님; 예수님의 지상 사역을 반영하며 "아무도 볼 수 없는 아버지를 드러낸 자가 누구였는지"를 선언하는 1장 18절의 독생하신 하나님; 부활하신 주님에 대한 교회의 믿음을 반영하는 20장 28절의 하나님: Mastin, "A Neglected Feature of

인자의 돌아감을 반영하는 하나님의 아들의 올라감

이제 하나님의 아들의 올라감이 인자의 들리움인 돌아감과 어떻게 구별되는지를 검토하고자 한다. 침례 요한은 예수님의 존재론적인 정체를 증언하면서 예수님을 그리스도라는 칭호 대신에 하나님의 아들이라고 부른다(1:34).[69] 비록 요한복음이 예수님의 선존재를 전제하고 그의 내려옴을 내포하고 있지만 그 초점은 그의 올라감과 영화롭게 됨에 놓여 있다.[70] 모든 사람을 자신에게 이끌기 위해 들리우시는 예수님은(12:32) 그의 백성을 위한 거처를 예비하기 위해 올라가신다(14:3).[71] 그러나 그의 들리움은 누가의 증언과 같은 구체적인 가시적 사건이 아니라(눅 24:51; 행 1:9-11) 비유적인 표현으로 설명되어 요한복음서 전체에 내포되어 있는 개념이다(8:14, 21; 13:3, 33, 36; 14:4, 5, 28; 16:5, 10, 17, 28).[72]

요한복음 20장 17절은 생생하게 예수님의 올라감을 설명한다

---

the Christology of the Fourth Gospel," pp. 42-3.

69) 3장 28절은 침례 요한이 예수님을 그리스도로 부르는 것처럼 보이지만, 그의 말은 제자들에게 그리스도에 대해 증언하도록 사명을 주는 위임 명령이라고 할 수 있다("내가 말한 바 나는 그리스도가 아니요 그의 앞에 보내심을 받은 자라고 한 것을 증언할 자는 너희니라").

70) Talbert, "The Myth of A Descending-Ascending Redeemer in Mediterranean Antiquity," pp. 430-40.

71) C. H. Dodd, *The Interpretation of the Fourth Gospel* (Cambridge University Press, 1954), p. 244.

72) Schnackenburg는 저자가 "신화론적" 표현 방법을 사용했다고 가정한다. Schnackenburg, *The Gospel According to St John*, vol. 3, p. 319.

(20:17, "예수께서 이르시되 나를 붙들지 말라 내가 아직 아버지께로 올라가지 아니하였노라 너는 내 형제들에게 가서 이르되 내가 내 아버지 곧 너희 아버지, 내 하나님 곧 너희 하나님께로 올라간다 하라 하시니"). 이 구절은 요한복음의 이야기 전개 과정에서에서 지속적으로 진행 중에 있던 아버지에게 돌아감의 최종 단계를 보여준다. 비록 올라감의 과정에서 하나님의 아들이 부각된다고 해도 인자와 하나님의 아들은 십자가의 사건인 들리움에서 분리될 때가지 돌아감의 궤적 속에서 함께 나타난다. 이것은 돌아감과 올라감의 개념들이 요한복음의 이야기 발전 과정에서 서로 섞여있기 때문이다.[73] 인자가 들리움에서 하나님께로 돌아가자마자 하나님의 아들이 빈 무덤에서부터 올라감의 의무를 수행하기 시작한다.

하늘로 올라가는 여행의 과정을 아래와 같이 제시했다:

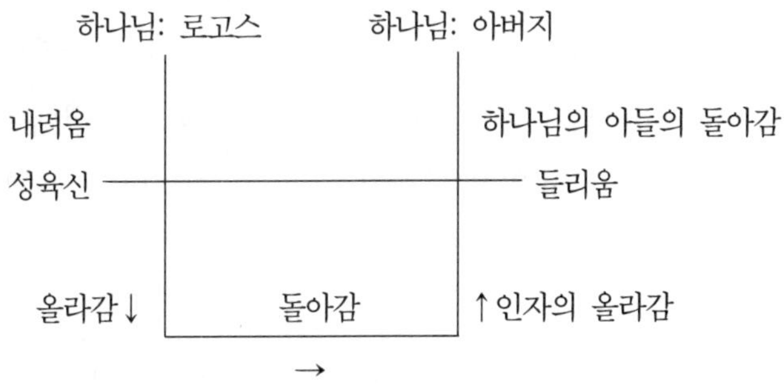

이미 제시한 바와 같이 인자에 의해 촉진된 돌아감은 하나님의 아들의 돌아감과 상호 관련성을 가지고 작용한다. 이 두 가지 돌아감은 각자 성취해야 할 특별한 목표가 있다. 따라서 인자의 돌아감

73) 예수님의 부활 후에는 들리움이 올라감과 분명하게 구별되기 때문에 예수님의 부활 사건 이후에는 인자 칭호가 더 이상 등장하지 않는다.

은 나사렛 예수님의 정체를 드러내며(5:27, "또 인자됨으로 말미암아 심판하는 권한을 주셨느니라"), 하나님 아들의 올라감은 그리스도의 사명을 성취시킨다(5:25, "진실로 진실로 너희에게 이르노니 죽은 자들이 하나님의 아들의 음성을 들을 때가 오나니 곧 이 때라 듣는 자는 살아나리라").[74] 즉 한편으로 인자에 의해 이끌리는 기독론의 완전한 계시는 하나님 아들의 올라감을 통하여 구원론으로 펼쳐지며,[75] 다른 한편으로 하나님 아들의 올라감은 인자가 하나님께 돌아간 것을 옹호하고 조명한다.[76]

6. '봄'과 '보지 못함'의 상호 작용

예수님의 부활 후에 두 명의 중요한 인물인 막달라 마리아와 도마가 그의 부활과 정체를 확인시키는 역할을 한다. 요한은 비록 막달라 마리아와 도마가 서로 다른 상황에 있다고 할지라도 예수님에 대한 이 둘의 공통된 반응을 소개한다. 예수님의 부활에 대한 이 두 인물의 공통된 반응은 '보다'이다(20:18, 25). '보다'라는 주제는 맹인이

74) 요한복음은 예수님의 정체와 관련된 표적들뿐만 아니라 구원과 관련된 생명에 대해 소개한다. 예수님이 누구인지 아는 것은 그를 믿어 생명에 이르는 것이며 (20:31), 그래서 요한복음에 대한 충분한 이해는 단지 기독론만으로 이루어지지 않으며 이에 더하여 구원론이 보충되어 균형을 갖출 때 가능하게 된다. Robert Tomson Fortna, "From Christology to Soteriology," *Interpretation* 27 (1973), p. 41.

75) 20장 30-31절에서 요한은 예수님께서 행하신 표적들의 선정과 사역 내용의 기록 목적이 "예수님께서 그리스도이시고 하나님의 아들임을 믿고 생명을 얻게 하는 것임을 분명하게 제시한다.

76) R. H. Lightfoot, *St. John's Gospel: A Commentary* (Oxford: Clarendon Press, 1956), p. 335.

눈을 뜨는 사건과 예수님과 니고데모와의 대화까지 거슬러 올라간다(3:3). '다시 보게 된' 맹인(9:7)은 그 맹인 되었던 자가 볼 수 없었던 새로운 세상에 '들어감'을 상징한다. 문자적인 '봄'은 새로운 세상에 상징적으로 '들어감'을 의미한다고 할 수 있는 것이다.[77]

게다가 창조의 이미지를 불러일으키는 '봄'의 비유적인 표현들(예를 들어 9장 32절의 "창세 이후로 맹인으로 난 자의 눈을 뜨게 하였다 함을 듣지 못하였으니"라는 말씀과 9장 6절 및 14절에서 치료를 위해 진흙을 사용하신 예수님의 행위)은 새로운 세상에 들어간다는 이미지를 강화시킨다. 20장에 나타나는 동사 '봄'은 독자들에게 3장의 '봄'을 상기시킬 수 있다. 3장 5절의 '들어감'은 3장 3절의 '봄'과 동등하다고 할 수 있다. 특별히 '봄'은 20장에서 사용된 주요 단어 중에 하나이며 '믿음의 근원'으로서 '보는 것'은 '믿는 것'과 중요하게 관련된다.[78]

'들어 감'은 '보는 것'이며 '보는 것' 역시 '들어 감'이다(3:3, 5). '보여 짐'이 '들어 간 것'이 듯이 부활하신 예수님의 출현(20:18, 25, 29)을

---

77) 문자적인 의미는 "상황(context)에 의해 결정된다." 즉 "문자적"인 것은 "상황(context)에 의존한다": David Seeley, *Deconstructing the New Testament* (Leiden: E. J. Brill, 1994), pp. 104, 105.

78) Peter J. Judge, "A Note on Jn 20, 29," *BETL: The Four Gospels* (1992), p. 2189. "보고 믿는" 주제가 20장의 주제라는 것은 일반적으로 받아들여진다. 이에 대해 Minear는 다음과 같이 설명한다: "20장의 중요한 기능은 부활의 실제 사실을 증명하기 위한 것이 아니라 제자들이 본 것에 대해 그들이 보여준 반응들의 범위를 설명하는 것이었으며, 따라서 후에 보지 못하고 믿어야 하는 사람들의 복을 강조하기 위한 것이다": Paul S. Minear, "The Original Functions of John 21," *JBL* 102 (1983), 89-90; Craig R. Koester, "Hearing, Seeing, and Believing in the Gospel of John," *Biblica* 70 (1989), pp. 343-7. 요한복음서에서 "본다"는 동사의 사용에 대한 기법에 대해서는 다음을 보라: J. Smit Sibinga, "Towards Understanding the Composition of John 20," *BETL: The Four Gospels* (1992), pp. 2139-52.

통하여 하나님 나라에 들어가는 것을 상징한다고 간주할 수 있다. 이중의 의미와 모호한 표현들의 사용이 요한복음의 특징이듯이[79] '다시/새롭게'와 '위로부터'라는 두 가지 의미를 동시에 내포하는 ἄνωθεν이 예수님의 생애를 둘러싸고 있다. 3장 3절의 ἄνωθεν은 '하늘로의 여행' 과정에서 독자들의 부활을 문자적이며 비유적으로 상징하기 위해 그 표적이 되는 예수님 자신에게 적용되는 것으로 드러난다.[80]

빛과 생명이신 예수님은 믿음의 대상이 되는데, 이 믿음과 관련하여 그 빛을 보는 것과 보지 못하는 것의 가치가 부활 이후에 주제가 된다. 도마의 고백과 관련하여 예수님께서 믿음과 연결시켜 주시는 말씀은 '봄'과 '보지 못함'에 관한 것이다(20:29, "예수께서 이르시되 너는 나를 본 고로 믿느냐 보지 못하고 믿는 자들은 복되도다 하시니라"). '봄'과 '보지 못함'의 개념들은 '빛'과 '어둠'의 개념들과 연결된다(1:5ff.; 3:19ff.).[81] 하나님의 아들을 문자적으로 '보지 못함'의 상황에 있는 독자들은 비유적인 '봄'을 통해서 문자적인 '봄'을 성취할 수 있다. 맹인이었던 자를 치유하신 예수님은 보는 자들과 보지 못하는 자들의 상황을 역전

---

79) E. Richard, "Expressions of Double Meaning and Their Function in the Gospel of John," *NTS* 31 (1985), pp. 96-112; Duke, *Irony in the Fourth Gospel*, pp. 144-5.

80) 요한복음에서 어떤 것은 상징적인 동시에 역사적이다. 비유성과 문자성의 동시적인 내포는 예수님의 십자가의 죽음과 부활을 역사적인 사건인 동시에 독자들을 위한 상징으로 만든다. 그래서 Koester는 예수님께서 십자가에서 죽으신 것은 역사적인 사건임에 틀림없으며, 동시에 이 십자가는 "그리스도인 신앙의 중요한 상징"이라고 설명한다: Craig R. Koester, *Symbolism in the Fourth Gospel: Meaning, Mystery, Community*. second ed. (Minneapolis: Fortress, 2003), pp. 7-8.

81) Bultmann, *The Gospel of John: A Commentary*, p. 340.

시킨다(9:39, "예수께서 이르시되 내가 심판하러 이 세상에 왔으니 보지 못하는 자들은 보게 하고 보는 자들은 맹인이 되게 하려 함이라 하시니"). 문자적인 '봄'이 비유적인 '보지 못함'이 되듯이 바리새인들은 보지 못한다(9:41, "예수께서 이르시되 너희가 맹인이 되었더라면 죄가 없으려니와 본다고 하니 너희 죄가 그대로 있느니라"). '봄'과 '보지 못함'의 상호 작용을 통해서 문자적인 '봄'과 비유적인 '보지 못함'의 반전이 도마의 고백과 이에 대한 예수님의 반응(20:29)에서 이루어진다. 하나님 나라에 들어가는 것은 새로운 창조로써 하나님을 보는 것이며, 인자의 돌아감과 파라클레토스의 오심으로 독자들은 새로운 '봄'을 통해서 문자적이며 비유적인 창조의 세계, 즉 하나님 나라에 들어가는 것이다.

제13장 균형을 갖춘 부활: 문자적/비유적 표현의 상호 의존성

1. 상호 작용과 역할 교환

요한복음에서 문자적인 표현들과 비유적인 표현들은 상하 계층 구조 없이 상호 작용과 교환을 통해 새로운 의미를 부여받으며 상호 보완 된다. 아래에서 제시한 도표에서 알 수 있듯이 요한복음에 등장하는 여러 비유적인 표현들은 문자적인 의미를 수반하고 문자적인 표현들 역시 비유적인 표현들을 수반한다. 이러한 문자성과 비유성의 균형은 예수님의 성육신으로부터 부활까지라는 구조 속에서 끊임없이 반복된다.

아래의 도표에서 A는 B에 대해, 그리고 A*는 B*에 대해 각기 비유적이며 문자적인 역할을 교환하는 동반자이며, 동시에 A는 A*와 B는 B*와 상호 상징적인 관계성을 가지고 있다:

비유적	문자적	비유적	문자적
문자적	비유적	문자적	비유적
A	B	A*	B*
바람 3:8	영 3:8(20:22)	보혜사 14:16	성령 14:26
성전 3:19	몸 3:21(22)	피와 물 19:35	육과 영 3:6
태어남 3:4	인자 3:14	다시 태어남 3:3, 4, 7	하나님의 아들 20:31
사흘되던 날에 2:1	결혼식(거듭남:부활) 2:1-11	사흘 동안에 2:19	장례식(죽음:부활) 20:1-15
가나에서 포도주 마시지 않음 2:1-11	내 때가 아직 이르지 못하였다 2:4	십자가 상에서 포도주 마심 19:29	다 이루었다 19:30
보다 3:3	들어가다 3:4	하나님 나라 3:3	영생 3:15

2. 표적의 문자적/비유적 균형

요한복음의 특징 중에 하나인 표적들은 교차대칭 구조로 구성되어 있는데 이러한 표적의 교차대칭 구조는 비유적이며 문자적인 반복과 상호 작용을 보여준다.

A. 거듭남에 대한 예고: 빈 돌항아리와 새포도주(2:1-12)

B. 왕의 신하의 아들을 치유: 거의 죽게 된 자(4:46-54)

C. 마비된 자 치유: 38년 된 환자(5:1-9)

D. 떡을 줌: 오천 명 먹임(6:1-14)

D*. 떡을 줌: 오천 명 먹임(6:1-14)

C*. 맹인을 치유: 날 때부터 맹인임(9:1-12)

B*. 나사로를 치유(살리 심): 죽었던 자(11:1-44)

A*. 거듭 남의 실현: 빈 무덤과 부활(20:1-18)

앞의 세 비유는 후반부의 세 비유와 대칭적인 관계를 이룬다. 빈 돌항아리(A)는 빈 무덤(A*)의 예표로 예수님의 부활을 예고한다고 할 수 있다. 거의 죽게 된 왕의 신하의 아들을 고치는 것(B)은 죽었던 나사로를 살리는(B*) 예표가 될 수 있다. 38년 동안 병자였던 마비된 자를 고치는 것(C)은 날 때부터 소경되었던 자를 고치는(C*) 예표가 될 수 있다. 표적들의 중심에 위치한 오천 명을 먹이는 사건(D와 D*)은 다른 표적들과 비교될 수 없는데 이는 그 자체로서 비유적인 의미를 전달하기 때문이다. 물론 각 표적들은 그 자체로서 비유적이며 문자적인 의미를 가지고 있다. 그러나 D-D*는 교차대칭 구조를 이루고 있는 표적의 축으로서 비유적으로는 예변법적인 1장 14절의 자신의 몸을 주는 사건을 반영한다고 할 수 있다. 이야기가 전개되는 동안 비유적인 성격은 문자적이 되며 문자적인 성격은 비유적이 되는 임무 교대의 현상을 띠게 된다. 그러므로 전반부의 세 비유는 후반부의 세 비유와 비유적으로/문자적으로 균형을 이루게 된다.

3. 문자적인 '봄'과 비유적인 '보지 못함'의 균형

날 때부터 맹인 되었던 자를 고치신 후 예수님께서는 "내가 심판하러 이 세상에 왔으니 보지 못하는 자들은 보게 하고 보는 자들은 소경되게 하려 함이니라"고 말씀하신다(9:39). 이 말씀 속에서 문자적이며 비유적인 요소들이 결합된 것을 볼 수 있다. 예수님께서는 보지 못하는 순결한 자들에게(맹인된 자) 진리(봄)를 주지만, 그러나 본다고 하는 자들은 이미 진리를 보지 못하는 죄인 된 자들이라고 말씀하신다.[1] 예수님께서는 맹인을 문자적으로 보게 만들었을 뿐만 아니라(9:7) 다른 한 편으로는 일부 바리새인들을 비유적인 맹인으로 만드셨다.[2] 이 점에서 연상할 수 있는 것은 나면서부터 맹인된 자의 문자적인 봄은 새로운 창조인 거듭남을 반영하는 것이며, 일부 바리새인들의 비유적인 맹인 됨은 거듭남의 실패라는 것이다. Brown은 이 이야기가 "어둠 속에 있던 사람이 육체적으로 그리고 영적으로 어떻게 빛을 보게 되었는지… 보고 있다고 생각하는 사람들(바리새인들)이 어떻게 빛에 대해 보지 못하고 어둠 속에 빠져있는지"를 드

1) 참조, Craig A. Evans, *To See and Not Perceive*, JSOTS 65 (Sheffield: Sheffield Academic Press, 1989), p. 132: Craig A. Evans는 요한복음에 나타난 이사야 6장 9-10절을 연구하면서 이 구절과 요한복음의 12장 40절과 9장 39절을 비교한다.

2) Duke는 맹인 된 자의 다시 보는 표적을 병행 구조 속에서 분석하였다. 예수님과 맹인의 만남에서 '보지 못함'은 '보게 됨'을 얻지만 예수님과 바리새인들과의 만남에서는 '보게 됨'이 '보지 못함'이 된다는 것이다. Paul D. Duke, *Irony in the Fourth Gospel* (Atlanta: John Knox, 1985), pp. 125-6.

러내 준다고 말한다.[3)]

이와 같이 보지 못함은 문자적인 보지 못함일 뿐만 아니라 비유적인 봄이 되며 그런 점에서 문자적인 봄은 비유적인 보지 못함이 된다.[4)] 문자적이며 비유적인 보지 못함과 보게 됨은 맹인 자신의 무지에 대한 세 번의 겸손한 고백(9:12, 25, 36)과 예수님에 대해 안다고 하는 바리새인들의 세 번의 자신 있는 진술(9:16, 24, 29)을 통해 더욱 분명해진다.[5)] 요한은 문자적인 '봄'과 비유적인 '보지 못함'의 균형을 통해서 자신의 기록 목적을 성취시키다.

4. 예수님의 문자적/비유적 부활

빈 무덤은 예수님의 죽음을 반영하면서 동시에 그의 부활을 보증한다. 예수님의 부활의 몸은 문자적이며 비유적인 부활로서 빈 무덤 사건과 제자들과의 만남을 통해서 영과 육의 균형을 갖춘 부활로 입증된다. 이 부활은 빈 무덤에서 공급되는 새로운 포도주로서 제자들과 독자들의 문자적이며 비유적인 갈증을 해소시킨다. 여기에서는 상징적인 표현들이 어떻게 비유적이며 문자적으로 균형을 갖추며 예수님의 부활의 성격을 드러내는 지를 살펴볼 것이다.

---

3) Raymond E. Brown, *The Gospel according to John I-XII: The Anchor Bible* (New York: Doubleday,1970), p. 377.

4) Richard A. Burridge, *Four Gospels, One Jesus?: A Symbolic Reading* (London: SPCK, 1994), p. 144; R. Alan Culpepper, *Anatomy of the Fourth Gospel* (Nashville: Abingdon Press, 1998), pp. 191-2.

5) Brown, *The Gospel according to John I-XII: The Anchor Bible*, p. 377.

문자적/비유적 균형을 갖춘 부활

막달라 마리아가 예수님의 무덤에 왔을 때 그녀는 무덤 문을 막은 돌이 옮겨져 있는 것을 발견한다(20:1). 왜 무덤 문을 막은 돌이 옮겨져야만 했을까? 나사로의 경우와 같이 예수님께서 나오시기 위해 무덤을 막은 돌이 옮겨져야만 했을까?[6] 이 장면에 대한 공관복음의 묘사는 요한복음과 다르다(참조, 막 16:4; 마 28:2; 눅 24:2). 공관복음에서 무덤 문을 막은 돌은 초자연적인 힘이나 하나님의 천사들에 의해 옮기어 진다. 그래서 Lindars는 요한복음에서 예수님은 "무덤 밖으로 나오시기 위해 돌을 옮겨야만 했다. 안에서 옮길 수 없을 것이라는 가능성은 고려되지 않는다"고 주장한다.[7] 그러나 예수님께서 단지 영적인 존재라면 문 입구의 돌이 옮겨질 필요에 대한 의문이 제기될 수 있다. 만일 무덤 입구의 돌이 옮겨지지 않았더라면 예수님의 출현은 더욱 신비롭게 취급될 수 있었을 것이다.

빈 무덤 사건은 11장의 나사로 사건을 연상시킨다. 나사로의 사건에서는 무덤 안의 장면보다 나사로의 몸이 자세하게 묘사되어 있다: "죽은 자가 수족을 베로 동인 채로 나오는데 그 얼굴은 수건에 싸였더라"(11:44). 문자적인 나사로의 부활은 이러한 그의 몸의 자세

6) 나사로의 손과 발은 베로 동인 채 있었지만(11:44), 예수님의 세마포는 그대로 놓여있었고 머리를 쌌던 수건은 세마포와 함께 놓이지 않고 딴 곳에 개켜 있었다(20:6-7). Lindars는 "개켜 있었다"라는 표현은 수건이 원래 예수님을 감쌌던 모습 그대로 형태를 유지하고 있는 것이며, 이는 예수님께서 그대로 뚫고 나오셨기 때문이라고 주장한다: Barnabas Lindars, *The Gospel of John: The New Century Bible Commentary* (Grand Rapids: Eerdmans, 1972), p. 601.

7) Ibid., p. 599.

한 묘사를 통하여 분명하게 드러난다. 예수님께서 무덤 문의 돌을 치우라고 명령했을 때 마르다는 나사로의 몸이 부패되었다는 것을 상기시킨다(11:39, "주여 죽은지가 나흘이 되었으매 벌써 냄새가 나나이다"). 부패한 나사로의 몸의 상태와 그가 입고 있던 수의에 대한 세밀한 설명은 나사로의 부활과 관련된 중요한 이미지를 제공하면서 문자적인 측면의 부활을 강조한다고 할 수 있다. 나사로의 무덤 입구의 돌을 옮긴 사건(11:39, 41) 역시 나사로의 부활에 대한 문자적인 측면을 도드라지게 만들고 있으며, 예수님의 무덤 입구의 돌이 옮겨진 장면은 이 사건을 연상하게 만든다(20:1). 빈 무덤의 장면은 예수님의 부활의 문자적인 측면을 드러내 주며, 그의 부활의 한 증거인 손과 옆구리의 상처 흔적은 나사로의 몸에 대한 세밀한 묘사와 같이 문자적인 부활을 강조한다고 할 수 있다.

문자적인 부활은 비유적인 부활에 의해 보강된다. 요한은 "제자들이 유대인들을 두려워하여 모인 곳에 문들을 닫았더니 예수께서 오사 가운데 서서 가라사대 너희에게 평강이 있을찌어다"라고 소개한다(20:19). 이어서 예수님께서는 그의 손과 옆구리의 상처를 보여주신다(20:20). 제자들이 예수님을 보지 못한 도마를 만났을 때 제자들은 "우리가 주를 보았노라"고 말하지만, 도마는 "내가 그 손의 못자국을 보며 내 손가락을 그 못자국에 넣으며 내 손을 그 옆구리에 넣어보지 않고는 믿지 아니하겠노라"고 답변한다(20:25). 물론 빈 무덤을 보았던 두 제자마저도 그들이 예수님을 만나 그의 상처를 볼 때까지 그의 부활을 믿지 않았던 것으로 보인다(참조, 20:9, 20).[8] 도

8) 20장 8절의 "그 때에야 무덤에 먼저 왔던 그 다른 제자도 들어가 보고 믿더라"는 말씀은 일반적으로 예수님의 부활에 대한 베드로의 믿음으로 간주된다

마는 대담하게도 그의 손을 상처에 넣어 보기를 원한다고 말하고, 한 주 후 그가 예수님을 만났을 때 그는 예수님의 상처 자국을 보게 된다(20:27). 이 이야기에서 특징적인 것은 보고 믿는 장면이 등장한다는 점이다. 요한은 예수님과 제자들의 만남을 기술하면서 문들이 닫혀있는 상황에서 예수님께서 제자들이 모인 곳에 들어오셨다고 세밀하게 묘사하고 있다(20:19). 예수님께서 도마를 만나셨을 때도 역시 문들이 닫혀있을 때이다(20:26). 예수님께서 무덤에서 나오시도록 무덤의 돌은 옮겨져야만 했는데 이제는 문들이 닫혀 있음에도 불구하고 예수님은 안으로 들어오셨고 그의 상처를 만져 보라고 도전하신다. 이러한 상황에서 "도마는 주님의 출현과 그에 대한 말씀으로 압도된 것 같으며 더 이상의 다른 증명 없이 갑자기 그의 고백을 하게 된다."[9] 도마의 고백은 예수님께서 십자가상에서 왕으로 드러나셨음에도 불구하고[10] 부활 후 자신의 상처를 보여줄 때까지 하나님

(Schnackenburg, Beasley-Murray, 그리고 Brown). 그러나 이는 예수님의 시체가 없어졌다는 막달라 마리아의 증언에 대한 믿음이라 여겨지며 베드로는 빈 무덤과 무덤 속의 세마포나 수건 등에 기인하여 부활에 대한 확신을 갖지 않은 것으로 보인다: C. K Barrett, *The Gospel according to St John*, vol. 36, second ed. (London: SPCK, 1978), p. 563.

9) George R. Beasley-Murray, *John: Word Biblical Commentary*, second ed. (Nashville: Thomas Nelson Publishers, 1999), p. 385. 손과 옆구리의 상처 자국들은 예수님의 부활을 증언할 뿐만 아니라 그 몸이 바로 "말씀이 육신"이 된 사건을 반영한다(1:12, 14).

10) 대제사장은 빌라도에게 왕 같이 자색 옷과 가시면류관을 쓰신 예수님의 정체를 역설적으로 드러내는 십자가상의 패에 "자칭"(I am)이라는 단어를 넣도록 요구한다. 그러나 유대인들의 위협에도 불구하고(19:12) 빌라도는 그들의 요구를 거절한다. 왜냐하면 패의 내용은 가이사에 대한 반역도 아니며 대제사장들은 이미 "가이사 외에는 우리에게 왕이 없나이다"라고 주장했기 때문이다(19:15). 패의 내용은 사실로 입증되었고 유대인들은 자신들의 손으로 자신들의 왕을 죽이게

이나 주님으로 인식되지 않았다는 것을 반영하는 것으로 보인다.[11] 비록 예수님께서 부활 후 여러 가지 활동을 하셨지만, 중요한 사역 중에 하나는 피와 물을 쏟아 낸 손과 옆구리의 상처들을 닫힌 문 안으로 들어오셔서 보여준 것이며 문자적으로/비유적으로 영적/육체적 부활을 보여준 것이라고 할 수 있다.

비유적으로/문자적으로 균형을 갖춘 부활은 예수님과 니고데모와의 대화에서도 찾아볼 수 있으며 이 대화는 거듭남에 대한 단초를 제공하고 있다.[12] 몰약과 침향 섞은 것을 백 근쯤 가져온 니고데모의 행동은[13] 그가 일찍이 밤중에 예수님을 찾아왔다고 소개하는 요

된 것이다. 예수님은 이 어휘(I am)를 자신의 정체를 제자들에게 밝히시기 위해 반복하신다(8:24, 28, 58, 6장, 10장; 11:25; 14:6; 15:1-10). 그러나 이제 십자가의 죽음 앞에서 이 수식어는 역설적으로 예수님 자신이 아니라 빌라도의 관정에서 대제사장들에 의해 공개적으로 울려 퍼지는 것을 볼 수 있다.

11) 기독론에서 구원으로 바뀌는 신학의 흐름은 비유적으로 바로 그 상처들로부터 온다고도 할 수 있다. Schnackenburg는 죽으셨던 예수님의 상처로부터 "생명과 구원의 시내가 흐른다"고 주장한다: Rudolf Schnackenburg, *The Gospel according to St John*, trans. David Smith and G. A. Kon, vol. 3 (Kent: Burnes & Oates, 1982), p. 285.

12) 그럼에도 불구하고 니고데모는 일반적으로 내부인도 아니고 외부인도 아니고 외부인에서 내부인으로 바뀌지도 않는 변두리 인물로 간주된다: Jouette M. Bassler, "Mixed Signals: Nicodemus in the Fourth Gospel," *JBL* 108 (1989), p. 646.

13) 일상적인 장례식과 비교하여 대단히 많은 양의 향료를 가져온 것은 단지 장례만을 위한 것이라기보다는 예수님의 부활을 위한 것이라고도 할 수 있다. 마리아가 베다니에서 예수님께 기름을 부을 때 예수님께서는 이는 자신의 장사할 날을 위한 것이라고 말씀하신다(12:7). 그러나 이 말씀은 마지막 표적인 예수님의 부활 전에 있었던 나사로가 다시 살아난 분위기 속에서 이루어졌다는 것을 주목할 필요가 있다. Giblin은 일상적인 장례와 달리 "씻었다"(또는 "닦으니," 12:3)는 것은 부패를 방지하기 위한 기름의 목적과 달리 부패되지 않은 몸의 일어남을 예고해 줄 수도 있다고 제시한다: Charles H Giblin, "Mary's Anointing for Jesus' Burial-Resurrection (John 12,1-8)," *Biblica* 73 (1992), p. 561. 비교, 마 2:11(동방의

한에 의해(19:39. 참조, 3:2) 예수님과 그의 대화 가운데 있었던 '거듭남' 주제를 상기시킨다. 거듭남에 대한 니고데모의 이해가 문자적인 이해에서 비유적인 이해로 바뀐 것이 아니라 오히려 부활에 대한 요한복음서의 이야기가 비유적인 이해에서 문자적인 이해로 발전하도록 기여한다. 즉 거듭남에 대한 니고데모의 문자적인 답변은 아이러니 속으로 붕괴되는 것이 아니라 오히려 부활을 비유적이며 문자적으로 이해하도록 균형을 맞추어 준다. 첫 번째 표적과 마지막 표적을 비교할 때 문자적인 표현과 비유적인 표현의 균형은 더욱 분명해지며 아래와 같이 그 상징적 표현들을 비유적으로 그리고 문자적으로 비교할 수 있다.

박사들이 예수님을 경배하러 왔을 때 "황금과 유향과 몰약을 예물"로 드렸다). Bassler는 19장의 니고데모 행위에 대해 두 가지로 압축한다. 즉 이 행동이 유대인의 왕을 위한 사랑과 존경과 왕실 장례에 대한 표시가 아니라면 이는 무덤 저편을 바라보지 못하는 니고데모의 어리석음을 반영한다는 것이다. Bassler, "Mixed Signals: Nicodemus in the Fourth Gospel," p. 642. Lee는 니고데모의 행동이 공개적인 믿음으로 나오는 행위라고 여긴다. Dorothy A. Lee, *The Symbolic Narratives of the Fourth Gospel*, JSNTS 95 (Sheffield: Sheffield Academic Press, 1994), p. 57.

첫 번째 표적	마지막 표적
첫 번째 여자 호칭	마지막 여자 호칭
여섯 개 돌항아리	일곱 번째 돌항아리(무덤)
유대인의 정결 의식 (결혼식)	유대인의 장례 의식 (장례식)
포도주가 떨어짐(부재)	예수님의 시신 부재
"나와 무슨 상관이 있나이까"	"어찌하여 울며 누구를 찾느냐"
"내 때가 아직 이르지 못하였나이다"	"내가 아직 아버지께로 올라가지 못하였느니라… 하나님께로 올라간다"
메시지 전달: "무슨 말씀을 하시든지 그대로 하라"	메시지 전달: "주께서 자기에게 이렇게 말씀하셨다 이르니라"
"연회장은… 알지 못하되"	"저희는… 아직 알지 못하더라"
좋은 포도주	부활
명령: "떠서 연회장에게 갖다 주라"	명령: "너는 내 형제들에게 가서 이르되…"

문자적/비유적 갈증과 해소

예수님의 사역과 사명은 십자가상에서 "다 이루었다"는 선언과 더불어 절정에 이른다(19:30). 그래서 예수님의 갈증은 성경을 응하게 하는 것이며 예수님도 "모든 일이 이미 이룬 줄 아시고" 목마르다고 말씀하신다(19:28). 예수님께서는 문자적으로 갈증을 느끼시는데(4:6, 7; 19:28, 30), 이것은 마치 그가 비유적으로 모든 갈증을 그에게 이끌고 그러한 갈증을 그의 부활을 통해 해소하려는 것으로 보인다. "물을 좀 달라"하시는 예수님의 요청(4:7, 10)이 사마리아 여인의 요구를 이끌어 내듯이(4:15),[14] 예수님은 독자들의 갈증을 불러일으킨다. 그래서 예수님은 "누구든지 목마르거든 내게로 와서 마시라. 나를 믿는 자는 성경에 이름과 같이 그 배에서 생수의 강이 흘러나리라"고 선언하신다(7:37, 38).

도마가 생수의 근원인 예수님을 보고 만지기 원할 때 그의 갈증은 예수님의 부활이라는 새로운 포도주를 체험 한 후 충족된 것을 "나의 주 나의 하나님"이라는 그의 고백 속에서 보여준다. 제자들이 비록 결혼식에 참석해서 첫 번째 표적을 보았지만 그들은 예수님께서 성전을 헐면 사흘 동안에 일으키리라는 말씀을 이해하지 못했으며(2:22) 마지막 표적인 예수님의 부활도 처음에는 믿지 못했다(20:9). 요한복음의 이야기는 제자들의 무지가 도마의 고백처럼 "나의 주 나의 하나님"으로 발전하도록 전개된다. 성경이 응하게 되고 예수님의 사역이 성취되어 빈 무덤에서 새로운 포도주가 공급될 때 바로 예수님의 문자적인 갈증과 독자들의 비유적인 갈증이 해소되는 순간이 된다.

문자적/비유적 부활 입증

예수님의 부활은 빈 무덤 사건의 초기에 설명되지 않는다. 그러

14) Stephen D. Moore, "Are there impurities in the living water that the Johannine Jesus dispenses? Deconstruction, Feminism, and the Samaritan Woman," *BI* 1 (1993), p. 208.

므로 만일 요한이 이러한 부활을 상기시키지 않는다면(20:9) 20장 1-13절에서 부활에 대한 명확한 근거들을 찾기 어려울 것이다. 네 복음서 가운데 오직 요한복음만이 빈 무덤을 특별히 강조하고 있다. 그럼에도 불구하고 공관복음서와 비교할 때(마 28:2ff.; 막 16:4ff.; 눅 24:3ff.) 요한복음에서는 예수님의 부활에 대한 분명한 근거들을 찾기 어렵다. 심지어 천사들마저도 예수님의 부활에 대해 어떠한 단서도 주지 않으며 예수님 자신도 부활에 대해 직접적으로 언급하지 않고 단지 아버지에게로 돌아감을 말씀하신다(20:17, "예수께서 이르시되 나를 붙들지 말라 내가 아직 아버지께로 올라가지 아니하였노라 너는 내 형제들에게 가서 이르되 내가 내 아버지 곧 너희 아버지, 내 하나님 곧 너희 하나님께로 올라간다 하라 하시니").

제자들은 빈 무덤으로 인해 잠시 동안 신앙의 공백상태로 들어가는 것처럼 보인다. 그렇지만 비록 빈 무덤 자체가 제자들이나 마리아에게 예수님의 부활에 대한 믿음을 제공하는 것처럼 보이지 않는다고 해도 예수님의 시신의 부재를 드러내는 빈 무덤은 독자들에게 문자적인 예수님의 부활에 대한 증거가 될 수 있다.[15] 예수님의 장사는 그의 명백한 죽음을 확인시키며 그의 시신을 담고 있는 무덤은 역설적으로 그의 첫 번째 출생을 증거하고(1:14), 다른 한편으로 빈 무덤은 그의 부활을 증거 한다. 빈 무덤 내부의 장면이나 천사들의 출현은 그의 부활의 흔적을 문자적으로 드러내고 있다.[16]

---

15) Moore는 복음서 기자가 성령 시대에 이 복음서를 기록했다고 주장하면서 "생수는 예수님께서 지상에 계실 때가 아니라 그의 부재 속에서 흘러나온다"고 제시한다. Ibid., p. 226.

16) 남겨진 옷가지들은 빈 무덤이 바로 정원의 여러 무덤들 가운데 그리고 당시 유대인들의 관습에 따른 무덤 안의 여러 안치 장소 가운데 정확히 예수님께서 장례 된 장소라는 것을 입증 한다. Paul S. Minear, "'we don't know where...' John

빈 무덤은 예수님의 부활을 문자적으로 증거하며 모든 예수님의 생애를 비유적으로 수렴하고 있다. 비록 여섯 개의 돌항아리가 새 포도주로 가득 찼지만 이 돌항아리들은 사마리아 여인의 남겨둔 물동이(4:28)가 그녀의 존재를 증거 하듯이 새 포도주를 증거한다. 빈 무덤은 이전의 여섯 개의 표적을 수렴하는 일곱 번째의 돌항아리로서 문자적으로 예수님의 부활을 증거하며 그리스도인들에게 비유적으로 새 포도주를 공급한다.[17)]

20:2," *Interpretation* 30 (1976), p. 127.

17) Culpepper는 여섯 개의 돌항아리에 대한 상징적인 의미를 제시한다. 즉 여섯이라는 숫자는 전통적인 의식의 불완전을 의미하기 때문에 예수님께서 이를 보충한다는 것이다: R. Alan Culpepper, *The Gospel and Letters of John* (Nashville: Abingdon Press, 1998), p. 131.

제14장 결론

요한복음에 나타나는 문자적이며 비유적인 상징들의 상호작용과 기능을 살펴보았다. 비유적인 의미를 문자적인 의미보다 우선하거나 혹은 이와 반대로 문자적인 의미를 비유적인 의미보다 우위에 두는 계층 구조적인 개념보다는 이 두 가지 요소의 균형을 맞추어 보았다. 비유적인 의미가 문자적인 의미 속에 붕괴되거나 혹은 문자적인 의미가 비유적인 의미 속으로 붕괴된다는 입장 대신에 이 두 가지 특징은 각각의 의미를 가지며 동시에 상호 조화되는 가운데 균형을 갖춘 새로운 의미를 산출하는 것으로 간주했다. 또한 비유적이거나 혹은 문자적인 의미로 평가되는 요소들을 각 언어의 본래적인 성질이 아니라 요한복음의 이야기가 전개되는 과정에서 어떻게 기능하는가에 따라 구분하였다.

요한복음에 등장하는 비유적이며 문자적인 상징들을 통해서 예수님의 부활은 문자적이며 비유적으로 성취되었으며 이 부활은 예수님과 니고데모와의 대화에서 주제가 되었던 거듭남을 상징적으로 반영한다. 요한복음은 내려옴-올라감의 구조 속에서 들리움을 통해서 사명을 완수하시며 성경 말씀을 성취하시는 예수님의 모습을 묘사하며, 그 예수님은 십자가의 죽음에서 완성되는 들리움 후에 올라감을 통해서 도마의 고백과 같이 하나님으로 불린다.

요한복음이 다른 복음서들보다도 매우 세밀하게 빈 무덤 사건을 묘사하고 있는 것은 이 빈 무덤의 중요성을 드러낸다고 할 수 있다(비교, 마 28:1-10; 막 16:1-8; 눅 24:1-11; 요 20:1-18). 빈 무덤은 외면적으로 부활을 구체적으로 입증하는 수단이 되며 동시에 거듭남과 관련된 모태의 이미지와 정교하게 균형을 이루는 요소가 된다. 요한복음 2장에서 빈 돌항아리들이 신비로운 기적을 포함하듯이 빈 무덤은 신비한 출생의 발생을 포함하며 증거 하는 장소이다. 바꾸어 말하면, 빈 무덤은 빈 돌항아리의 포도주 기적 사건처럼 거듭남을 상징하며 예수님의 부활이 발생한 것처럼 사람들의 거듭남을 기다리는 상징적인 장소이다. 예수님과 니고데모와의 대화는 비유적이며 문자적인 거듭남과 예수님의 부활과의 상호관계와 관련성을 보여준다.

ἄνωθεν이 예수님과 니고데모와의 대화 초반부에 등장하는 것은 매우 중요하다. 일반적으로 니고데모는 밤중에 예수님을 방문한 것과 영적인 출생을 육적인 출생으로 오해한 것처럼 보이는 대답으로 인해 부정적인 사람으로 인식되었다. 그렇지만 니고데모에 대한 재평가를 통해 "하나님으로부터 온 선생"인 예수님과 "이스라엘 선생"인 니고데모의 대화는 상호 관계하여 비유적이며 문자적으로 균형 잡힌 거듭남을 제시한다. 비록 니고데모의 대답이 거듭남의 문자적

인 성격에 치우친 경향을 보인다고 해도 결국에는 비유적으로 모태의 이미지를 상징하는 빈 무덤에서 예수님의 부활을 문자적으로 그리고 비유적으로 조화되게 만든다. 따라서 이중의 의미를 가진 모호한 용어인 ἄνωθεν이 사용되어 예수님의 부활(거듭남)은 "다시/새롭게" 그리고 "위로부터"의 의미를 동시에 가지게 된다.

요한복음의 이야기가 전개되면서 출생의 이미지는 상징적인 요소들의 상호 작용을 통해서 분명하게 드러난다. 혈통의 개념을 전달하는 아버지와 아들, 그리고 예수님의 어머니나 막달라 마리아를 지칭하는 '여자'와 같은 용어들의 사용은 출생의 이미지를 강화시키는 역할을 한다. 직접적인 출생의 비유는 복음서의 시작부터 등장한다. 특별히 '되다'(γίνομαι)라는 용어에서 기원한 1장 12절의 '되는'(γενέσθαι)과 14절의 '되어'(ἐγένετο)는 12절의 내용을 보완하고 해석하는 13절에서 사용된 출생하다(γεννάω)와 밀접한 관련을 갖는다. 1장 12절과 1장 14절의 '되다'(γίνομαι)는 예수님의 성육신이 포도주 사건(2:9, "물로 된 포도주")과 관련되도록 촉진시킨다. 이 두 용어는 상호의 의미를 보충시키면서 출생의 이미지가 드러나도록 기여한다. 그렇기 때문에 예수님과 니고데모와의 대화에서 드러나는 γεννάω는 이 대화를 출생과 거듭남에 대한 논쟁으로까지 발전하도록 인도한다. 결국 ἄνωθεν은 출생과 거듭남의 이미지로 채색된다. 게다가 출생의 이미지는 새로운 창조의 이미지와 겹친다. 성령을 받으라는 명령을 하실 때 예수님의 독특한 행위("숨을 내쉬며")는 독자들에게 하나님의 창조의 행위를 생각나게 만든다(창 2:7). 동산(garden)의 이미지와 함께(19:41; 20:15. 참조, 창 2:15-17; 3:8) 맹인 된 자의 치유와 진흙의 사용은 요한의 설명에서 드러나듯이 창조의 이미지를 확대시킨다(9:32, "창세 이후로 맹인으로 난 자의 눈을 뜨게 하였다 함을 듣지 못하였으니"). 따라서 맹인된 자의 보게 됨은 새로운 세상에 들어가게 됨을 나타낸다.

요한복음에서 문자적이며 비유적인 요소들의 상호 작용에 대한 전형적인 실례는 맹인 된 자의 치유 사건에서 찾아볼 수 있다. 문자적인 맹인은 상징적인 '봄'이 되며 문자적인 '봄'은 상징적인 맹인을 나타낸다. 즉 문자적/비유적 '봄'과 '맹인 됨'은 부활의 상징과 관련된다. 바꾸어 말하면, "예수께서 이르시되 내가 심판하러 이 세상에 왔으니 보지 못하는 자들은 보게 하고 보는 자들은 맹인이 되게 하려 함이라"는 예수님의 말씀과 같이(9:39) 문자적이며 비유적인 요소들은 서로 섞여있다. 예수님은 문자적으로 보는 사람들을 비유적으로 보지 못하게 만들었으며(9:41), 맹인 된 자는 문자적으로 그리고 비유적으로 다시 보게 만들었다.

요한복음에서 표적의 숫자가 등장하는 것은 매우 독특한 특징이다. 표적들 가운데 첫 번째 표적인 갈릴리 가나의 포도주 기적은 마지막 표적에 대한 예시이다. 요한은 첫 번째 표적에서 다른 표적들과 달리 청중들의 특별한 반응 대신에 예수님의 영광과 이어지는 제자들의 믿음을 소개한다(2:11). 이 믿음은 예수님의 몸을 비유로 제시하는 성전 정화 사건의 믿음과 관련된다(2:22). 성전의 파괴와 재건은 제자들의 믿음을 소개하는 요한의 설명에서 표현하듯이 예수님의 부활을 반영한다. 게다가 포도주의 질에 대한 연회장의 지적은 새로운 포도주인 예수님의 부활에 대한 기대를 제공한다. 청지기의 진술에 반영된 것과 같이(2:10, "사람마다 먼저 좋은 포도주를 내고 취한 후에 낮은 것을 내거늘 그대는 지금까지 좋은 포도주를 두었도다 하니라") 사람들은 열등한 포도주를 예수님에게 제공했지만 물을 포도주로 바꾼 예수님은 좋은 포도주인 마지막 큰 표적을 제공할 것이다. 결과적으로 물을 포도주로 바꾸는(태어나게 만드는) 것은 예수님의 부활을 상징하는 것이 된다.

십자가 상의 "다 이루었다"는 말씀을 통하여 예수님의 사역과 성경의 성취와의 관계가 정교하게 균형을 갖추고 있다. 이미 야곱의 우물 가에서 소개된 예수님의 갈증은 그에게 향한 모든 갈증들을 끌어 모으면서 십자가의 죽음까지 지속된다. 예수님의 갈증마저도 성경의 성취와 관련된다. 그래서 예수님은 자신의 갈증을 표출하는데 이 갈증은 사마리아 여인의 갈증처럼 독자들의 갈증을 불러일으킨다(4:15, "여자가 이르되 주여 그런 물을 내게 주사 목마르지도 않고 또 여기 물 길으러 오지도 않게 하옵소서"). 예수님께서 불러일으킨 갈증은 연회장의 설명에서 드러나듯이 예수님에게 제시되었던 이 세상이 공급하는 것과 같은 질 낮은 포도주로 충족될 수 없다. 예수님의 부활이 새로운 포도주이기 때문에 사마리아 여인의 갈증과 충족처럼 도마는 새로운 포도주(예수님의 부활)를 경험한 후 "나의 주님이시요 나의 하나님이시니이다"라는 고백을 하며(20:28) 갈증의 충족을 드러낸다. 그렇기 때문에 성경의 성취와 예수님의 사역의 완성이 통합되는 시점은 빈 무덤에서 흘러나오는 새로운 포도주가 예수님뿐만 아니라 그리스도인들의 갈증을 충족시키는 순간이 된다. 요한복음은 예수님의 부활에 대한 제자들의 불신앙으로부터(2:22) 그 부활을 보고 고백하는 데까지(20:28) 발전한다. 서언에서 예시되어 있듯이(1:1, 18) 예수님은 그의 부활 후에 하나님과 일치된다(20:28, 31). 이 일치가 예수님의 죽음의 원인이 되었음에도 불구하고(19:7) 역설적으로 이 일치는 그 죽음에 의해 발생하며 끊임없이 새 포도주와 생명수를 공급하면서 그리스도인들의 갈증을 충족시킨다.

예수님의 몸을 담고 있는 무덤은 육신이 되었던 그의 첫 번째 출생을 증거하며 빈 무덤은 그의 부활을 증거 한다. 예수님의 몸의 부재와 함께 남겨진 빈 무덤은 2장의 일곱 번 째 돌항아리나 혹은 여섯 개의 표적을 뒤따르는 일곱 번째 돌항아리로써 그의 부활을 증거 하면서 독자들에게 새로운 포도주를 공급한다. 나사렛 예수의 죽음은 그의 장사를 통해서 확증되며 그의 부활은 빈 무덤에 의해 확증된다. 바꾸어 말하면 예수님의 몸의 부재는 역설적으로 예수님의 부활을 증언한다. 이름 없이 등장하는 예수님의 모친은 첫 번째 여자로서 성육신 하신 예수님의 죽음까지 기능을 수행하며 막달라 마리아는 여자로 불리며 빈 무덤의 현장에서 예수님의 부활을 위한 무대를 제공하며 기능을 수행한다. 따라서 빈 무덤은 비유적으로 모태를 상징하며 "니고데모가 이르되 사람(ἄνθρωπος)이 늙으면 어떻게 날 수 있사옵나이까 두 번째 모태에 들어갔다가 날 수 있사옵나이까"라는 답변성 질문에 대한 상징적 해답을 제시한다고 할 수 있다(3:4).

빈 무덤의 이미지는 사마리아 여인의 물동이를 통하여 여섯 개의 돌항아리까지 거슬러 올라간다. 남겨진 여섯 개의 돌항아리가 새로운 포도주 사건을 증거하고 남겨진 사마리아 여인의 물동이가 독자들에게 '생수'를 생각나게 하듯이, 빈 무덤은 새로운 포도주이며 생수의 근원이 되는 예수님의 부활을 증거 한다. 따라서 일곱 번째 돌항아리와 같이 빈 무덤은 이전의 여섯 개 표적들을 포함하며 독자들에게 좋은 포도주를 공급한다(2:10). 요한복음에서 교차대칭구조를 형성하는 일곱 개의 표적들(2:1-12; 4:46-54; 5:1-9; 6:1-14; 9:1-12; 11:1-44; 20:1-18)은 문자적으로 그리고 비유적으로 상호 연결되어 균형을 갖추고 있다. 표적들의 핵심에 위치한 육(떡)을 주심인 오병이어의 기적(6:1-14)에서 반영되어 있듯이 예수님의 부활은 '떡(육)을 주심'의 공식적인 시작이다.

결론적으로, 요한복음의 이야기가 전개되면서 예수님의 부활은 문자적이며 비유적인 요소들의 상호 작용을 통해 소개된다. 내려옴-올라감의 구조 속에서 문자적이며 비유적인 상징 요소들은 상호 작용을 통해서 균형을 갖춘다. 니고데모와 예수님의 대화에서 예시되어 있듯이 모태와 빈 무덤은 ἄνωθεν으로부터의 출생을 위해 상징적으로 평행을 이룬다. 첫 번째 여자 칭호와 관련된 첫 번째 출생과 마지막에 등장하는 여자 칭호와 관련된 부활은 육에서 몸으로, 그 영에서 성령으로, 인자에서 하나님의 아들로, 그리고 물에서 포도주로(혹은 질 낮은 포도주에서 질 좋은 포도주로)의 변화를 특징으로 한다. 이 특징들은 예수님과 니고데모와의 대화에서 기대 되듯이(3:4) 독자들의 거듭남을 요구하는(3:7) 문자적이며 비유적인 두 번째 혹은 새로운 출생으로 규정될 수 있다.

참고자료

1. 단행본 및 사전류

Aichele, George et al. *The Postmodern Bible: The Bible and Culture Collective*. London: Yale University Press, 1995.

Ashton, John. "Paraclete," *ABD*, 1992ed.

________. *Understanding the Fourth Gospel*. Oxford: Clarendon Press, 1991.

Baird, William. "Biblical Criticism." *ABD*, 1992 ed.

Ball, D. H. *"I am" in John's Gospel: Literary Function, Background and Theological Implications."* JSNTS 124. Sheffield: Sheffield Academic Press, 1996.

Barrett, C. K. *The Gospel according to St John*. Second ed. London: SPCK, 1978.

Barry, Peter. *Beginning Theory*. Manchester: Manchester University Press, 1995.

Barthes, Roland. *The Semiotic Challenge*. Translated by Richard Howard. Berkeley: University of California, 1988.

Barton, John. "Structuralism." *ABD*, 1992 ed.

Barton, Stephen and Graham Stanton eds. *Resurrection: Essays in Honour of Leslie Houlden*. London: SPCK, 1994.

Beasley-Murray, George R. *John: Word Biblical Commentary*. Vol. 36. Second ed. Nashville: Thomas Nelson Publishers, 1999.

________. *Gospel of Life: Theology in the Fourth Gospel*. Peabody, MA: Hendrickson, 1991.

Bernard, J. H. *The Gospel according to St. John: The International Critical Commentary*. Vol. I, II. Edinburgh: T& T Clark, 1928.

Bertram, G. "ὑψόω." *TDNT*. Vol. VIII. 1972 ed.

Bieringer, Reimund; Pollefeyt, Didier; and Vandercasteele-Vanneuville, Frederique eds. *Anti-Judaism and the Fourth Gospel.* Louisville: Westminster John Knox Press, 2001.

Borgen, P. "The Son of man Saying in John: 13-14." In *Philo, John and Paul: New Perspectives on Judaism and Early Christianity*. Brown Judaic Studies 131. Atlanta: Scholars Press, 1987.

Brodie, Thomas L. *The Gospel according to John: A Literary and Theological Commentary*. Oxford: Oxford University Press, 1993.

Brown, Raymond E. *The Gospel and Epistle of John*. Collegeville: Liturgical Press, 1988.

________. *The Gospel according to John XIII-XXI. The Anchor Bible*. New York: Doubleday, 1970.

________. *The Gospel according to John I-XII. The Anchor Bible*. New York: Doubleday, 1966.

Brown, Raymond E.; Karl P. Donfrield; Fitzmyer, Joseph A.; and Reumann, John eds. *Mary in the New Testament*. London: Geofrey Chapman, 1978.

Bruce, F. F. *The Gospel of John*. Basingstoke: Pickering & Inglis, 1983.

Bultmann, Rudolf. *The Gospel of John: A Commentary*. Translated by George R. Beasley-Murray. Oxford: Blackwell, 1971.

Burkett, Delbert. *The Son of Man in the Gospel of John*. JSNTS 56. Sheffield: JSOT Press, 1991.

Burridge, Richard A. *Four Gospels, One Jesus?: A Symbolic Reading*. London: SPCK, 1994.

Caird, G. B. *The Language and Imagery of the Bible*. London: Duckworth, 1980.

Carson, D. A. *The Gospel according to John*. Leicester: Inter-Varsity Press, 1991.

Collins, Raymond F. *These Things have been Written: Studies on the Fourth Gospe*l. Louvain: Peeters, 1990.

Comfort, Philip W. and Barrett, David P. eds., *The Complete Text of the Earliest New Testament Manuscripts*. Grand Rapids: Baker Books, 1999.

Conway, Colleen M. *Men and Women in the Fourth Gospel: Gender and Johannine Characterization*. SBLDS 167. Atlanta: SBL, 1999.

Culpepper, R. Alan. *The Gospel and Letters of John*. Nashville: Abingdon Press, 1998.

________. *Anatomy of the Fourth Gospel*. Philadelphia: Fortress, 1983.

Dean-Otting, Mary. *Heavenly Journeys: A Study of the Motif in Hellenistic Jewish Literature*. Frankfurt: Peter Lang, 1984.

De Boer, M. C. *Johannine Perspectives on the Death of Jesus*. Contributions to Biblical Exegesis and Theology 17. Kampen: Kok Pharos, 1996.

De Jonge, Marinus. *Jesus: Stranger from Heaven and Son of God*. Edited and Translated by John E. Steely. SBL Sources for Biblical Study 11. Missoula, Montana: Scholars Press, 1977.

Dodd, C. H. *The Interpretation of the Fourth Gospel*. Cambridge: University Press, 1953.

Duke, Paul D. *Irony in the Fourth Gospel*. Atlanta: John Knox Press, 1985.

Evans, Craig A. *Word and Glory: On the Exegetical and Theological Background of John's Prologue*. Sheffield: Sheffield Academic Press, 1993.

________. *To See and Not Perceive*. JSOTS 65. Sheffield: Sheffield Academic Press, 1989.

Fee, G. D. "On the Text and Meaning of John 20,30-31." In *BETL: The Four Gospels*, 1992.

Fortna, Robert Tompson. *The Fourth Gospel and its Predecessor*. Edinburgh: T & T Clark, 1988.

Gebara, Ivone and Maria Clara Bingemer. *Mary, Mother of God, Mother of the Poor*. Liberation and Theology 7. Translated from Portuguese by Philip Berryman. Kent: Burns & Oates, 1989.

Hakola, Ramio. "A Character Resurrected: Lazarus in the Fourth Gospel and Afterwards." In Rhoads, David and Kari Syreeni eds. *Characterisation in the Gospel of John*. JSNTS 184. Sheffield: Sheffield Academic Press, 1999.

Hamerton-Kelly, R. G. *Pre-existence, Wisdom, and the Son of Man*. SNTSMS 21.

Cambridge: Cambridge University Press, 1973.

Harris, Elizabeth. *Prologue and Gospel: the Theology of the Fourth Evangelist*. JSNTS 107. Sheffield: Sheffield Academic Press, 1994.

Heil, J. P. *Blood and Water: The Death and Resurrection of Jesus in John 18-21*. CBQMS 27. Washington, DC: Catholic Biblical Association of America, 1995.

Hengel, Martin. "The Wine Miracle at Cana." In *The Glory of Christ in the New Testament*. Edited by L. D. Hurst and N. T. Wright. Oxford: Clarendon Press, 1987.

Hoskyns, Edwyn Clement. *The Fourth Gospel*. Edited by Francis Noel Davey. London: Faber and Faber, 1947.

Jeremias, Joachim. *The Eucharistic Words of Jesus*. Translated by N. Perrin. Chatham: W. & J. Mackay, 1966.

Johnson, Luke T. *The Writings of the New Testament: An Interpretation*. London: SCM, 1986.

Johnston, George. *The Spirit-Paraclete in the Gospel of John.* Cambridge: University Press, 1970.

Jones, Larry Paul. *The Symbol of Water in the Gospel of John*. JSNTS 145. Sheffield: Sheffield Academic Press, 1997.

Judge, Peter J. "A Note on Jn 20, 29." In *BETL: the Four Gospels*, 1992.

Kittel, G. "ὄξος." *TDNT*. 1967 ed.

Koester, Craig R. *Symbolism in the Fourth Gospel: Meaning, Mystery, Community*. Second ed. Minneapolis: Fortress, 2003.

Kreitzer, Larry. *The Gospel according to John*. Oxford: Regent's Park College, 1990.

Kysar, Robert. *Preaching John*. Minneapolis: Fortress, 2002.

_______. "The Making of Metaphor: Another Reading of John 3:1-15." In *"What is John?": Readers and Reading of the Fourth Gospel*. SBL Symposium Series. Edited by Fernando F. Segovia. Atlanta: Scholar Press, 1996.

_______. *John: The Maverick Gospel*. Revised ed. Louisville: John Knox Press,

1993.

_______. "John, The Gospel of." *ABD*, 1992 ed.

_______. *The Fourth Evangelist and His Gospel*. Minneapolis: Augsburg Publishing House, 1975.

Lee, Dorothy A. *The Symbolic Narratives of the Fourth Gospel*. JSNTS 95. Sheffield: Sheffield Academic Press, 1994.

Lightfoot, R. H. *St. John's Gospel: A Commentary*. Oxford: Clarendon Press, 1956.

Lindars, Barnabas. *The Gospel of John: The New Century Bible Commentary*. Rpt. 1992; Grand Rapids: Eerdmans, 1972.

Lindars, Barnabas; Edwards, Ruth B.; and Court, John M. eds. *The Johannine Literature*. Sheffield: Sheffield Academic Press, 2000.

Maccini, Robert Gordon. *Her Testimony is True: Women as Witnesses according to John*. JSNTS 125. Sheffield: Sheffield Academic Press, 1996.

Macgregor, G. H. C. *The Gospel of John: The Moffatt New Testament Commentary*. London: Hodder and Stoughton, 1928.

Malbon, Elizabeth Struthers and McKnight, Edgar V. eds. *The New Literary Criticism and the New Testament*. Valley Forge, Pennsylvania: Trinity Press, 1994.

McConnell, Frank. *The Bible and the Narrative Tradition*. Oxford: Oxford University Press, 1986.

Marshall, I. H. *Last Supper and Lord's Supper*. Exeter: Paternoster, 1980.

Mahoney, Robert. *Two Disciples at the Tomb*. Theologie Und Wirklichkeit. Frankfurt: Herbert Lang Bern, 1974.

McHugh, John. *The Mother of Jesus in the New Testament*. London: Darton, Longman & Todd, 1975.

Merenlathi, Petri. *Poetics for the Gospels?: Rethinking Narrative Criticism*. London: T&T Clark, 1999.

Merenlahti, Petri and Ramio Hakola. "Reconceiving Narrative Criticism." In *Characterisation in the Gospel of John*. Edited by David Rhodas and Kari Syreeni. JSNTS 184.

Sheffield: Sheffield Academic Press, 1999.

Metzger, Bruce M. *The Text of the New Testament*. Second ed. Oxford: Clarendon Press, 1968.

Minear, Paul Sevier. *John, the Martyr's Gospel*. New York: Pilgrim Press, 1984.

Moloney, Francis J. *Belief in the Word: Reading the Fourth Gospel, John 1-4*. Minneapolis: Fortress, 1993.

________. *Woman: First Among the Faithful*. London: Darton, Longman and Todd, 1985.

Moore, Stephen D. *Mark & Method: New Approaches in Biblical Studies*. Minneapolis: Fortress, 1992.

________. *Literary Criticism and the Gospels*. New Haven: Yale University Press, 1989.

Morgan, Robert and Barton, *John. Biblical Interpretation*. Oxford: Oxford University, 1988.

Morris, Leon. 『요한복음: 성경주석 뉴 인터내셔널』 하. 이상훈 역. 서울: 생명의 말씀사, 1983.

Nicholson, Godfrey C. *Death as Departure: The Johannine Descent-Ascent Schema*. SBLDS 63. Chicago: Scholars Press, 1983.

Nickelsburg, W. E. "Son of Man." *ABD*. 1992 ed.

Nissen, Johannes and Pedersen, Sigfred eds. *New Readings in John: Literary and Theological Perspectives*. JSNTS 182. Sheffield: Sheffield Academic Press, 1999.

O'Day, Gail R. *Revelation in the Fourth Gospel: Narrative Mode and Theological Claim*. Philadelphia: Fortress, 1986.

Olsson, Birger. *Structure and Meaning in the Fourth Gospel*. Translated by Jean Gray. Lund: CWK Gleerup, 1974.

Pavlien, John. "Nicodemus." *ABD*. 1992 ed.

Phillips, Gary A. "The Ethics of Reading Deconstructively, or Speaking Face-to Face: the

Samaritan Woman Meets Derrida at the Well." In *The New Literary Criticism and the New Testament*. Edited by Elizabeth Struthers Malbon and Edgar V. McKnight. Valley Forge, Pennsylvania: Trinity Press, 1994.

Porter, Stanley E. and David Tombs eds. *Approaches to New Testament Study*. JSNTS 120. Sheffield: Sheffield Academic Press, 1995.

Powell, Mark Allen. *What is Narrative Criticism? A New Approach to the Bible*. Minneapolis: Augsburg Press, 1990.

Rensberger, David. *Johannine and Liberating Community*. Philadelphia: The Westminster Press, 1988.

Rhoads, David and Donald Michie. *Mark as Story: An Introduction to the Narrative of a Gospel*. Philadelphia: Fortress Press, 1982.

Richards, I. A. *The Philosophy of the Rhetoric*. Oxford: Oxford University Press, 1936.

Ridderbos, Hermann. *The Gospel of John: A Theological Commentary*. Translated by John Vriend. Grand Rapids: Eerdmans, 1997.

Robertson, A. T. *Word Pictures in the New Testament*. Vol. V. Nashville: Broadman Press, 1932.

Rowland, Christopher. *Christian Origins*. London: SPCK, 1985.

Sanders, J. N. *The Gospel according to St. John: Black's New Testament Commentaries*. Edited and Completed by B. A. Mastin. London: Adam & Charles Black, 1968.

Schnackenburg, Rudolf. *The Gospel according to St John.* Vol. 3. Translated by David Smyth and G. A. Kon. Kent: Burnes & Oates, 1982.

________. *The Gospel according to St John.* Vol. 2. Translated by Cecily Hastings; Francis McDonagh; David Smith; and Richard Foley, SJ. Kent: Burnes & Oates, 1980.

________. *The Gospel according to St John.* Vol. 1. Translated by Kevin Smyth. Kent: Burnes & Oates, 1968.

Schneiders, Sandra M. "John 20:11-18: The Encounter of the Easter Jesus with Mary Magdalene - A Transformative Feminist Reading." In *"What is John?": Readers and Reading of the Fourth Gospel*. SBL Symposium Series. Edited by

Fernando F. Segovia. Atlanta: Scholars Press, 1996.

Scrogg, Robin. *Christology in Paul and John: Proclamation Commentaries*. Philadelphia: Fortress, 1988.

Seeley, David. *Deconstructing the New Testament*. Biblical Interpretation Series. Leiden: E. J. Brill, 1994.

Segovia, Fernando F. ed. *What is John? Literary and Social Readings of the Fourth Gospel*. Vol. II. Atlanta: Scholars Press, 1998.

_______. *"What is John?" Readers and Readings of the Fourth Gospel."* SBL Symposium Series. Atlanta: Scholars Press, 1996.

Segovia, Fernando F. and Tolbert, Mary Ann eds. *Reading from This Place*. Minneapolis: Fortress, 1995.

Servotte, Herman, *According to John: A Literary Reading of the Fourth Gospel.* Darton: London, 1992

Smalley, Stephen. *John: Evangelist & Interpreter*. London: The Paternoster Press, 1978.

Smit Sibinga, J. "Towards Understanding the Composition of John 20." In *BETL: The Four Gospels*, 1992.

Smith Jr, D. Moody. *John: Abingdon New Testament Commentaries*. Nashville: Abingdon Press, 1999.

Stibbe, Mark W. G. ed. *The Gospel of John as Literature: An Anthology of Twentieth-century Perspectives*. Leiden: E. J. Brill, 1993.

Stibbe, Mark W. G. *John's Gospel*. London: Routledge, 1994.

_______. *John as a Story Teller: Narrative Criticism and the Fourth Gospel.* SNTS 73. Cambridge: Cambridge University Press, 1992.

_______. *The Elusive Christ: A New Reading of the Fourth Gospel*. JSNT 44. Sheffield: Sheffield Academic Press, 1991.

Summers, Ray. *Behold the Lamb*. Nashville: Broadman Press, 1979.

Terrien, Samuel. *Till the Heart Sings: A Biblical Theology of Manhood & Womanhood.* Philadelphia: Fortress, 1985.

Thiselton, Anthony C. *New Horizons in Hermeneutics*. London: Harper Collins, 1992.

Thompson, Marianne Meye. *The God of the Gospel of John*. Grand Rapids: Eerdmans, 2001.

________. *The Humanity of Jesus in the Fourth Gospel*. Philadelphia: Fortress, 1988.

Wiles, M. "Person or Personification? A Patristic Debate about Logos." In *The Glory of Christ in the New Testament: Studies in Christology in Memory of George Bradford Caird*. Edited by L. D. Hurst and N. T. Wright. Oxford: Clarendon, 1987.

Witherington III, Ben. *John's Wisdom*. Cambridge: Lutterworth, 1995.

________. *Women in the Ministry of Jesus*. SNTSMS 51. Cambridge: Cambridge University Press, 1984.

Wright, Stephen I. *The Voice of Jesus: Studies in the Interpretation of Six Gospel Parables*. Carlisle: Paternoster, 2000.

2. 정기간행물

김문현. "니고데모, 그는 누구인가." 「신약연구」, 6권 2호 (2007 9월): 285-323.

임진수. "니고데모와 하나님 나라." 「신약논단」, 13권 3호 (2006 가을): 631-61.

Bassler, Jouette M. "Mixed Signals: Nicodemus in the Fourth Gospel." *JBL* 108 (1989), 635-46.

Bauckham, Richard. "Nicodemus and the Gurion Family." *JTS* 47 (1996), 1-37.

Beasley-Murray, George R. "Resurrection and Parousia of the Son of Man." *TB* 42 (1991), 296-309.

________. "John 12,31-32: The Eschatological Significance of the Lifting-Up of the Son of Man." *BZNW* 47 (1966), 70-81.

Bennema, Cornelis. "The Giving of the Spirit in John's Gospel – A New Proposal." *EvQ* 74 (2002), 195-213.

Borchert, Gerald L. "The Resurrection Perspective in John: An Evangelical Summons."

RevExp 85 (1988), 501-13.

Borgen, Peder. "Observations on the Targumic Character of the Prologue of John." *NTS* 16 (1970), 288-95.

_______. "Observation on the Midrashic Character of John 6." *ZNW* 54 (1963), 232-40.

_______. "The Unity of Discourse in John 6." *ZNW* 50 (1959), 277-8.

Boring, M. E. "The Influence of Christian Prophecy on the Johannine Portrayal of the Paraclete and Jesus." *NTS* 25 (1974), 113-23.

Brant, Jo Ann A. "Husband Hunting: Characterization and Narrative Art in the Gospel of John." *BI* 4 (1996), 205-23.

Bratcher, Robert G. "What does 'Glory' Mean in Relation to Jesus." BT 42 (1991), 401-8.

_______. " 'The Jews' in the Gospel of John." *BT* 26 (1975), 401-9.

Brooks, O. S. "The Johannine Eucharist: Another Interpretation." *JBL* 82 (1963), 293-300.

Brown, Raymond E. "The Paraclete in the Fourth Gospel." *NTS* 13 (1967), 113-32.

Burkett, Delbert. "Two Accounts of Lazarus' Resurrection in John 11." *NovT* 36 (1994), 209-32.

Caird, G. B. "The Glory of God in the Fourth Gospel: An Exercise in Biblical Semantics." *NTS* 15 (1969), 265-77.

Carey, George L. "The Lamb of God and Atonement Theories." *TB* 32 (1981), 97-122.

Carson, Donald A. "The Purpose of the Fourth Gospel: John 20:31 Reconsidered." *JBL* 106 (1987), 639-51.

_______. "Understanding Misunderstanding in the Fourth Gospel." *TB 33* (1982), 59-90.

_______. "The Function of the Paraclete in John 16:7-11." *JBL* 98 (1979), 547-66.

Carter, Warren. "The Prologue and John's Gospel: Function, Symbol and the Definitive Word." *JSNT* 39 (1990), 35-58.

Casey, P. M. "Culture and Historicity: the Cleansing of the Temple." *CBQ* 59 (1997), 306-32.

Clines, David J. A. "Possibilities and Priorities of Biblical Interpretation in an International Perspective." *BI* 1 (1990), 67-87.

Clark, D. K. "Signs in Wisdom and John," *CBQ* 45 (1983), 201-9.

Collins, Adela Yarbro. "New Testament Perspectives: the Gospel of John (Feminist Critique)." *JSOT* 22 (1982), 47-53.

Cook, Michael J. "The Gospel of John and the Jews." *RevExp* 89 (1987), 259-71.

Conway, C. M. "Speaking through Ambiguity: Minor Characters in the Fourth Gospel." *BI* 10 (2002), 324-31.

Cotterell, F. P. "The Nicodemus Conversation: A Fresh Appraisal." *ExpT* 96 (1985), 237-42.

Craig, W. L. "The Historicity of the Empty Tomb of Jesus." *NTS* 31 (1985), 39-67.

Culpepper, R. Alan. "The Plot of John's Story of Jesus." *Interpretation* 49 (1995), 347-59.

_______. "The Theology of the Gospel of John." *RevExp* 85 (1988), 417-32.

_______. "The Gospel of John and the Jews." *RevExp* 84 (1987), 273-88.

_______. "The Pivot of John's Prologue." *NTS* 27 (1981), 1-31.

Daise, Michael A. " 'If Anyone Thirsts, Let that One Come to Me and Drink': the Literary Texture of John 7:37b-38a." *JBL* 122 (2003), 687-99.

De Jonge, Marinus. "Jesus as Prophet and King in the Fourth Gospel." *ETL* 49 (1973), 160-77.

_______. "Jewish Expectations about the 'Messiah' according to the Fourth Gospel." *NTS* 19 (1973), 246-70.

De Boer, M. C. "Narrative Criticism, Historical Criticism, and the Gospel of John." *JSNT* 47 (1992), 35-48.

Dodd, C. H. "New Testament Translation Problems II." *BT* 28 (1977), 101-2.

Dunn, J. D. G. "John 6 - A Eucharistic Discourse." *NTS* 17 (1971), 328-30.

Ellington, John. " 'Son of man' and the Contextual Translation." *BT* 40 (1989), 201-8.

Fennema, D. A. "John 1.18 'God the Only Son' ." *NTS* 31 (1985), 124-35.

Fiorenza, Elizabeth Schüssler. "The Ethics of Interpretation: De-Centering Biblical Scholarship." *JBL* 107 (1988), 3-17.

Ford, J. Massingberd. " 'Mingled Blood' from the Side of Christ (John XIX. 34)." *NTS* 15 (1969), 337-8.

Fortna, Robert Tomson. "From Christology to Soteriology." *Interpretation* 27 (1973), 31-47.

Freed, Edwin D. "Who or What was Before Abraham in John 8:58?." *JSNT* 17 (1983), 52-59.

________. "EGŌ EIMI in John VIII.24 in the Light of Its Context and Jewish Messianic Belief." *JTS* 33 (1982), 163-7.

________. "EGŌ EIMI in John 1:20 and 4:25." *CBQ* 41 (1979), 288-91.

________. "Theological Prelude to the Prologue of John's Gospel." *SJT* 32 (1979), 257-69.

Giblin, Charles H. "Mary's Anointing for Jesus' Burial-Resurrection (John 12,1-8)," *Biblica* 73 (1992), 560-4.

________. "The Tripartite Narrative Structure of John's Gospel." *Biblica* 71 (1990), 449-67.

________. "Suggestion, Negative Response, and Positive Action in St John's Portrayal of Jesus." *NTS* 26 (1980), 197-211.

Goulder, Michael. "Nicodemus." *SJT* 44 (1991), 153-68.

________. "The Empty Tomb." *Theology* 70 (1976), 206-14.

Grassi, Joseph A. "The Role of Jesus' Mother in John's Gospel: A Reappraisal." *CBQ* 48 (1986), 67-80.

Grayston, Kenneth. "The Empty Tomb." *ExpT* 92 (1981), 263-7.

________. "The Meaning of PARAKLĒTOS." *JSNT* 13 (1981), 67-82.

Grese, William C. " 'Unless One is Born Again': The Use of a Heavenly Journey in John 3." *JBL* 107 (1988), 677-93.

Gunther, John J. "The Family of Jesus." *EvQ* 46 (1974), 25-41.

Hill, C. E. "The Identity of John's Nathanael." *JSNT* 67 (1997), 45-61.

Hill, D. "The Request of Zebedee's Sons and the Johannine ΔΟΞΑ – Theme." *NTS* 13 (1967), 281-5.

Hollis, H. "The Root of the Johannine Pun-'ΥΨΩΘΗΝΑΙ." *NTS* 35 (1989), 475-8.

Hooke, S. H. "The Spirit was not Yet." *NTS* 9 (1962-1963), 372-380.

Hooker, Morna D. "The Johannine Prologue and the Messianic Secret." *NTS* 21 (1974), 40-58.

Howard, J. K. "Passover and Eucharist in the Fourth Gospel." *SJT* 20 (1967), 329-37.

Howton, Dom John. " 'Son of God' in the Fourth Gospel." *NTS* 10 (1964), 227-37.

Keegan, Terence J. "Biblical Criticism and the Challenge of Postmodernism." *BI* 3 (1995), 1-14.

Kendall, Daniel and O'Collins, Gerald. "The Uniqueness of the Easter Appearances." *CBQ* 54 (1992), 287-307.

Kitzberger, Ingrid Rosa. "Mary of Bethany and Mary of Magdalene – Two Female Characters in the Johannine Passion Narrative." *NTS* 41 (1995), 564-86.

Koester, C. "Hearing, Seeing, and Believing in the Gospel of John." *Biblica* 69 (1989), 327-48.

Kopas, Jane. "Jesus and Women: John's Gospel." *TT* 41 (1984), 201-5.

Léon-Dufour, Xavier. "Towards a Symbolic Reading of the Fourth Gospel." *NTS* 27 (1980), 439-56.

Lieu, Judith M. "The Mother of the Son in the Fourth Gospel." *JBL* 117 (1998), 61-77.

________. "Blindness in the Johannine Tradition." *NTS* 34 (1988), 83-95.

Lindars, Barnabas. "Jesus Risen: Bodily Resurrection But No Empty Tomb." *Theology* 89 (1986), 90-96.

Macgregor, G. H. C. "The Eucharist in the Fourth Gospel." *NTS* 9 (1963), 111-9.

Mastin, B. A. "A Neglected Feature of the Christology of the Fourth Gospel." *NTS* 22 (1976), 32-51.

Mckay, K. L. " 'I Am' in John's Gospel." *ExpT* 107 (1996), 302-3.

Mealand, David L. "The Christology of the Fourth Gospel." *SJT* 31 (1978), 449-67.

Meeks, W. A. "The Man from Heaven in Johannine Sectarianism." *JBL* 91 (1972), 44-72.

________. "Galilee and Judea in the Fourth Gospel." *JBL* 85 (1966), 159-69.

Miller, ED L. "The Logic of the Logos Hymn: A New View." *NTS* 29 (1983), 552-61.

Minear, Paul S. "The Original Functions of John 21." *JBL* 102 (1983), 85-98.

________. " 'We don't know where ...' John 20:2." *Interpretation* 30 (1976), 25-139.

Moore, Stephen D. "History After Theory? Biblical Studies and the New Historicism." *BI* 5 (1997), 289-99.

________. "Are There Impurities in the Living Water that the Johannine Jesus Dispenses? Deconstruction, Feminism, and the Samaritan Woman." *BI* 1 (1993), 207-27.

Müller, Mogens. " 'Have You Faith in the Son of Man' (John 9.35)." *NTS* 37 (1991), 291-94.

Need, Stephen W. "Re-Reading the Prologue: Incarnation and Creation in John 1.1-18." *Theology* 106 (2003), 397-404.

Neirynck, Frans. "John and the Synoptics: the Empty Tomb Stories (relation between Jn 20:1-18 and Matt 28:9-10, Lk 24:12)." *NTS* 30 (1984), 161-87.

O'Day, Gail R. "Toward a Narrative-Critical Study of John." *Interpretation* 49 (1995), 341-7.

________. "I Have Overcome the World (John 16:33): Narrative Time in John 13-17." *Semeia* 53 (1991), 153-66.

________. "Narrative Mode and Theological Claim: A Study in the Fourth Gospel." *JBL* 105 (1986), 657-68.

O'Neill, J. C. "The Word did not 'Become' Flesh." *ZNW* 82 (1991), 125-7.

Painter, John. "Christology and the History of the Johannine Community in the Prologue of the Fourth Gospel." *NTS* 30 (1984), 460-74.

Pamment, Margaret. "The Meaning of δόξα in the Fourth Gospel." *ZNW* 74 (1983), 12-16.

Purvis, James D. "The Fourth Gospel and the Samaritans." *NovT* 17 (1975), 161-98.

Radcliffe, Timothy. " 'My Lord and My God': The Locus of Confession." *New*

Blackfriars 65 (1984), 52-62.

Randall, J. F. "The Theme of Unity in John 17:20-23." *ETL* 41 (1965), 373-94.

Reim, Günter. "Jesus as God in the Fourth Gospel: the Old Testament Background." *NTS* 30 (1984), 158-60.

Rensberger, David. "The Politics of John: the Trial of Jesus in the Fourth Gospel." *JBL* 103 (1984), 395-411.

Richard, E. "Expressions of Double Meaning and their Function in the Gospel of John." *NTS* 31 (1985), 96-112.

Riga, Peter. "Signs of Glory." *Interpretation* 17 (1963), 402-24.

Segovia, Fernando F. "The Journey(s) of the Word of God: a Reading of the Plot of the Fourth Gospel." *Semeia* 53 (1991), 23-54.

Shaw, Alan. "The Breakfast by the Shore and the Mary Magdalene Encounter as Eucharistic Narrative." *JTS* 25 (1974), 12-26.

Schneiders, Sandra M. "Born Anew (Jn 3:1-15)." *TT* 44 (1987), 189-96.

Smalley, Stephen S. "The Sign in John XXI." *NTS* 20 (1974), 275-88.

________. "The Johannine Son of Man Sayings." *NTS* 15 (1969), 278-301.

Smith, D. Moody. "The Presentation of Jesus in the Fourth Gospel." *Interpretation* 31 (1977), 367-78.

________. "Setting and Shape of a Johannine Narrative Source." *JBL* 95 (1976), 231-41.

Smith, T. C. "The Life Setting of the Gospel of John." *RevExp* 85 (1988), 433-44.

________. "Christology of the Fourth Gospel." *RevExp* 71 (1974), 19-30.

Spriggs, D. G. "Meaning of 'Water' in John 3:5." *ExpT* 85 (1974), 149-50.

Sylva, Dennis D. "Nicodemus and his Spices." *NTS* 34 (1988), 148-51.

Syreeni, Kari. "Separation and Identity: Aspects of the Symbolic World of Matt 6.1-18." *NTS* 40 (1994), 522-41.

Talbert, Charles H. "The Myth of a Descending - Ascending Redeemer in Mediterranean

Antiquity." *NTS* 22 (1976), 418-39.

Tolmie, D. Francois. "The Characterization of God in the Fourth Gospel." *JSNT* 69 (1998), 57-75.

Torrey, C. C. " 'When I am Lifted up from the Earth,' John 12,32." *JBL* 51 (1932), 320-2.

Van Belle, Gilbert. "Prolepsis in the Gospel of John." *NovT* 43 (2001), 334-47.

________. "The Meaning of σημεῖια in John 20,30-31." *ETL* 74 (1998).

Van Der Watt, J. G. "The Use of αἰώνιος in the Concept ζωή αἰώνιος in John's Gospel." *NovT* 31 (1989), 217-28.

Vawter, Bruce. "Ezekiel and John." *CBQ* 26 (1964), 450-8.

Waetjen, Herman C. "Logos πρὸς τὸν θεόν and the Objection of Truth in the Prologue of the Fourth Gospel." *CBQ* 63 (2001), 265-86.

Whale, P. "The Lamb of John: Some Myths about the Vocabulary of the Johannine Literature." *JBL* 106 (1987), 289-95.

Williams, Ritva H. "The Mother of Jesus at Cana: A Social Science Interpretation of John 2:1-12." *CBQ* 59 (1997), 679-92.

Witherington III, Ben. "The Waters of Birth: John 3.5 and 1 John 5.6-8." *NTS* 35 (1989), 155-60.

Witkamp, L. Th. "Jesus' Thirst in John 19:28-30: Literal or Figurative." *JBL* 115 (1996), 489-510.

Young, F. W. "A Study of the Relation of Isaiah to the Fourth Gospel." *ZNW* 46 (1955), 215-33.

"나를 믿는 자는 성경에 이름과 같이 그 배에서 생수의 강이 흘러나오리라 하시니 이는 그를 믿는 자들이 받을 성령을 가리켜 말씀하신 것이라" (요한복음 7:38-39a)

상징으로 읽는 요한복음서

지 은 이 김선배
발 행 인 도한호
초판발행 2010년 1월 25일
등록번호 출판 제6호(1979. 9. 22)
발 행 처 침례신학대학교 출판부
주 소 대전광역시 유성구 하기동 산14 (305-358)
전 화 (042)828-3255, 3257
팩 스 (042)828-3256
홈페이지 http://kbtus.ac.kr
이 메 일 public@kbtus.ac.kr

값 16,000원

ISBN 978-89-93630-14-5 93230